Trevallars carambole: Upp och ner i berget mönster

Från professionella mästerskapsturneringar

Testa dig mot professionella spelare

Allan P. Sand
PBIA Certifierad Biljardinstruktör

ISBN 978-1-62505-356-5
PRINT 7x10

ISBN 978-1-62505-520-0
PRINT 8.5x11

First edition

Copyright © 2019 Allan P. Sand

All rights reserved under International and Pan-American Copyright Conventions.

Published by Billiard Gods Productions.
Santa Clara, CA 95051
U.S.A.

For the latest information about books and videos, go to: http://www.billiardgods.com

Acknowledgements
Wei Chao created the software that was used to create these graphics.

Innehållsförteckning

Introduktion **1**
   Om bordslayouten 1
   Tabellinställningsanvisningar 2
   Syftet med layouterna 2

A: Nedför backen, litet hörnkrok **3**
   A: Grupp 1 3
   A: Grupp 2 8
   A: Grupp 3 13
   A: Grupp 4 18

B: Nedför backen, stor hörnkrok **23**
   B: Grupp 1 23
   B: Grupp 2 28
   B: Grupp 3 33
   B: Grupp 4 38

C: Fullbord (kort vallar) **43**
   C: Grupp 1 43
   C: Grupp 2 48
   C: Grupp 3 53

D: Enkel hörnvändning (lång vallar) **58**
   D: Grupp 1 58
   D: Grupp 2 63
   D: Grupp 3 68
   D: Grupp 4 73

E: Utökad hörnvändning (lång vallar) **78**
   E: Grupp 1 78
   E: Grupp 2 83
   E: Grupp 3 88

F: Grunt vinkelben, nerför backen **93**
   F: Grupp 1 93
   F: Grupp 2 98
   F: Grupp 3 103
   F: Grupp 4 108

G: In i hörnet (kort vallar) **113**
   G: Grupp 1 113
   G: Grupp 2 118
   G: Grupp 3 123

H: Enkel dubbelkrok **128**
   H: Grupp 1 128
   H: Grupp 2 133
   H: Grupp 3 138

I: Dubbelkrok (förlängd) **143**
   I: Grupp 1 143
   I: Grupp 2 148

    I: Grupp 3 153
    I: Grupp 4 158
J: Dubbelkrok (med returdiagonal) **163**
    J: Grupp 1 163
    J: Grupp 2 168
    J: Grupp 3 173
    J: Grupp 4 178
K: Dubbel topp av kullen **183**
    K: Grupp 1 183
L: Utvändig returkrok **188**
    L: Grupp 1 188
    L: Grupp 2 193
M: Utvändig hörnvändning (kort vallar) **198**
    M: Grupp 1 198

Other books by the author …
- 3 Cushion Billiards Championship Shots (a series)
- Carom Billiards: Some Riddles & Puzzles
- Carom Billiards: MORE Riddles & Puzzles
- Why Pool Hustlers Win
- Table Map Library
- Safety Toolbox
- Cue Ball Control Cheat Sheets
- Advanced Cue Ball Control Self-Testing Program
- Drills & Exercises for Pool & Pocket Billiards
- The Art of War versus The Art of Pool
- The Psychology of Losing – Tricks, Traps & Sharks
- The Art of Team Coaching
- The Art of Personal Competition
- The Art of Politics & Campaigning
- The Art of Marketing & Promotion
- Kitchen God's Guide for Single Guys

Introduktion

Detta är en av en serie Carom Biljardböcker som visar hur professionella spelare fattar beslut, baserat på bordslayouten. Alla dessa layouter är från internationella tävlingar.

Dessa layouter sätter dig inuti spelarens huvud, börjar med bollarnas positioner (visas i första tabellen). Den andra tabellen layout visar vad spelaren bestämde sig för att göra.

Om bordslayouten

Det här är de tre bollarna på bordet:

Ⓐ (CB) (din biljardboll)

⊙ (OB) (motståndare biljardboll)

● (OB) (röd biljardboll)

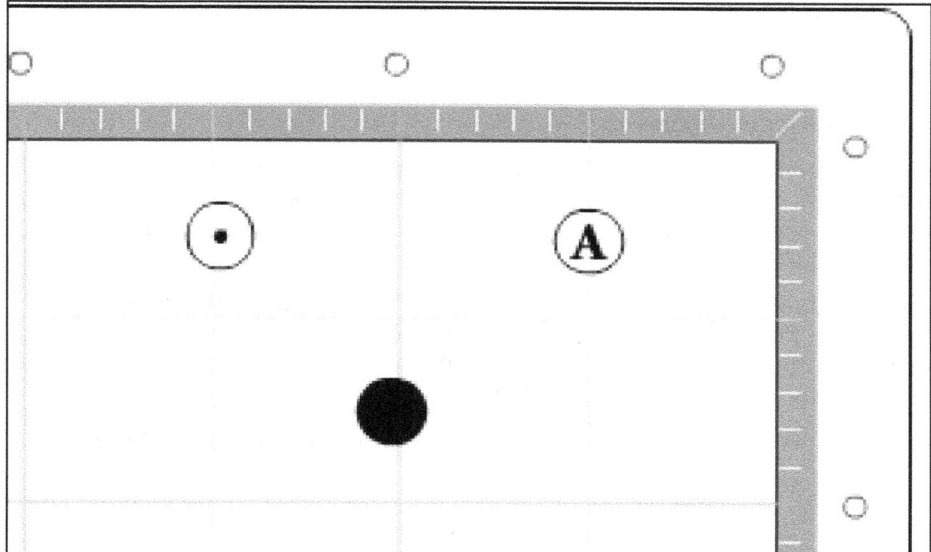

Varje konfiguration har två tabelllayouter. Den första tabellen är bollpositionerna. Den andra tabellen är hur bollarna rör sig på bordet.

Tabellinställningsanvisningar

Använd pappersbindningsringar för att markera kulans positioner (köp på vilken som helst kontorsleveransbutik).

Placera ett mynt vid varje bordsduk som (CB) kommer att röra.

Jämför din (CB) -väg med den andra tabellkonfigurationen. För att lära dig kan du behöva flera försök. Efter varje misslyckande, gör justering och försök igen tills du lyckas.

Syftet med layouterna

Dessa layouter finns för två ändamål.

- Din analys - Hemma kan du överväga hur du spelar konfigurationen på den första tabellen. Jämför dina idéer med det faktiska mönstret på den andra tabellen. Tänk på din lösning och överväga alternativ. Från den andra tabellen kan du också analysera hur man följer mönstret. Mentalt spela skottet och bestämma hur du kan lyckas.

- Öva bordkonfigurationen - Placera bollarna i position enligt den första tabellen konfigurationen. Försök att skjuta på samma sätt som det andra bordsmönstret. Du kan behöva många försök innan du hittar rätt sätt att spela. Så här kan du lära dig och spela dessa skott under tävlingar och turneringar.

Kombinationen av mental analys och praktisk praxis gör dig till en smartare spelare.

A: Nedför backen, litet hörnkrok

(CB) kommer från den första (OB) och går mot mitten av den långa vallar. (CB) går längst till hörnet - i kort vallar och lång vallar.

(A) (CB) (din biljardboll) - (•) (OB) (motståndare biljardboll) - ● (OB) (röd biljardboll)

A: Grupp 1

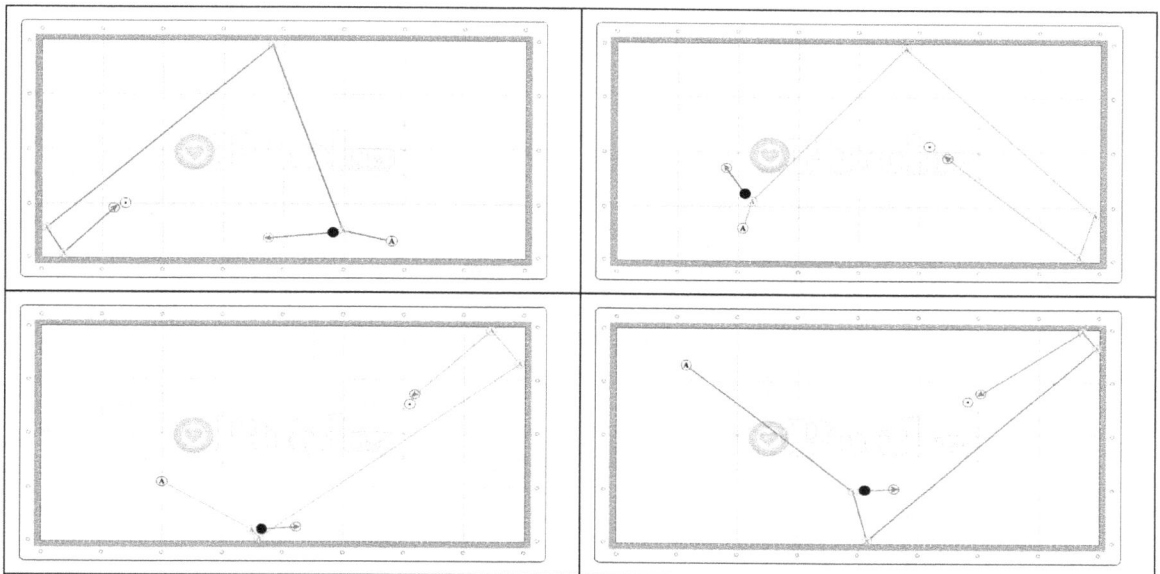

Analys:

A:1a. _____

A:1b. _____

A:1c. _____

A:1d. _____

A:1a – Inrätta

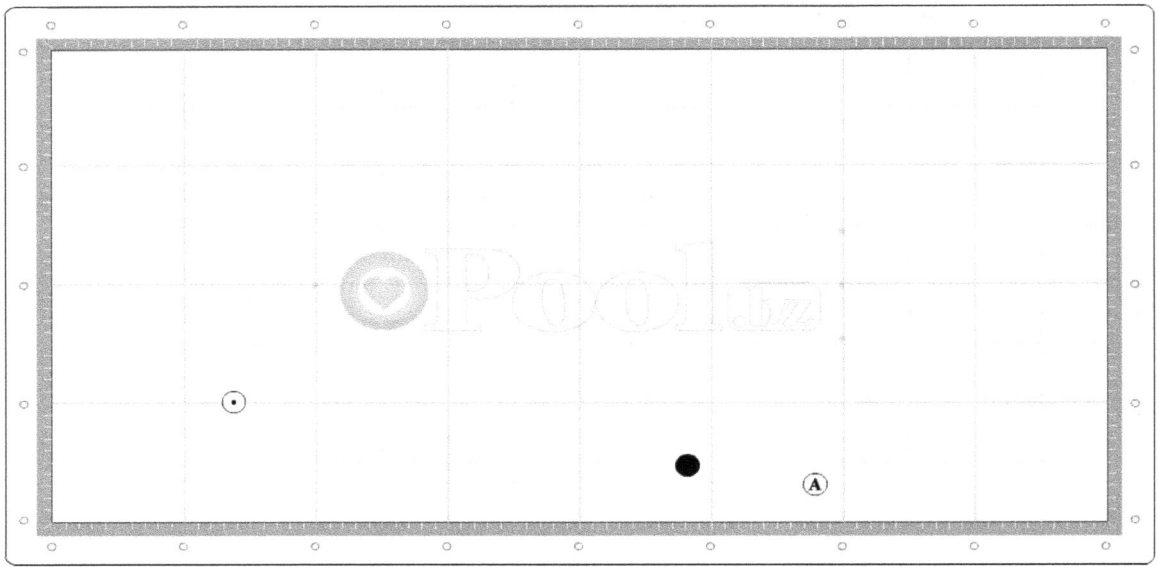

Anteckningar och idéer:

Skottmönster

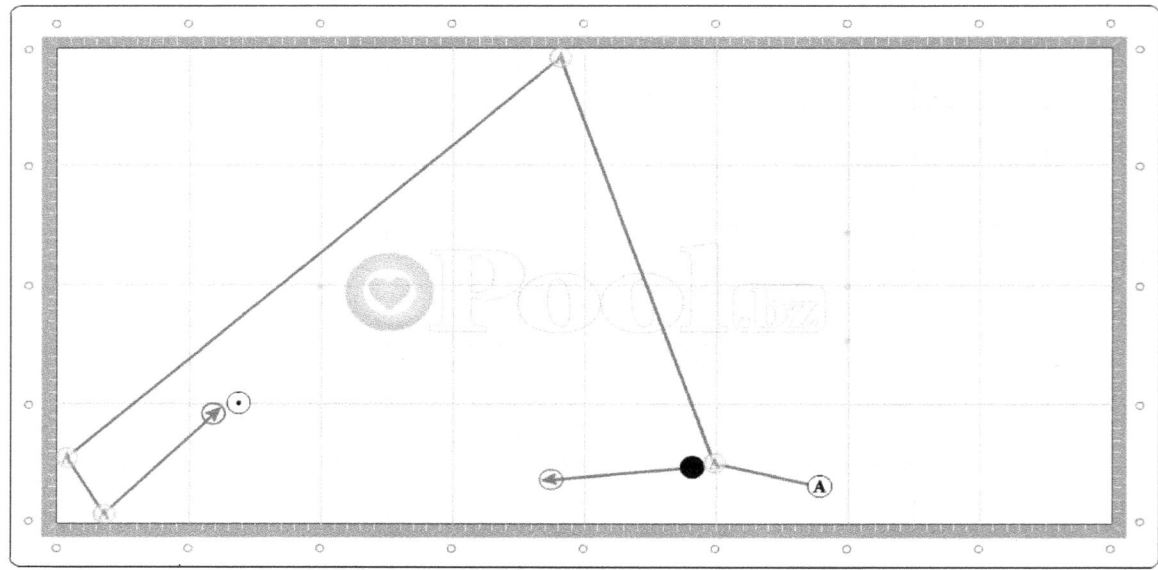

A:1b – Inrätta

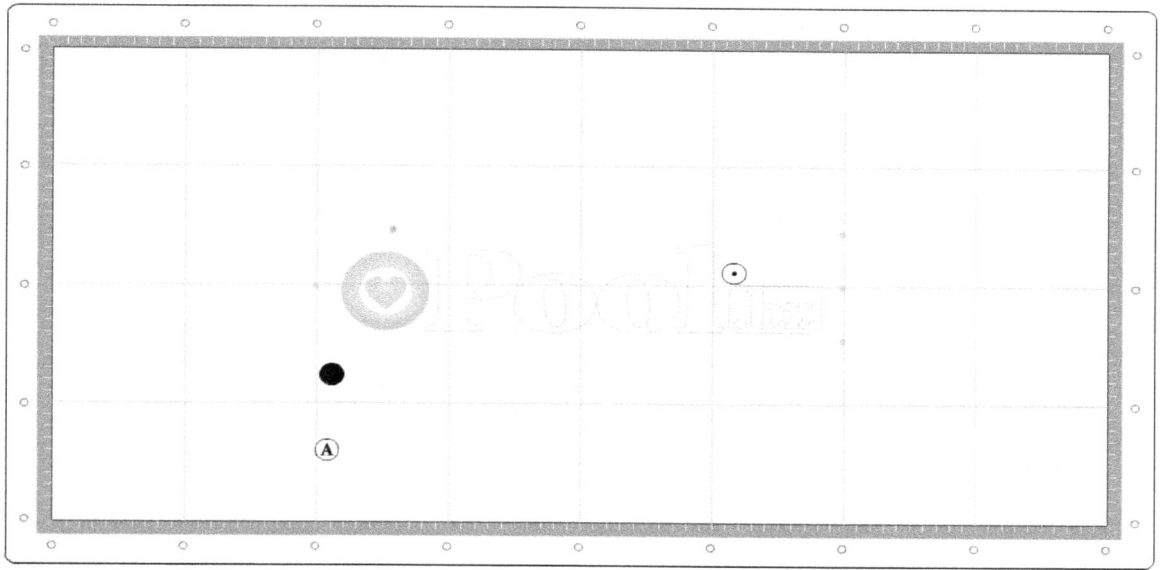

Anteckningar och idéer:

Skottmönster

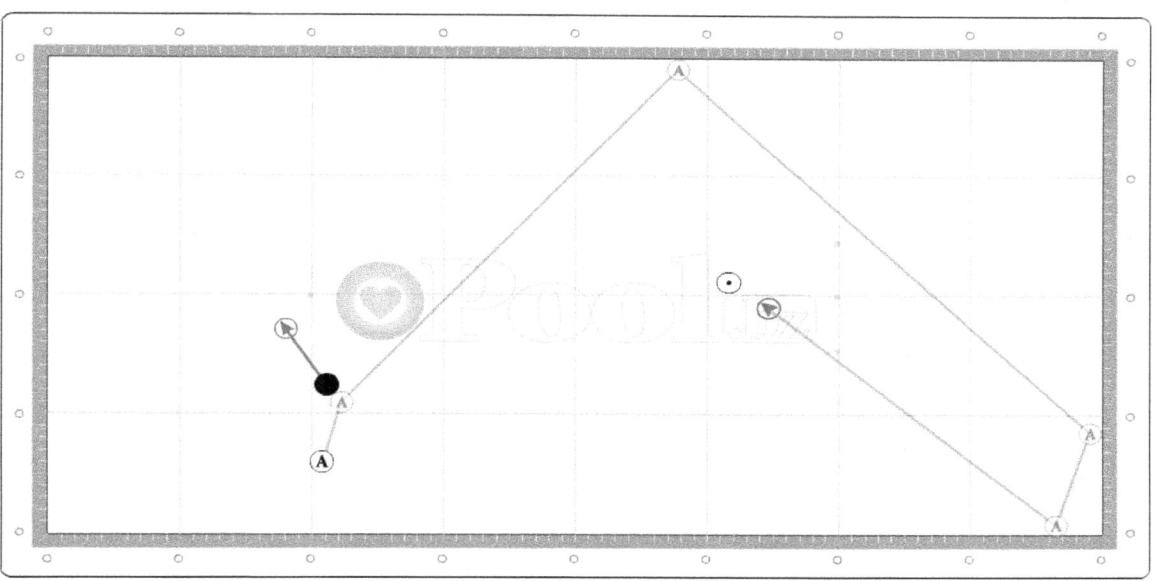

A:1c – Inrätta

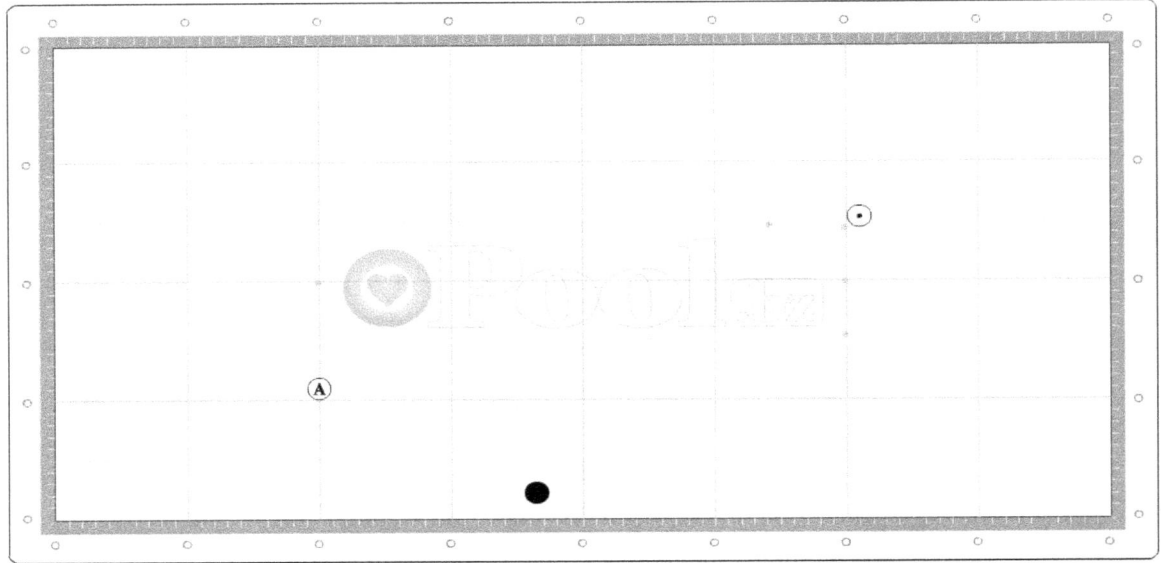

Anteckningar och idéer:

Skottmönster

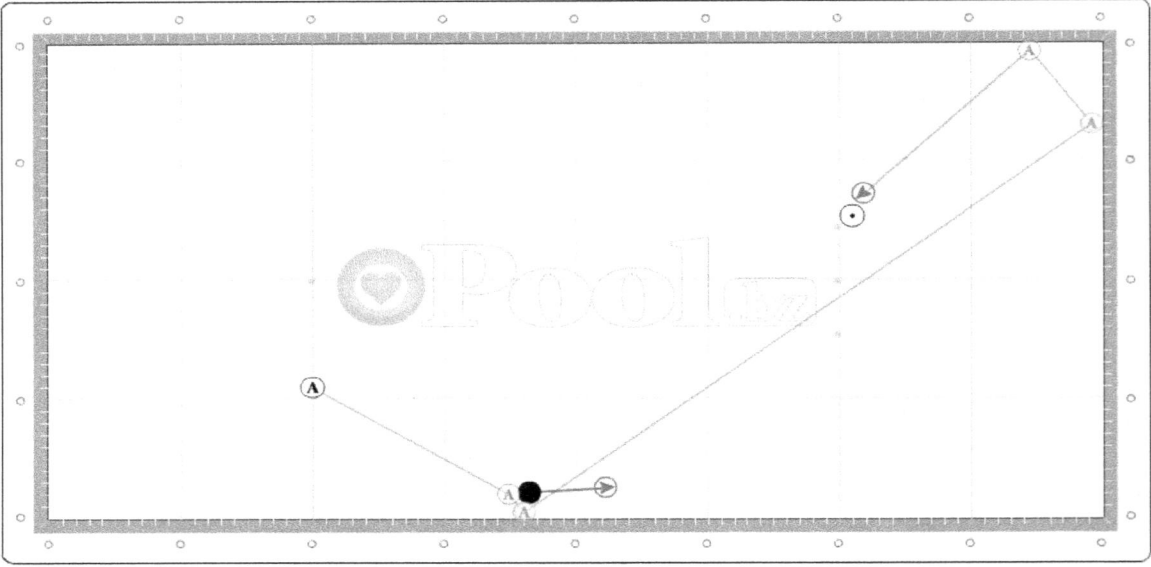

A:1d – Inrätta

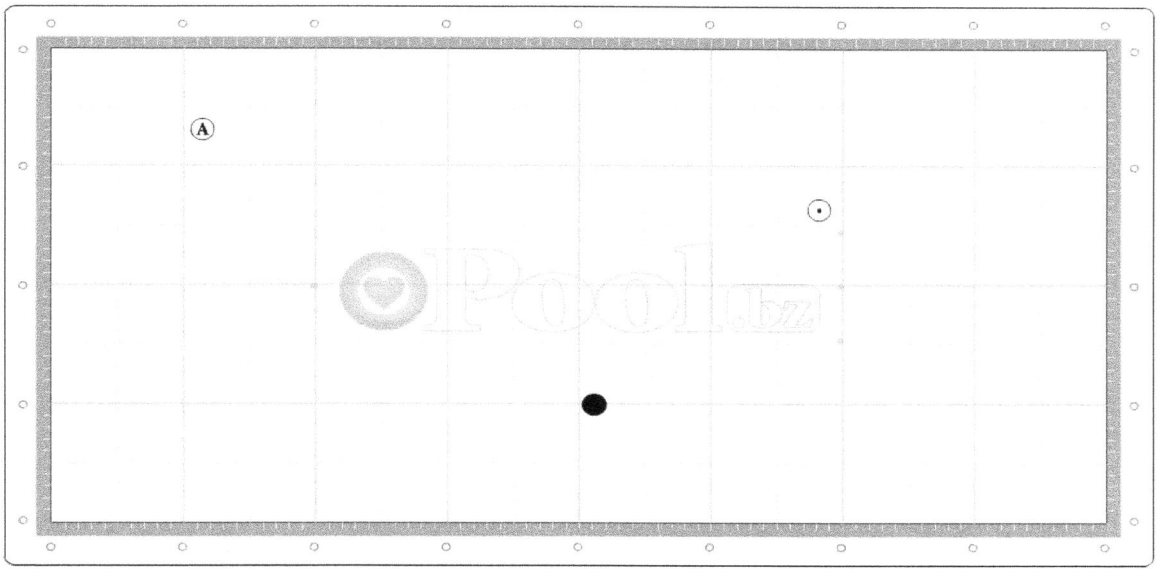

Anteckningar och idéer:

Skottmönster

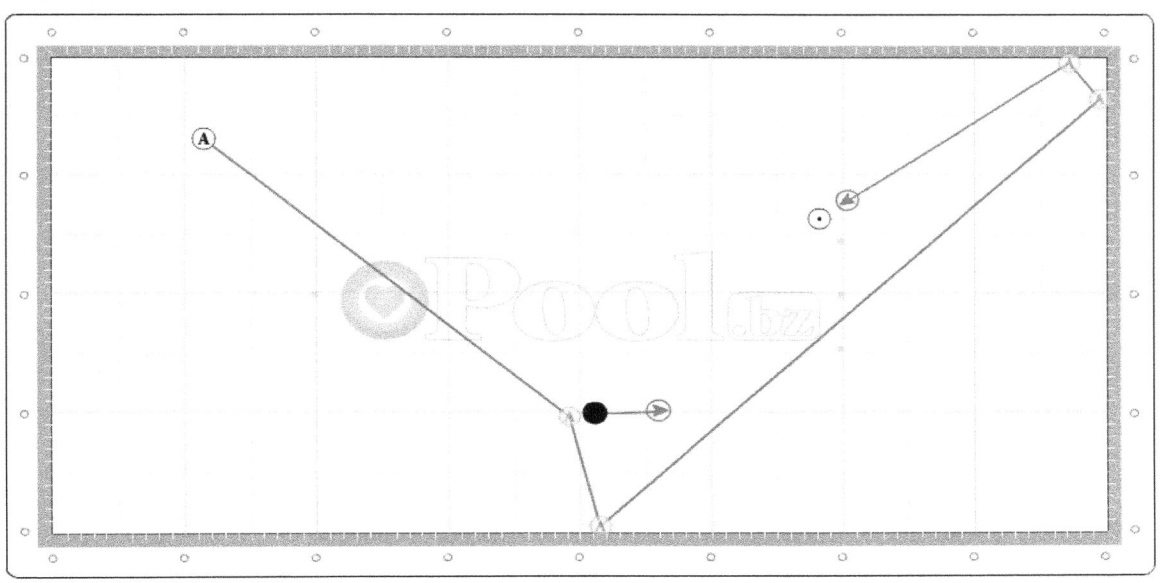

A: Grupp 2

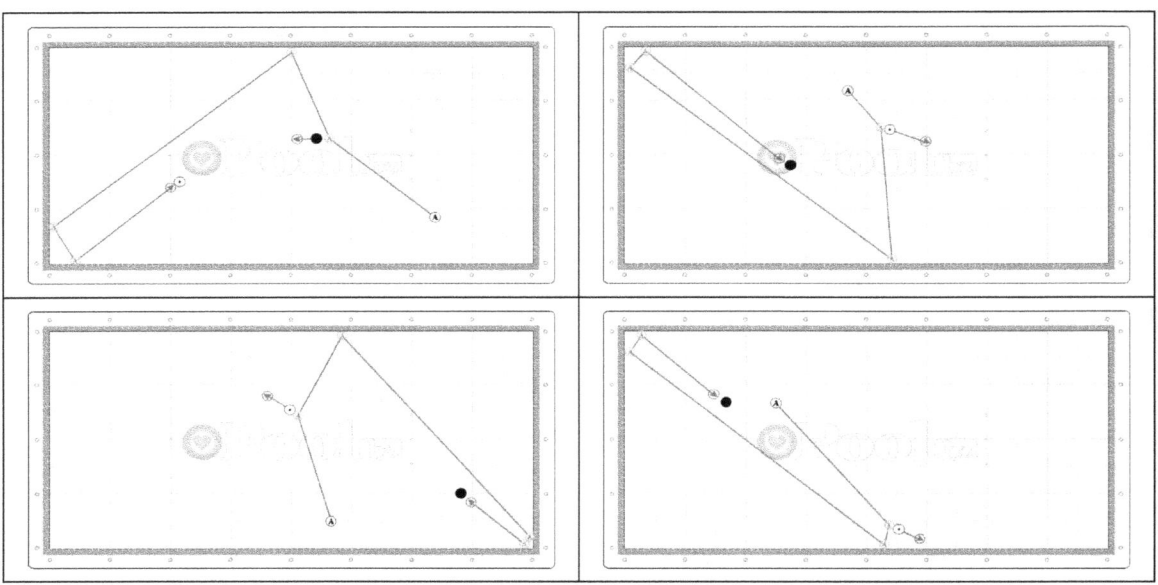

Analys:

A:2a. _____

A:2b. _____

A:2c. _____

A:2d. _____

A:2a – Inrätta

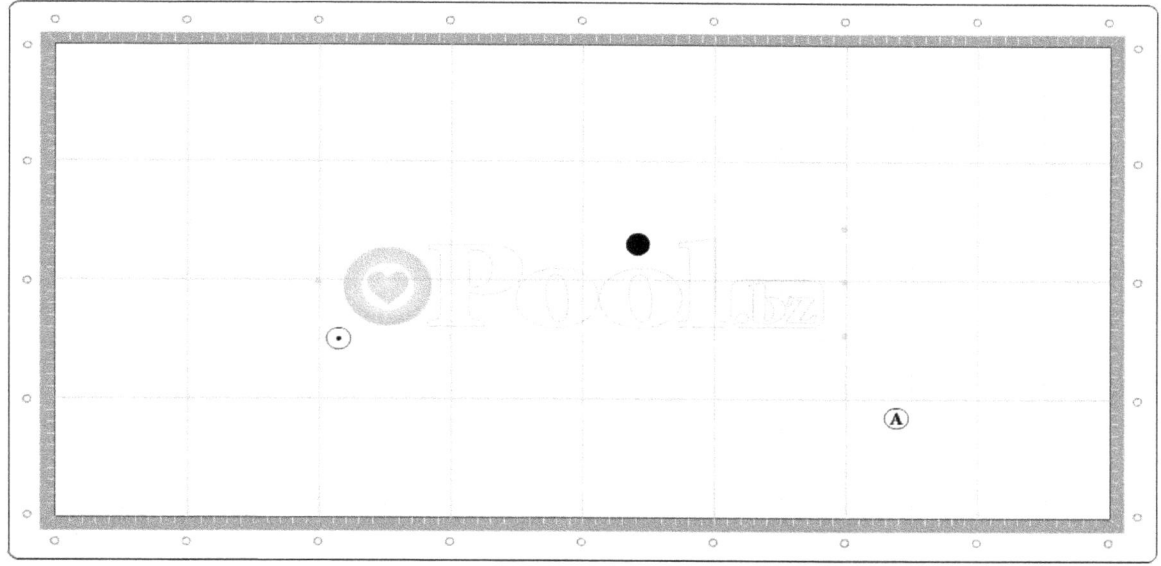

Anteckningar och idéer:

Skottmönster

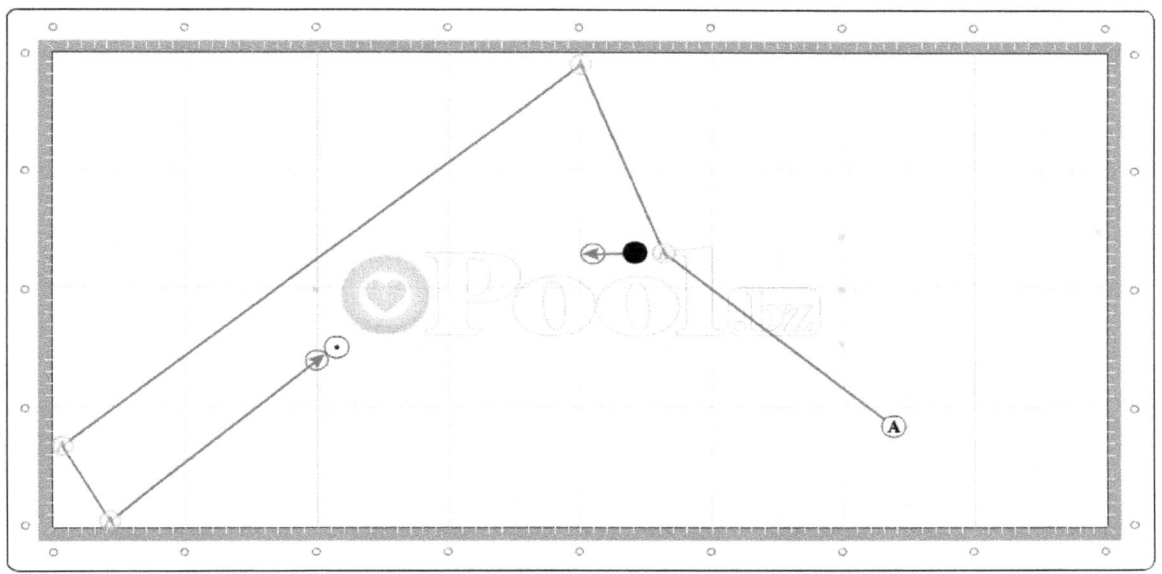

A:2b – Inrätta

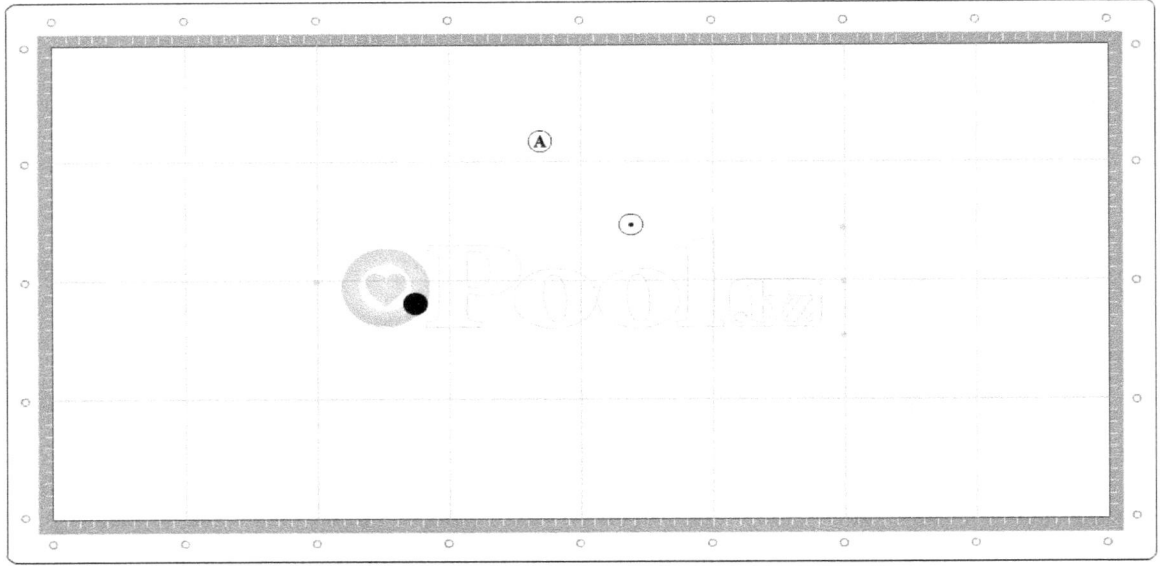

Anteckningar och idéer:

Skottmönster

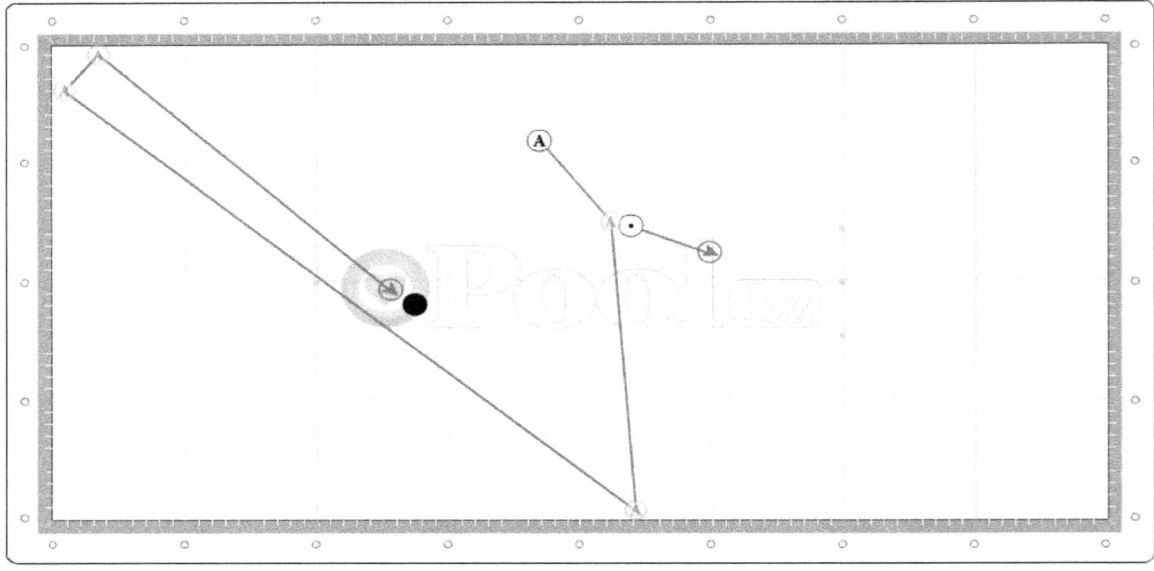

A:2c – Inrätta

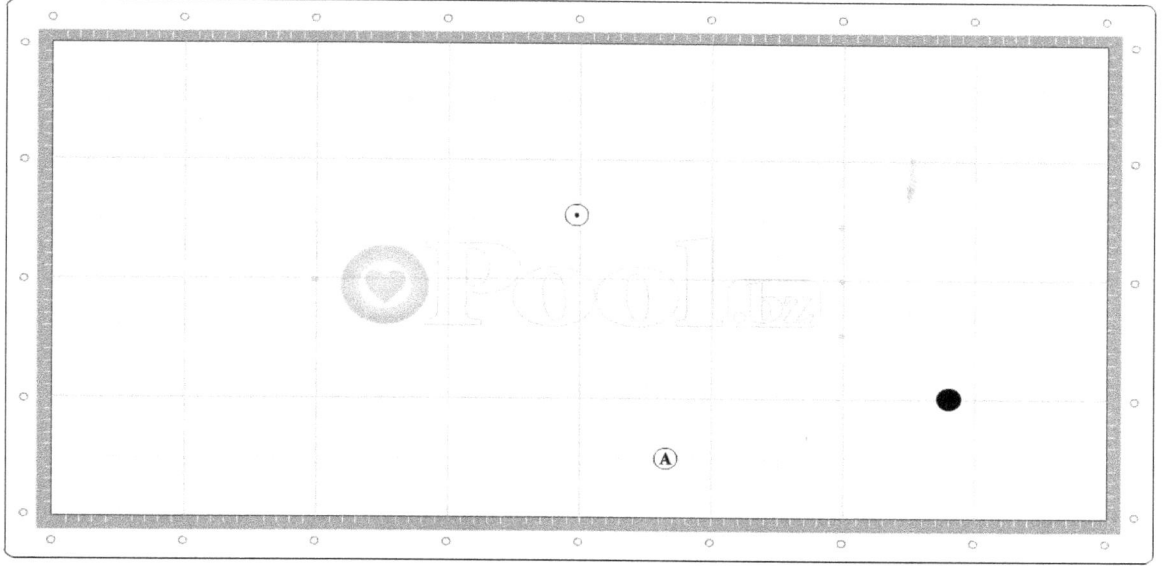

Anteckningar och idéer:

Skottmönster

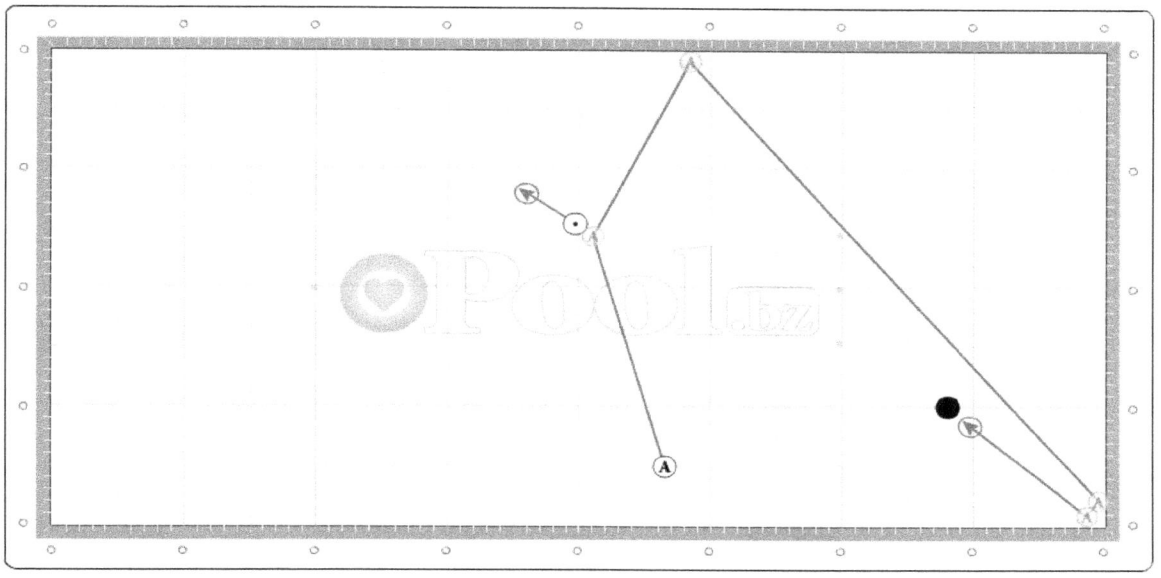

A:2d – Inrätta

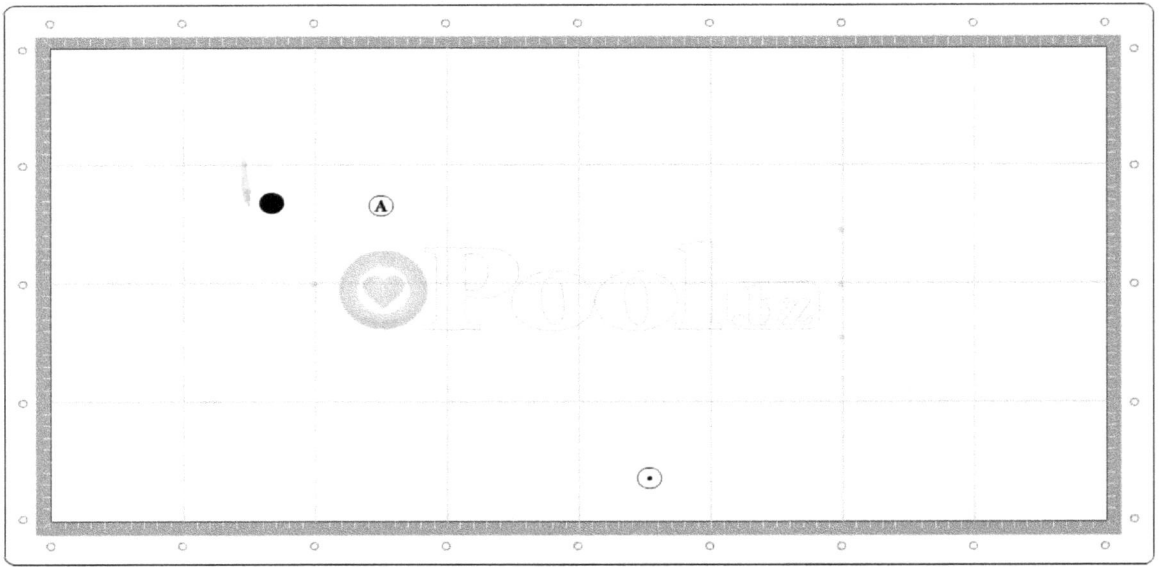

Anteckningar och idéer:

Skottmönster

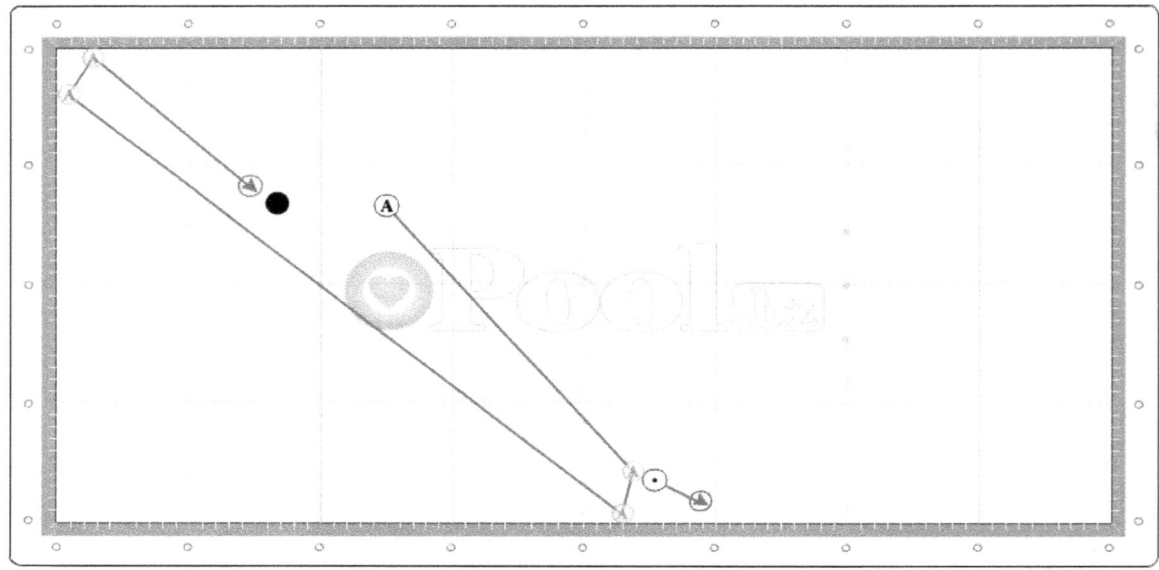

A: Grupp 3

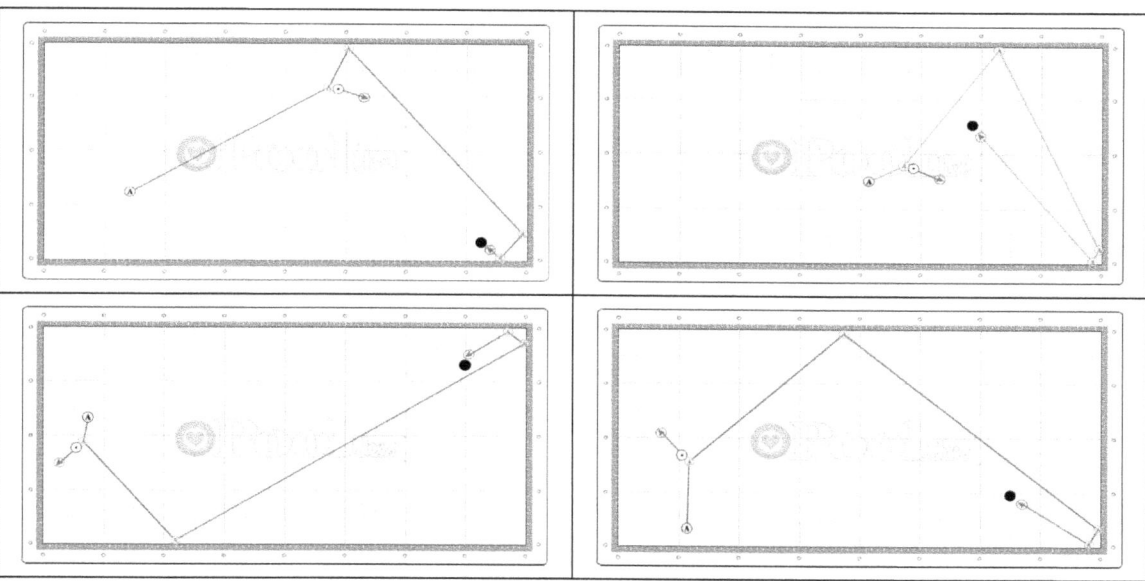

Analys:

A:3a. _____

A:3b. _____

A:3c. _____

A:3d. _____

A:3a – Inrätta

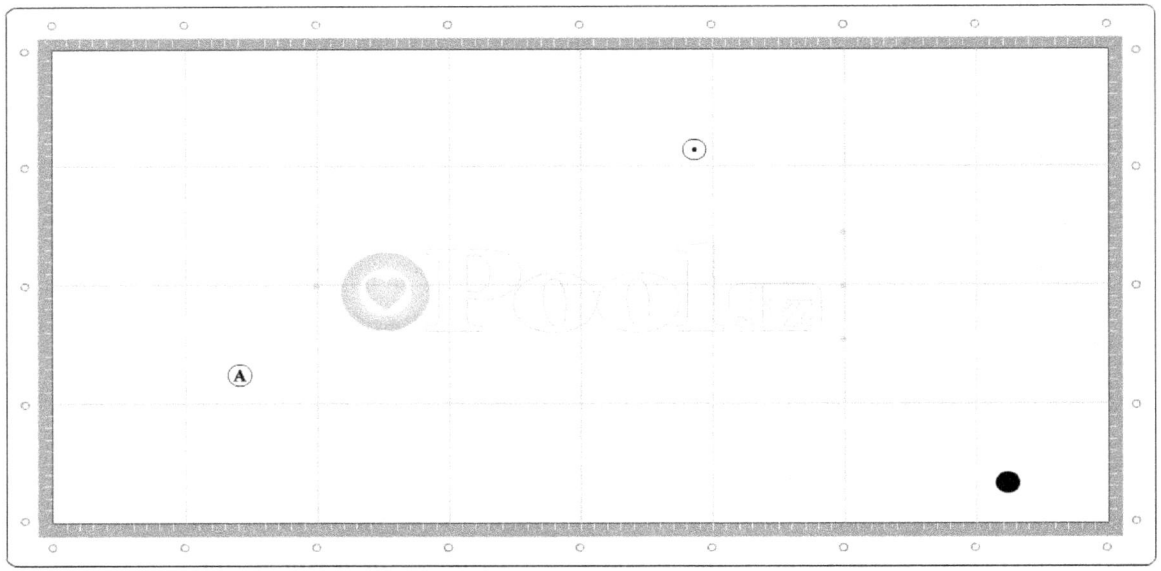

Anteckningar och idéer:

Skottmönster

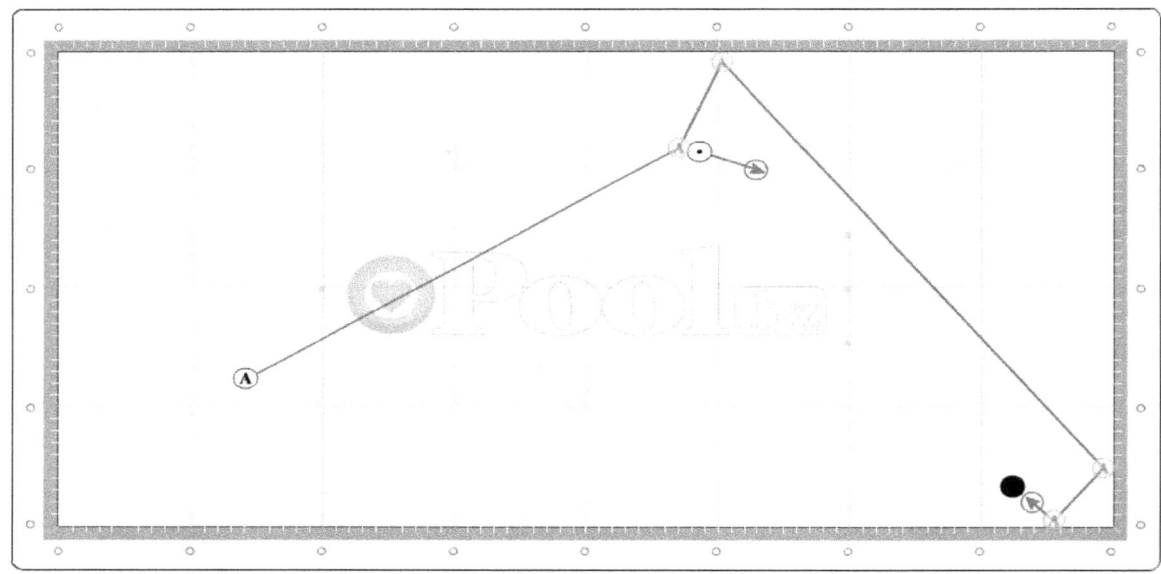

A:3b – Inrätta

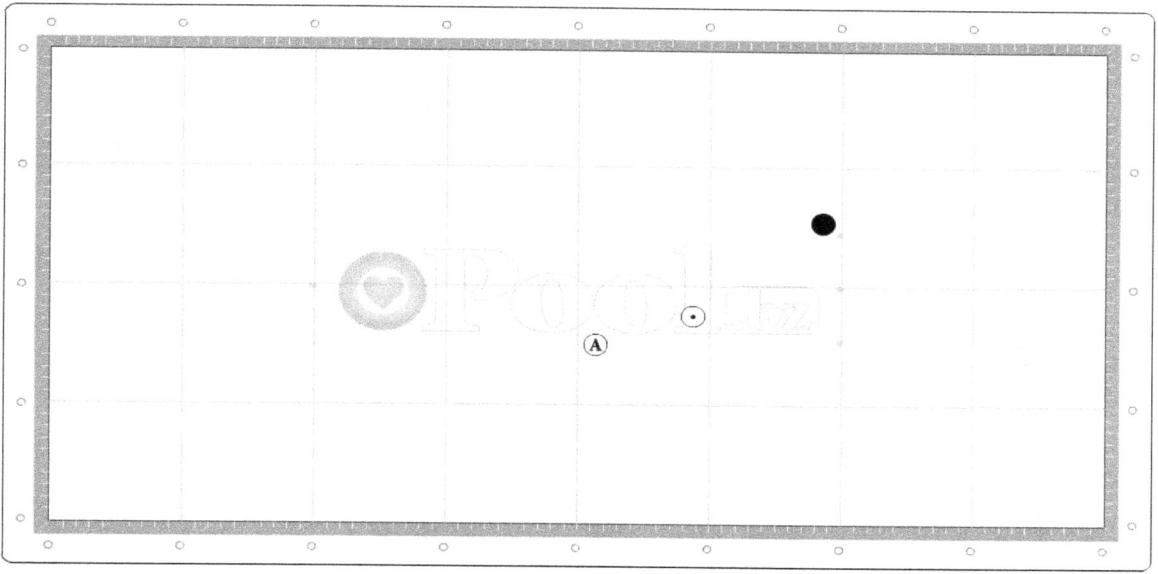

Anteckningar och idéer:

Skottmönster

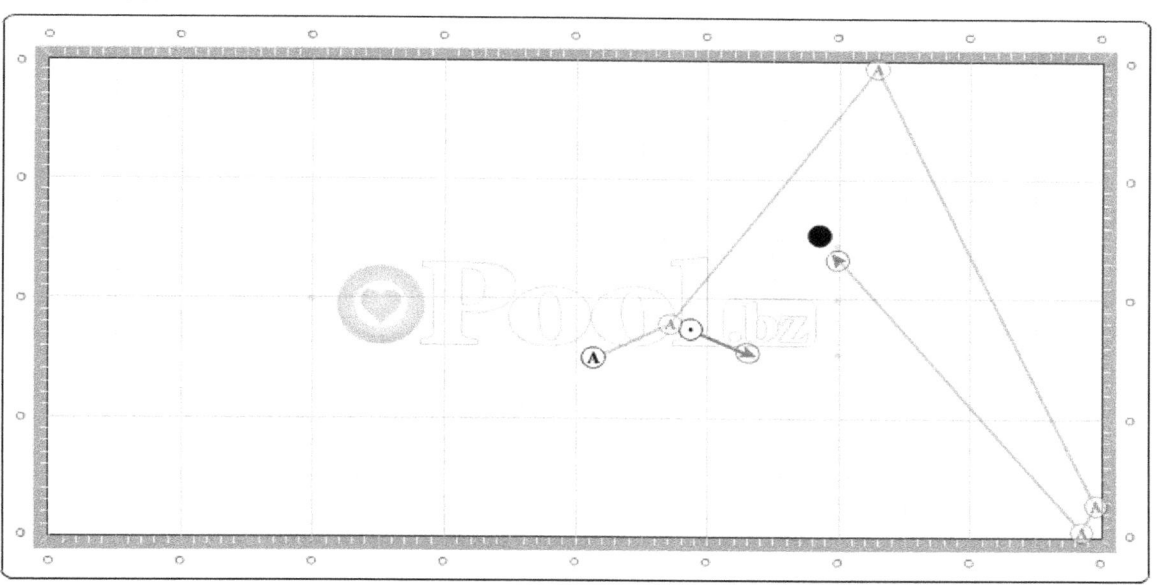

A:3c – Inrätta

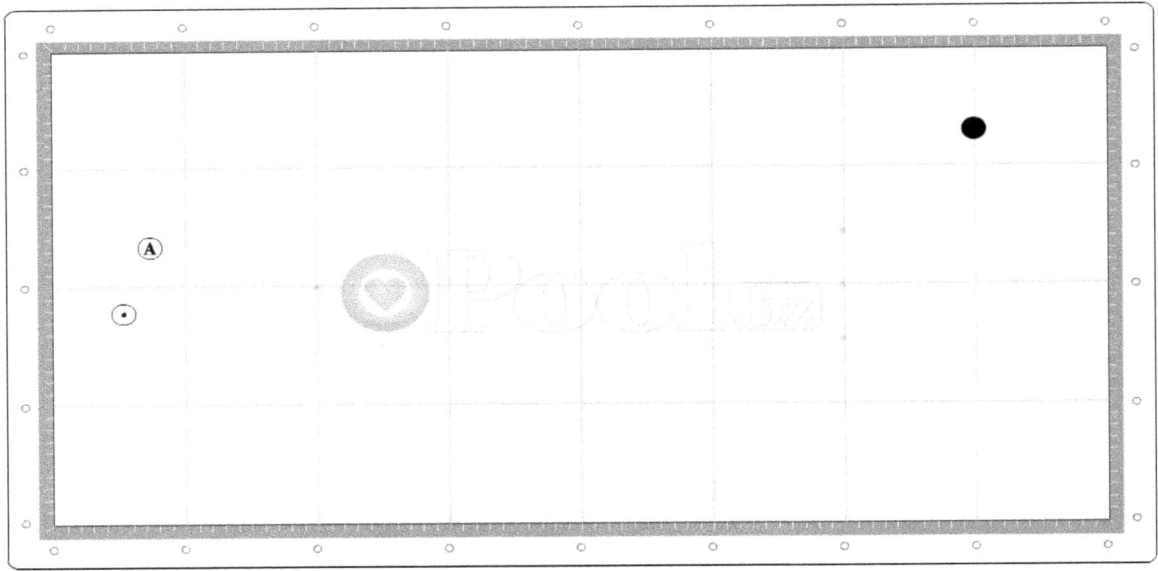

Anteckningar och idéer:

Skottmönster

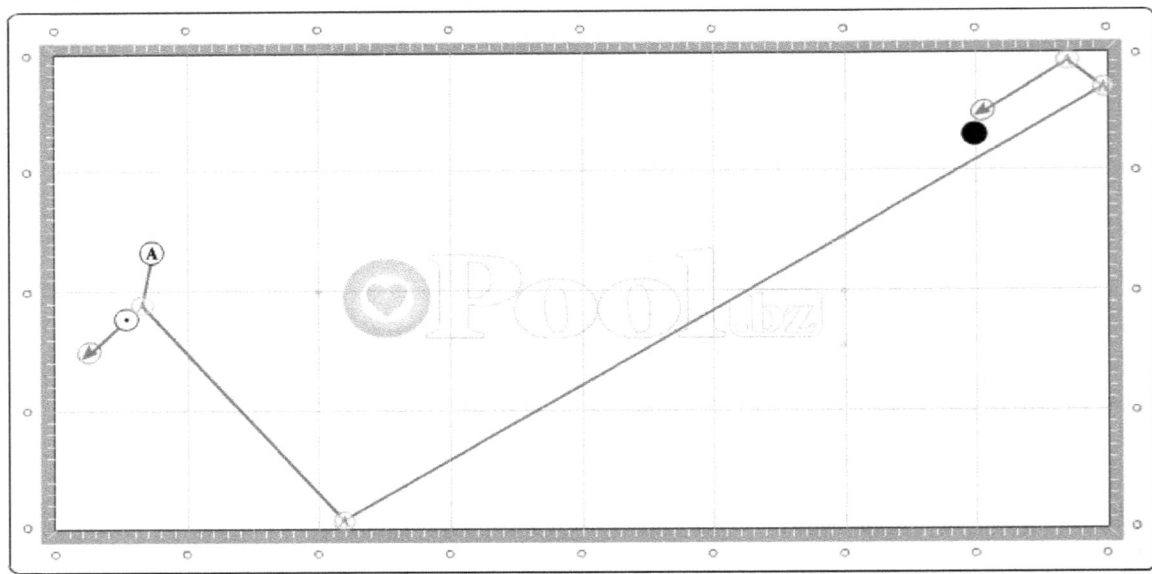

A:3d– Inrätta

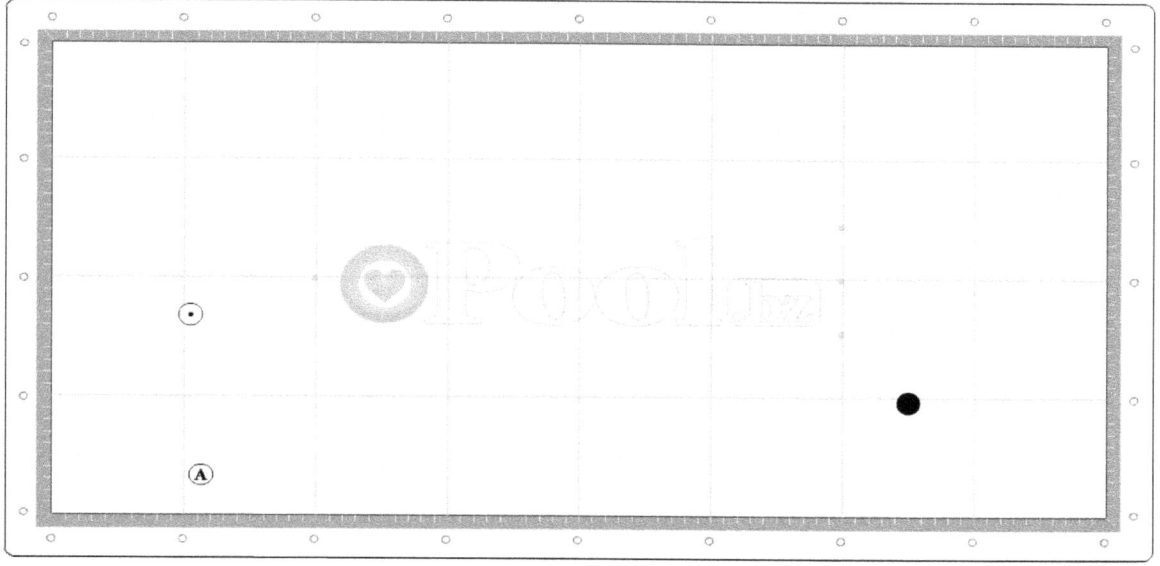

Anteckningar och idéer:

Skottmönster

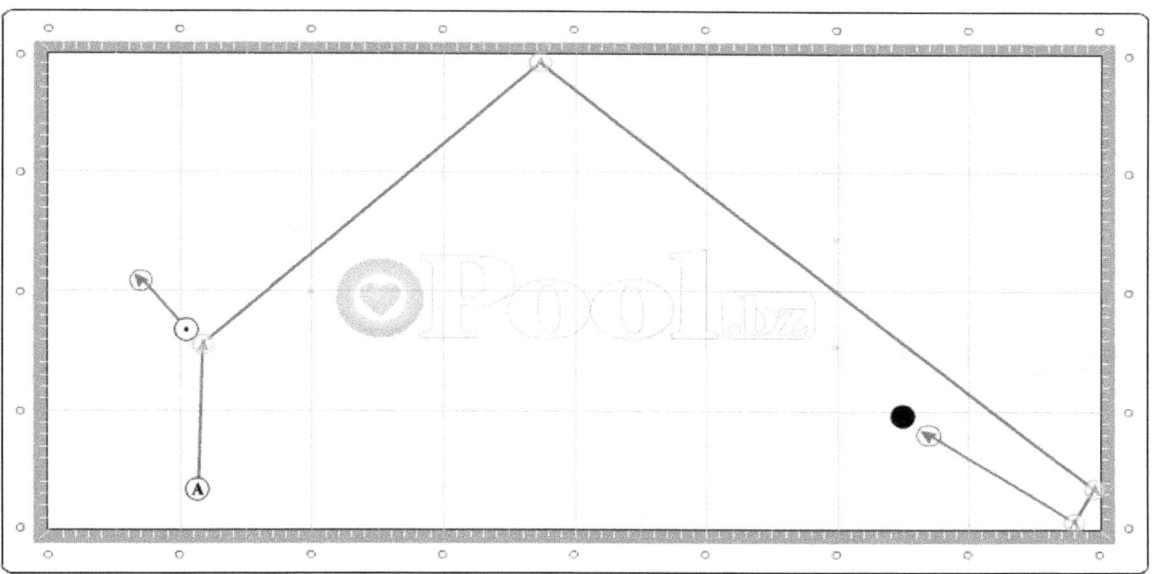

A: Grupp 4

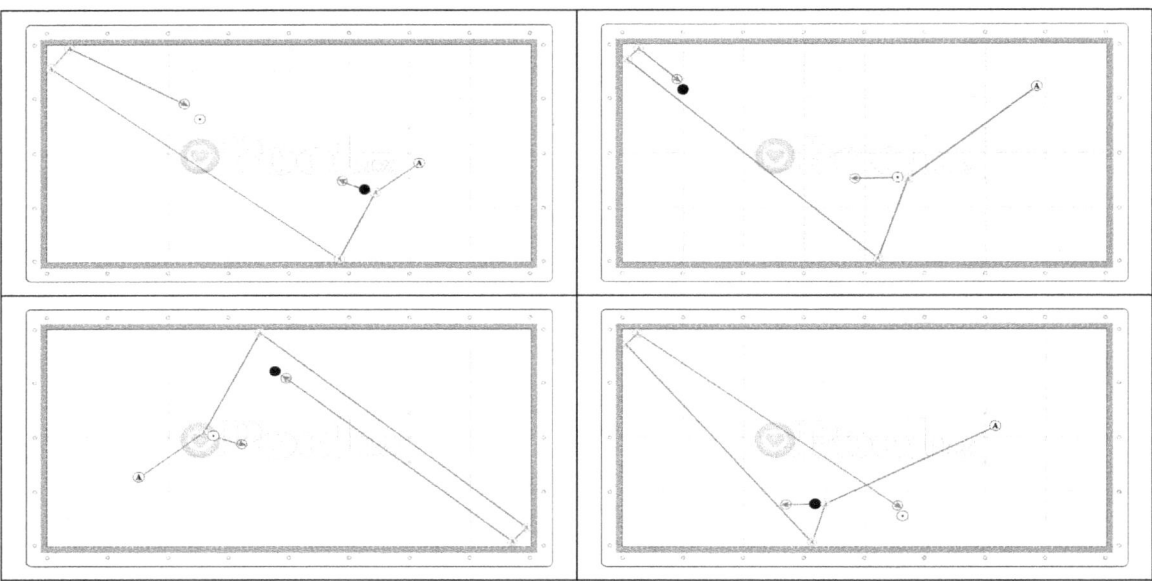

Analys:

A:4a. _____

A:4b. _____

A:4c. _____

A:4d. _____

A:4a – Inrätta

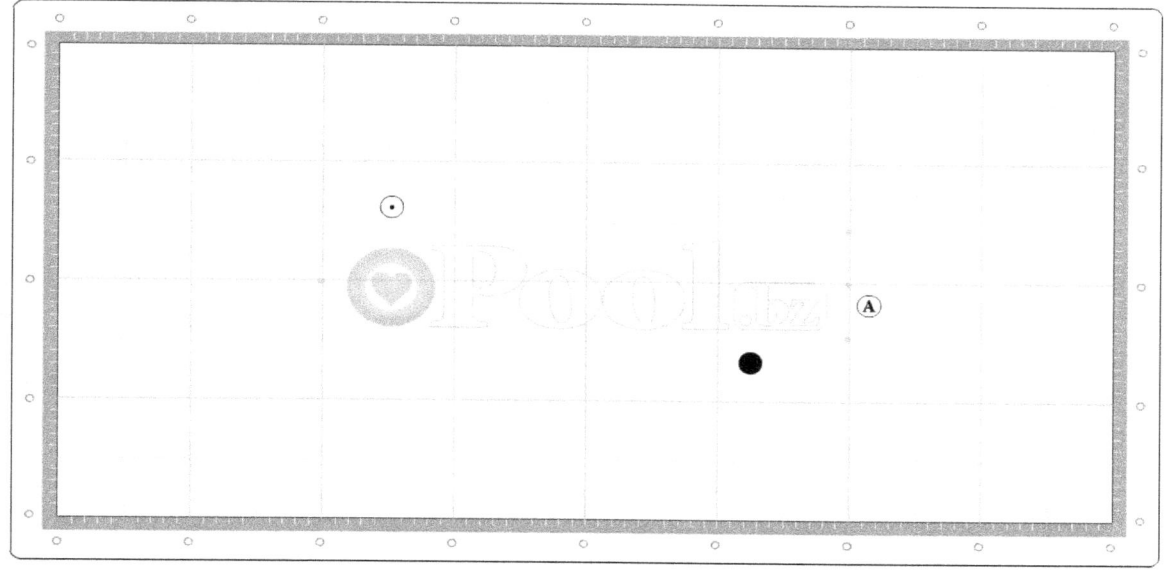

Anteckningar och idéer:

Skottmönster

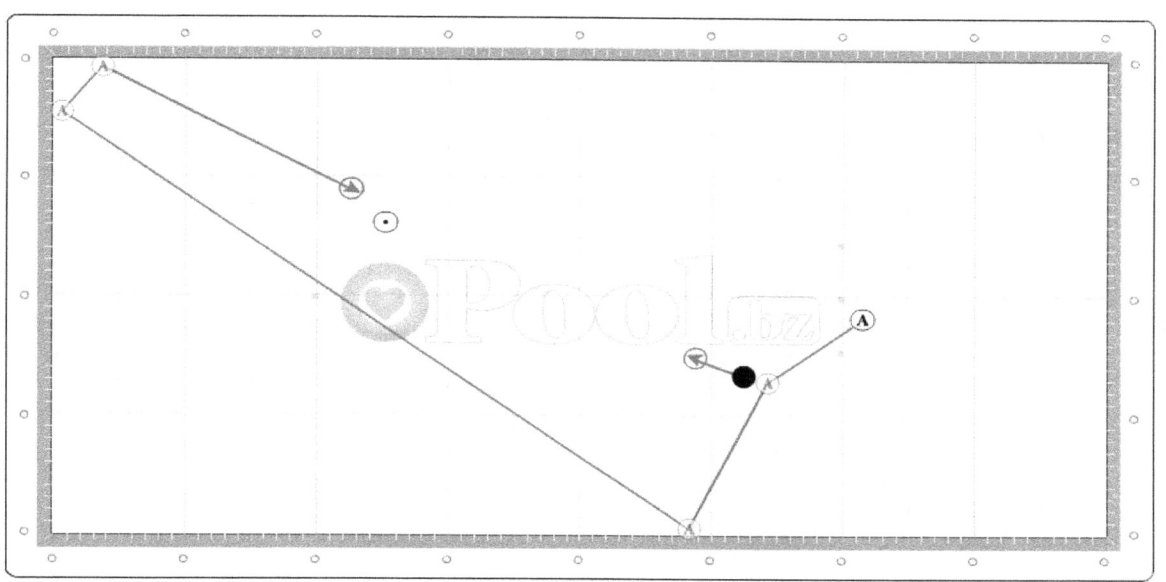

A:4b – Inrätta

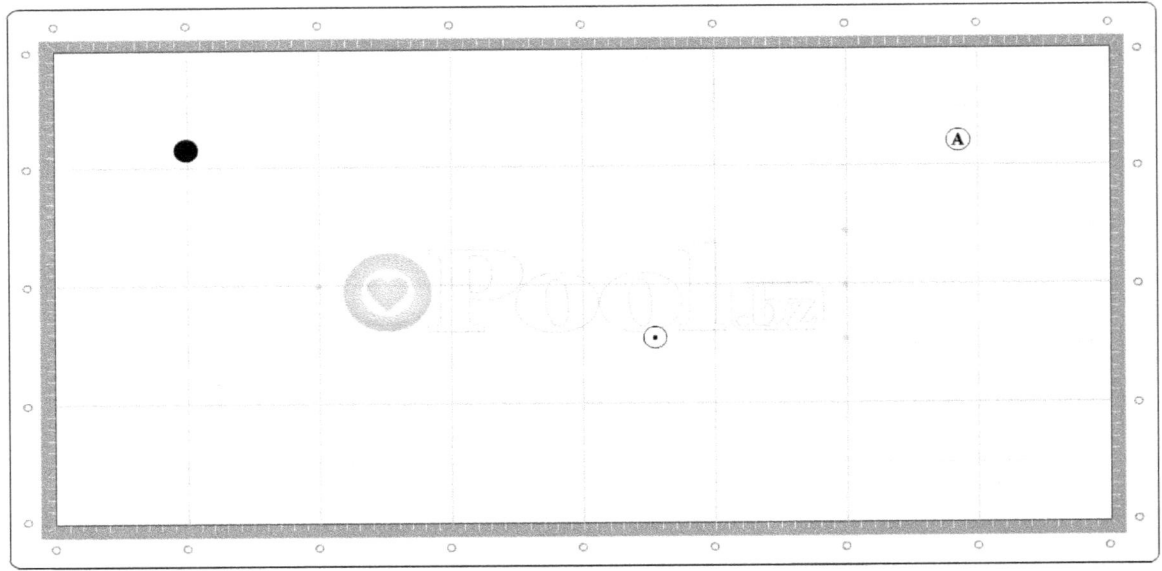

Anteckningar och idéer:

Skottmönster

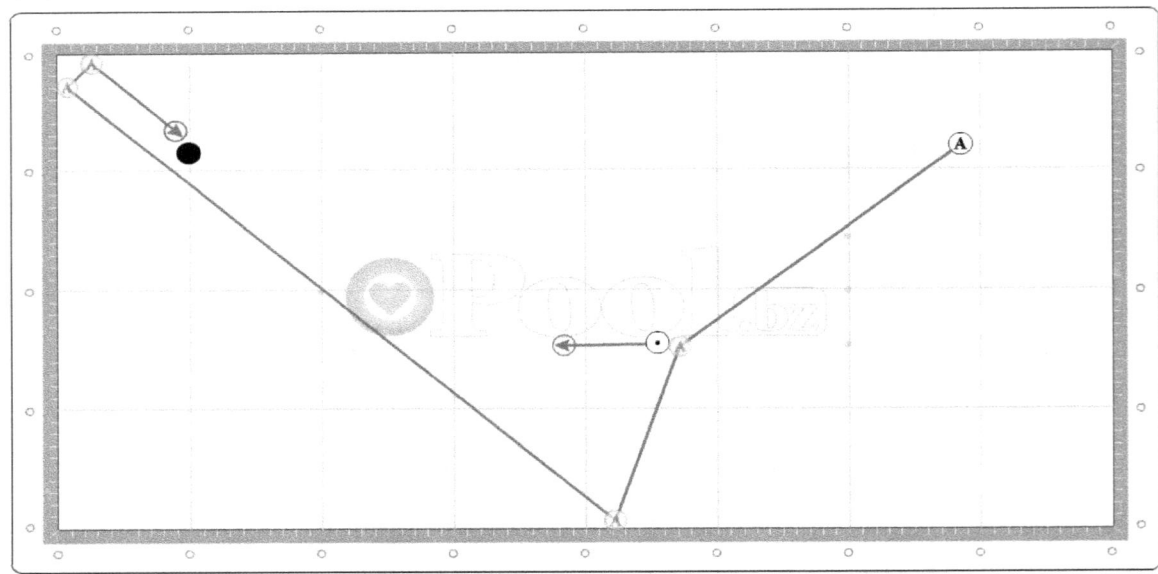

A:4c – Inrätta

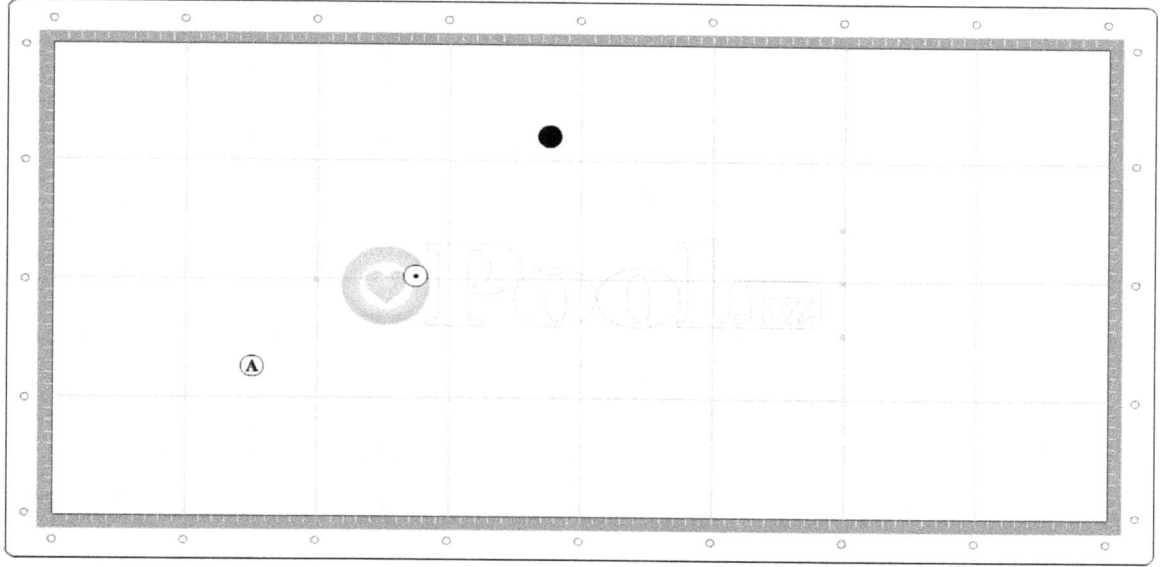

Anteckningar och idéer:

Skottmönster

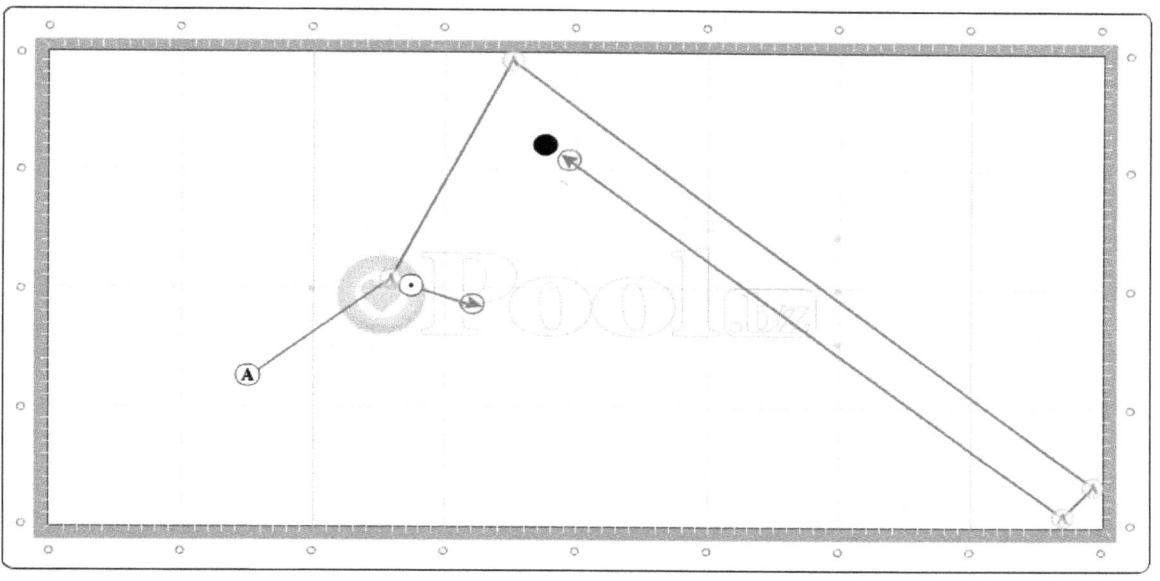

A:4d – Inrätta

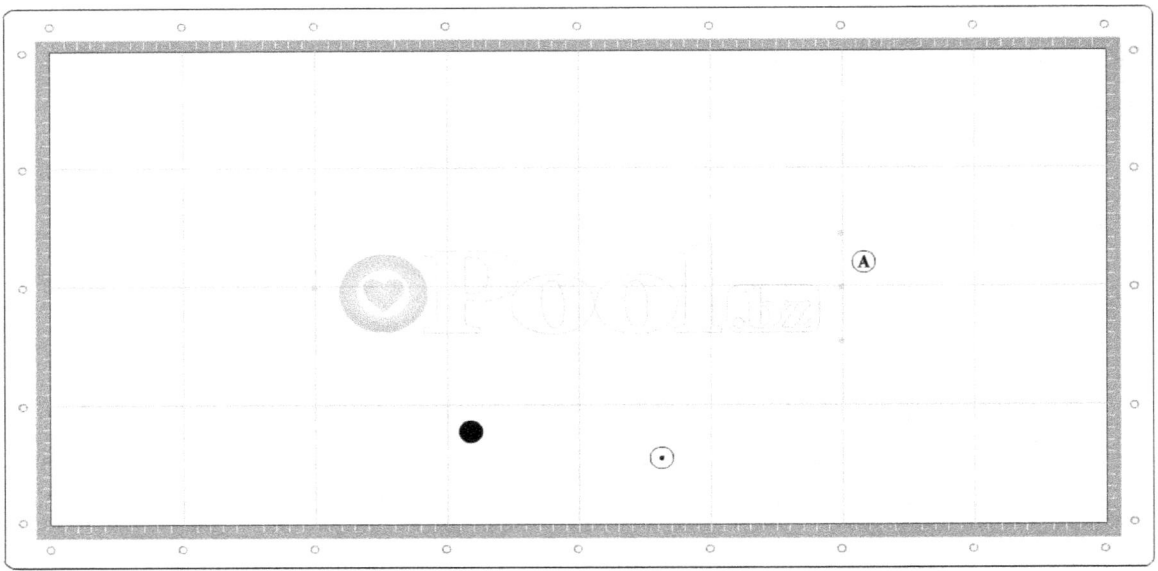

Anteckningar och idéer:

Skottmönster

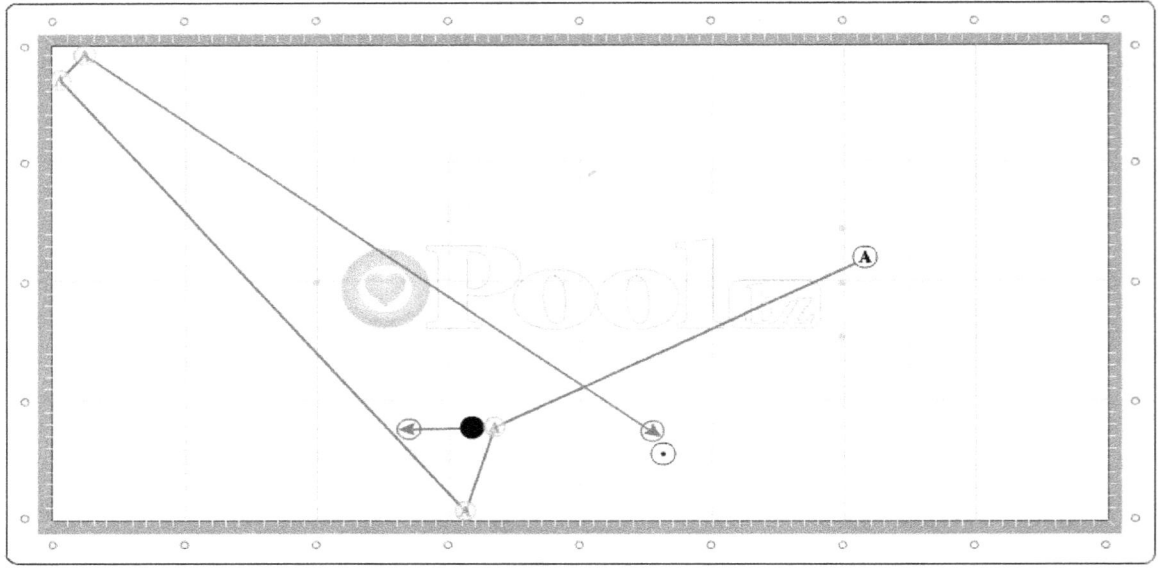

B: Nedför backen, stor hörnkrok

Den (CB) kommer från den första (OB) och går över sidan till den långa vallar. Sedan går det in i det andra hörnet. Här kontaktar den den korta vallar och den långa vallar, och kontaktar sedan den andra (OB).

Ⓐ (CB) (din biljardboll) - ⊙ (OB) (motståndare biljardboll) - ● (OB) (röd biljardboll)

B: Grupp 1

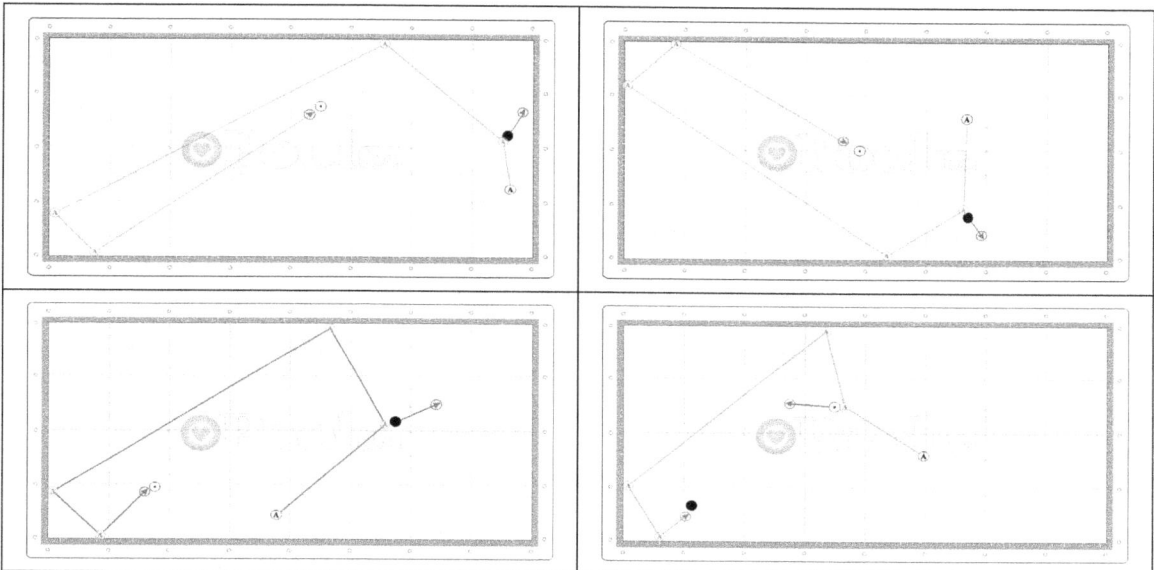

Analys:

B:1a. _____

B:1b. _____

B:1c. _____

B:1d. _____

B:1a – Inrätta

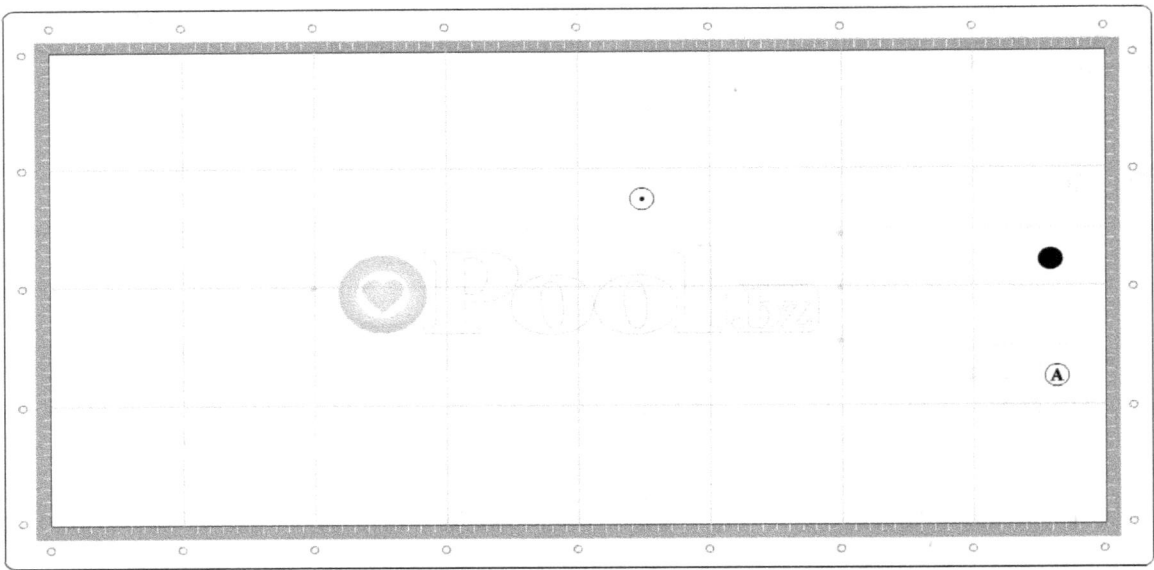

Anteckningar och idéer:

Skottmönster

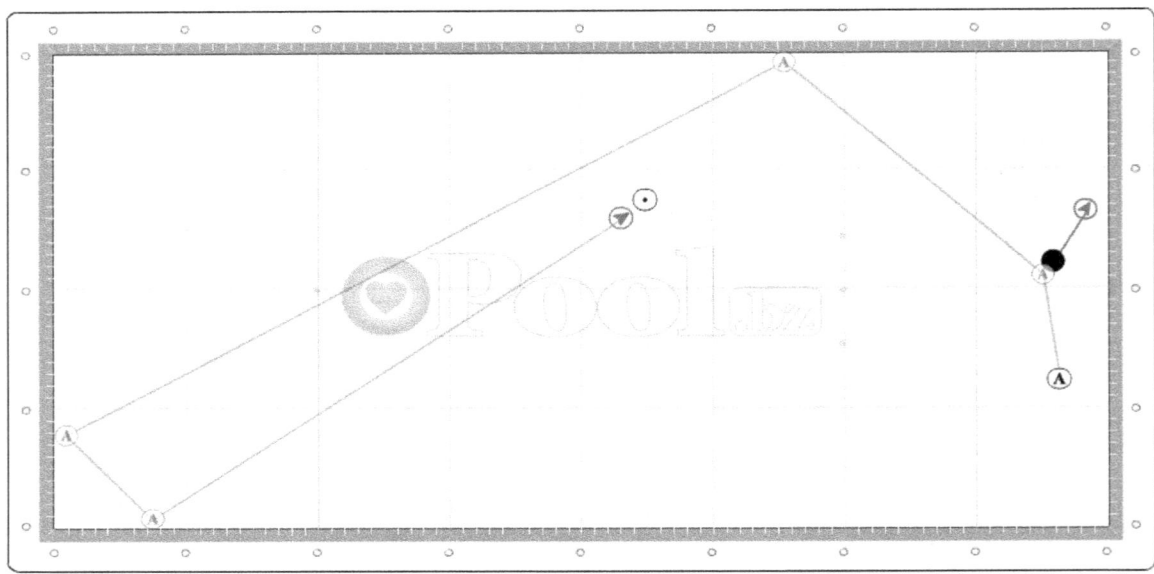

B:1b – Inrätta

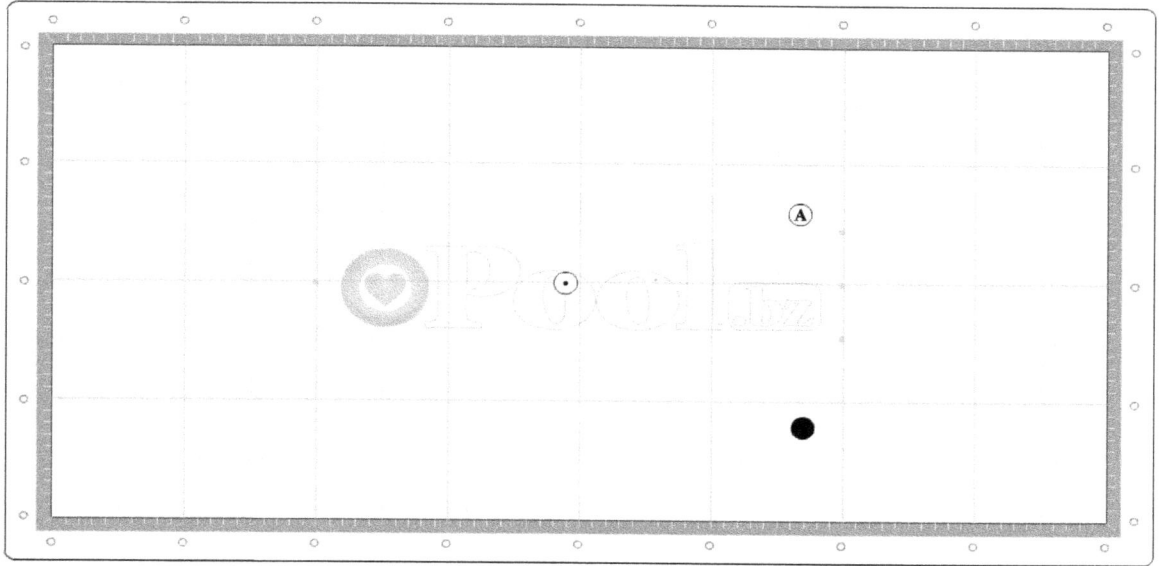

Anteckningar och idéer:

Skottmönster

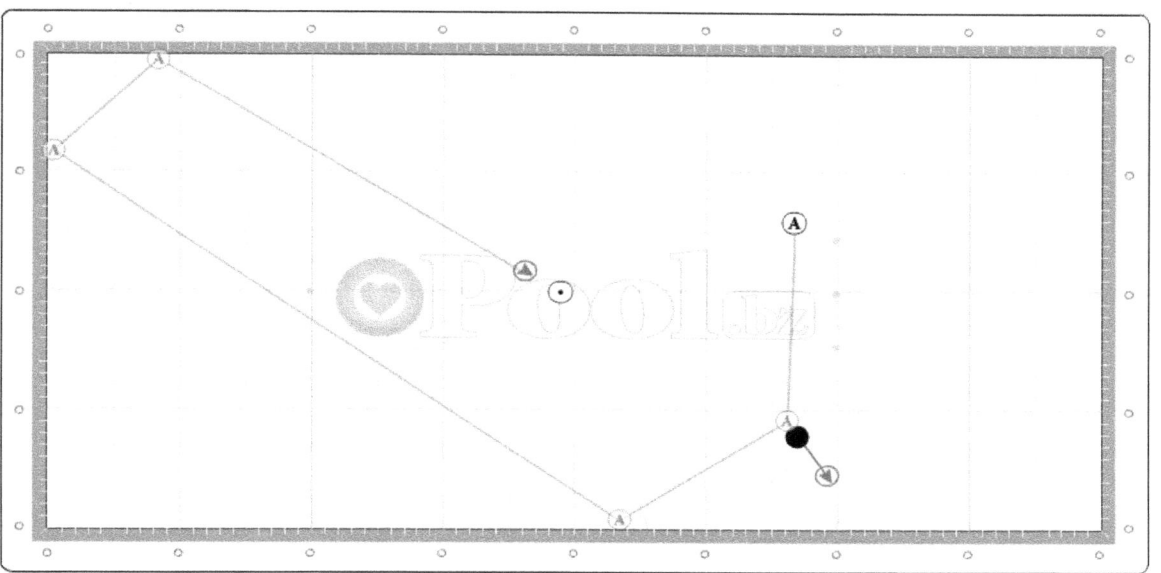

B:1c – Inrätta

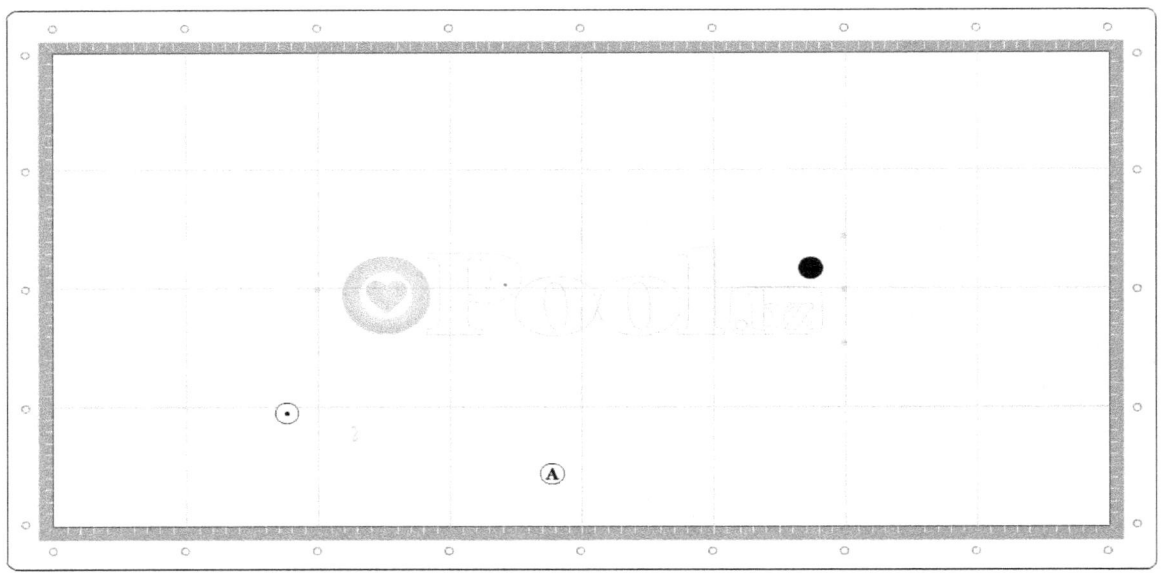

Anteckningar och idéer:

Skottmönster

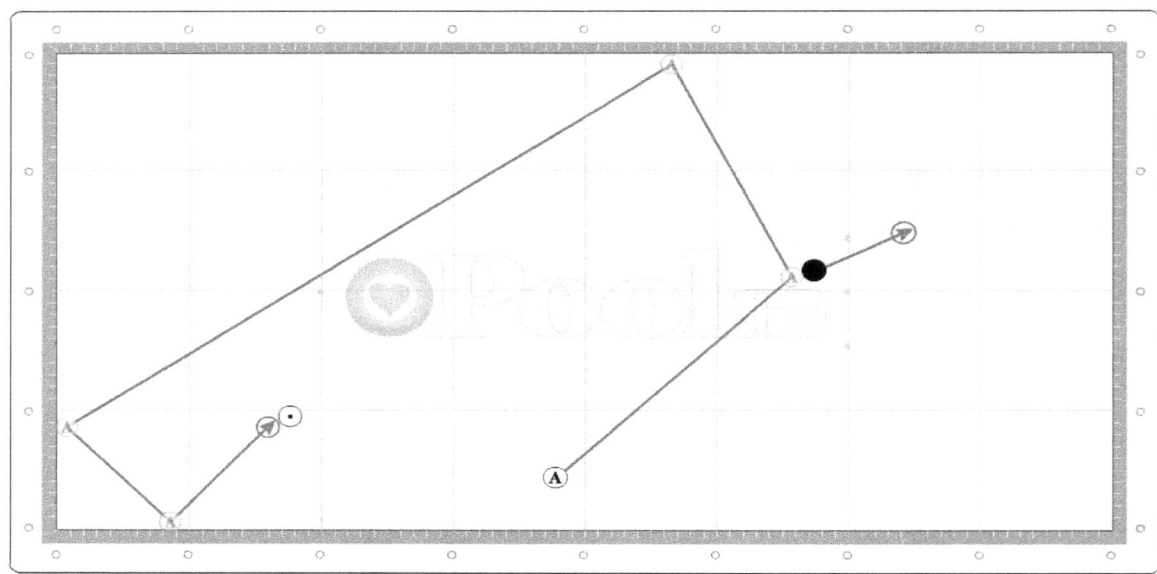

B:1d – Inrätta

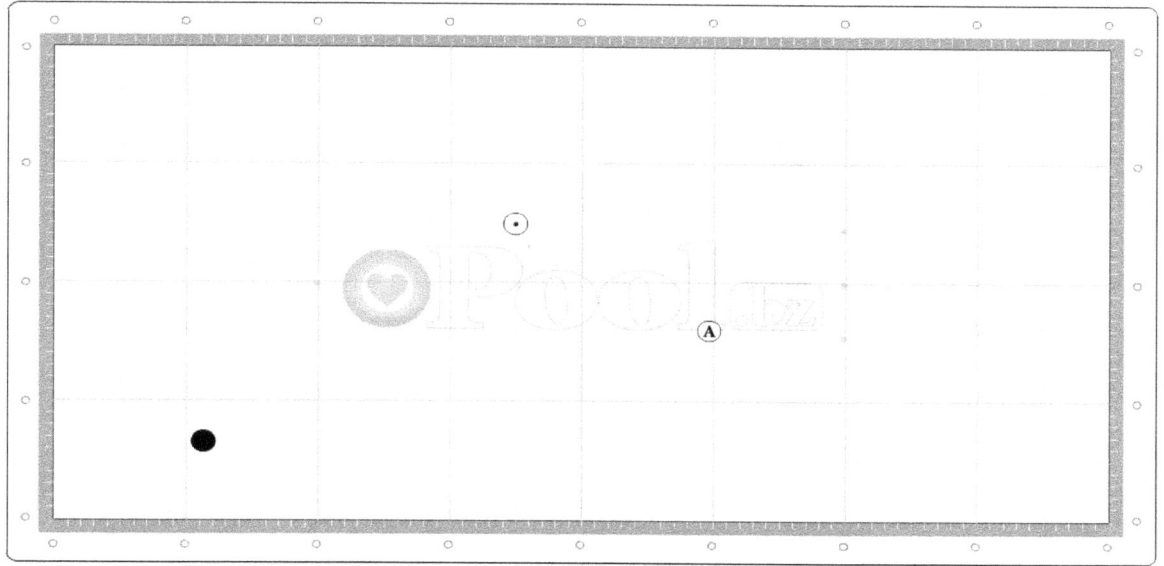

Anteckningar och idéer:

Skottmönster

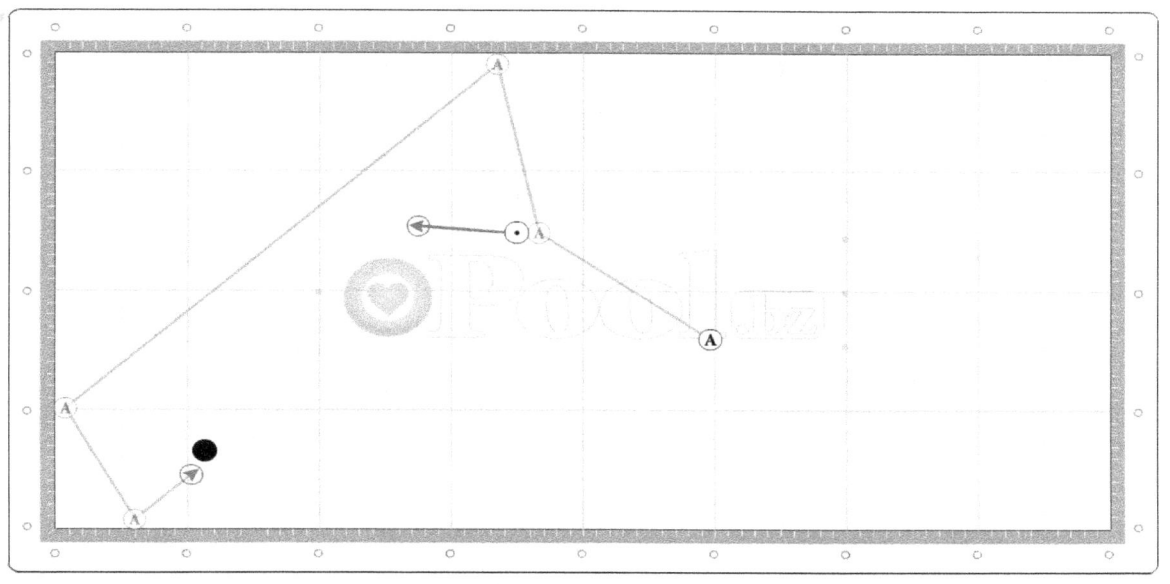

B: Grupp 2

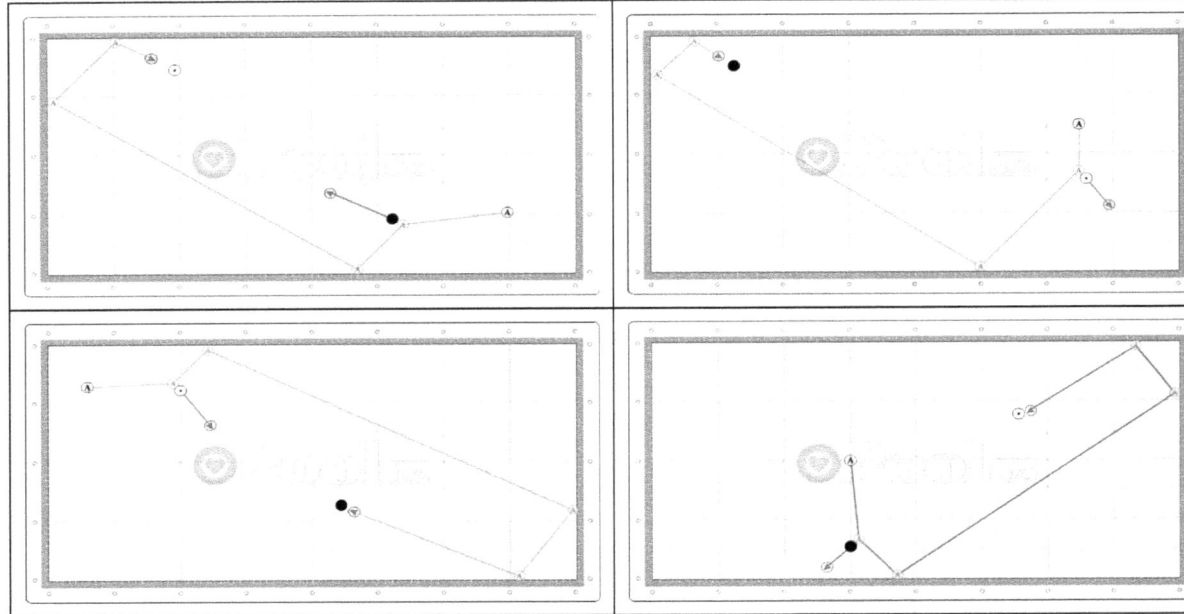

Analys:

B:2a. _____

B:2b. _____

B:2c. _____

B:2d. _____

B:2a – Inrätta

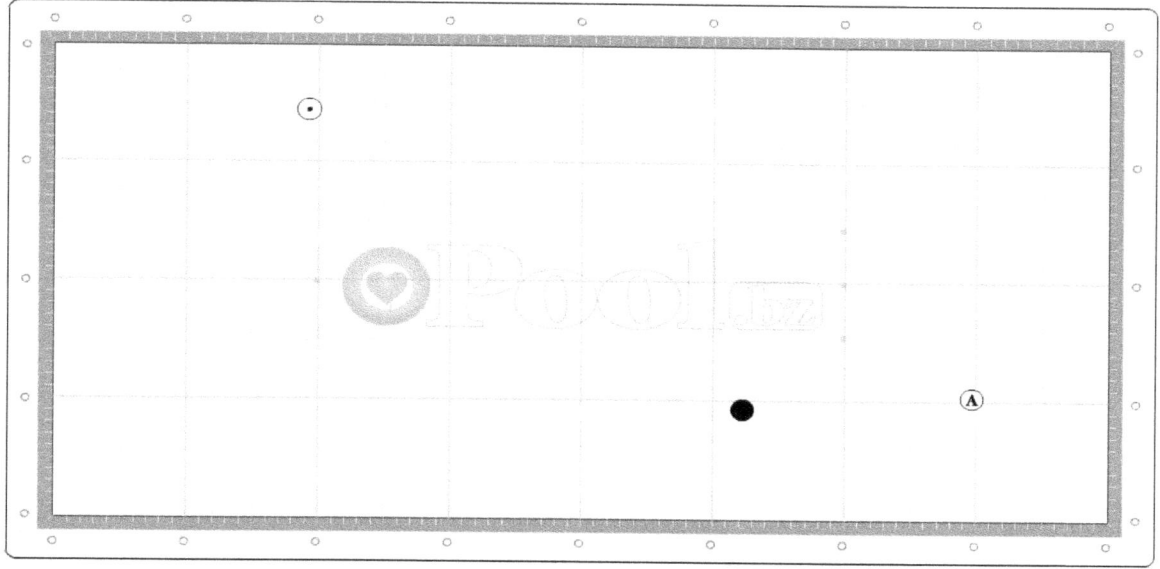

Anteckningar och idéer:

Skottmönster

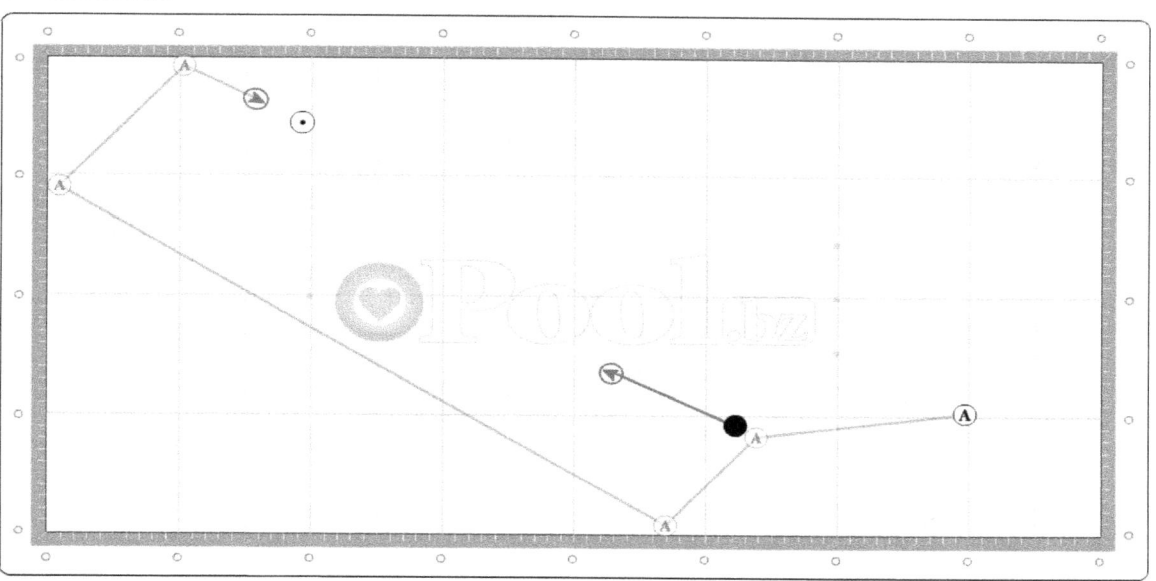

B:2b – Inrätta

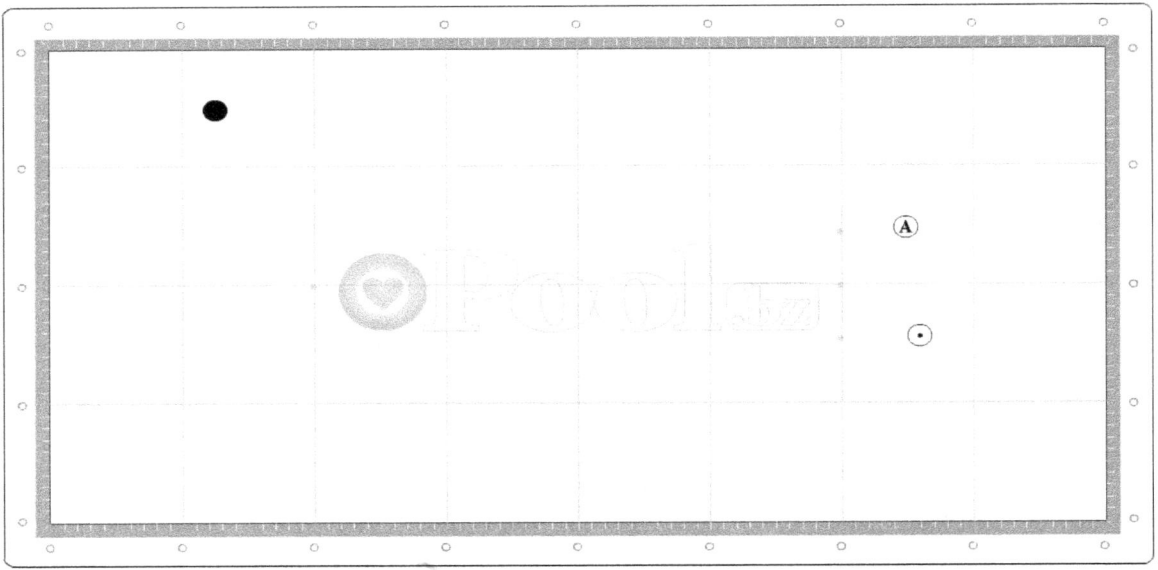

Anteckningar och idéer:

Skottmönster

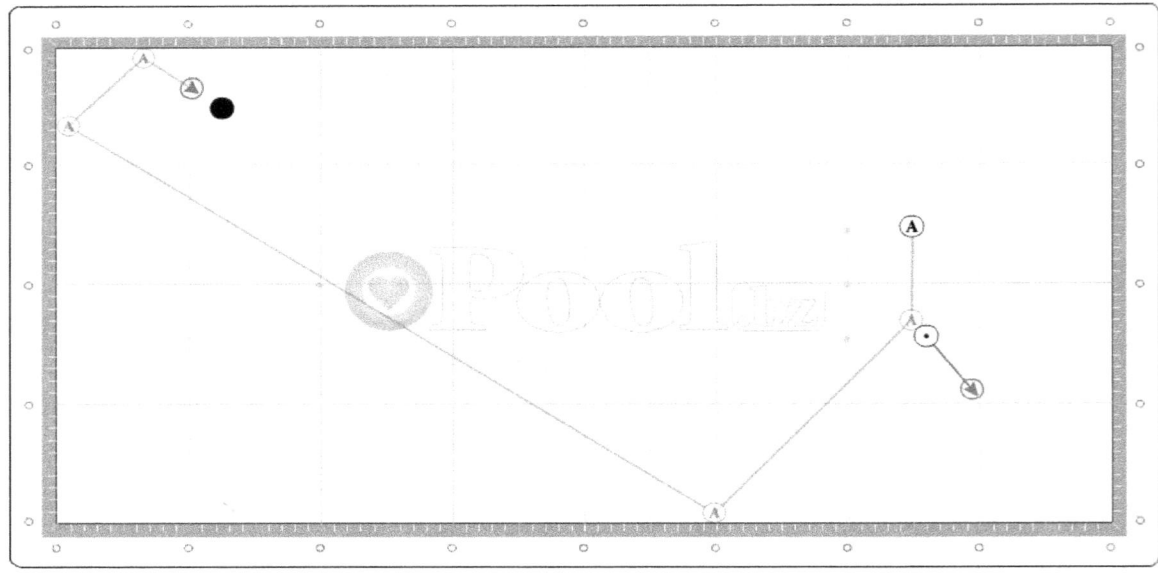

B:2c – Inrätta

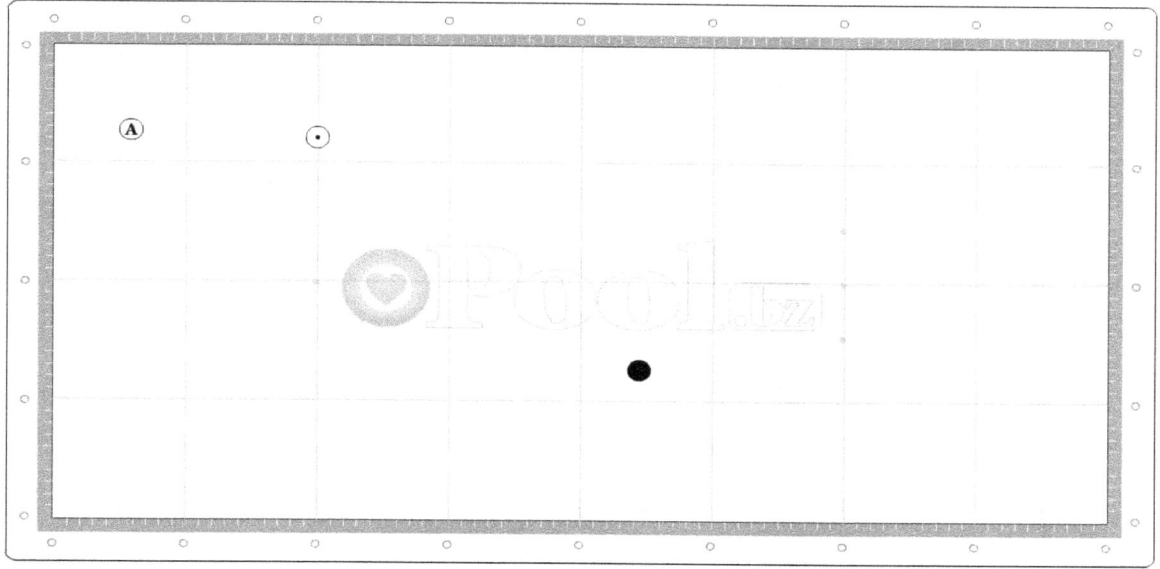

Anteckningar och idéer:

Skottmönster

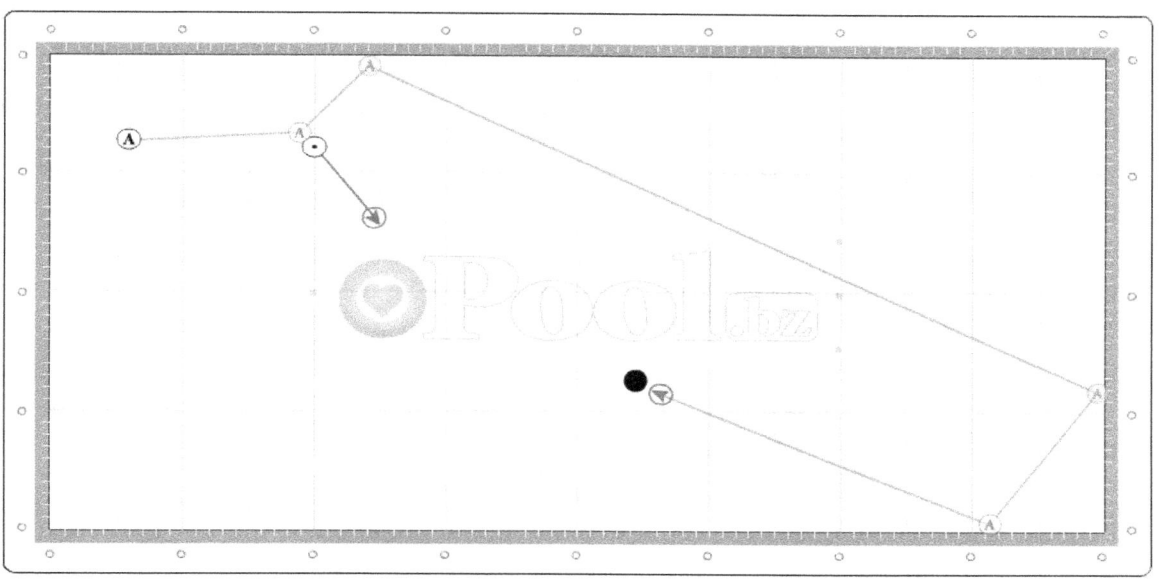

B:2d – Inrätta

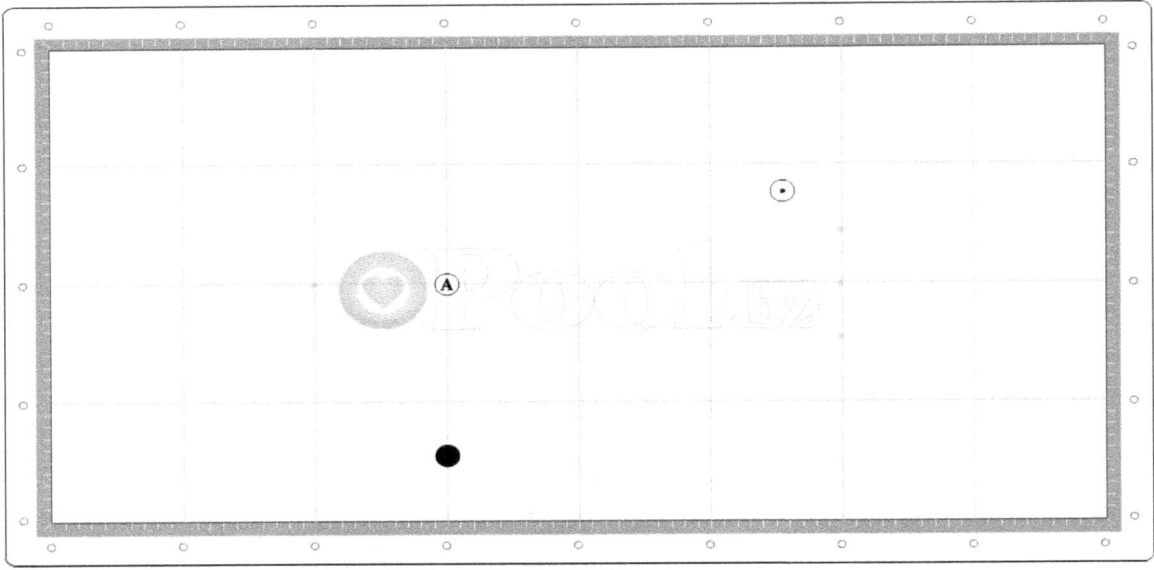

Anteckningar och idéer:

Skottmönster

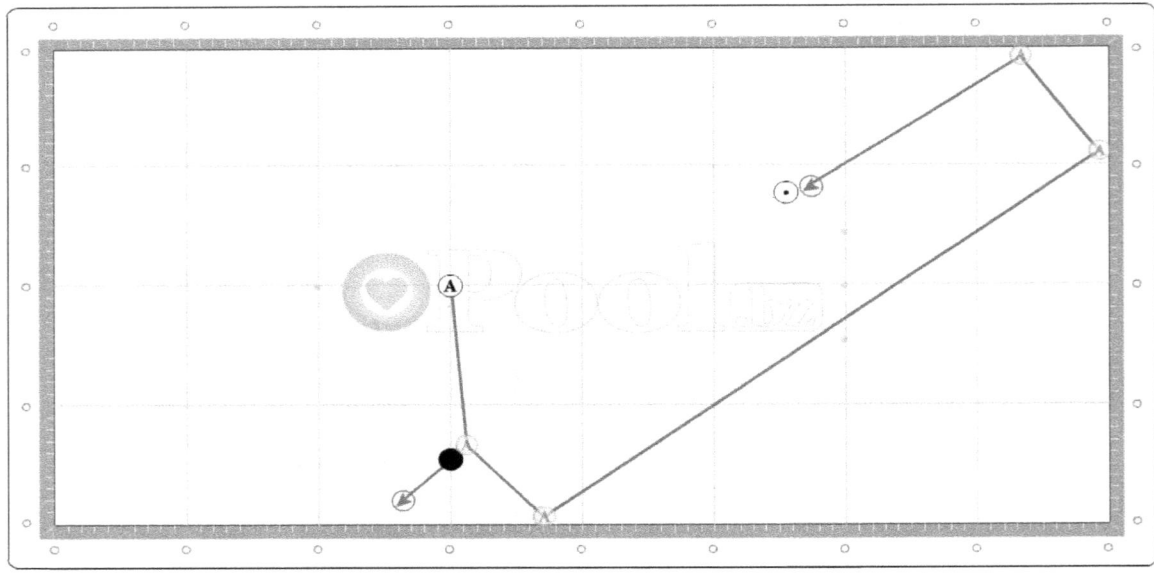

B: Grupp 3

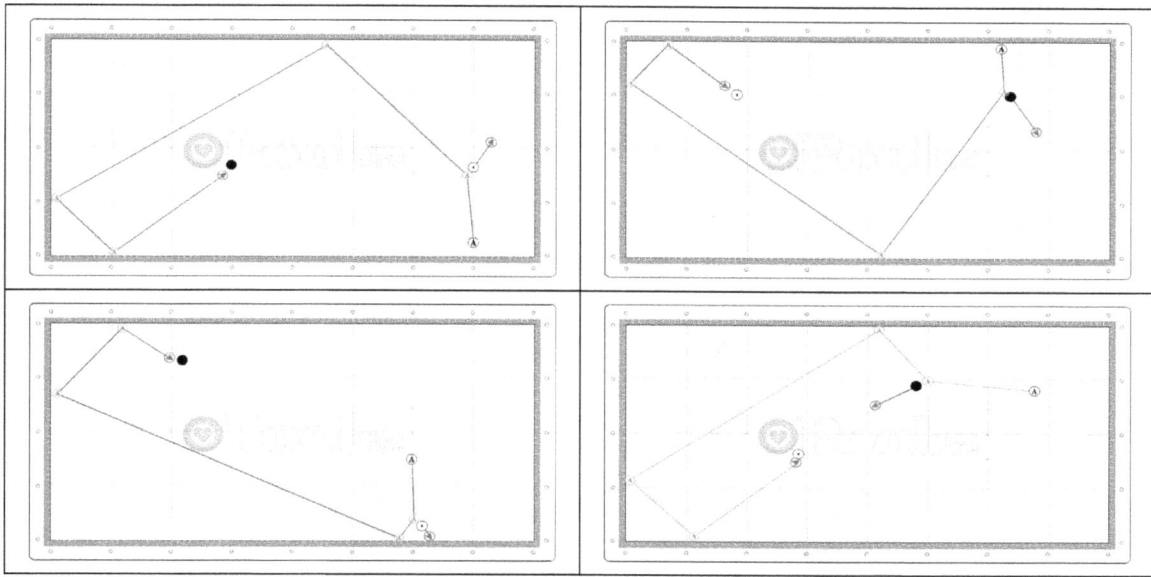

Analys:

B:3a. _____

B:3b. _____

B:3c. _____

B:3d. _____

B:3a – Inrätta

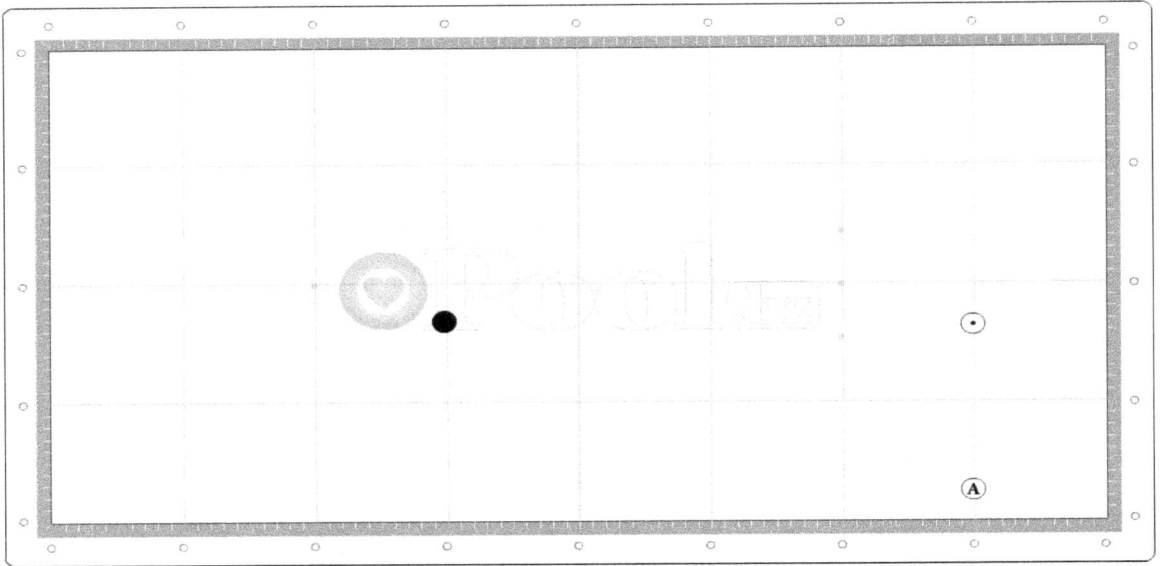

Anteckningar och idéer:

Skottmönster

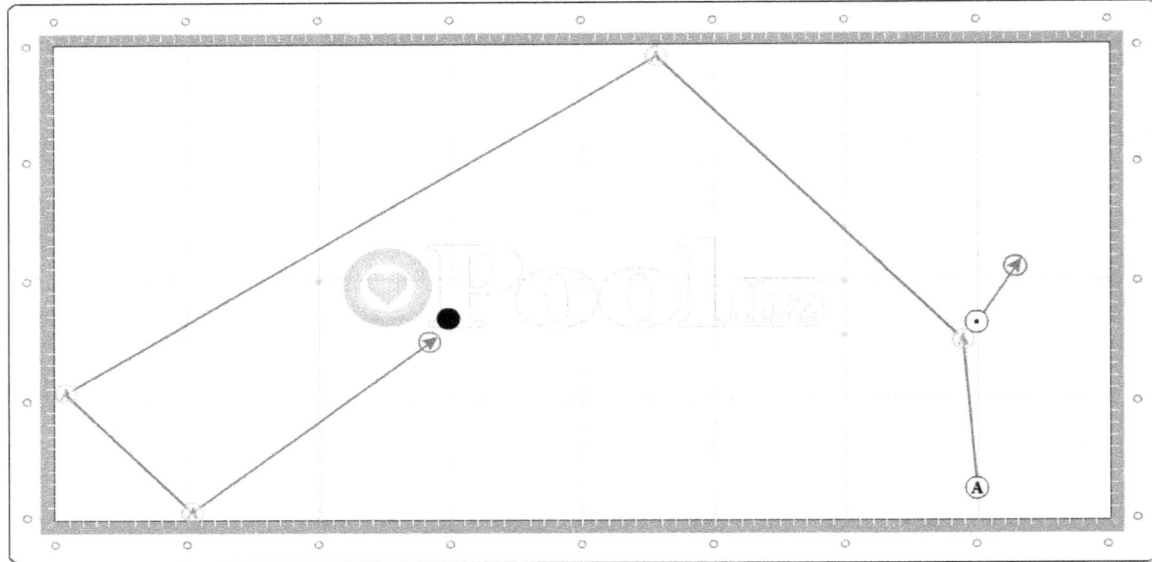

B:3b – Inrätta

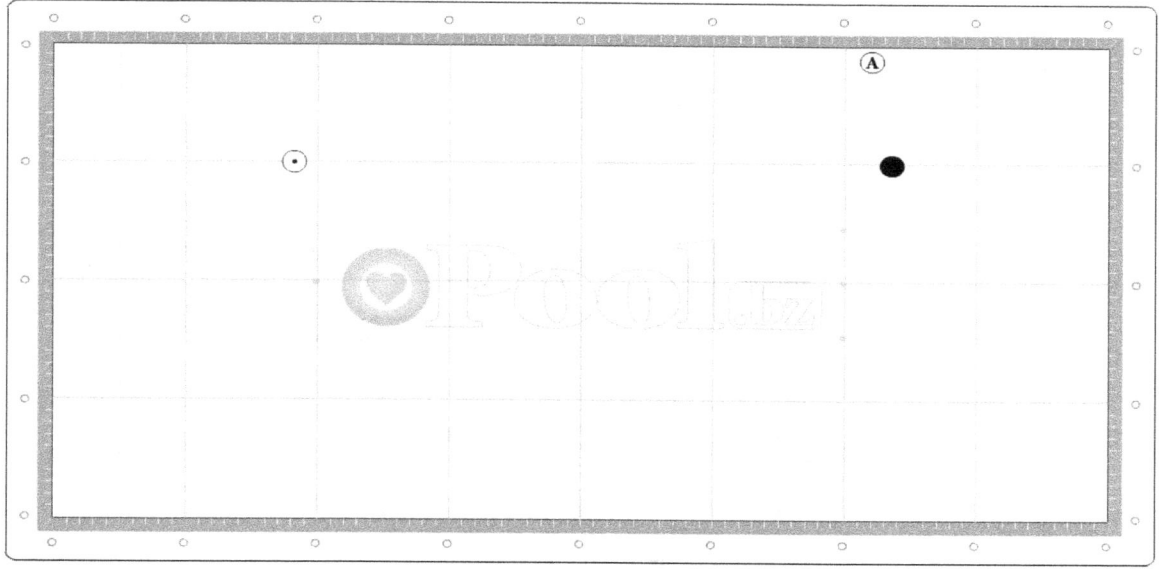

Anteckningar och idéer:

Skottmönster

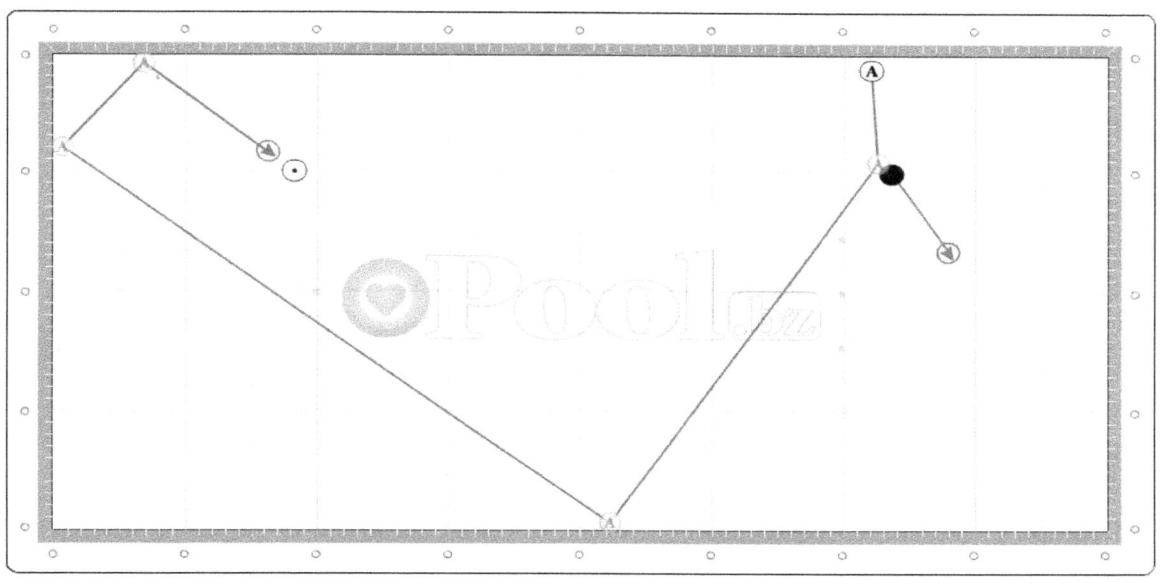

B:3c – Inrätta

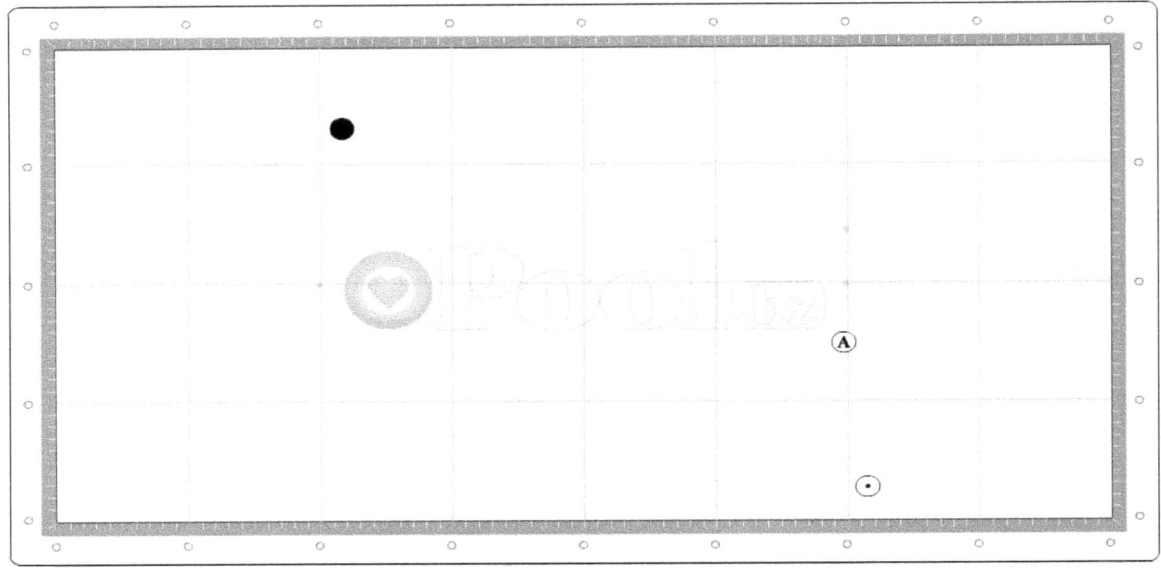

Anteckningar och idéer:

Skottmönster

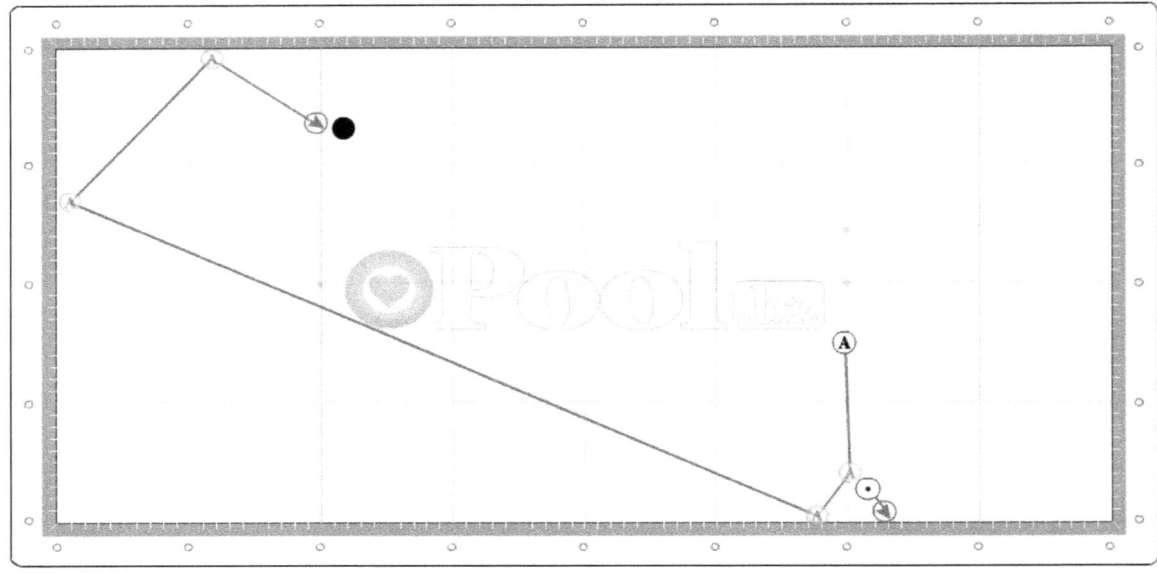

B:3d – Inrätta

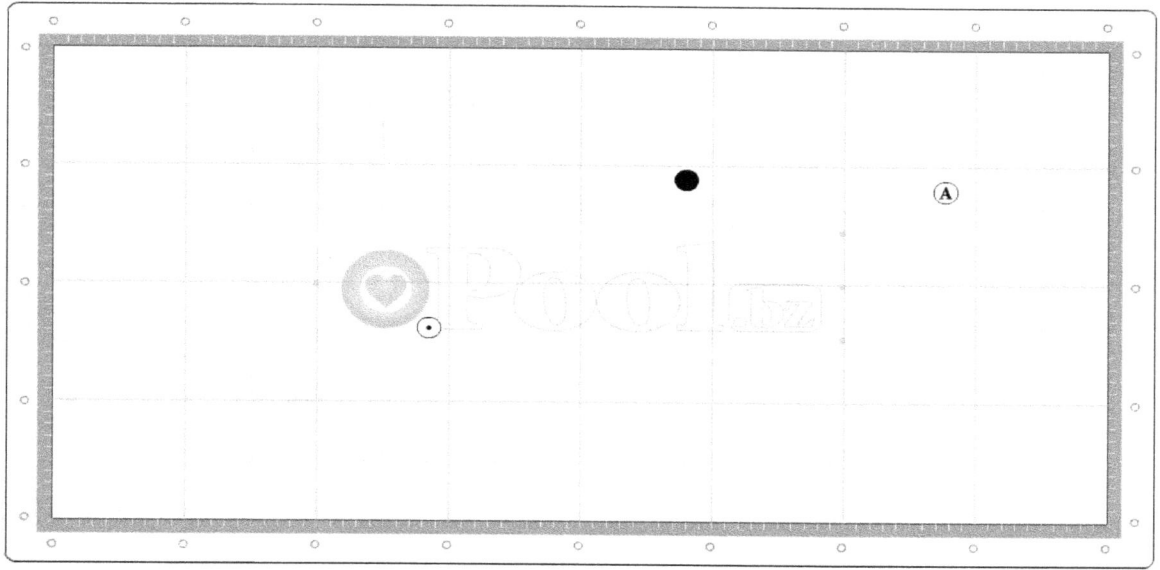

Anteckningar och idéer:

Skottmönster

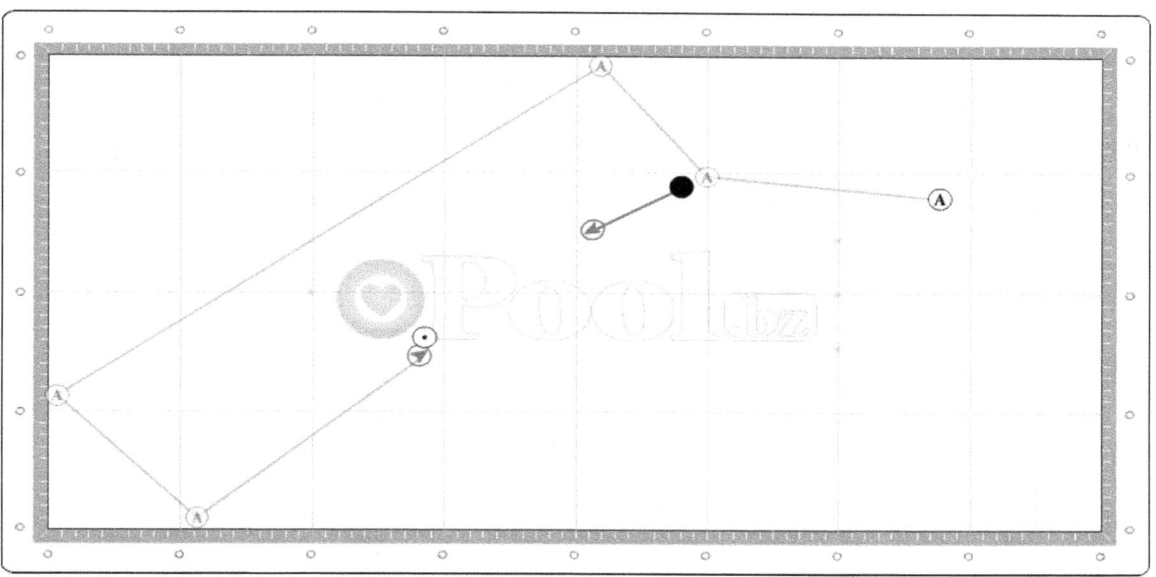

B: Grupp 4

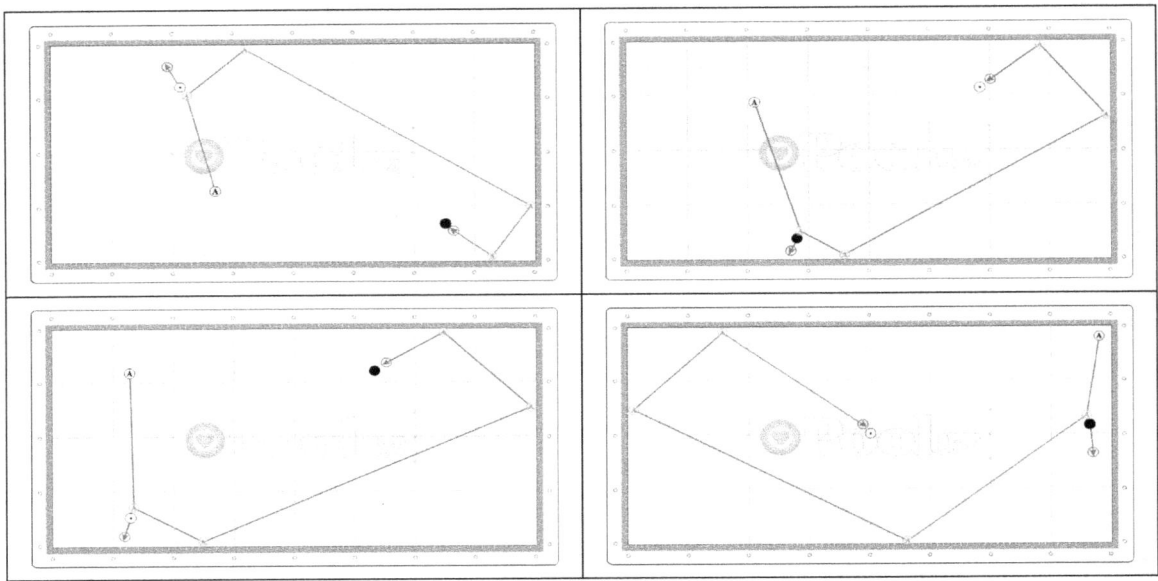

Analys:

B:4a. _____

B:4b. _____

B:4c. _____

B:4d. _____

B:4a – Inrätta

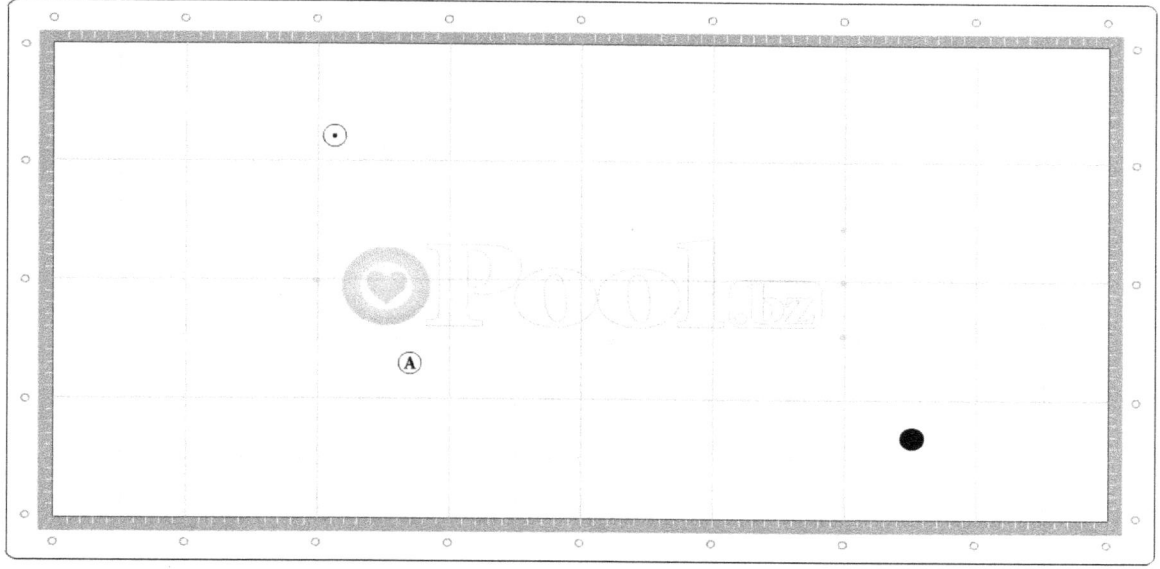

Anteckningar och idéer:

Skottmönster

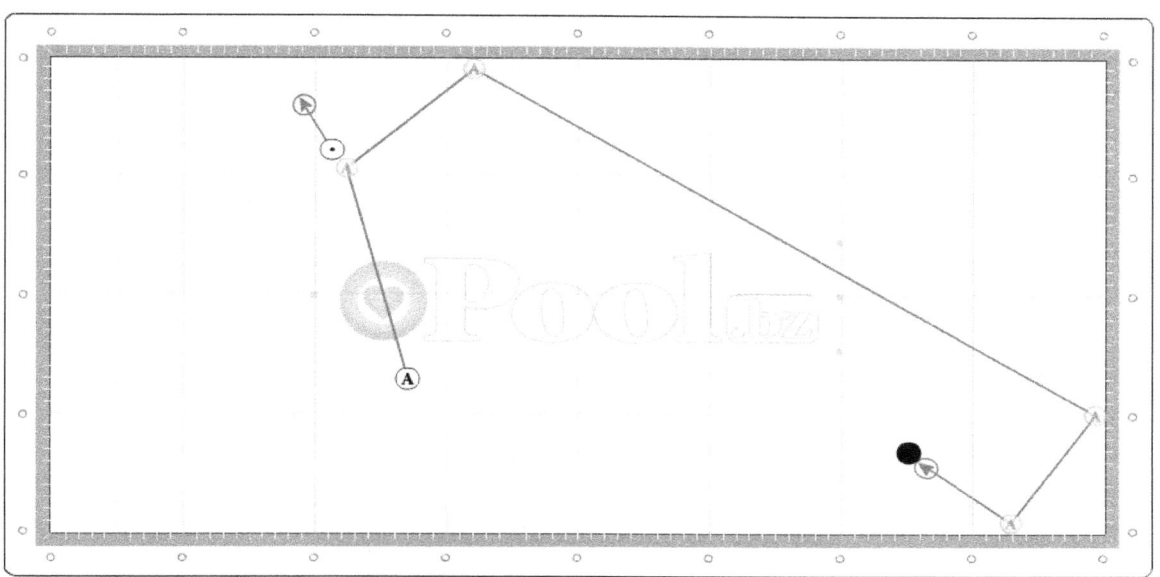

B:4b – Inrätta

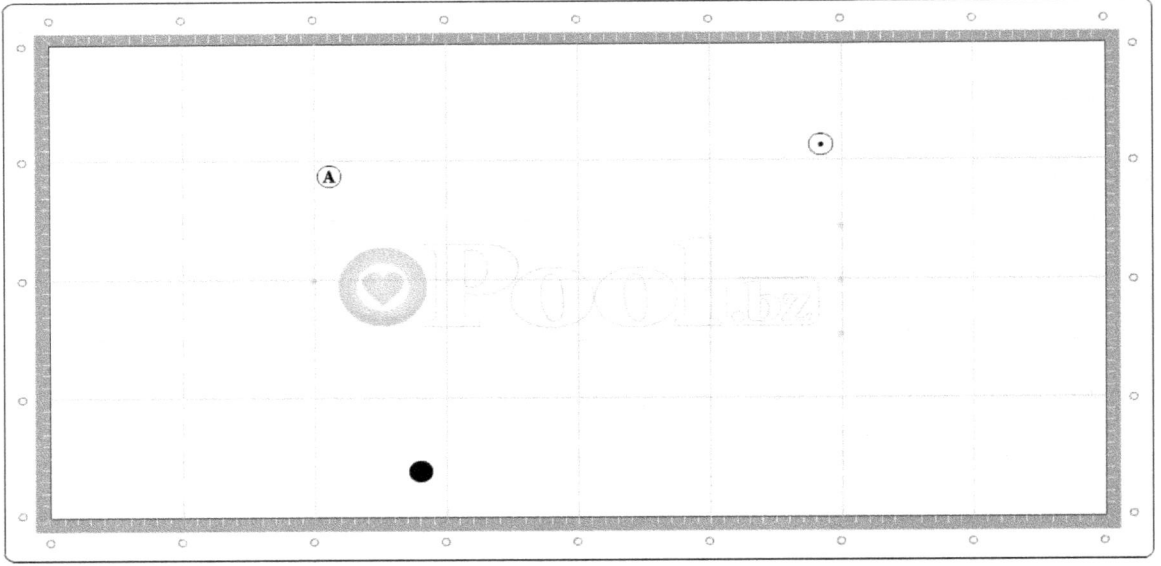

Anteckningar och idéer:

Skottmönster

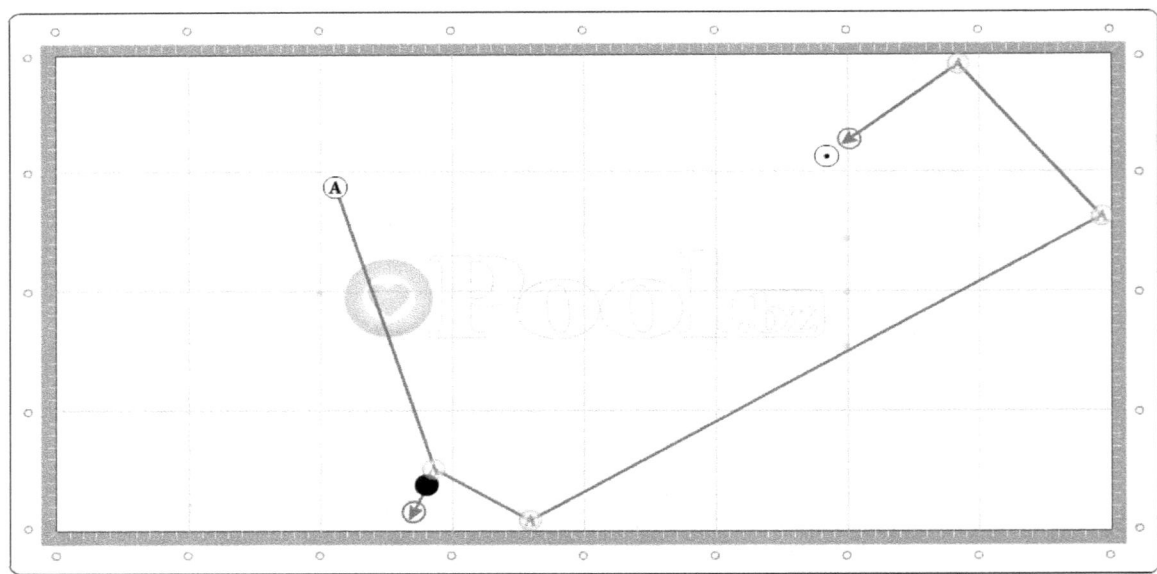

B:4c – Inrätta

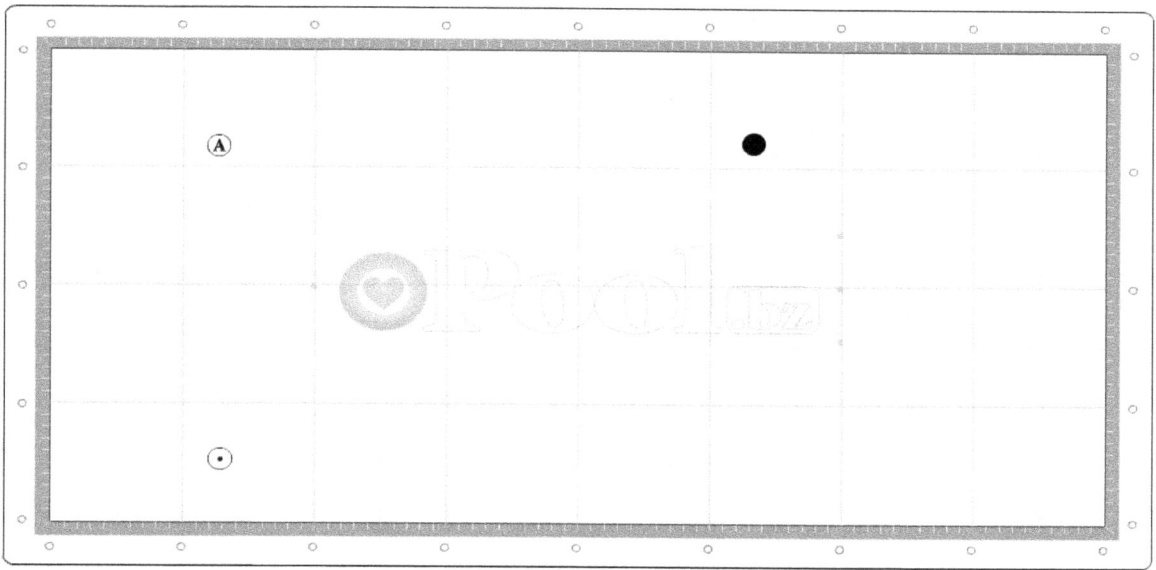

Anteckningar och idéer:

Skottmönster

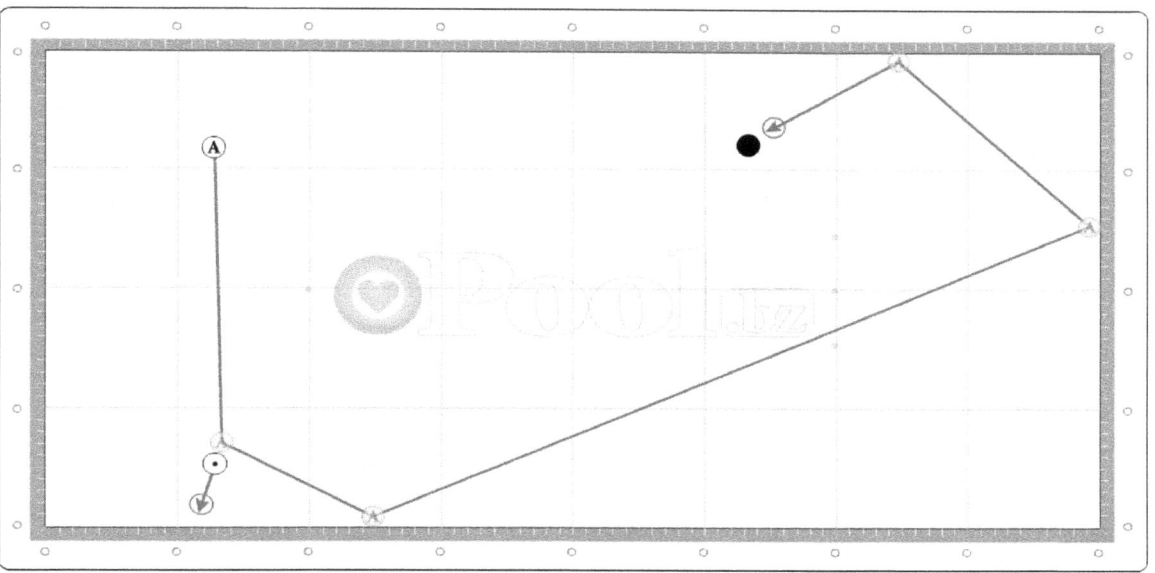

B:4d – Inrätta

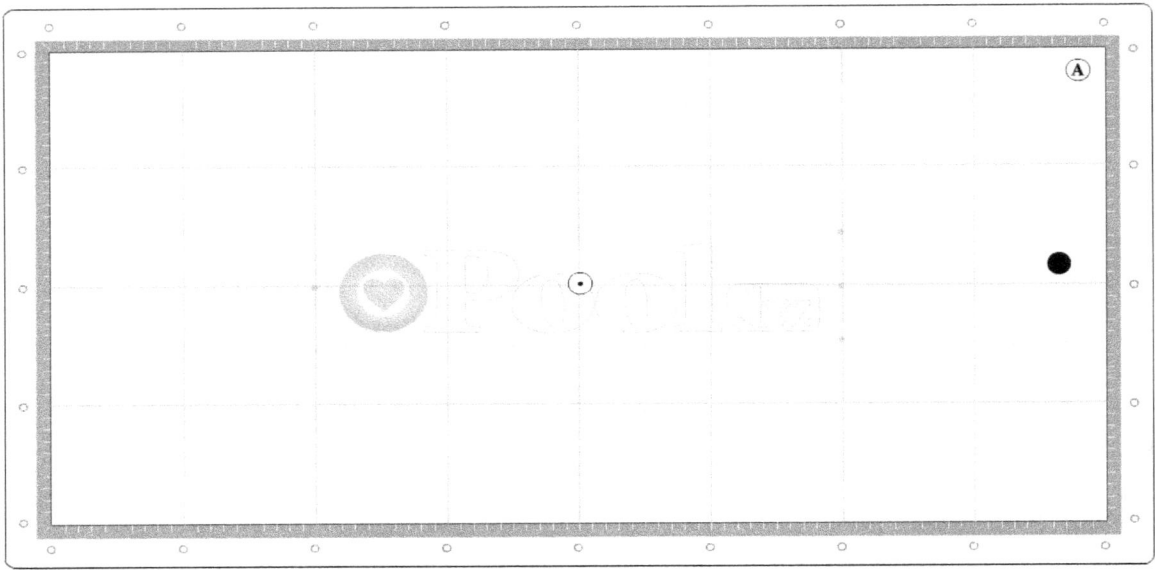

Anteckningar och idéer:

Skottmönster

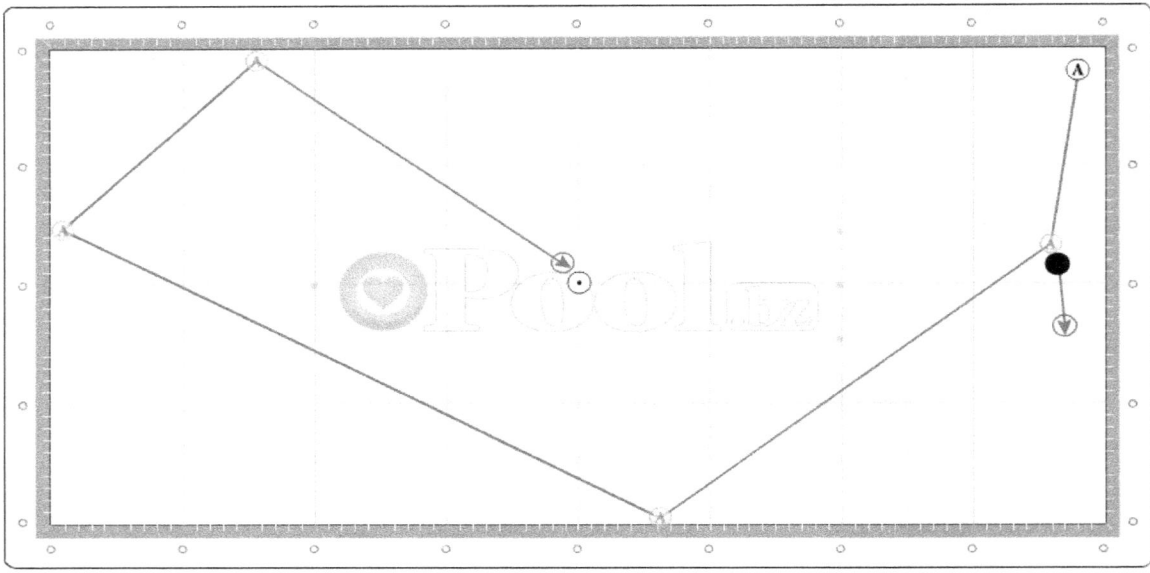

C: Fullbord (kort vallar)

Den (CB) kommer av först (OB) och in i den korta vallar. Därifrån går (CB) över till mittområdet av motsatt lång vallar. Den (CB) reser in i det andra hörnet, kort vallar först. På vägen ut träffar (CB) den andra (OB).

(A) (CB) (din biljardboll) - ⊙ (OB) (motståndare biljardboll) - ● (OB) (röd biljardboll)

C: Grupp 1

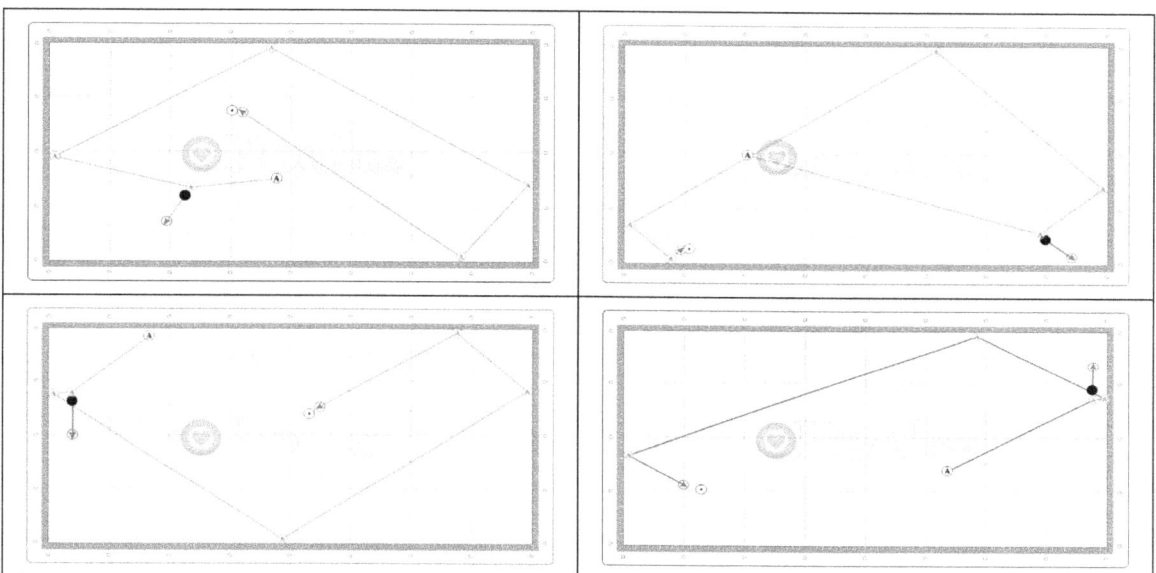

Analys:

C:1a. _____

C:1b. _____

C:1c. _____

C:1d. _____

C:1a – Inrätta

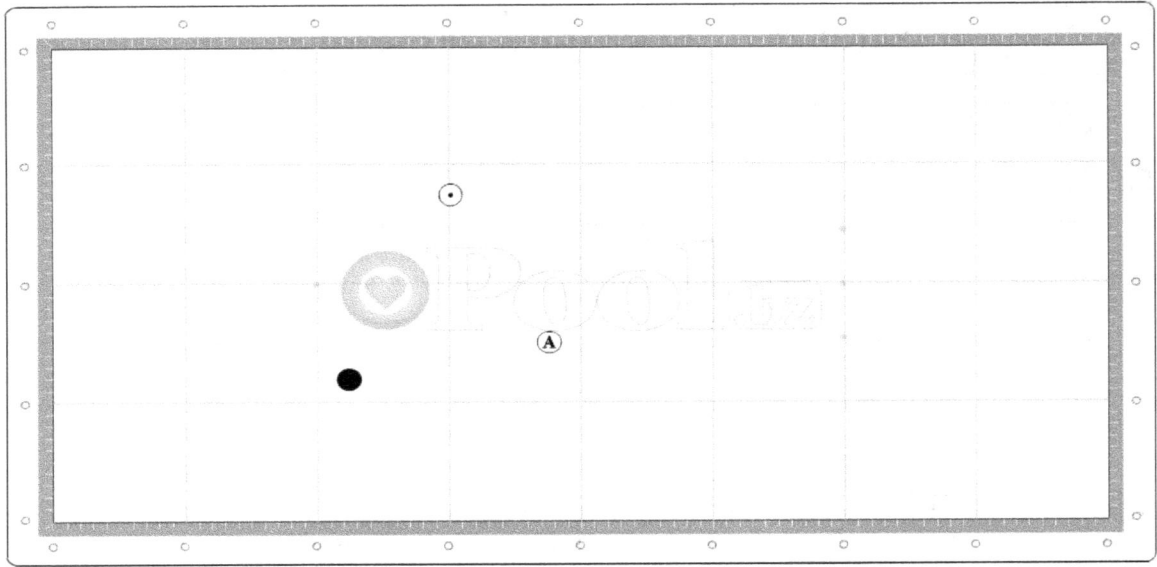

Anteckningar och idéer:

Skottmönster

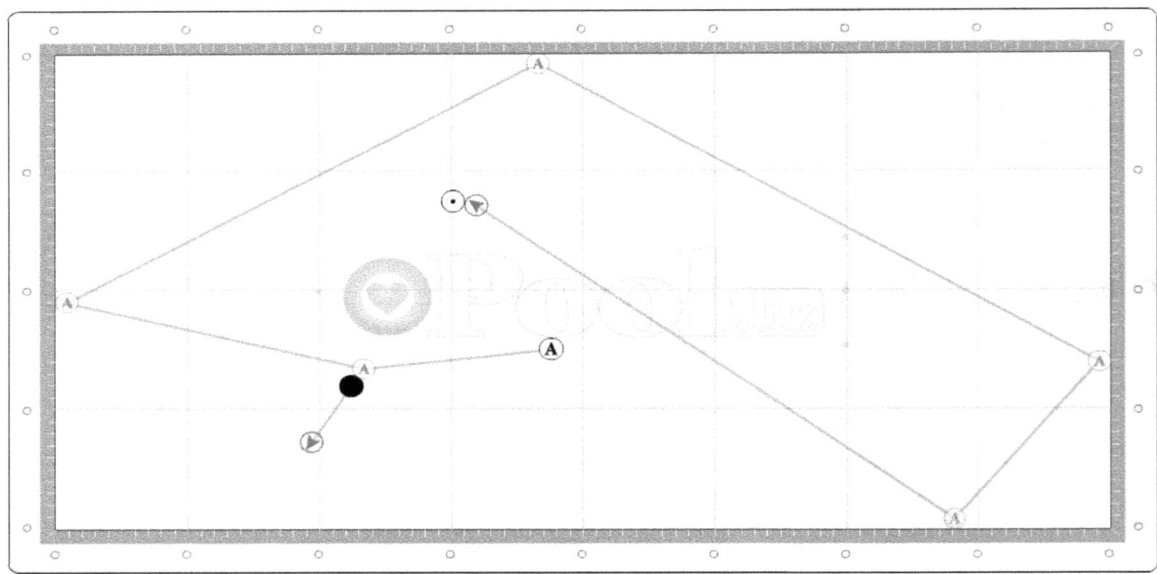

C:1b – Inrätta

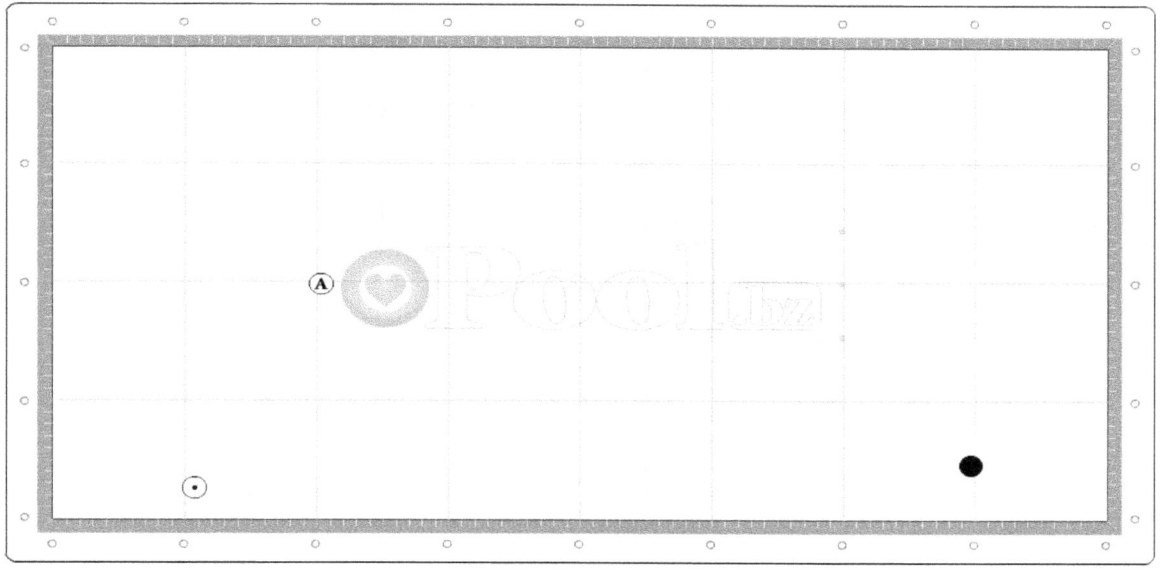

Anteckningar och idéer:

Skottmönster

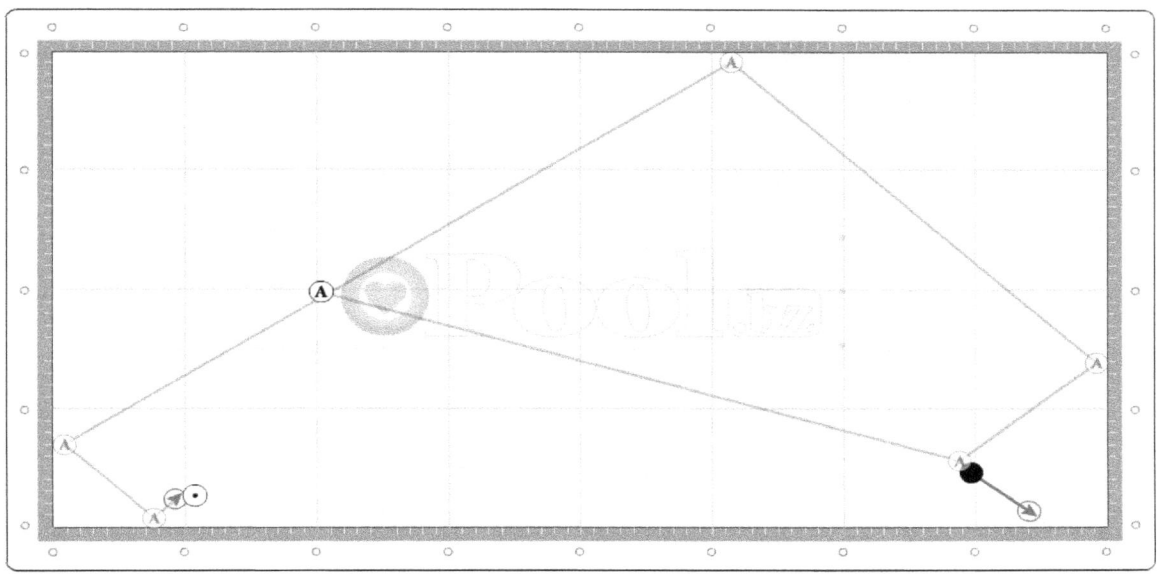

C:1c – Inrätta

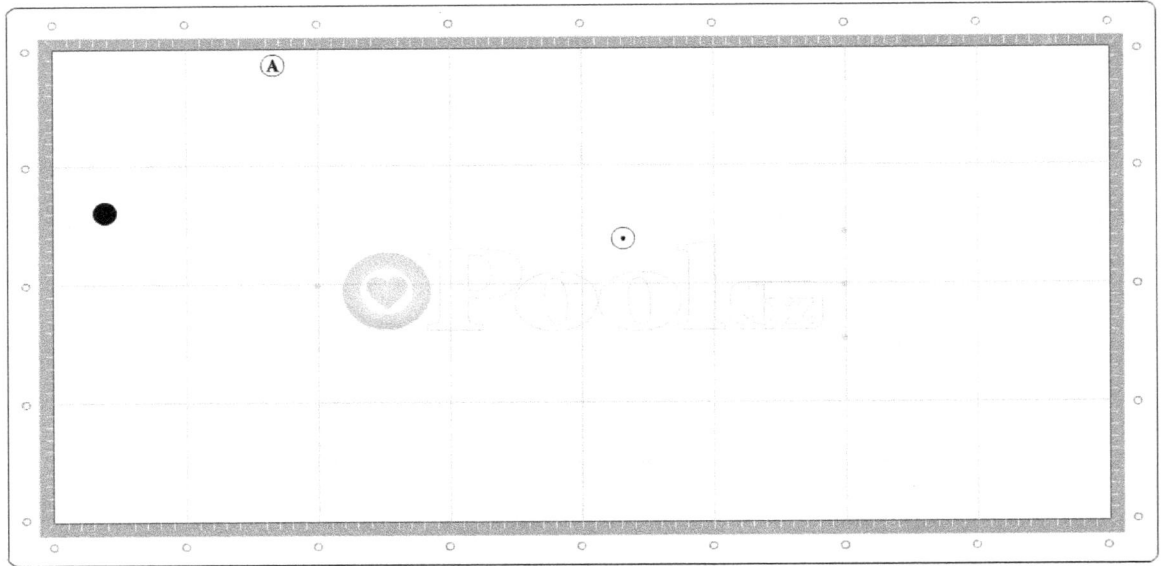

Anteckningar och idéer:

Skottmönster

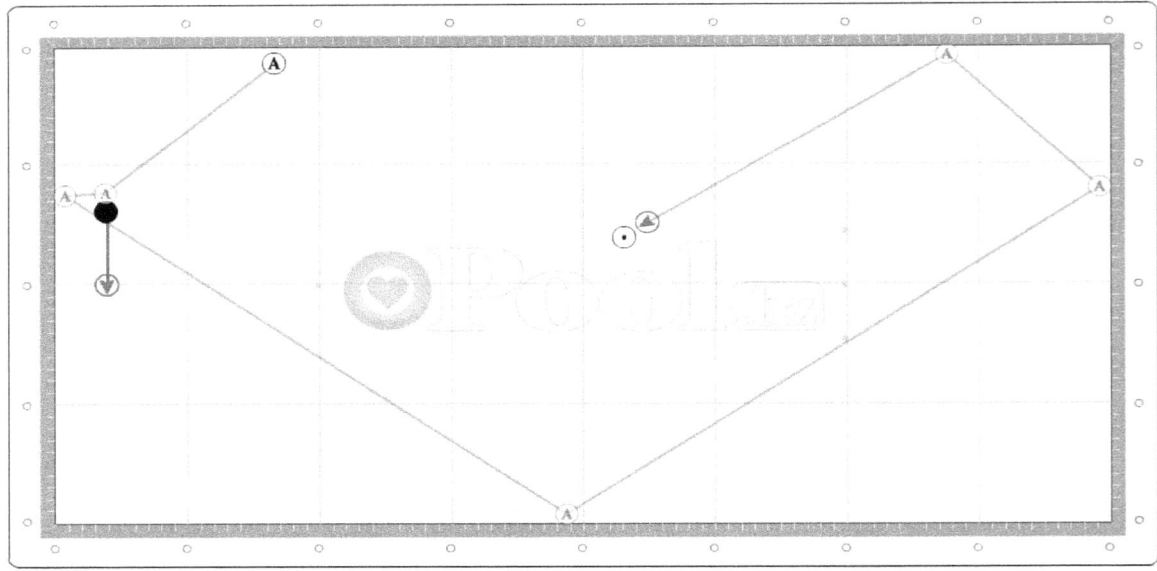

C:1d – Inrätta

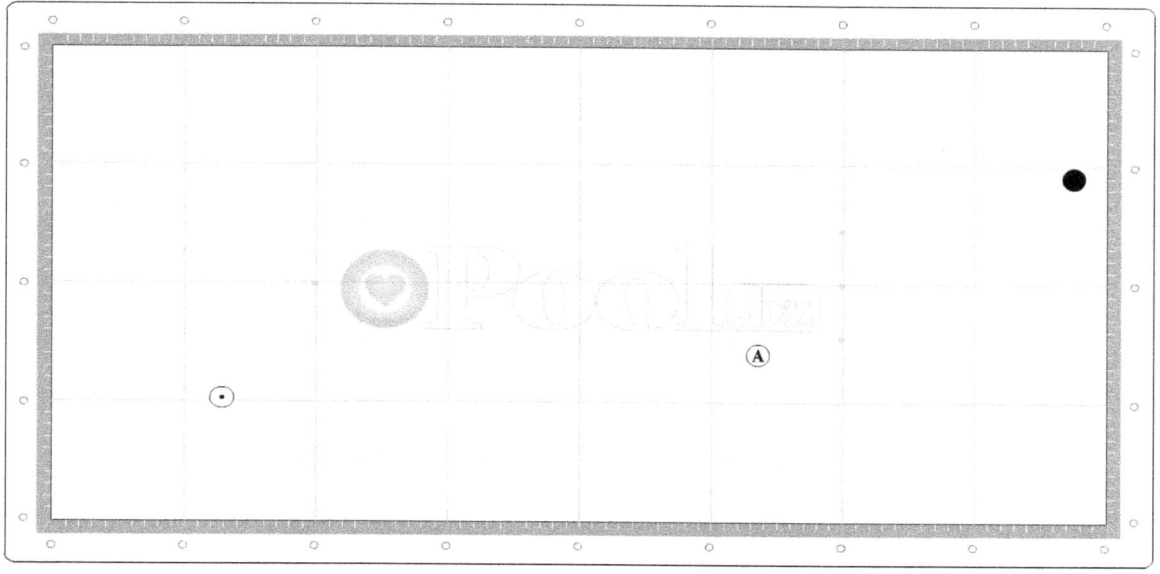

Anteckningar och idéer:

Skottmönster

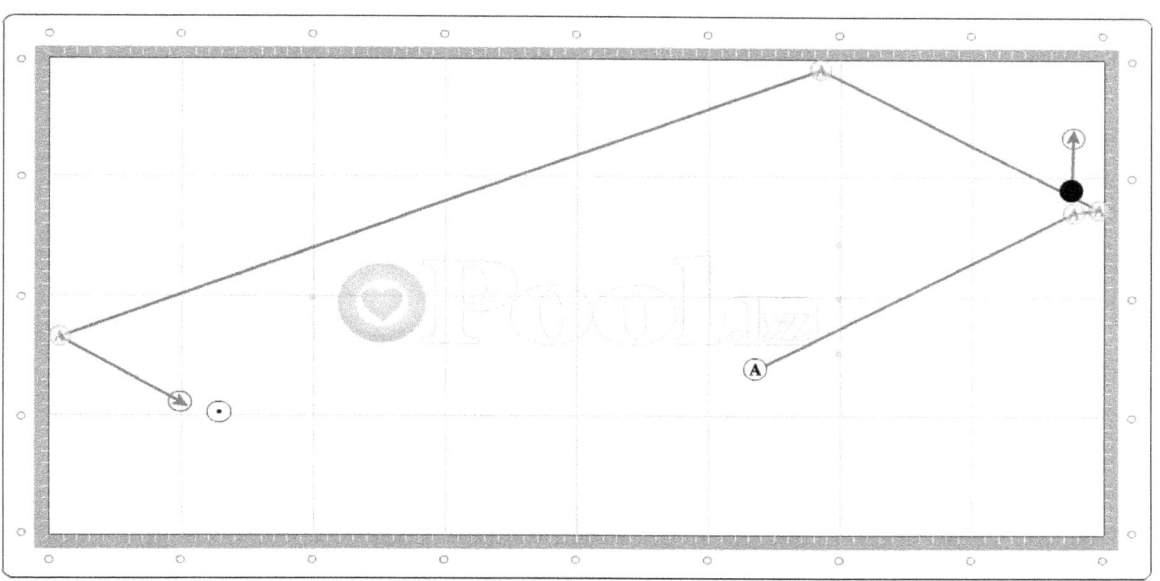

Trevallars carambole: Upp och ner i berget mönster

C: Grupp 2

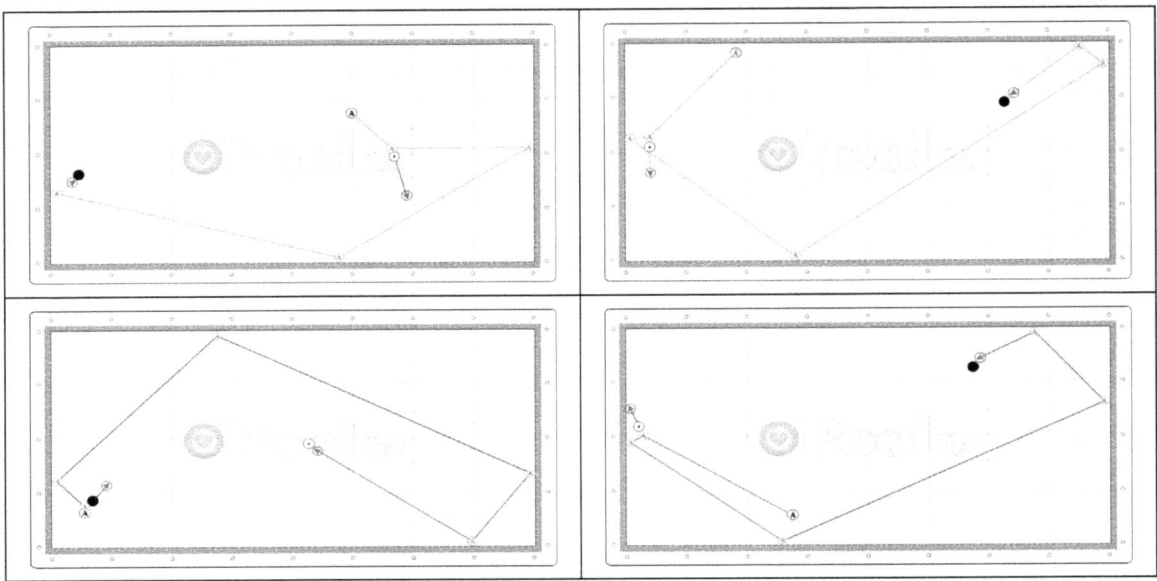

Analys:

C:2a. _____

C:2b. _____

C:2c. _____

C:2d. _____

C:2a – Inrätta

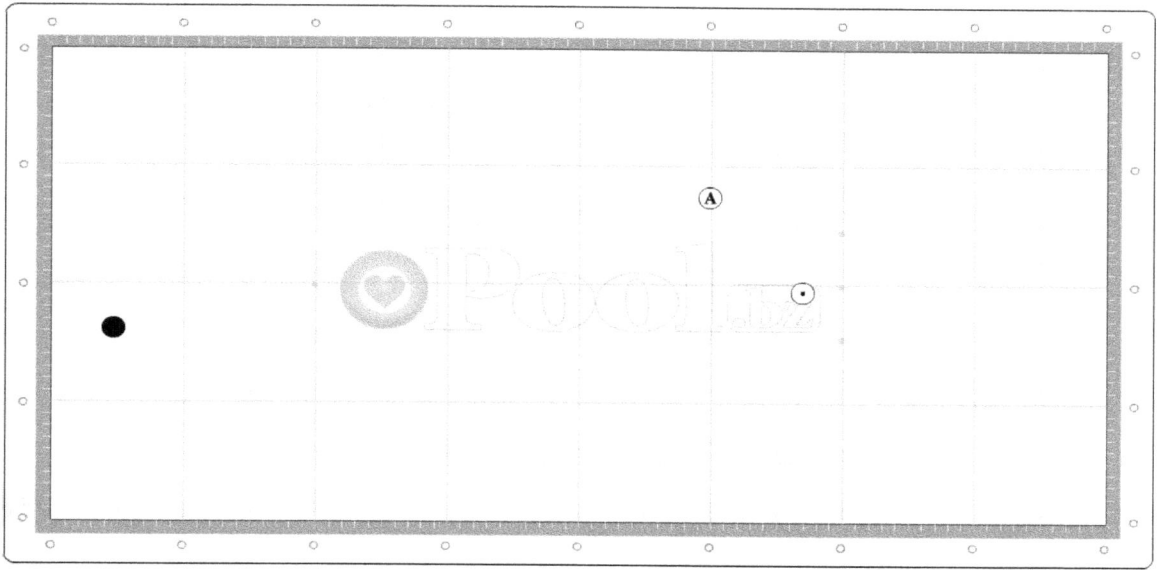

Anteckningar och idéer:

Skottmönster

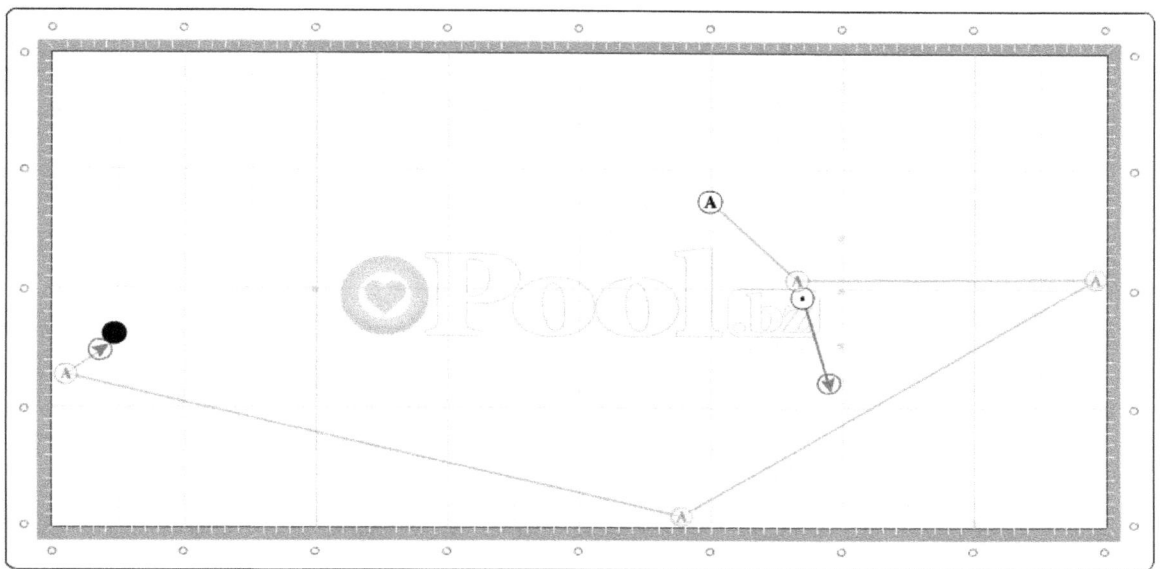

C:2b – Inrätta

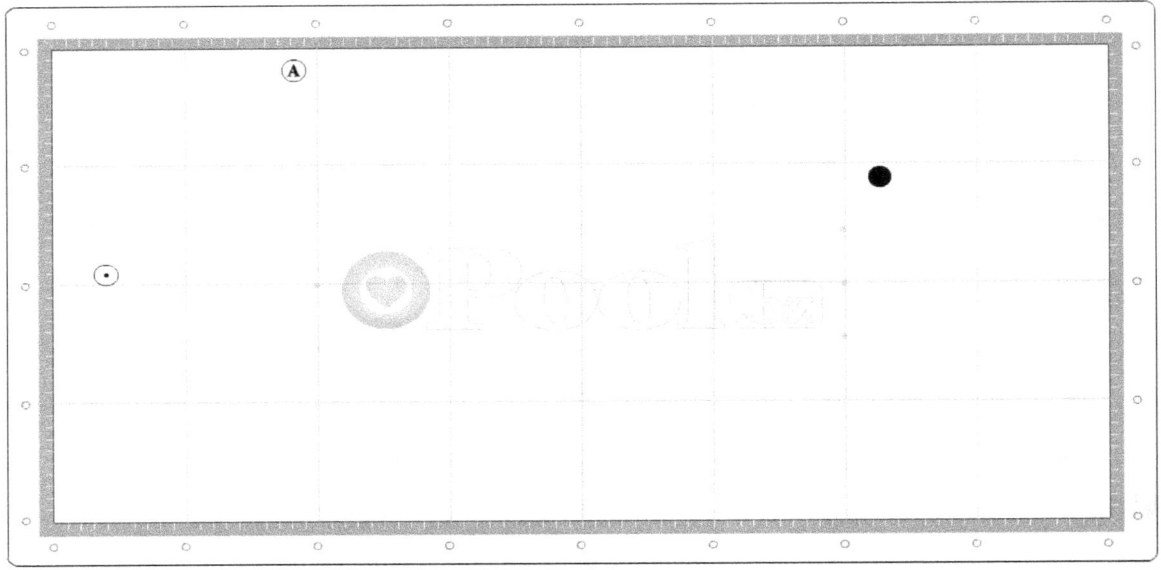

Anteckningar och idéer:

Skottmönster

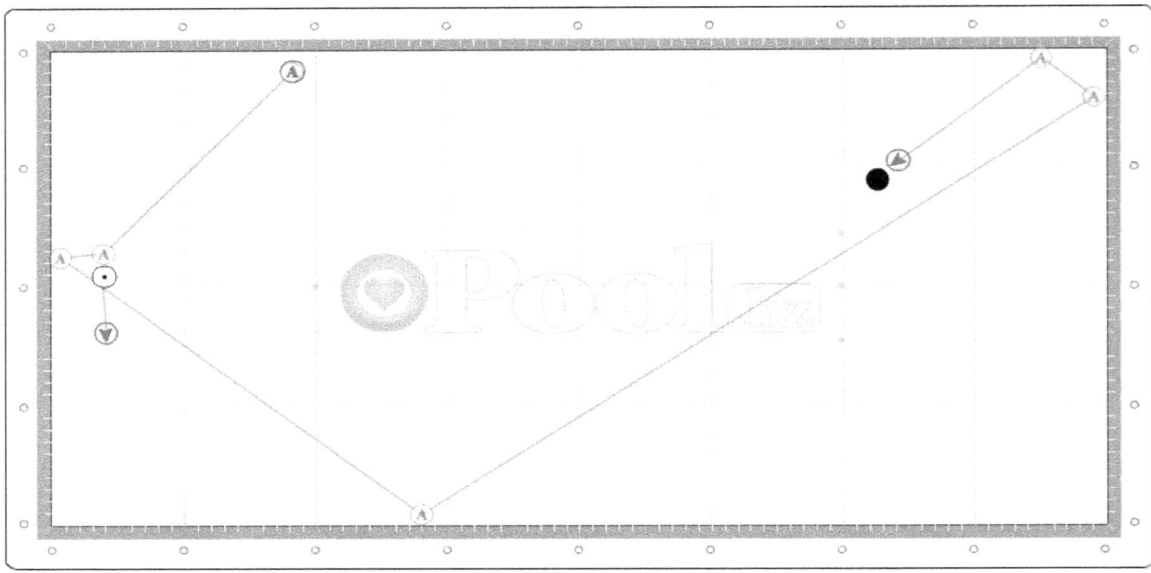

C:2c – Inrätta

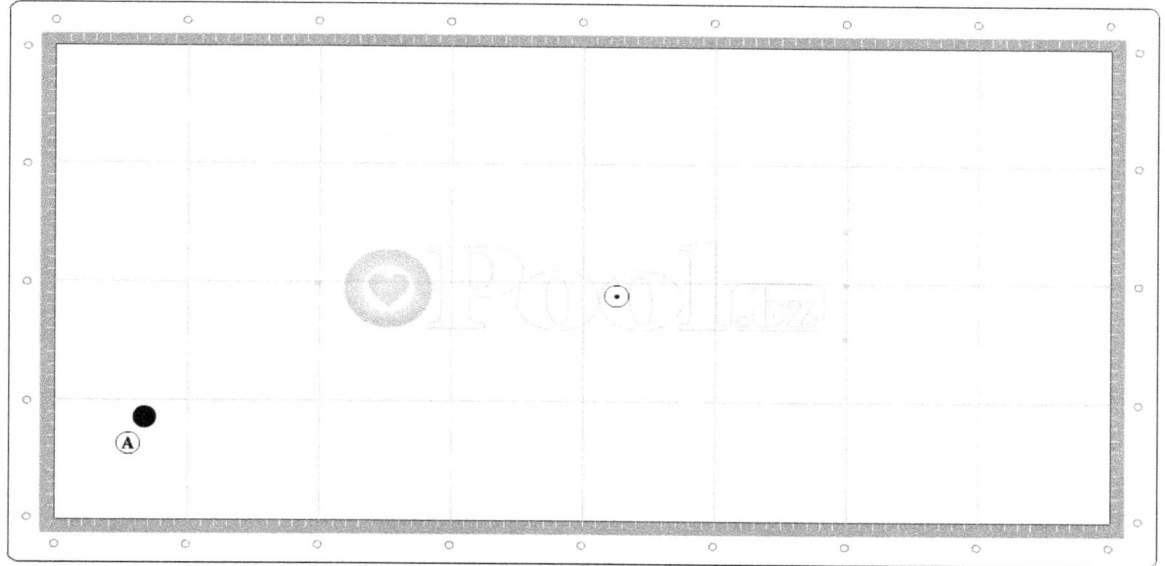

Anteckningar och idéer:

Skottmönster

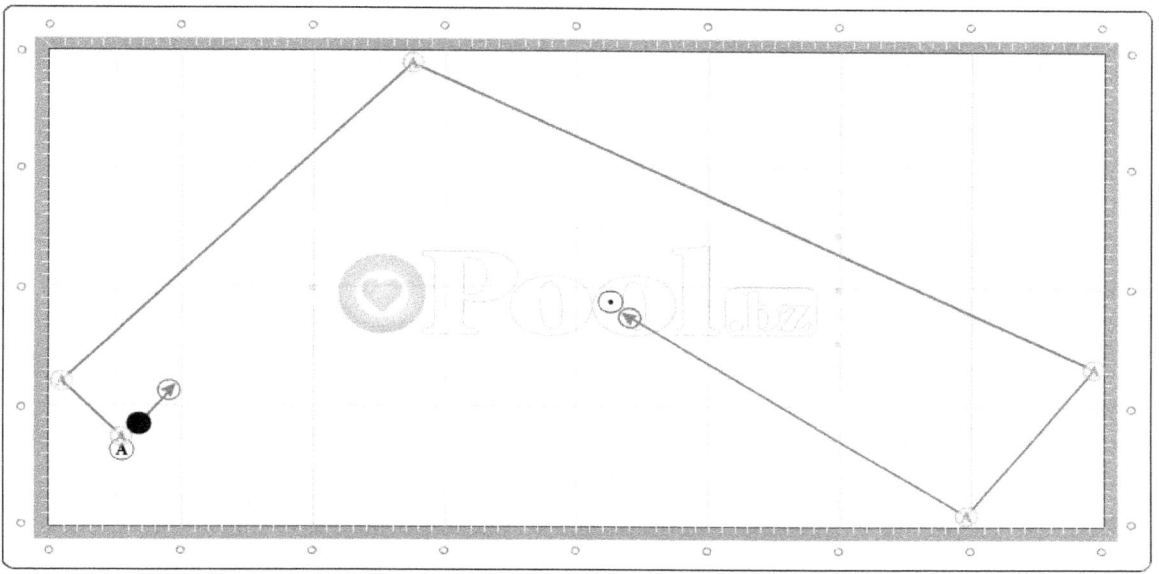

C:2d – Inrätta

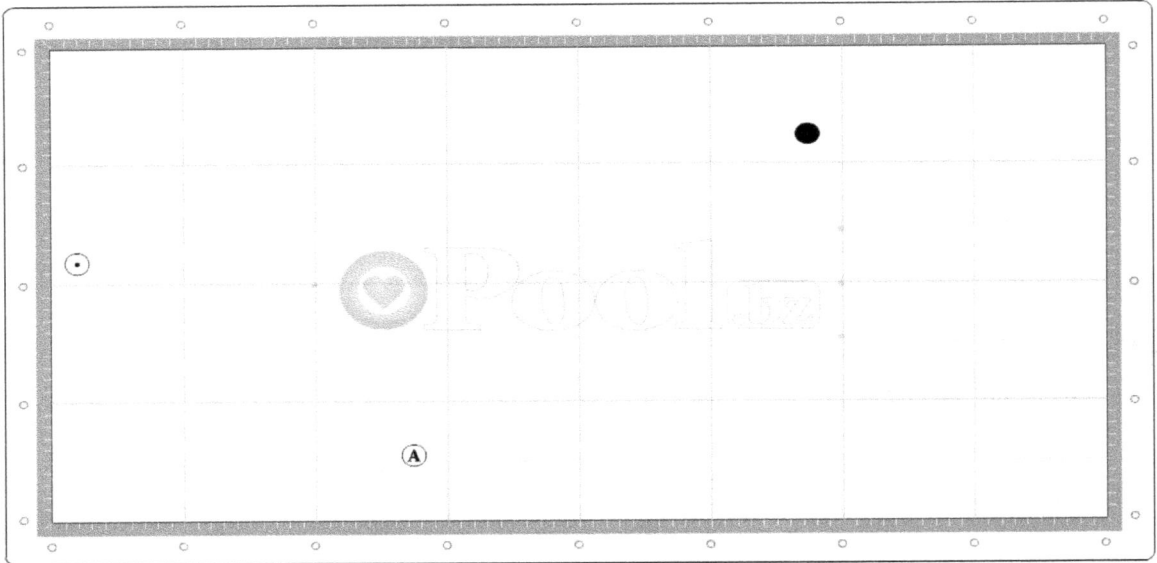

Anteckningar och idéer:

Skottmönster

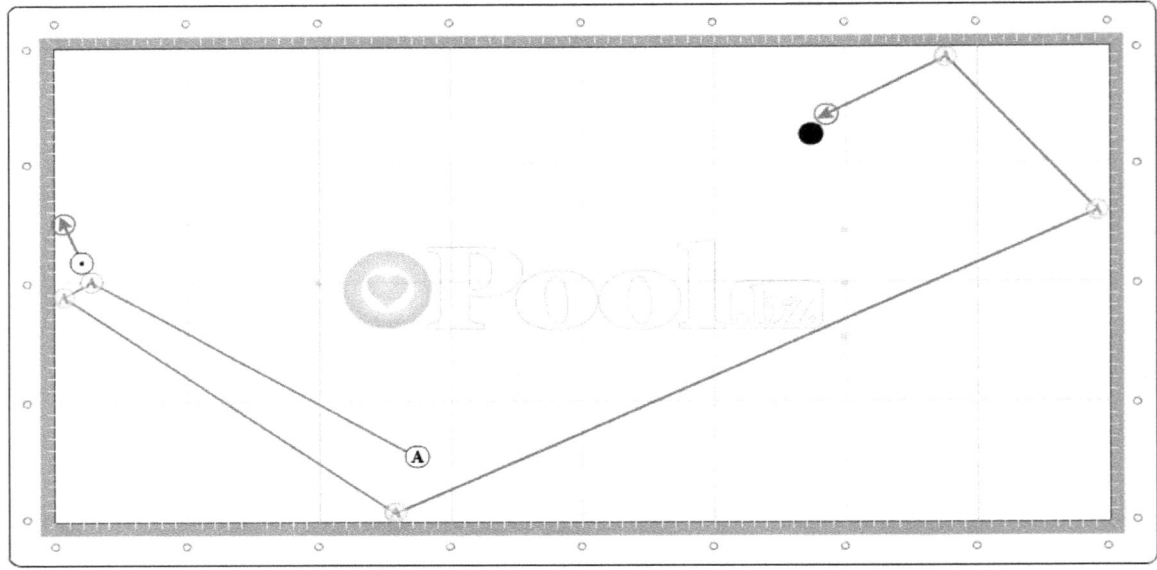

C: Grupp 3

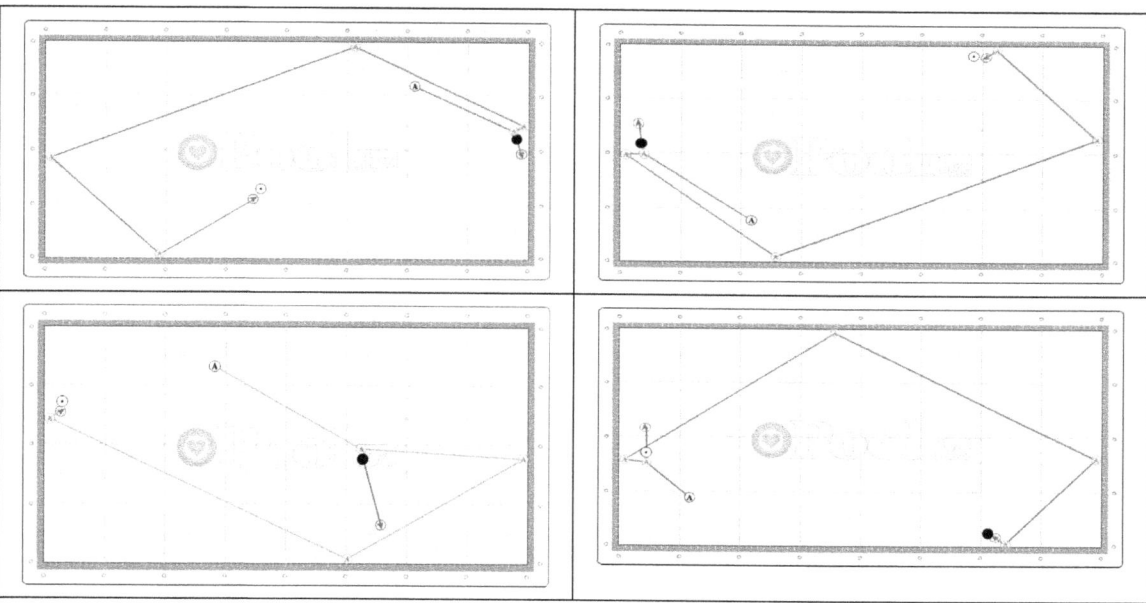

Analys:

C:3a. _____

C:3b. _____

C:3c. _____

C:3d. _____

C:3a – Inrätta

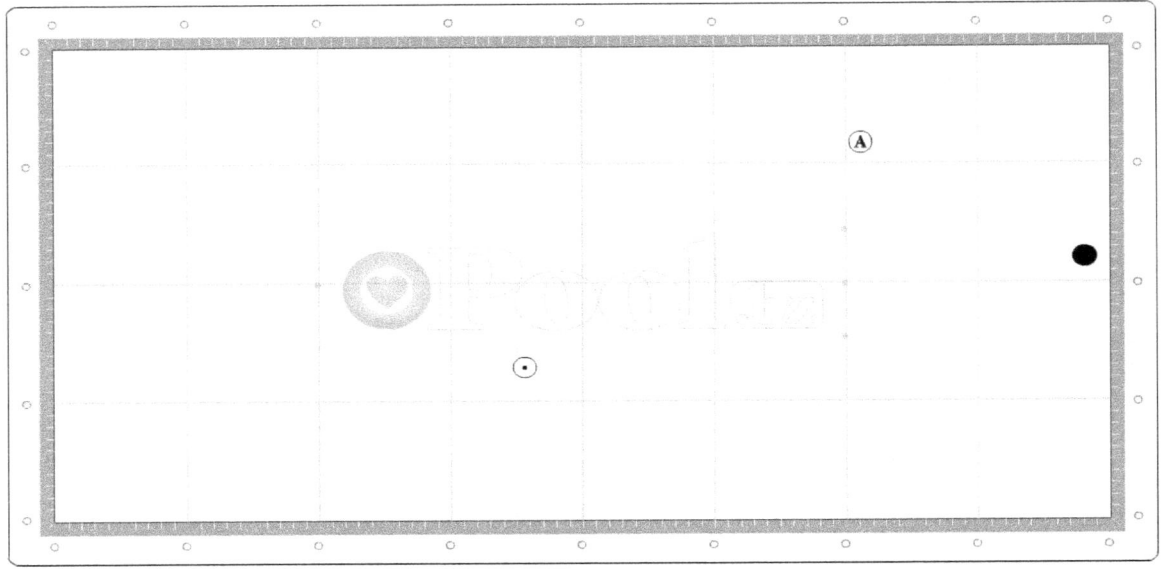

Anteckningar och idéer:

Skottmönster

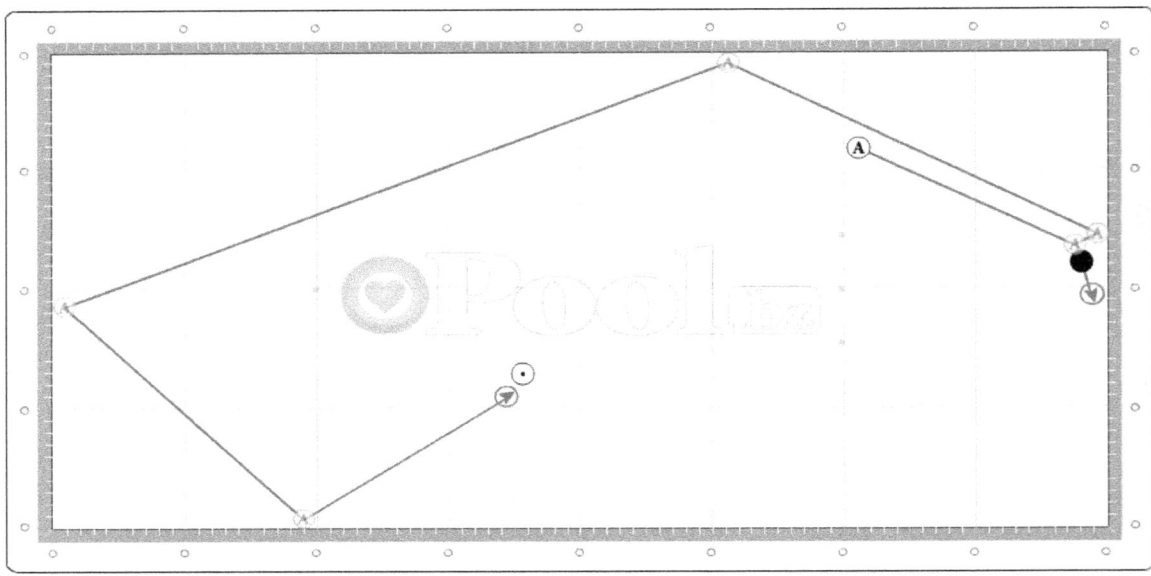

C:3b – Inrätta

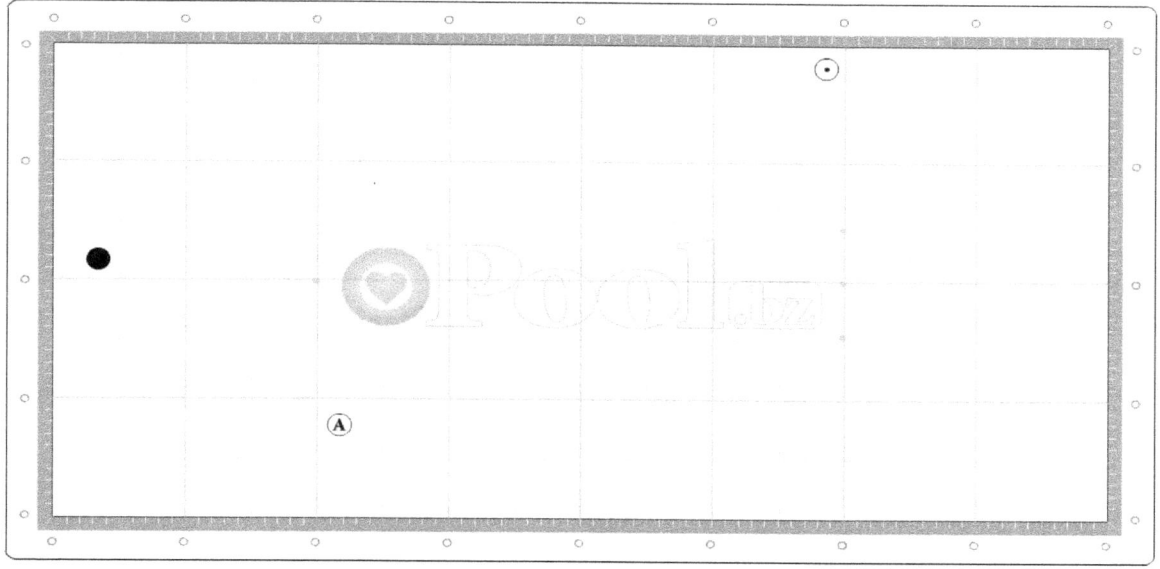

Anteckningar och idéer:

Skottmönster

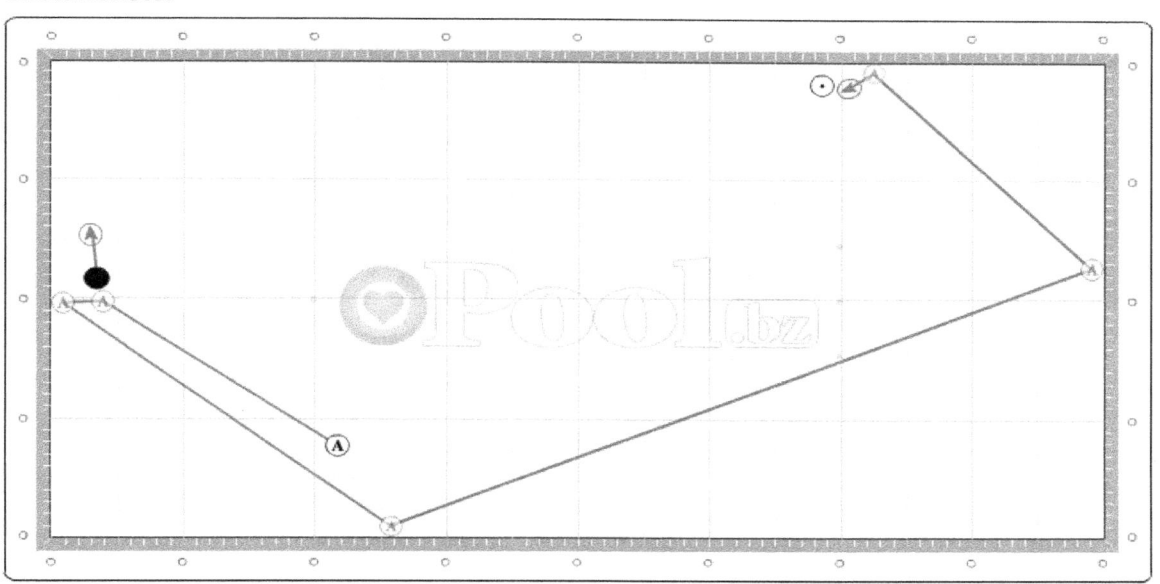

C:3c – Inrätta

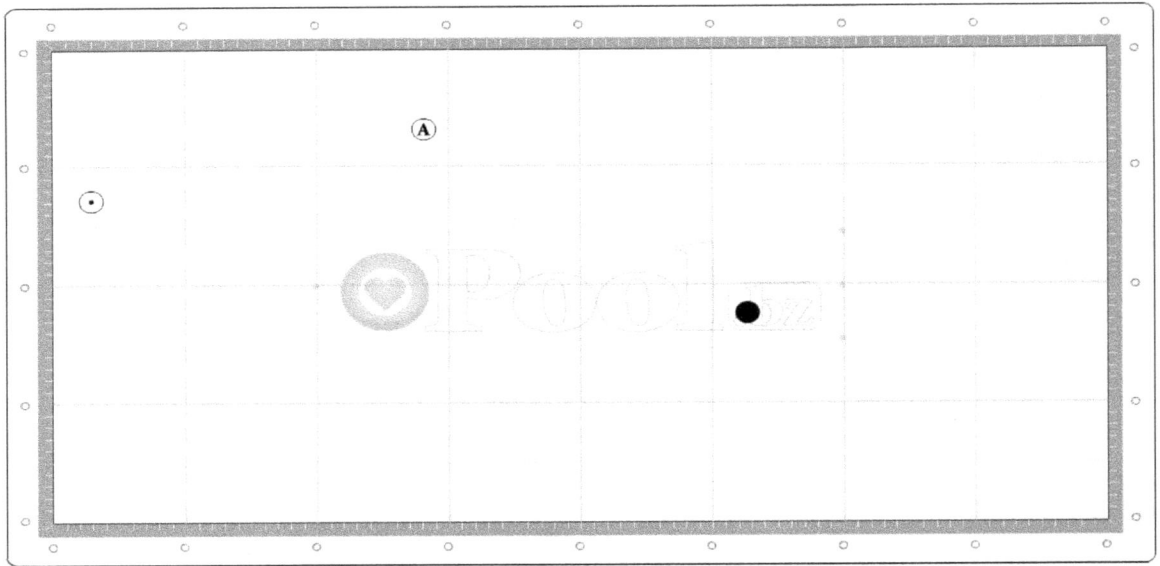

Anteckningar och idéer:

Skottmönster

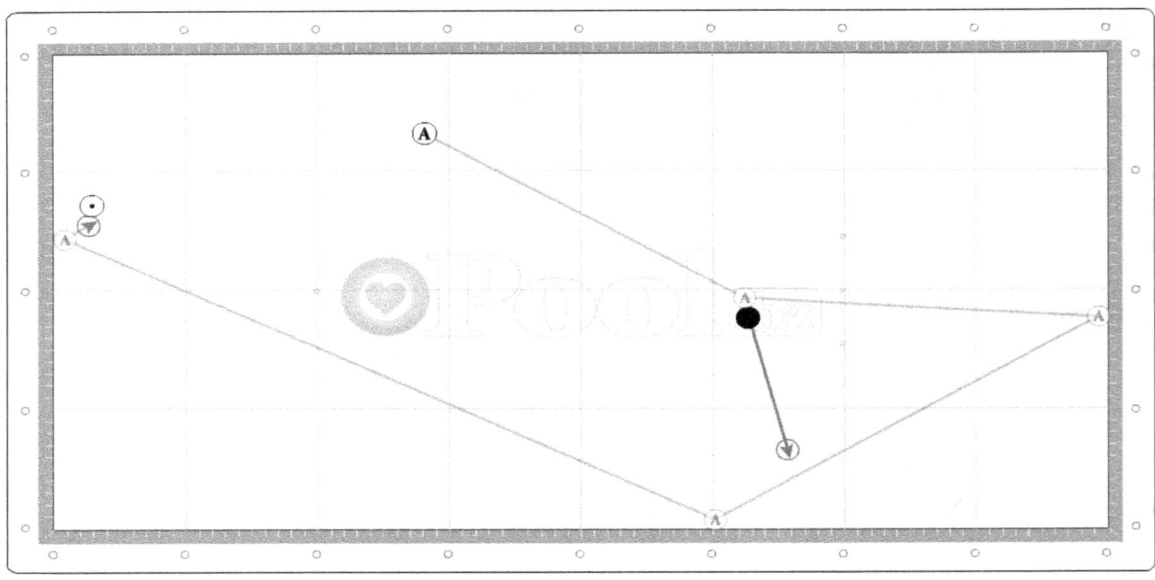

C:3d – Inrätta

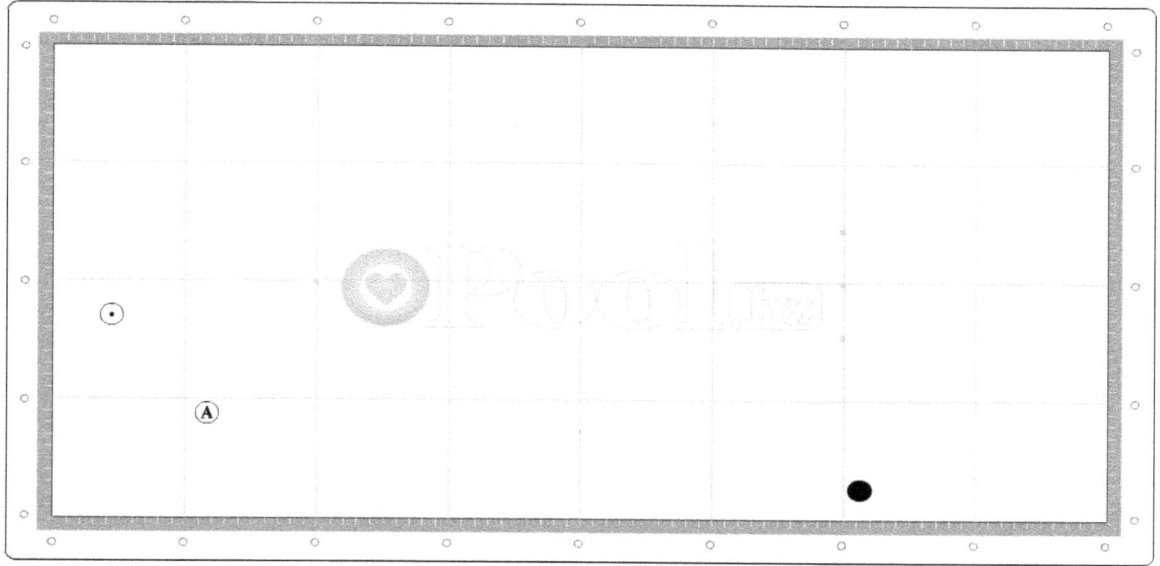

Anteckningar och idéer:

Skottmönster

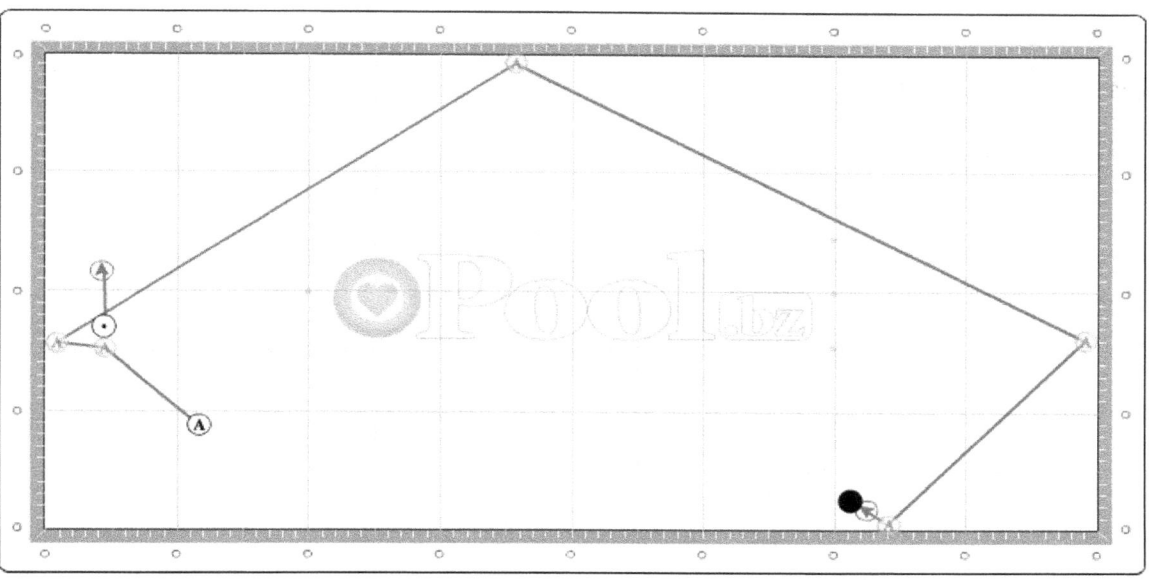

D: Enkel hörnvändning (lång vallar)

Den (CB) kommer från den första (OB) och går in i hörnet. Den kommer ut ur hörnet från den korta vallar. Den (CB) går sedan in i mittområdet av den motsatta långa vallar. Därifrån kontaktar (CB) den andra (OB).

Ⓐ (CB) (din biljardboll) - ⊙ (OB) (motståndare biljardboll) - ● (OB) (röd biljardboll)

D: Grupp 1

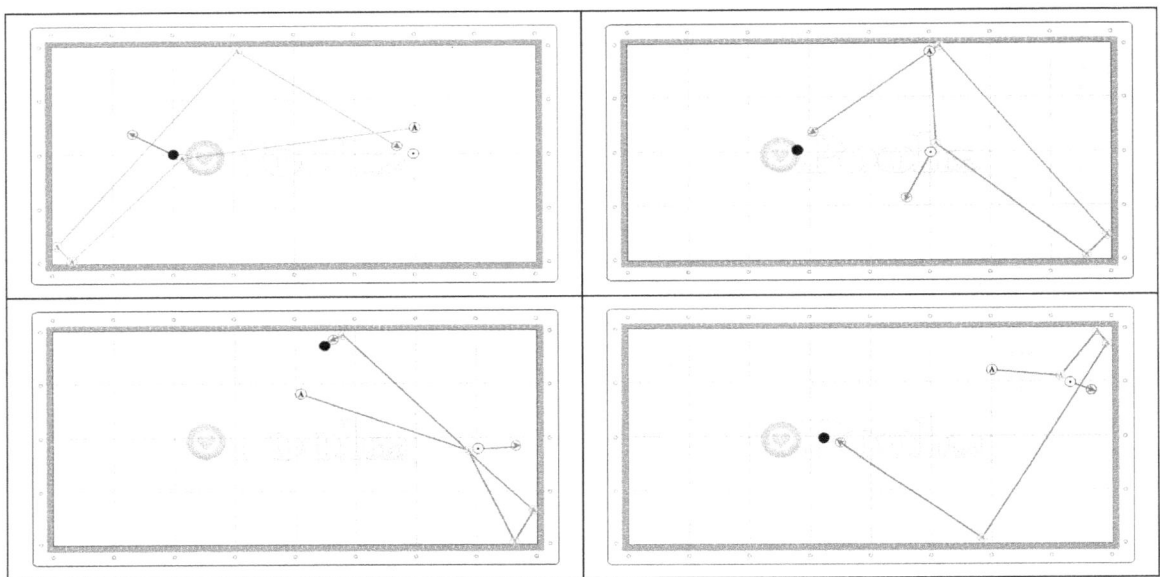

Analys:

D:1a. _____

D:1b. _____

D:1c. _____

D:1d. _____

D:1a – Inrätta

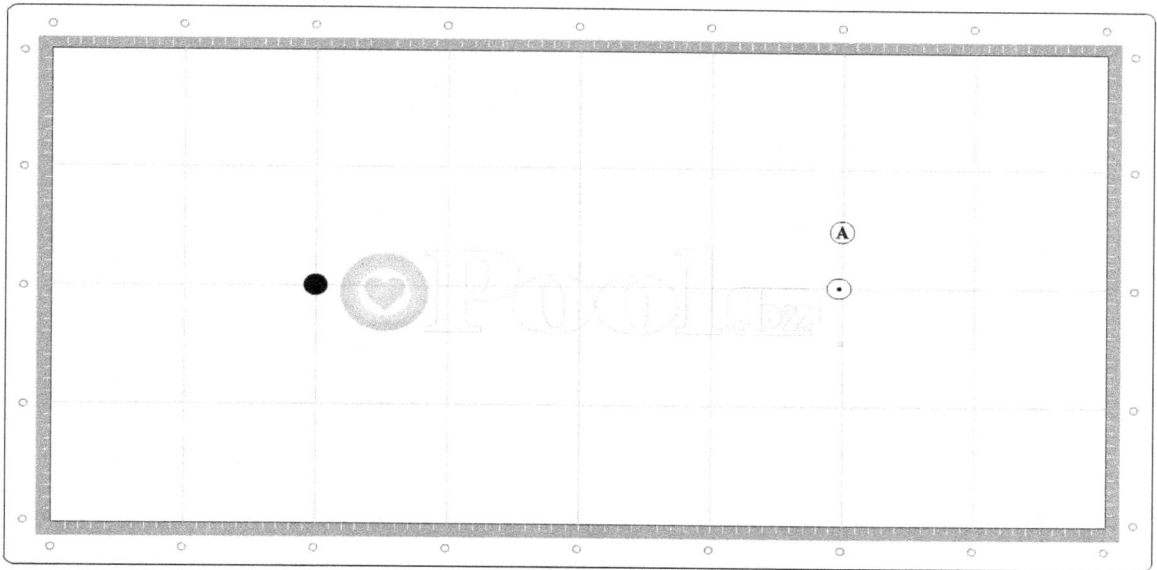

Anteckningar och idéer:

Skottmönster

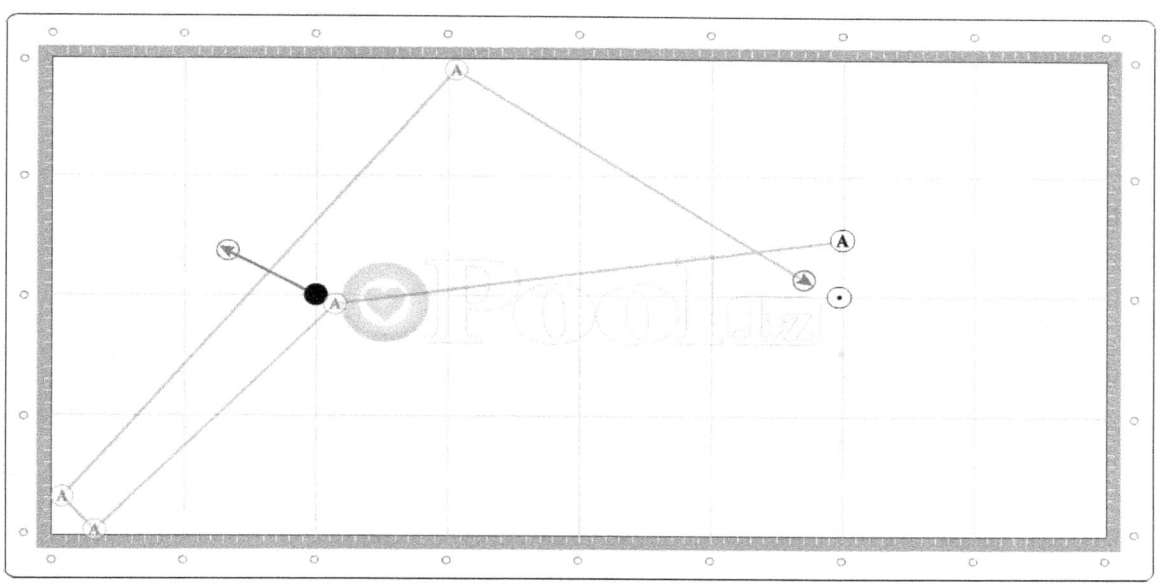

D:1b – Inrätta

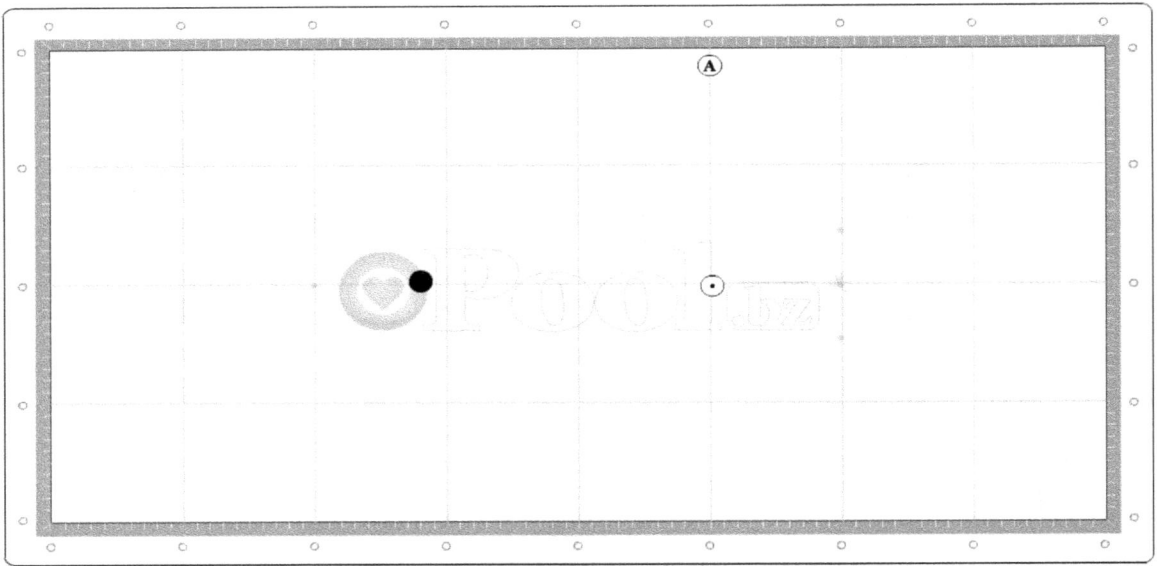

Anteckningar och idéer:

Skottmönster

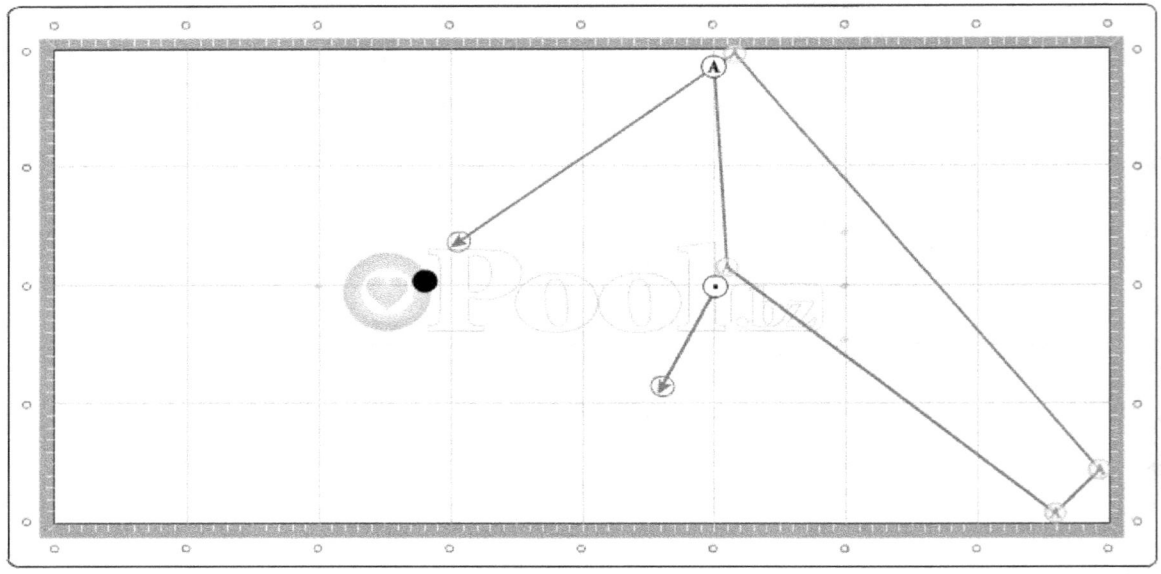

D:1c – Inrätta

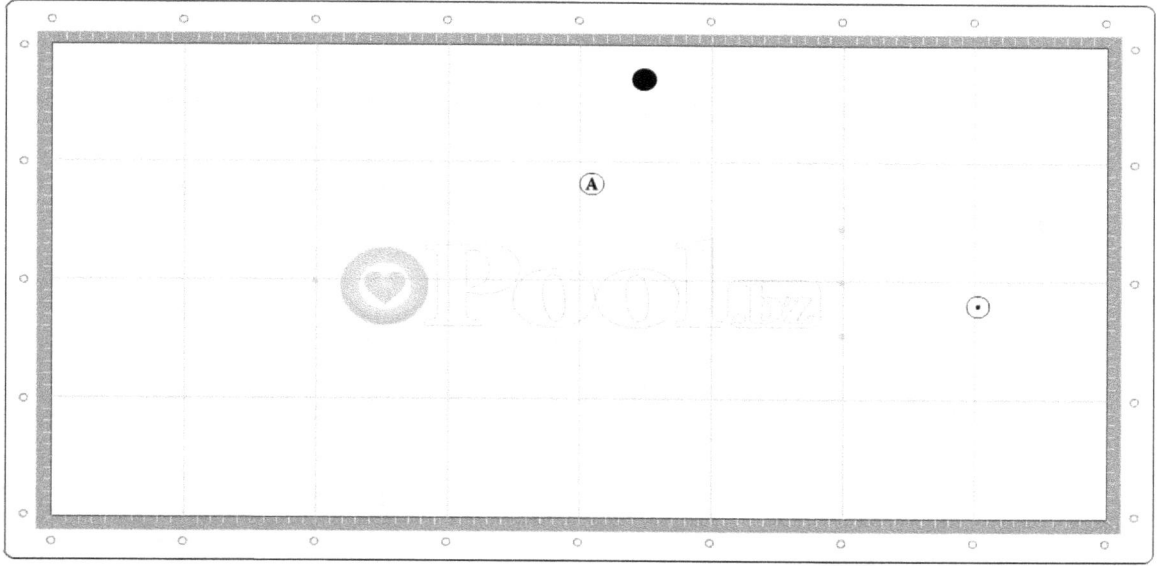

Anteckningar och idéer:

Skottmönster

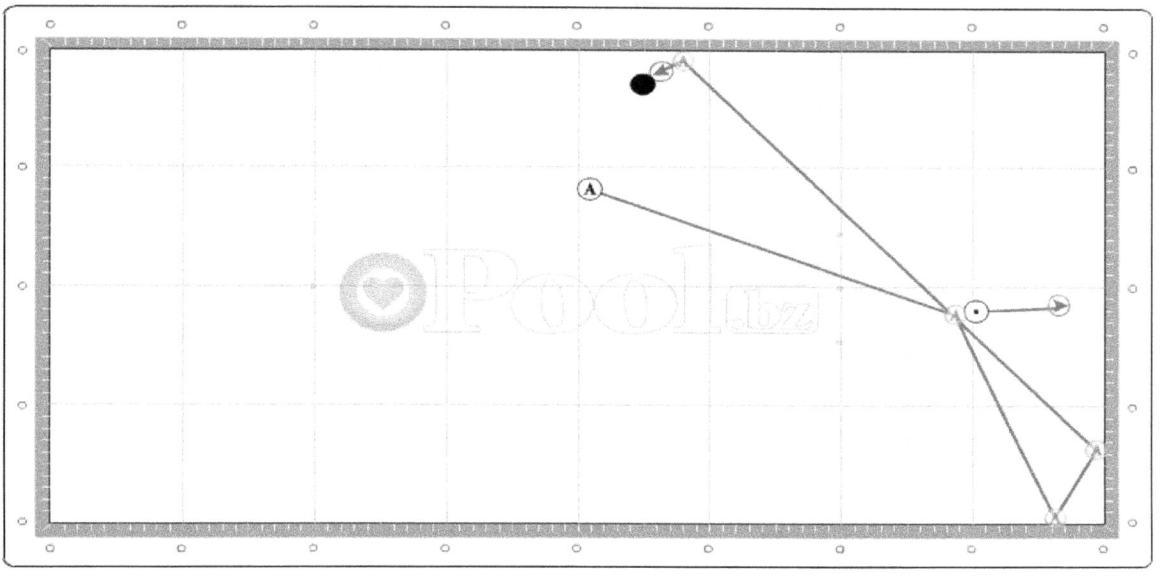

D:1d – Inrätta

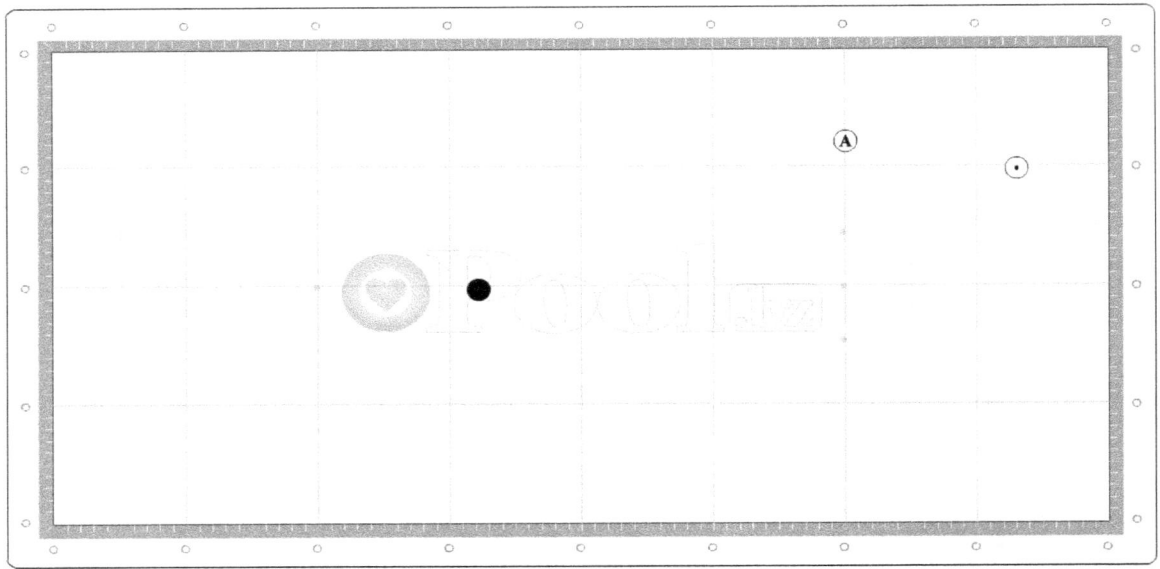

Anteckningar och idéer:

Skottmönster

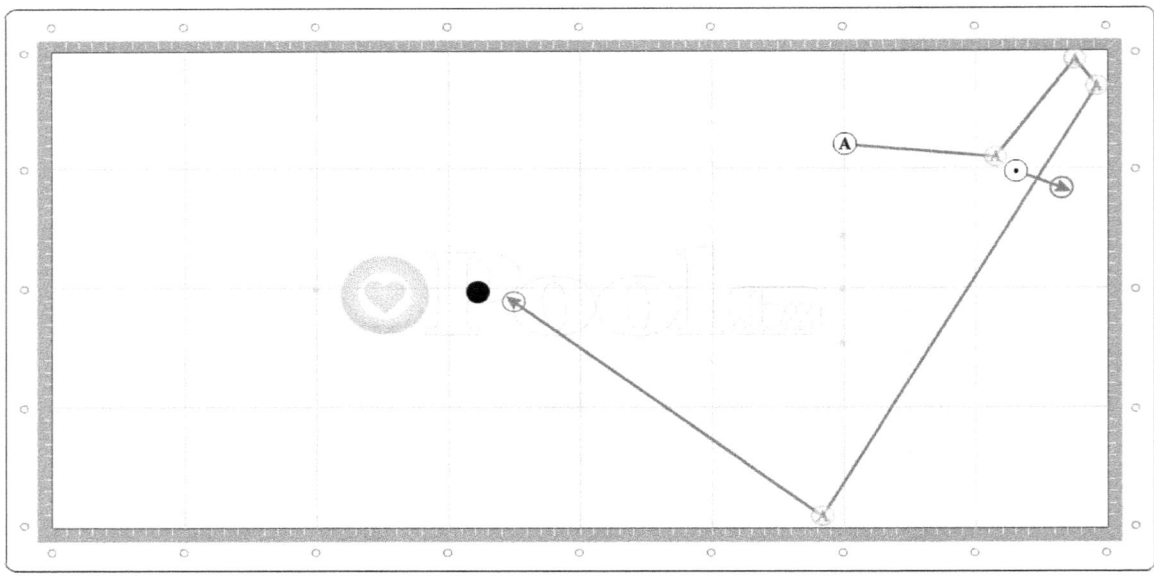

D: Grupp 2

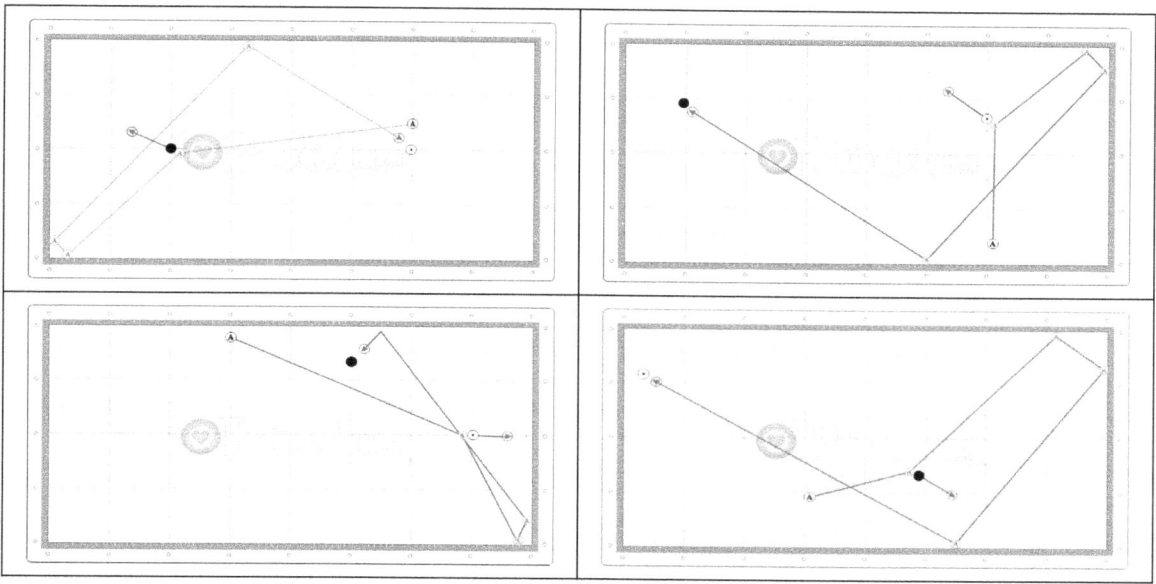

Analys:

D:2a. _____

D:2b. _____

D:2c. _____

D:2d. _____

D:2a – Inrätta

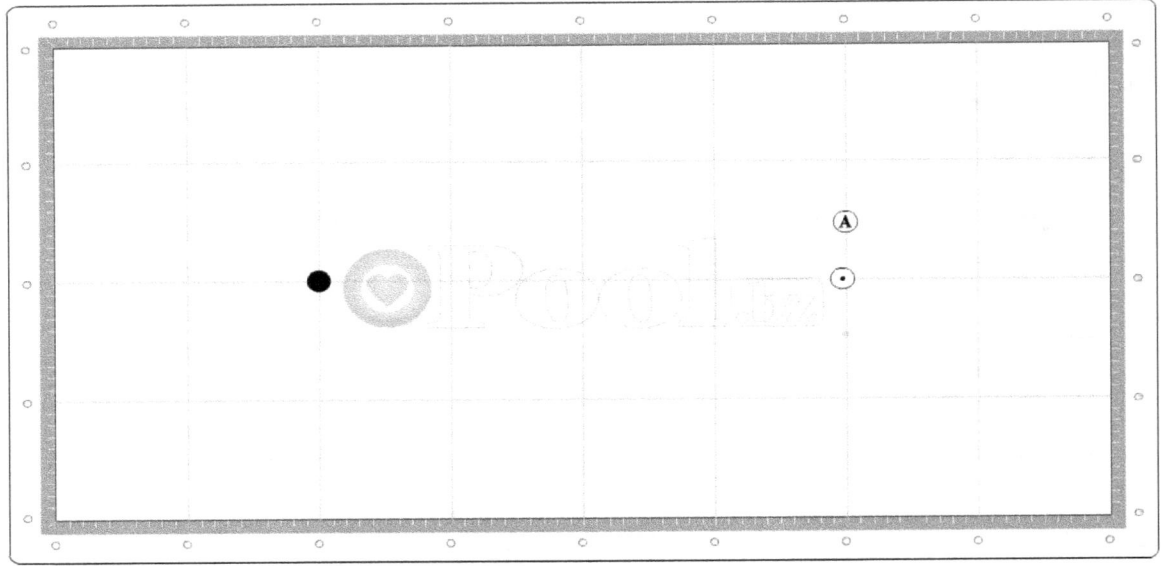

Anteckningar och idéer:

Skottmönster

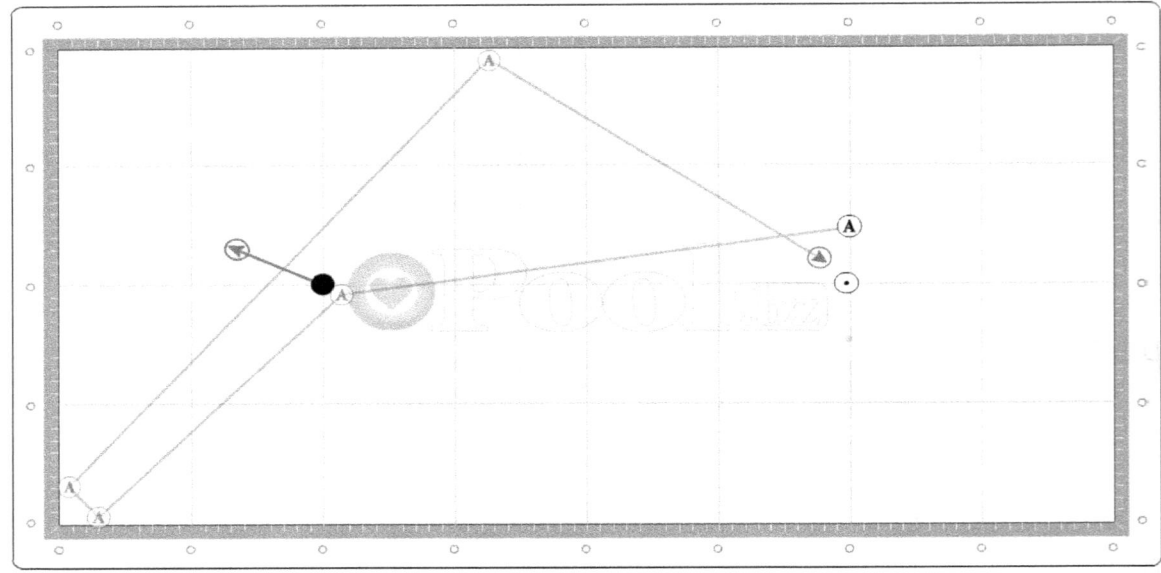

D:2b – Inrätta

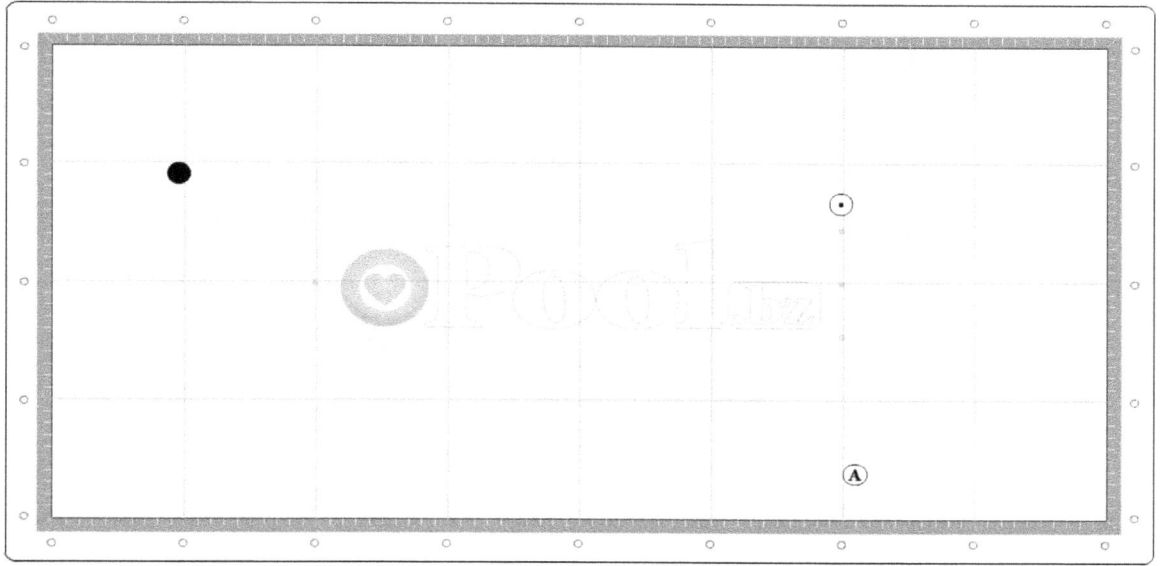

Anteckningar och idéer:

Skottmönster

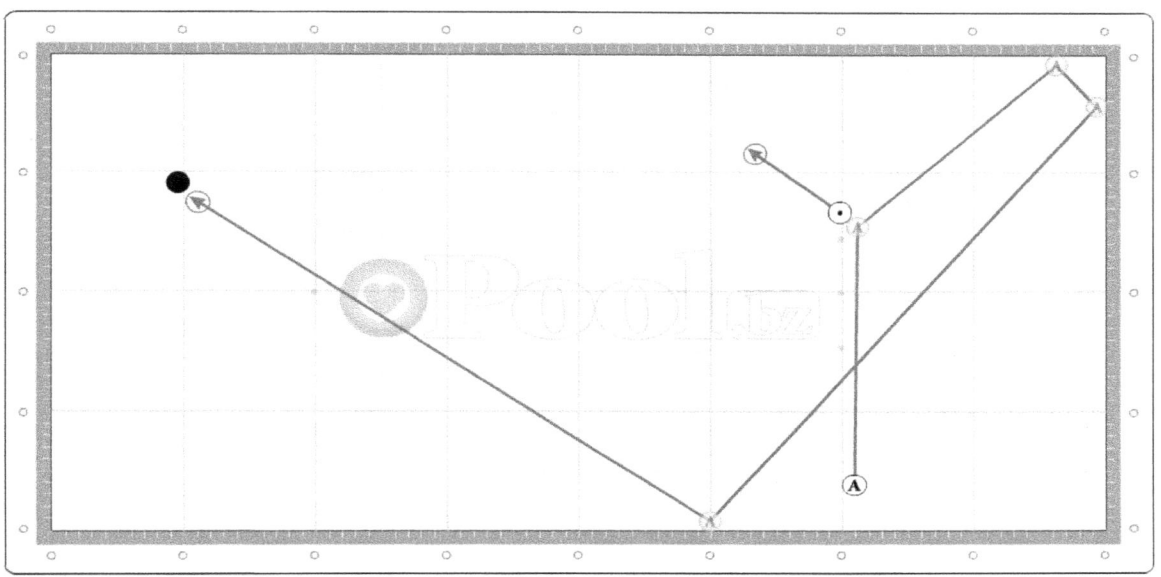

D:2c – Inrätta

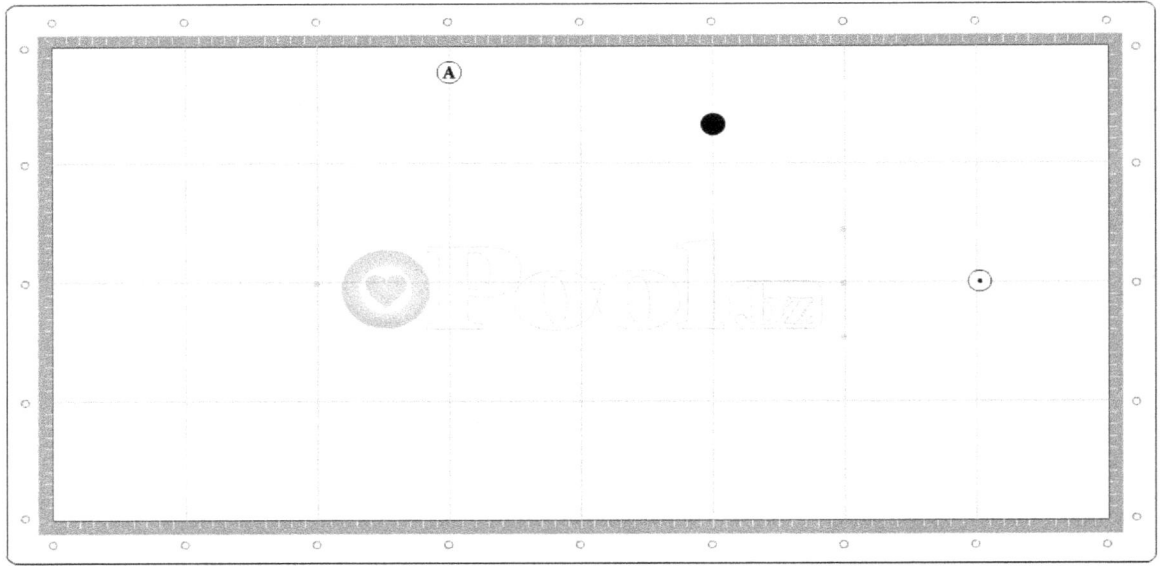

Anteckningar och idéer:

Skottmönster

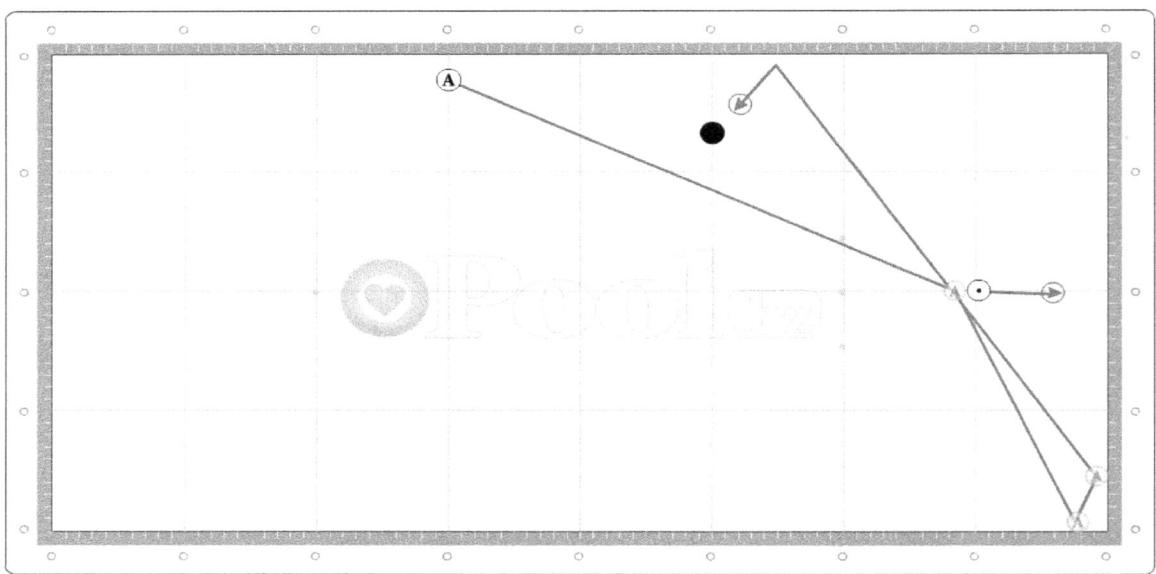

D:2d – Inrätta

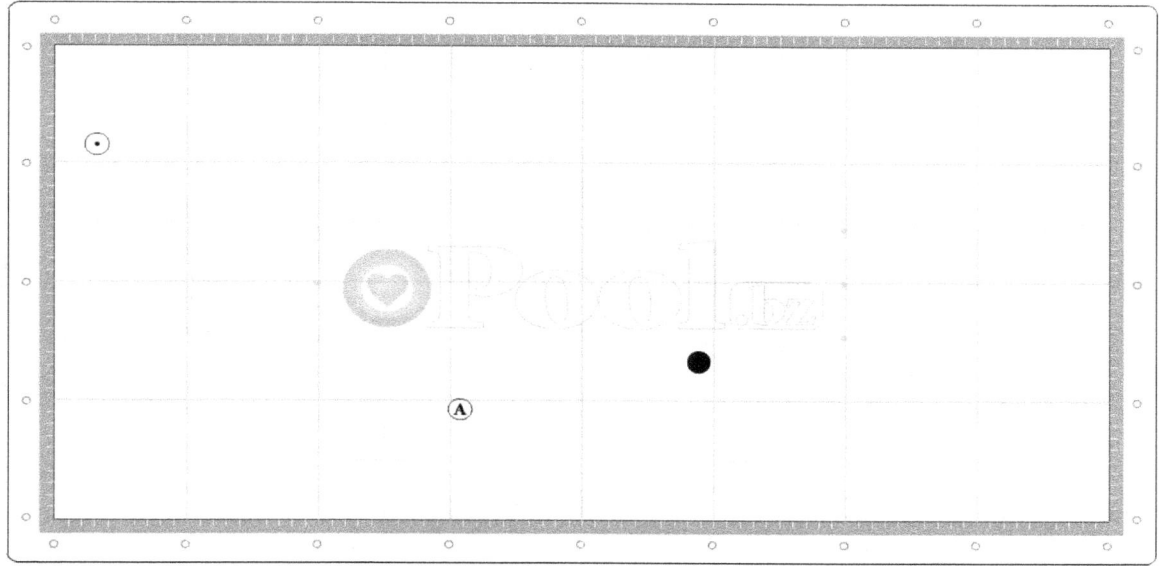

Anteckningar och idéer:

Skottmönster

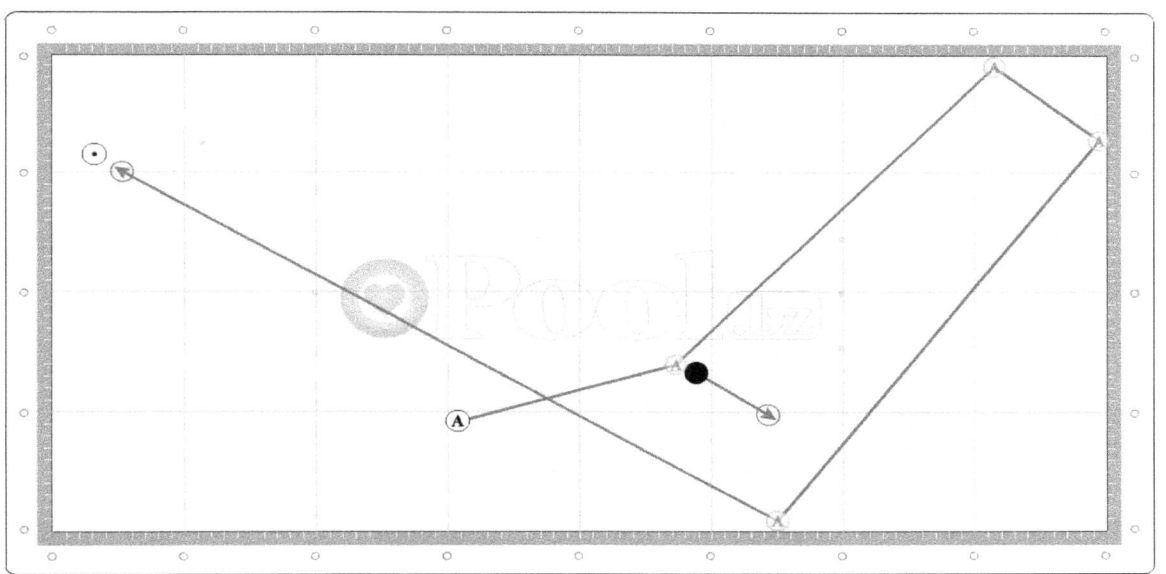

D: Grupp 3

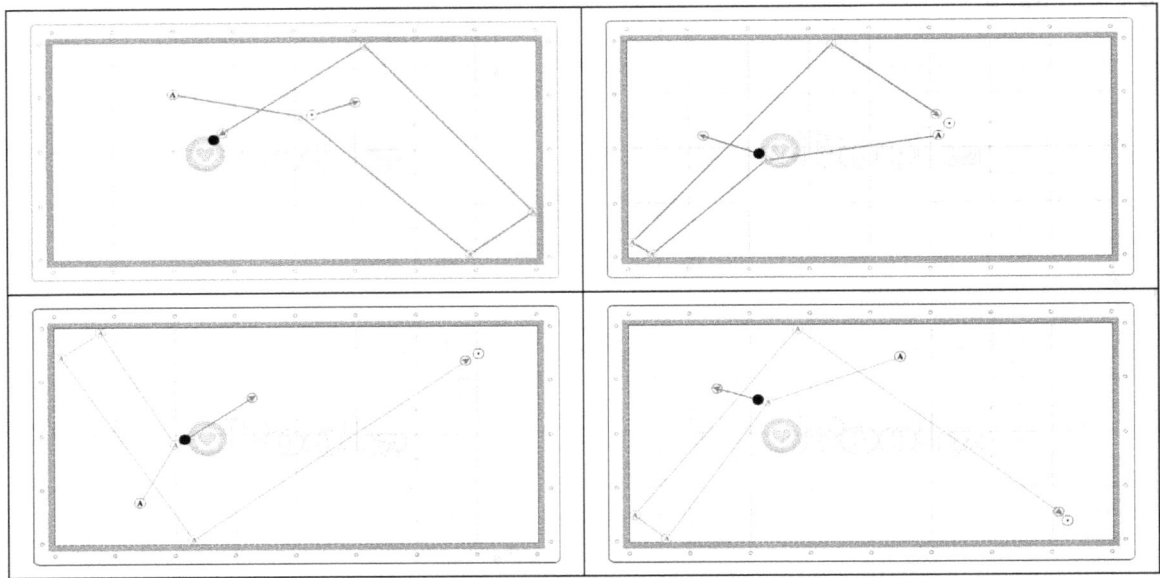

Analys:

D:3a. _____

D:3b. _____

D:3c. _____

D:3d. _____

D:3a – Inrätta

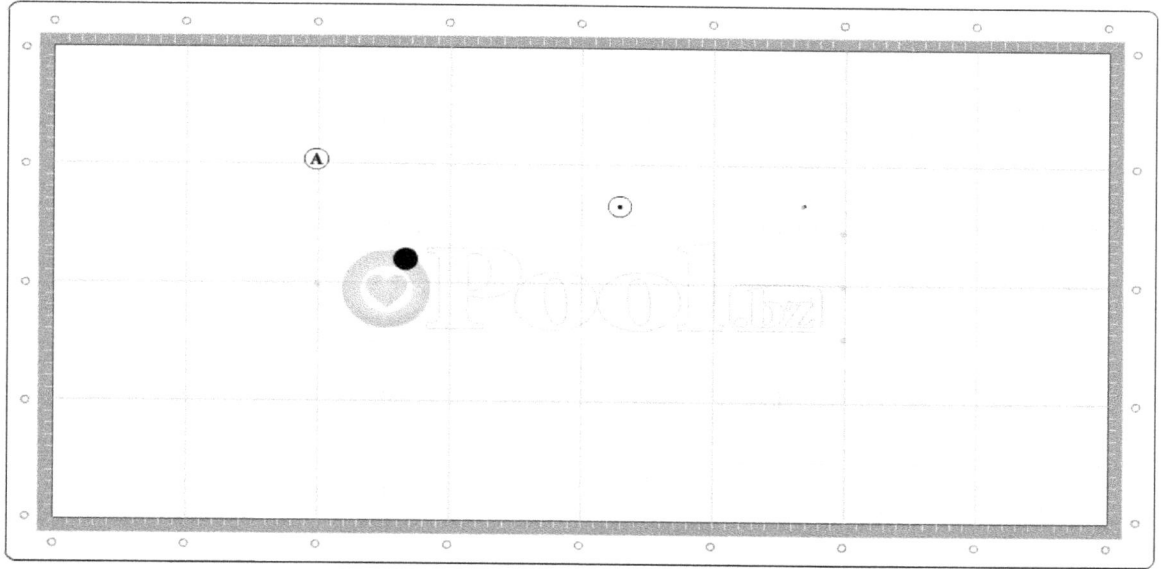

Anteckningar och idéer:

Skottmönster

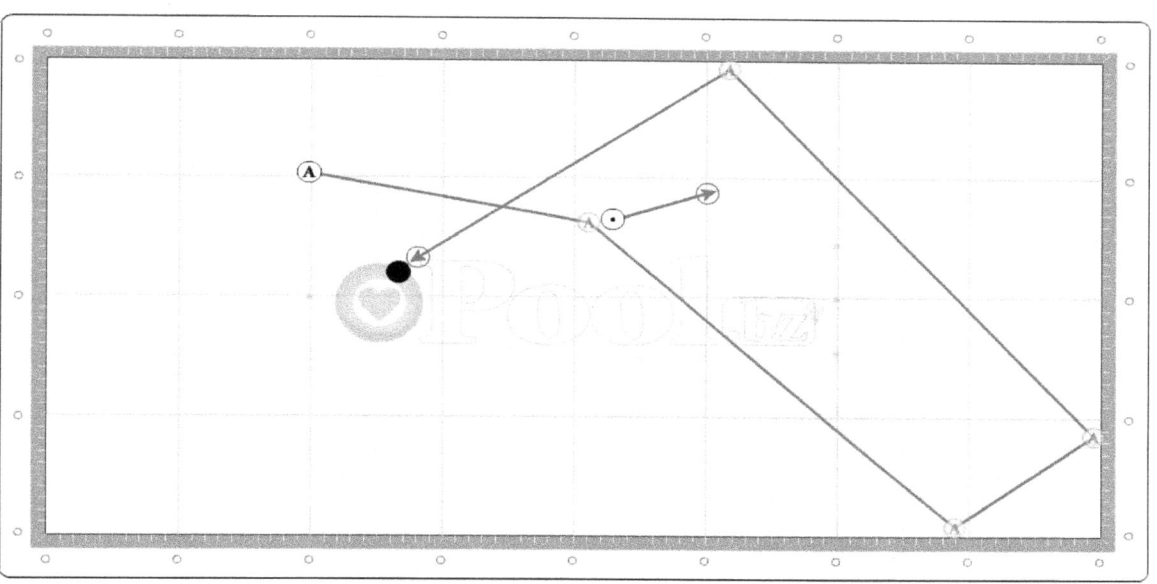

D:3b – Inrätta

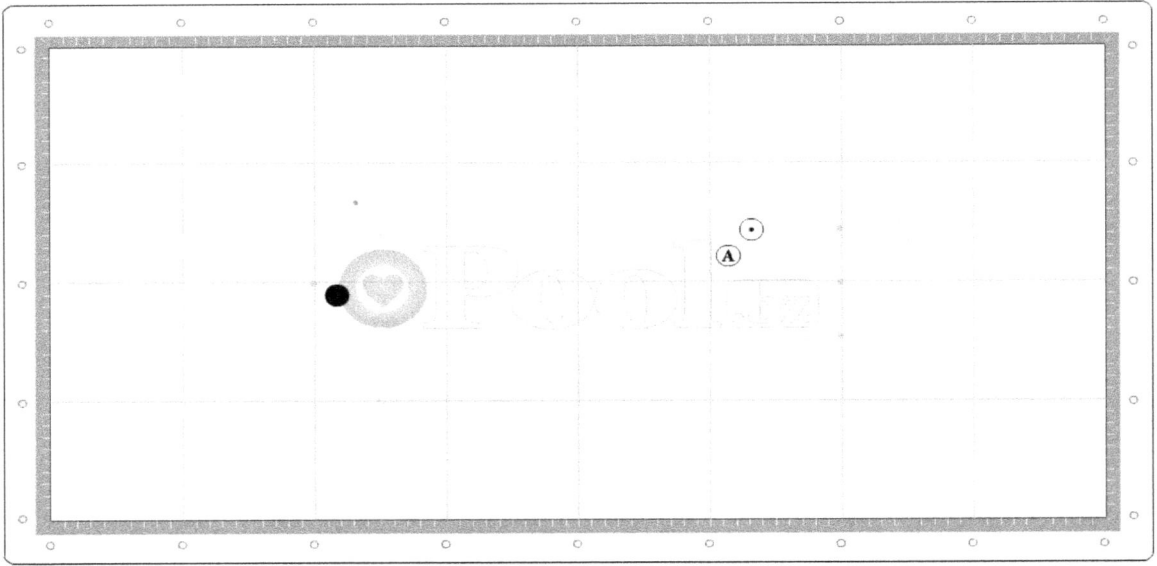

Anteckningar och idéer:

Skottmönster

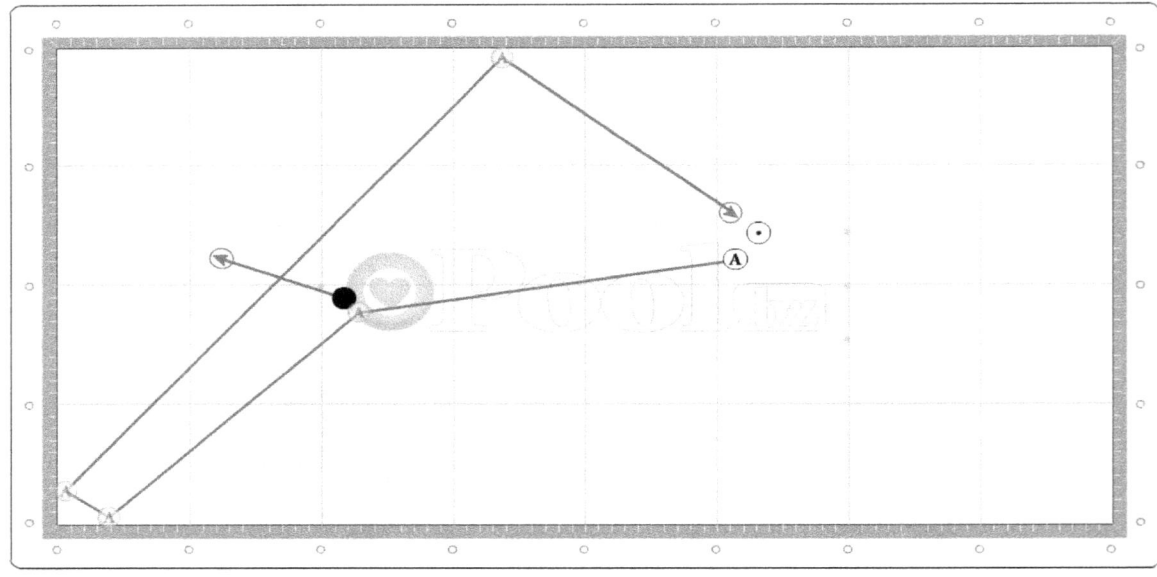

D:3c – Inrätta

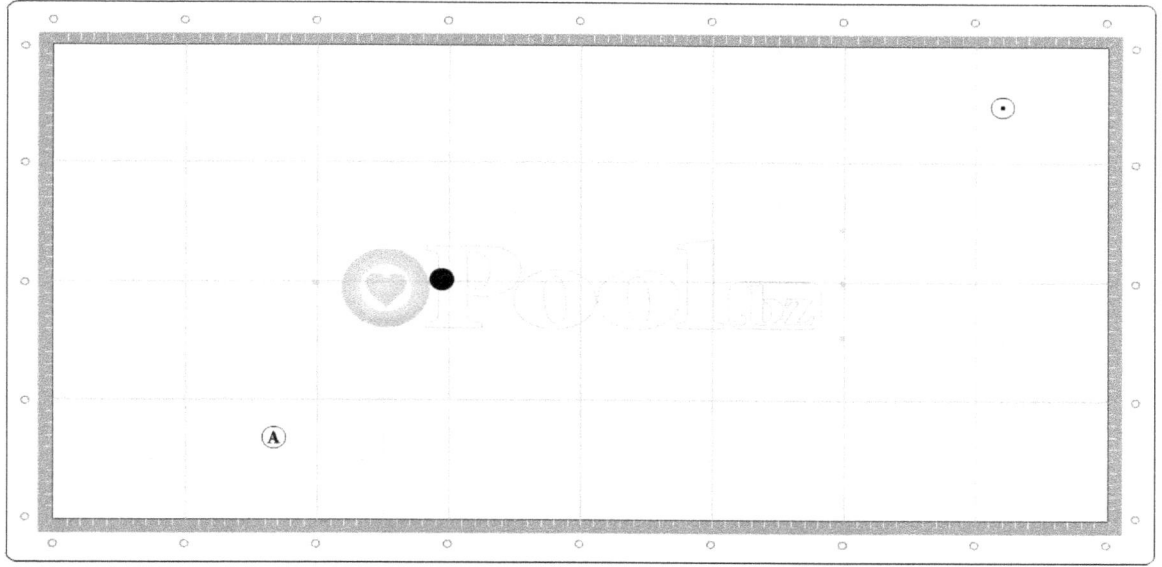

Anteckningar och idéer:

Skottmönster

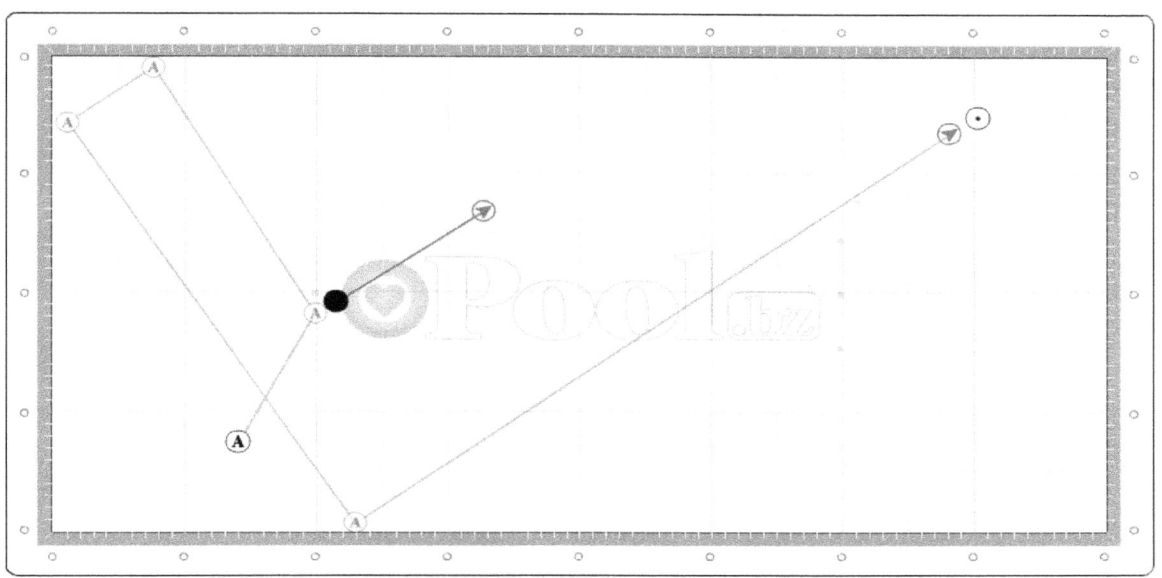

D:3d – Inrätta

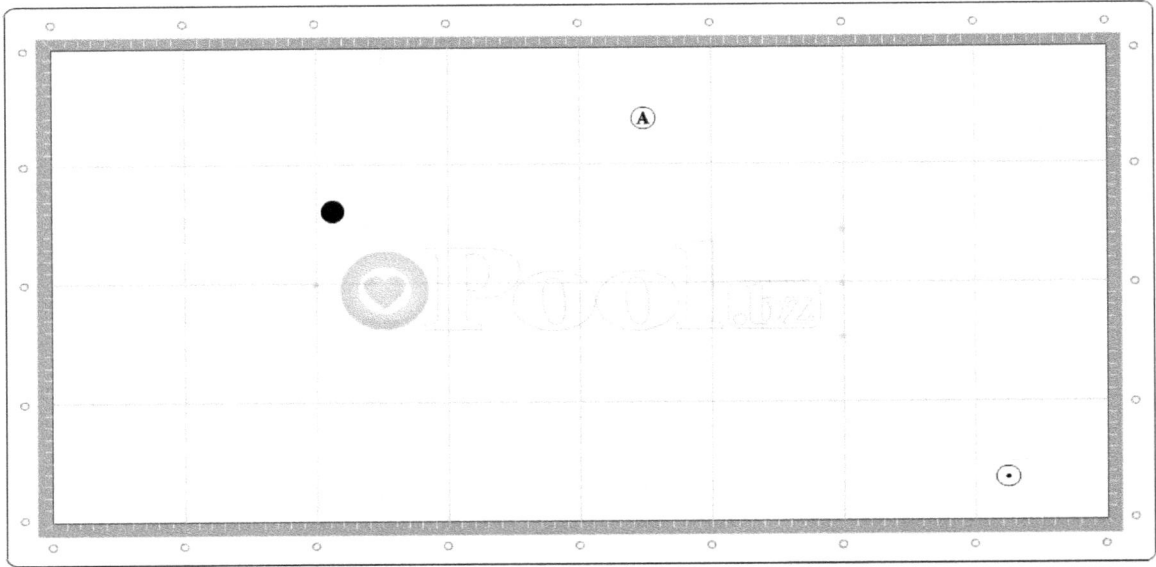

Anteckningar och idéer:

Skottmönster

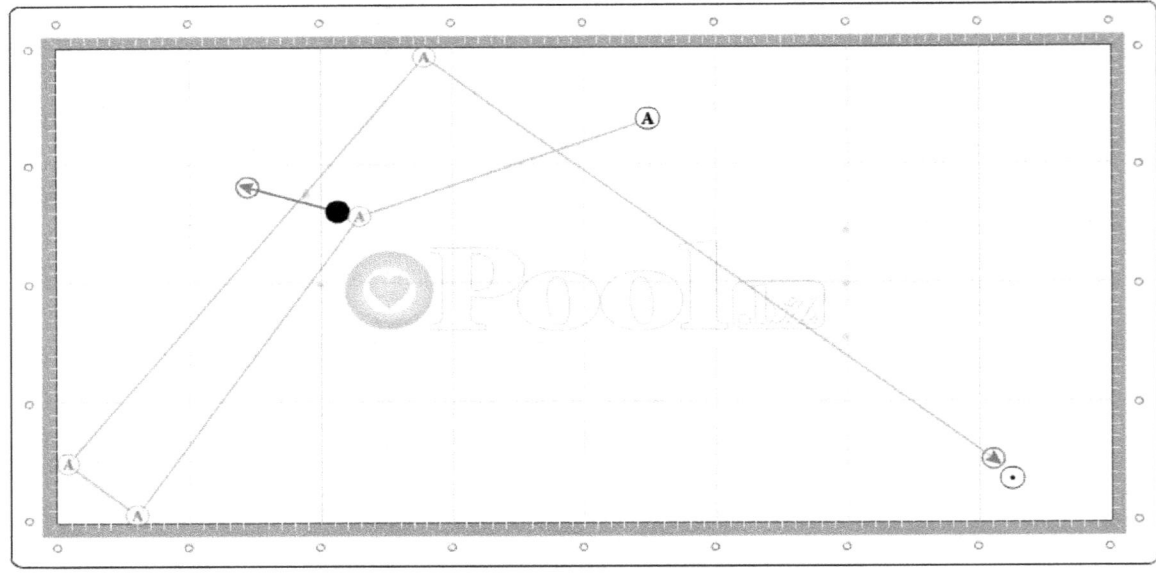

D: Grupp 4

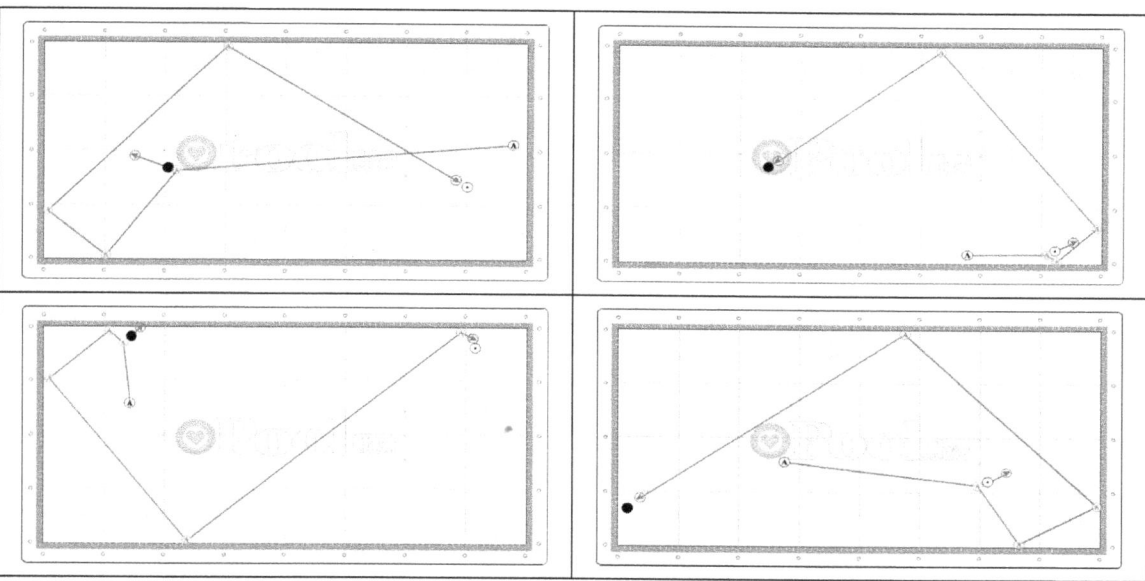

Analys:

D:4a. _____

D:4b. _____

D:4c. _____

D:4d. _____

D:4a – Inrätta

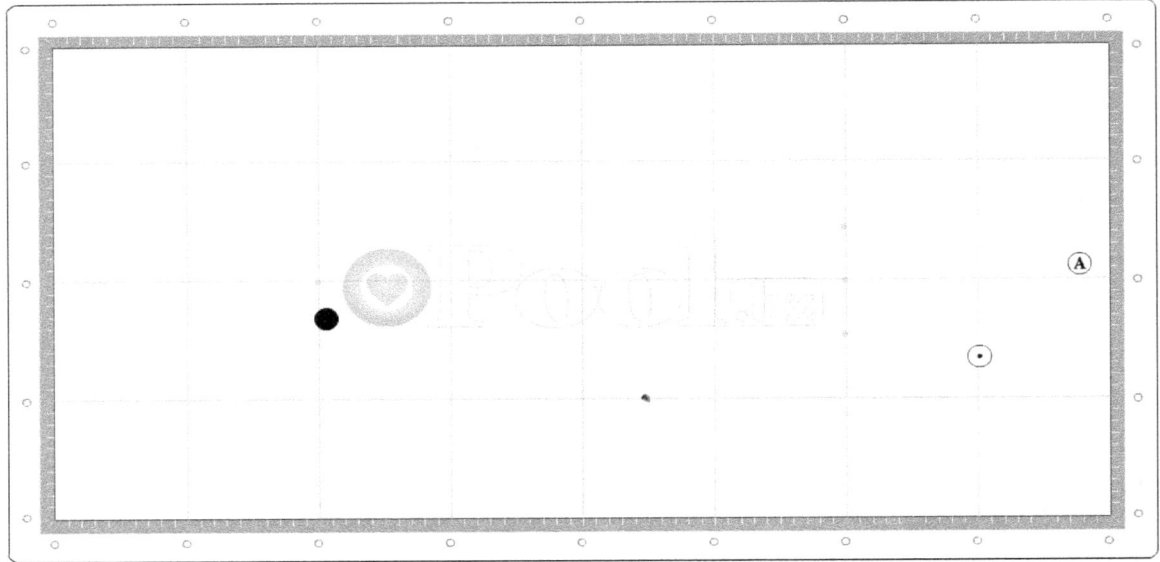

Anteckningar och idéer:

Skottmönster

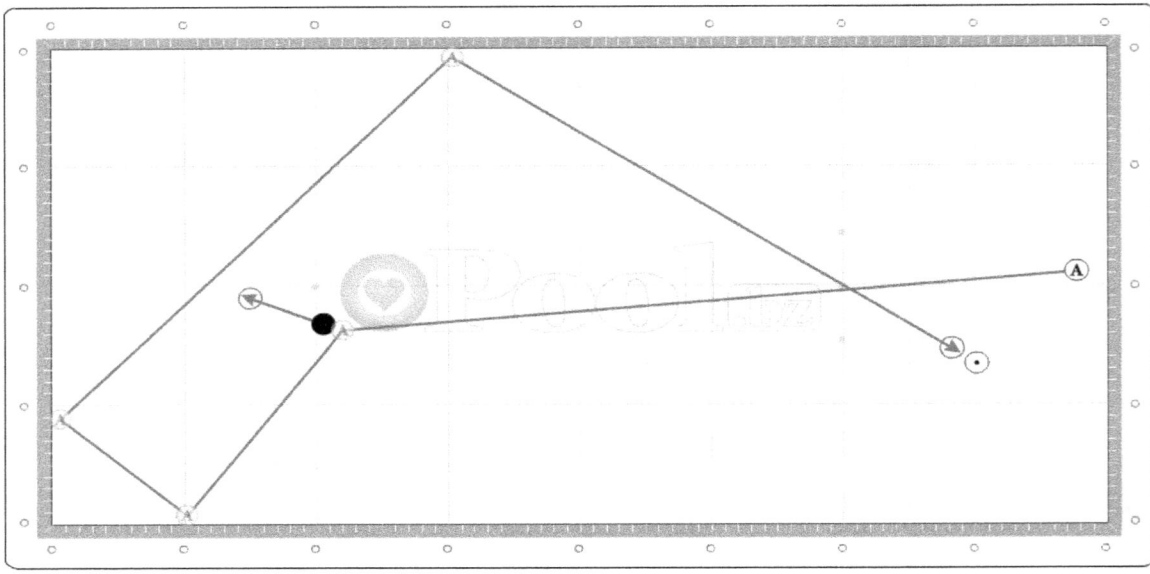

D:4b – Inrätta

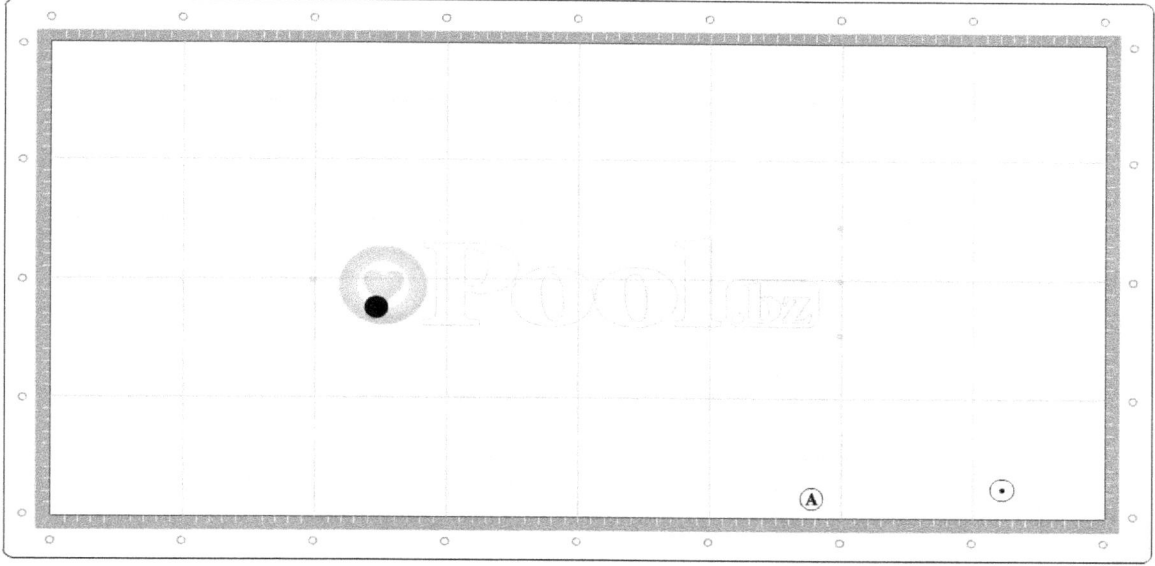

Anteckningar och idéer:

Skottmönster

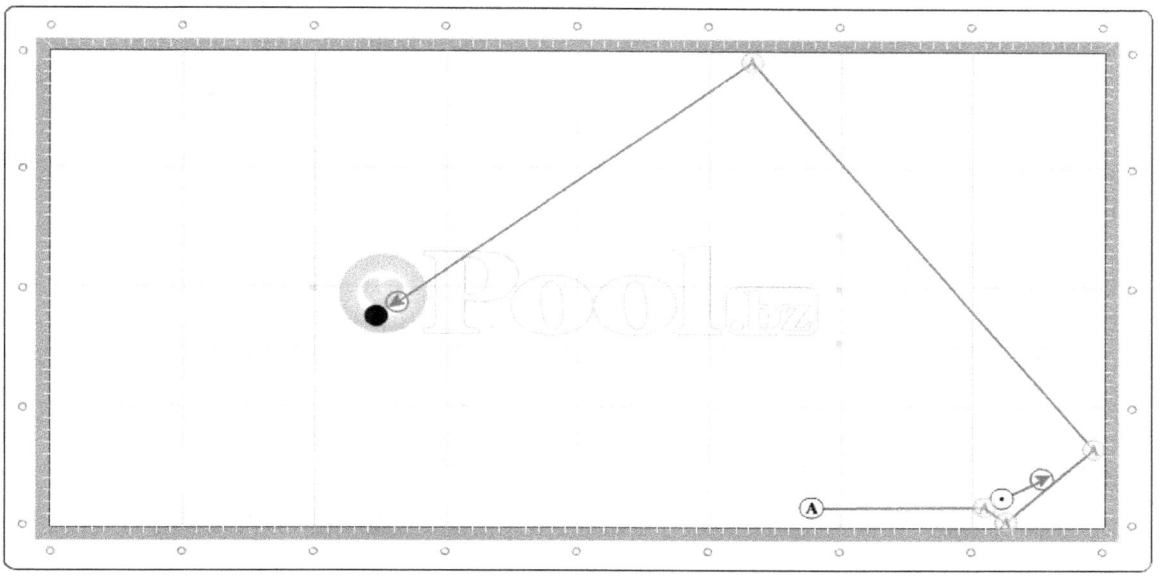

D:4c – Inrätta

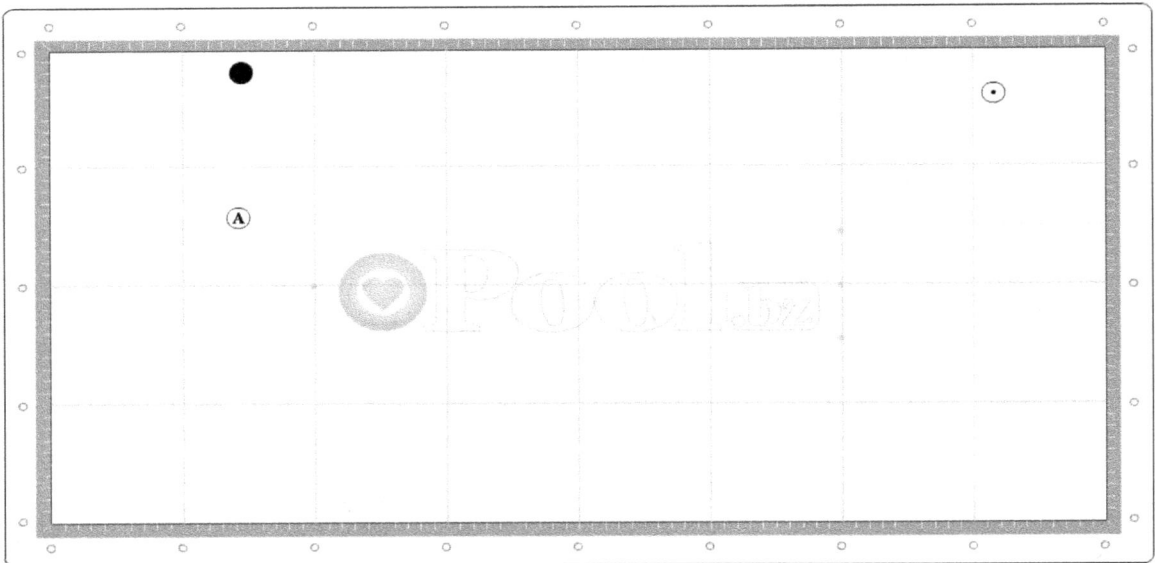

Anteckningar och idéer:

Skottmönster

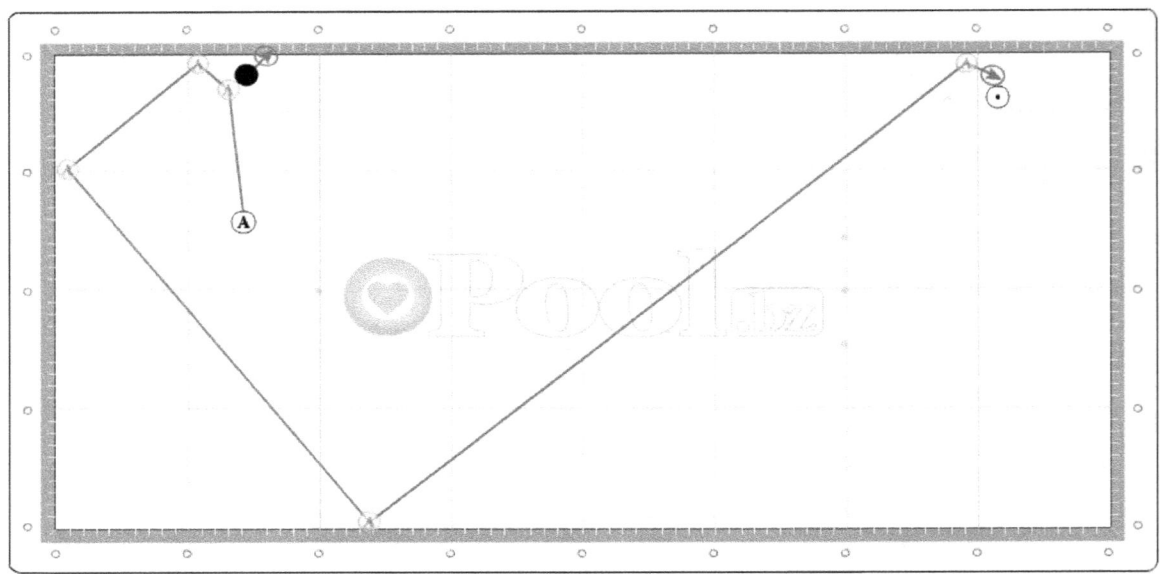

D:4d – Inrätta

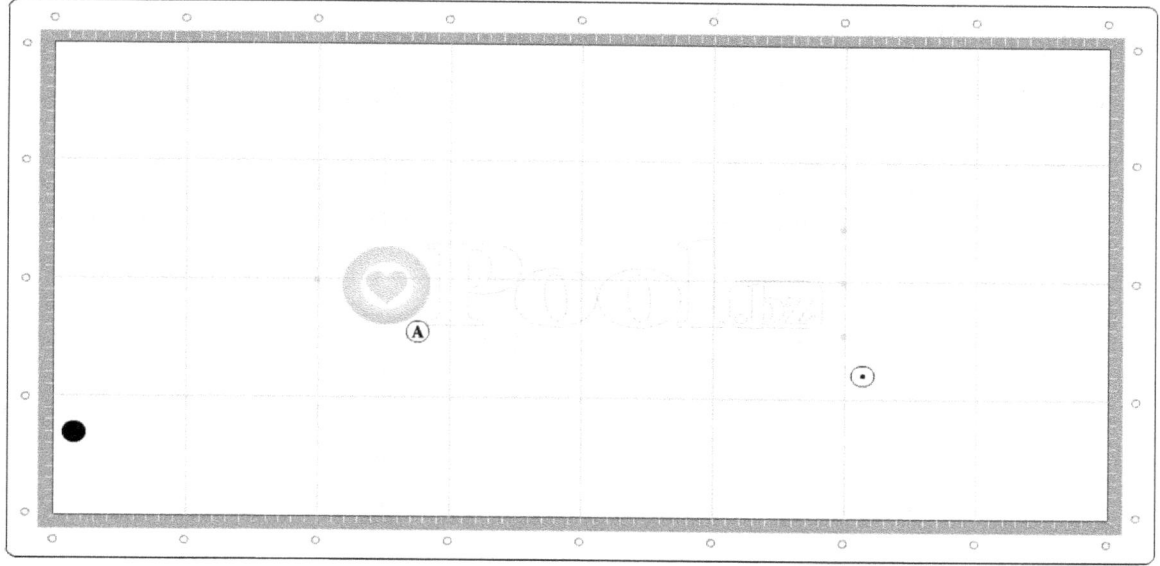

Anteckningar och idéer:

Skottmönster

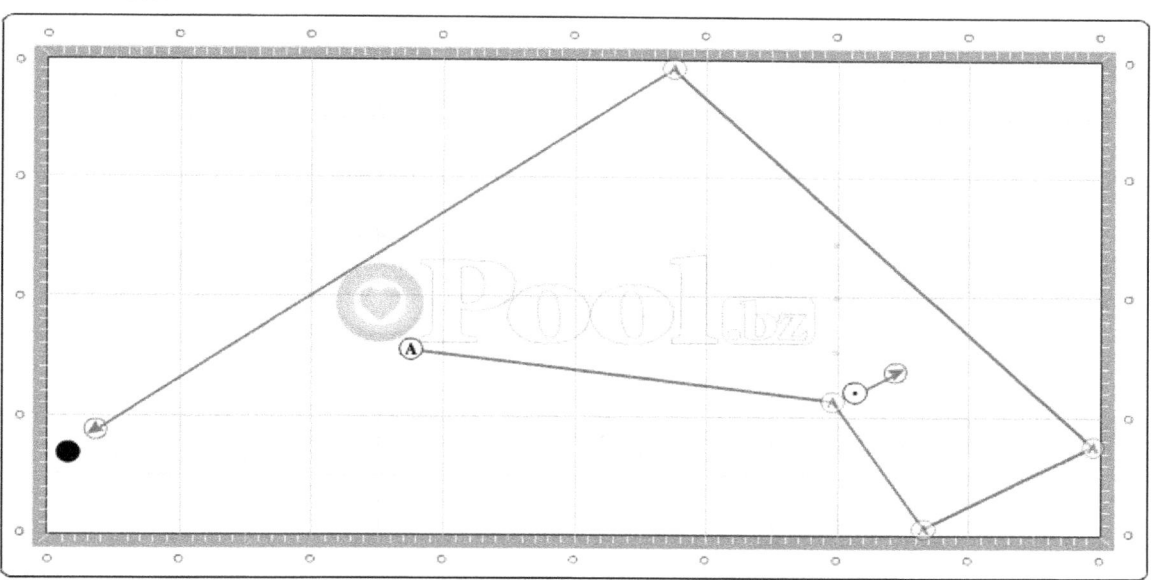

E: Utökad hörnvändning (lång vallar)

Den (CB) reser ett långt avstånd till den första (OB). Sedan går (CB) in i hörnet, lång vallar först. (CB) korsar bordet i mitten av den långa vallar. Slutligen kontaktar (CB) den andra (OB).

(A) (CB) (din biljardboll) - (•) (OB) (motståndare biljardboll) - ● (OB) (röd biljardboll)

E: Grupp 1

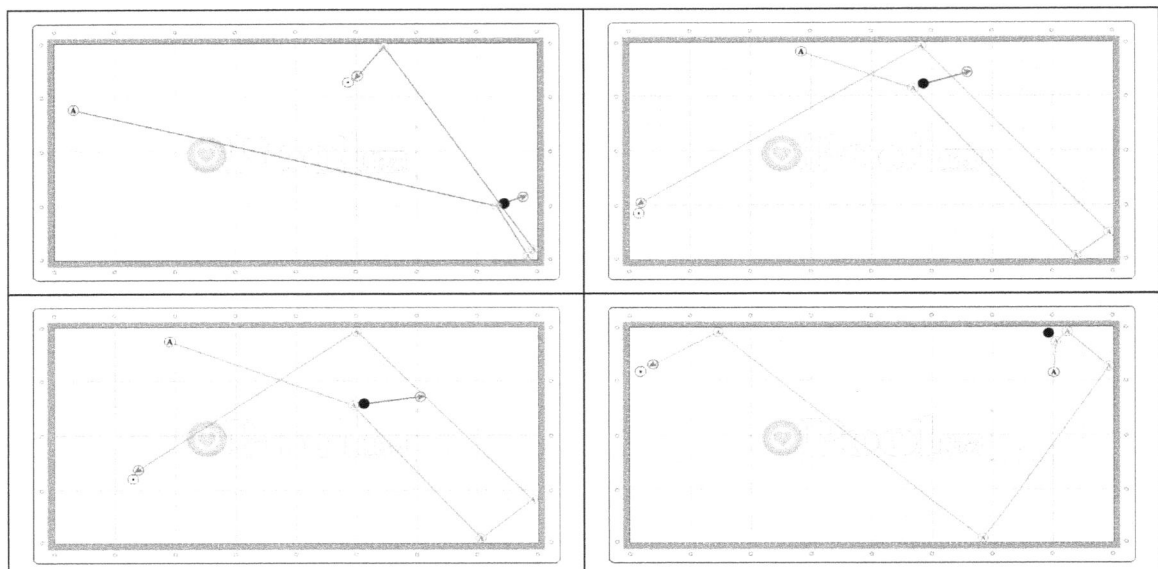

Analys:

E:1a. _____

E:1b. _____

E:1c. _____

E:1d. _____

E:1a – Inrätta

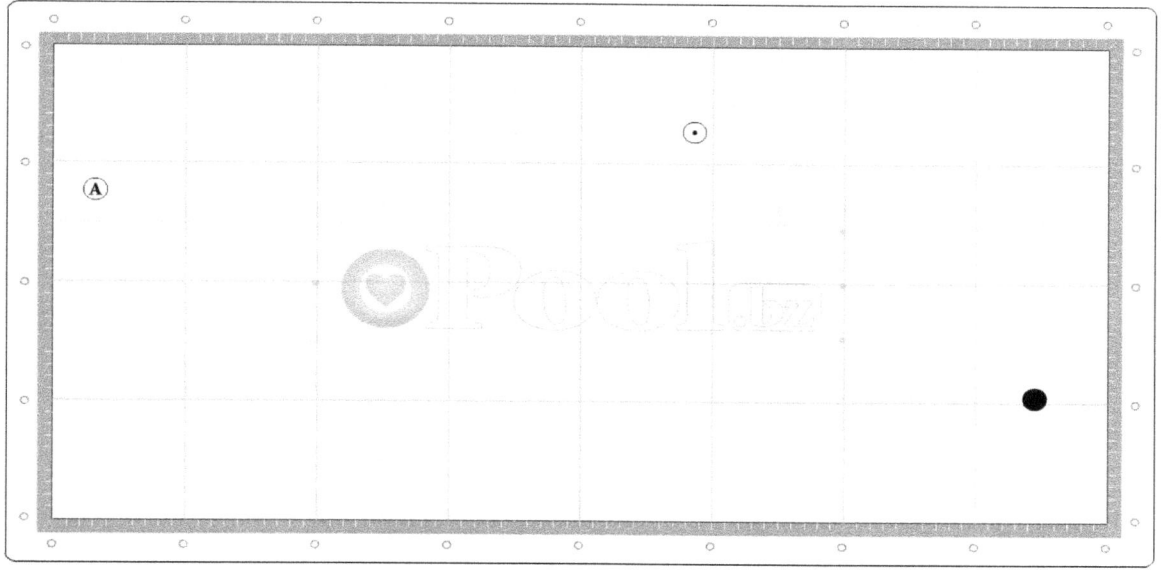

Anteckningar och idéer:

Skottmönster

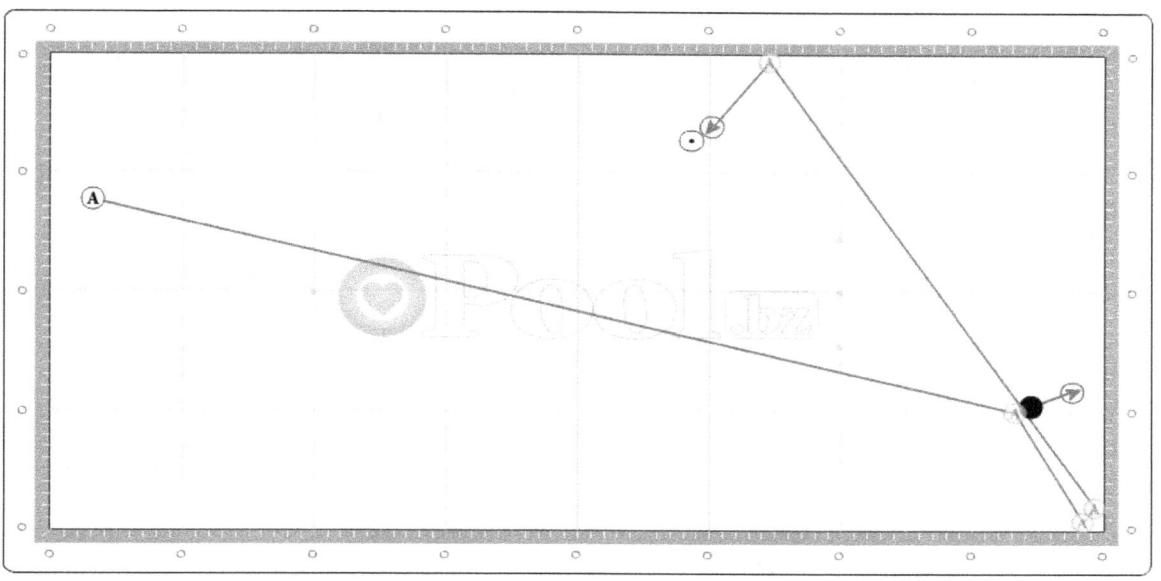

E:1b – Inrätta

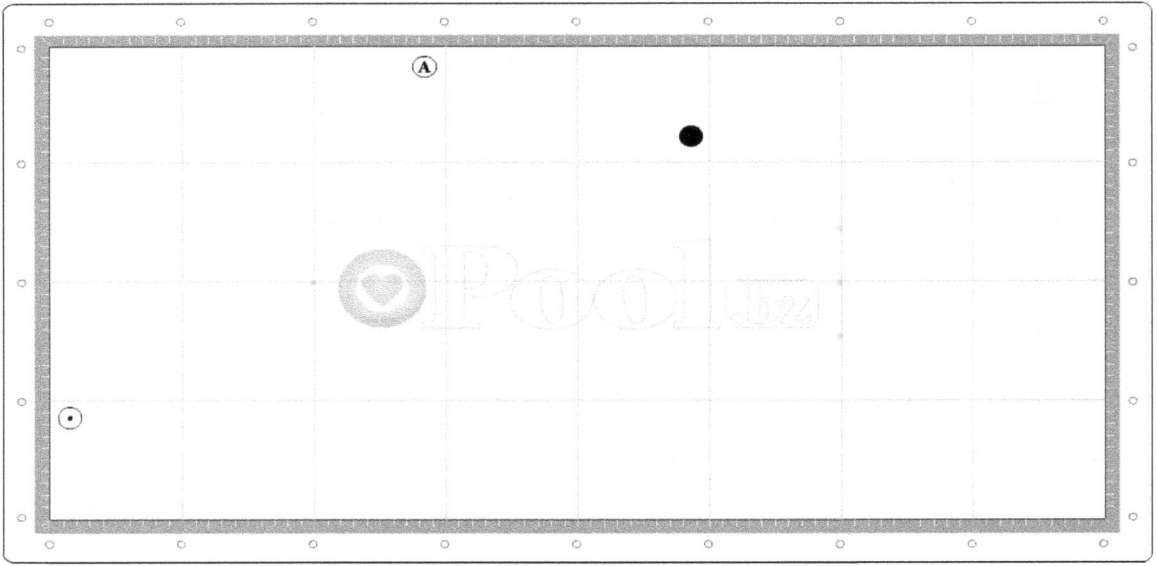

Anteckningar och idéer:

Skottmönster

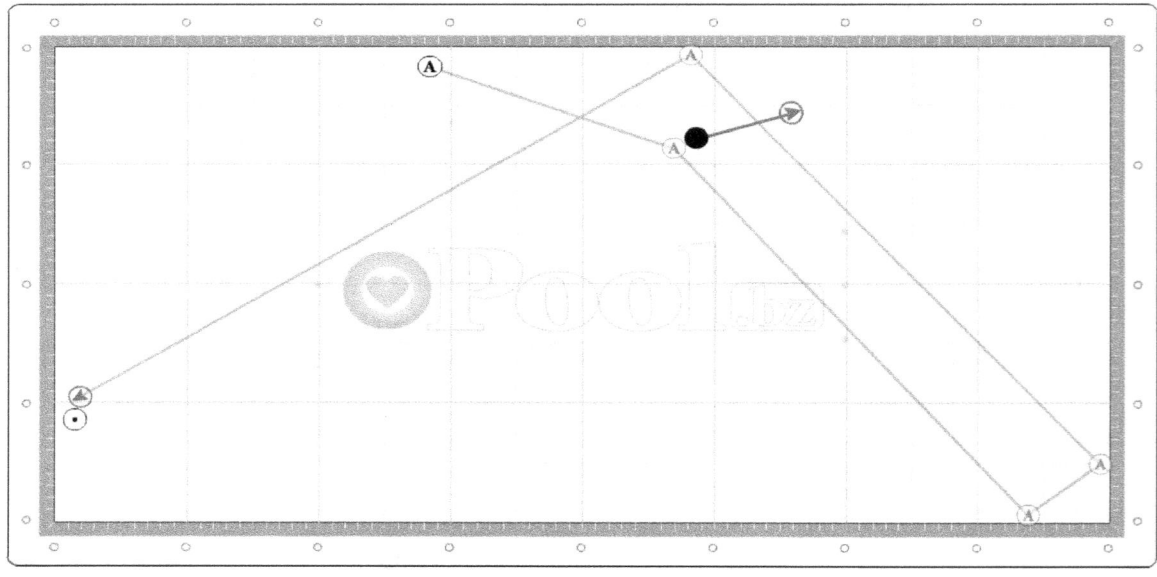

E:1c – Inrätta

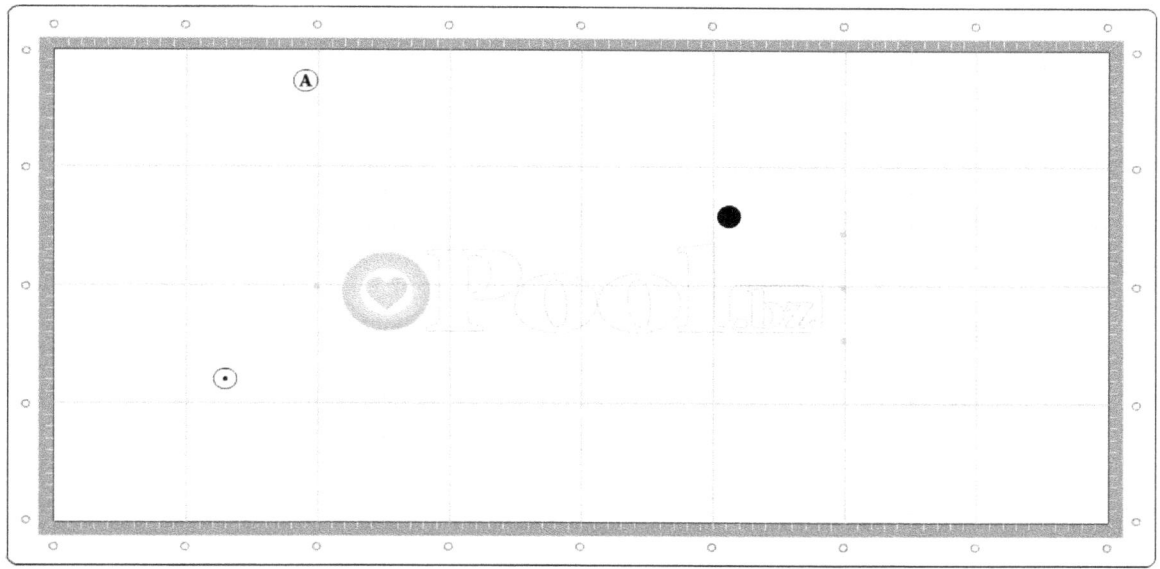

Anteckningar och idéer:

Skottmönster

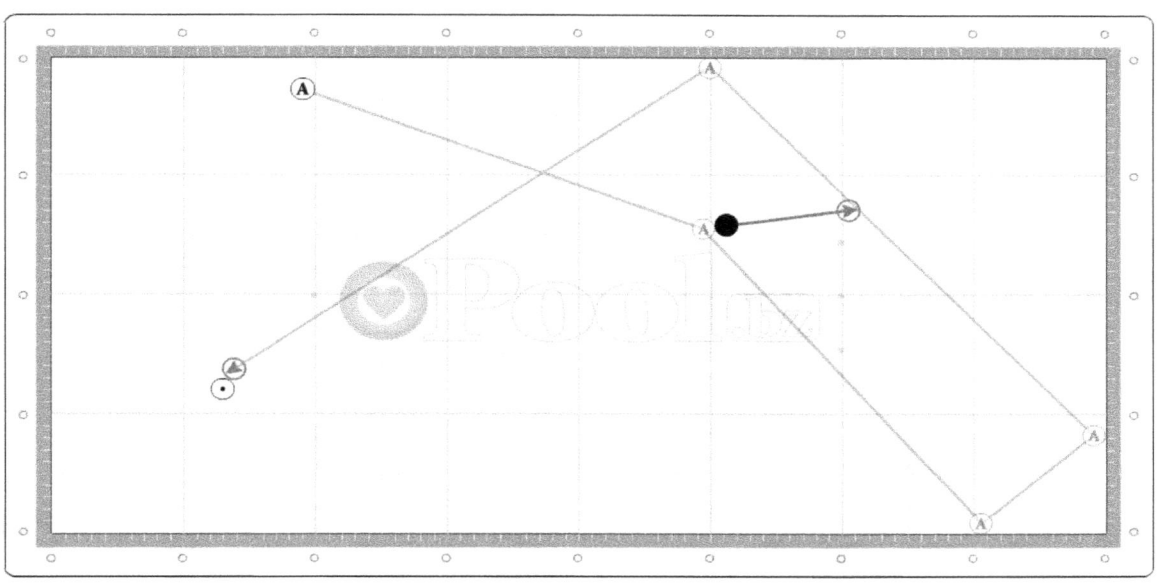

E:1d – Inrätta

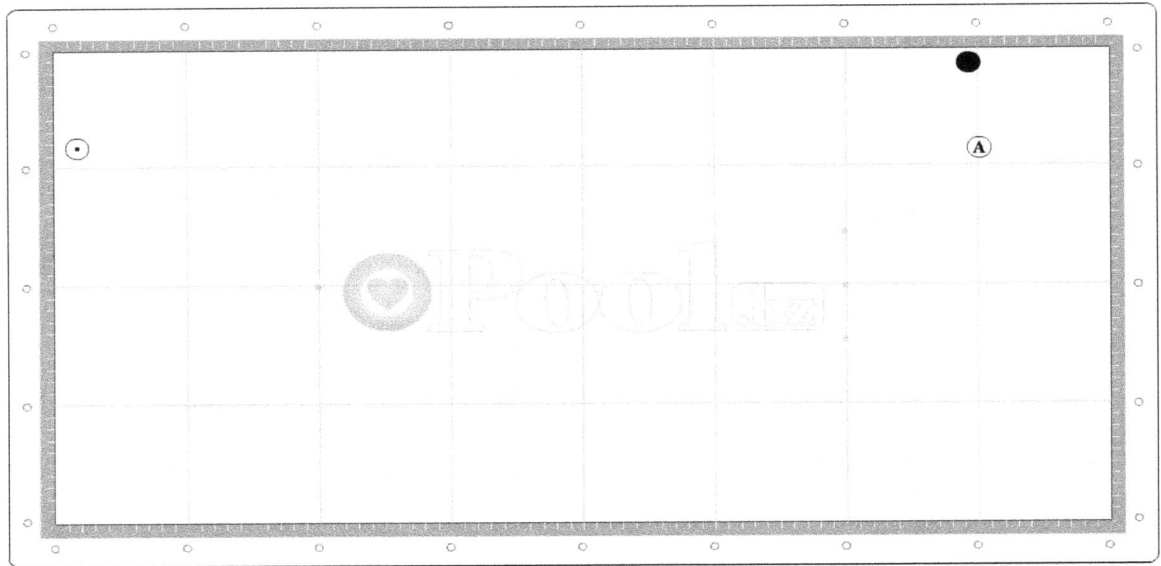

Anteckningar och idéer:

Skottmönster

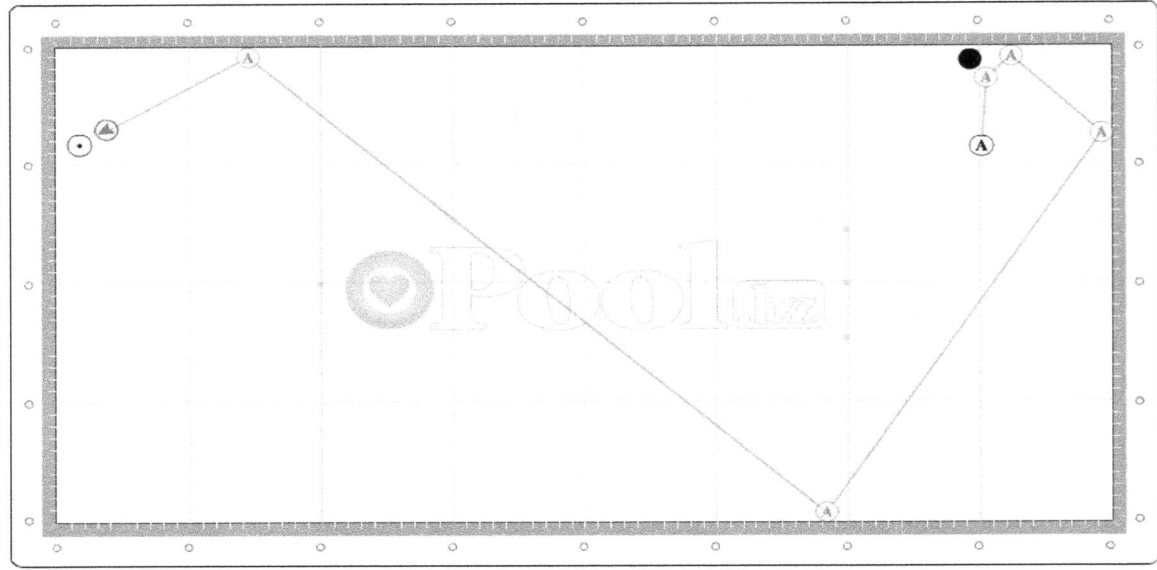

E: Grupp 2

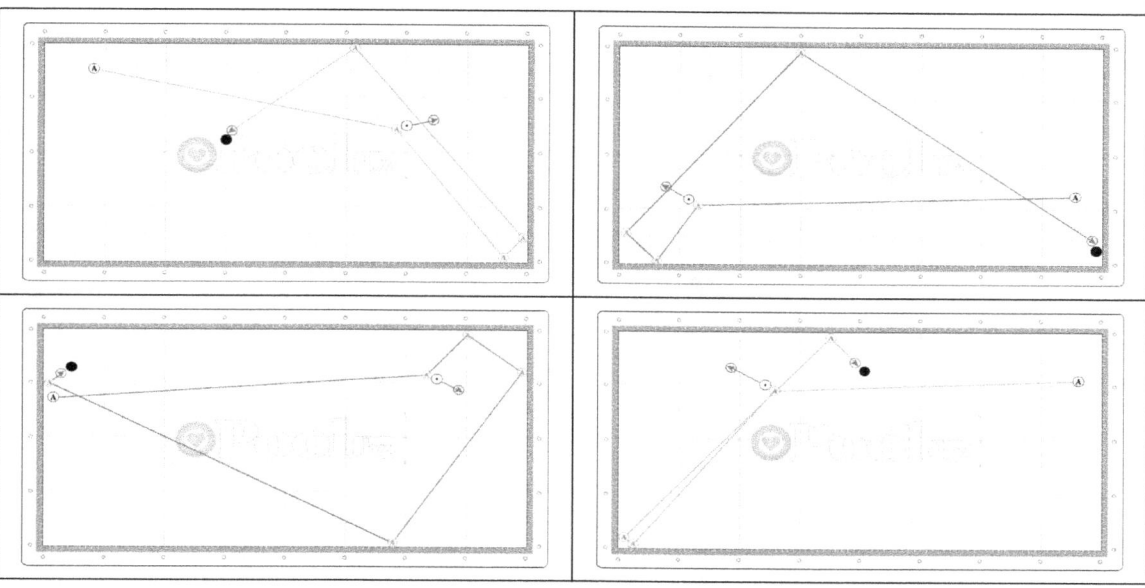

Analys:

E:2a. _____

E:2b. _____

E:2c. _____

E:2d. _____

E:2a – Inrätta

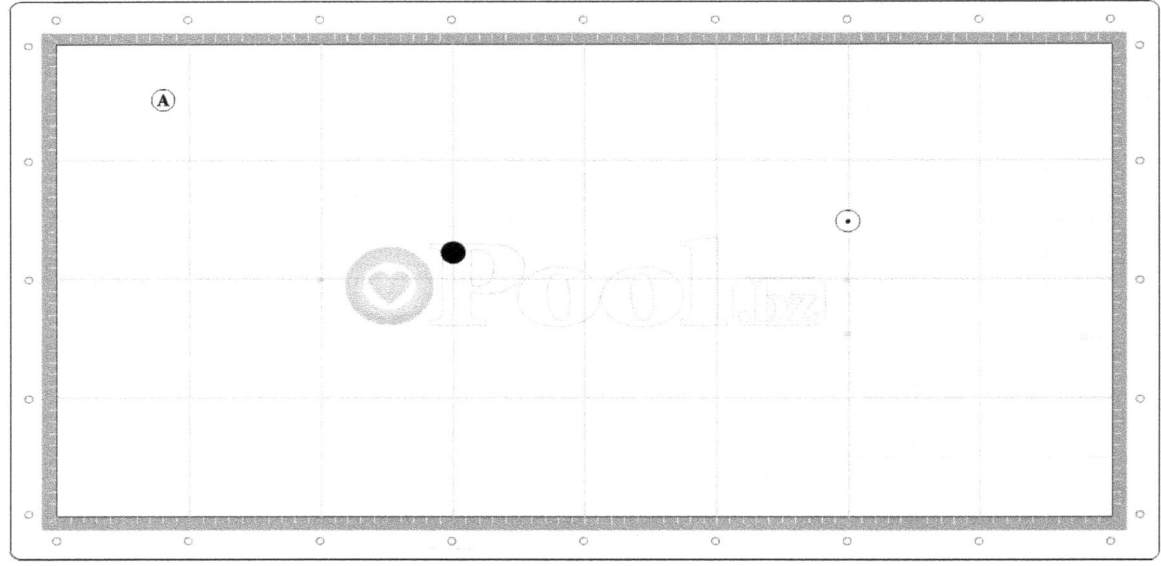

Anteckningar och idéer:

Skottmönster

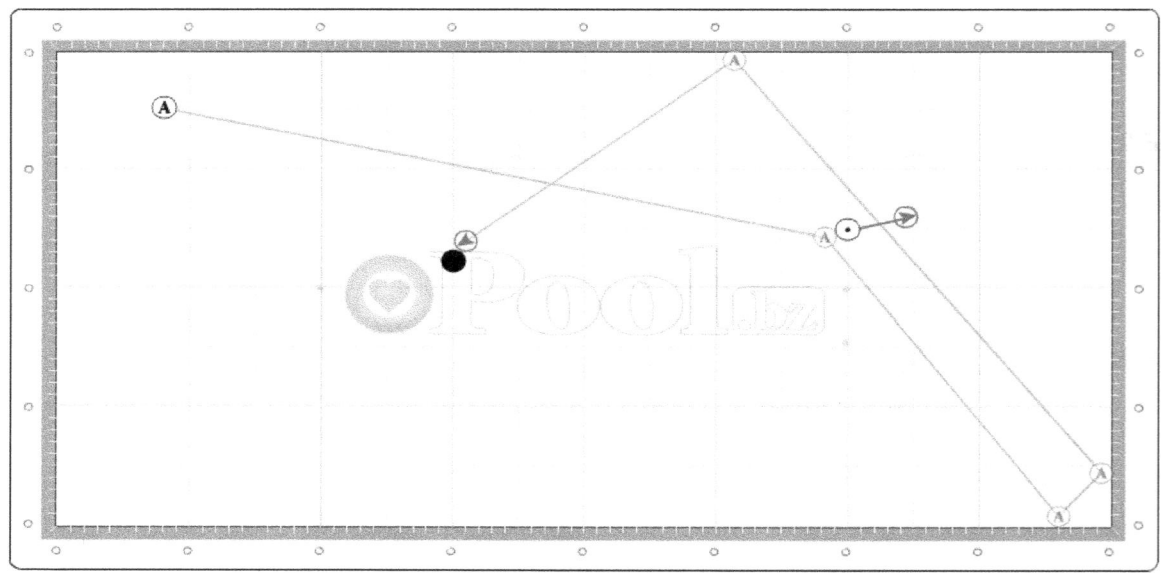

E:2b – Inrätta

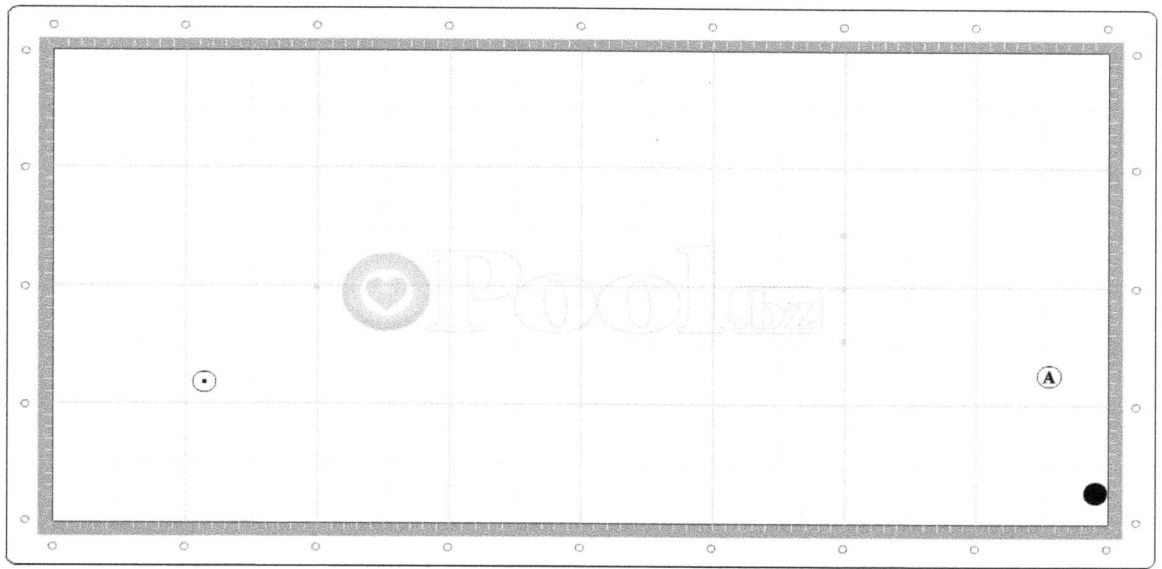

Anteckningar och idéer:

Skottmönster

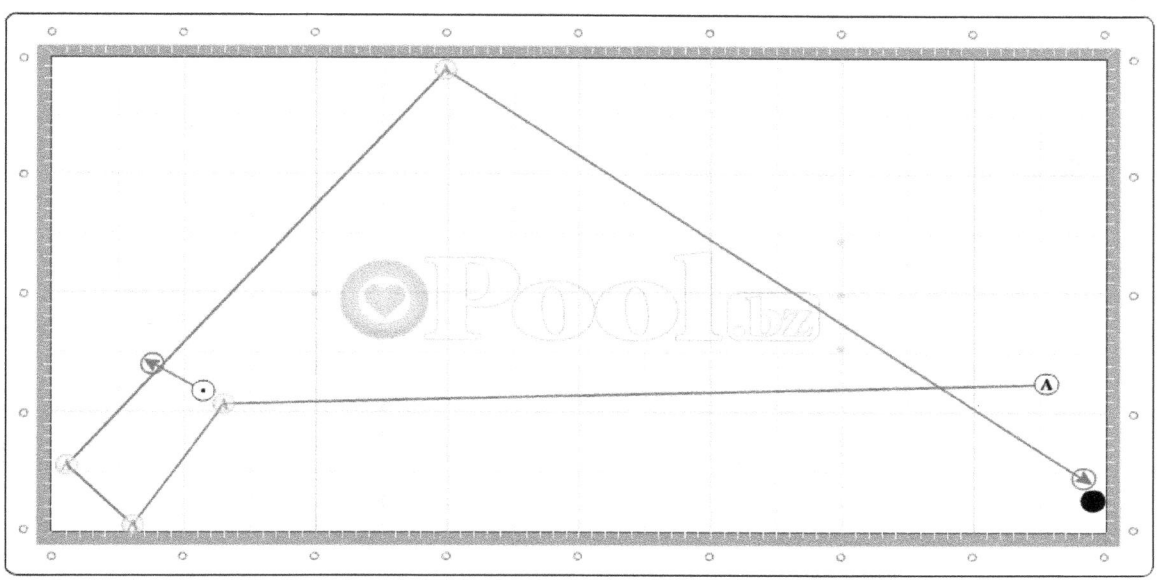

E:2c – Inrätta

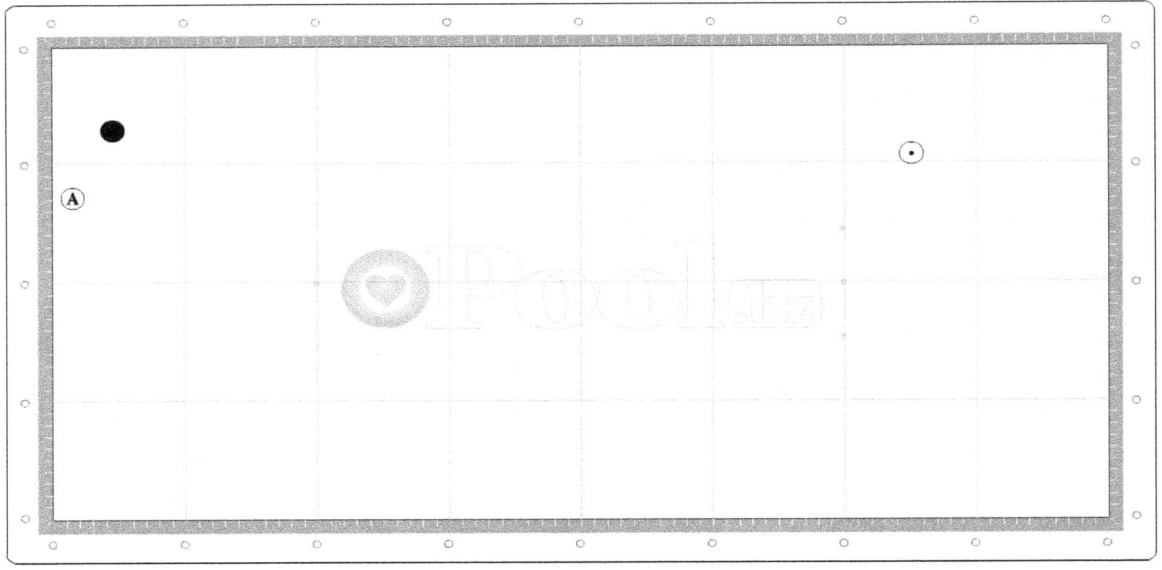

Anteckningar och idéer:

Skottmönster

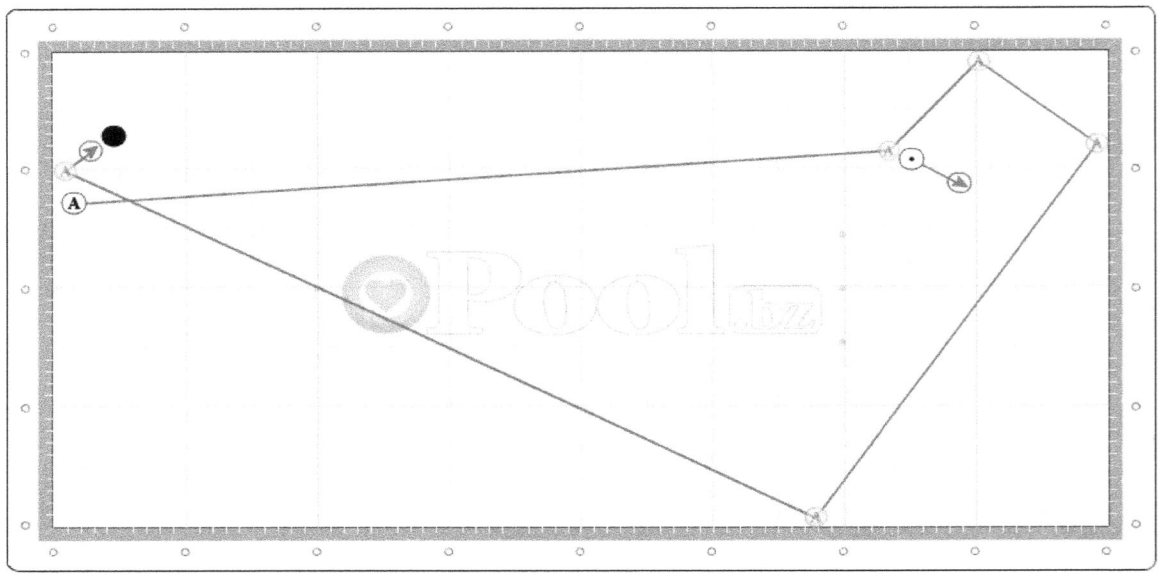

E:2d – Inrätta

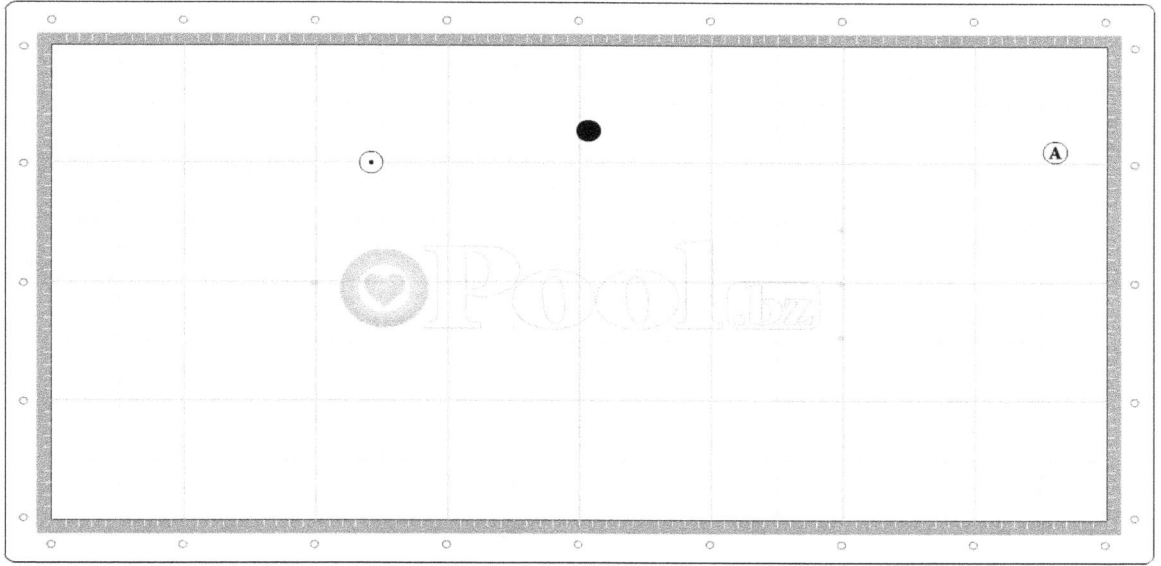

Anteckningar och idéer:

Skottmönster

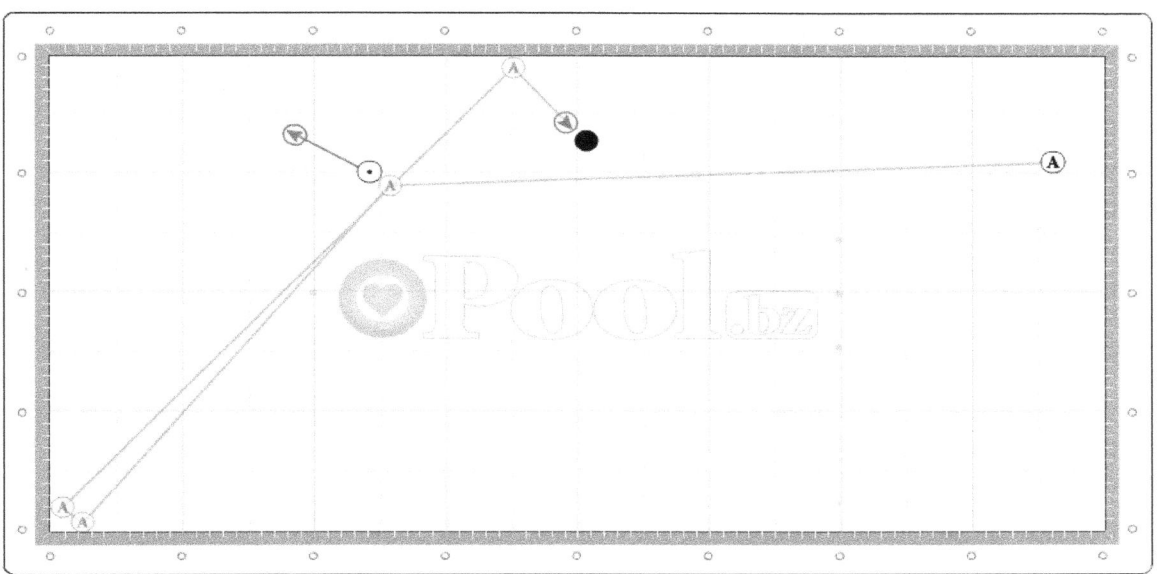

E: Grupp 3

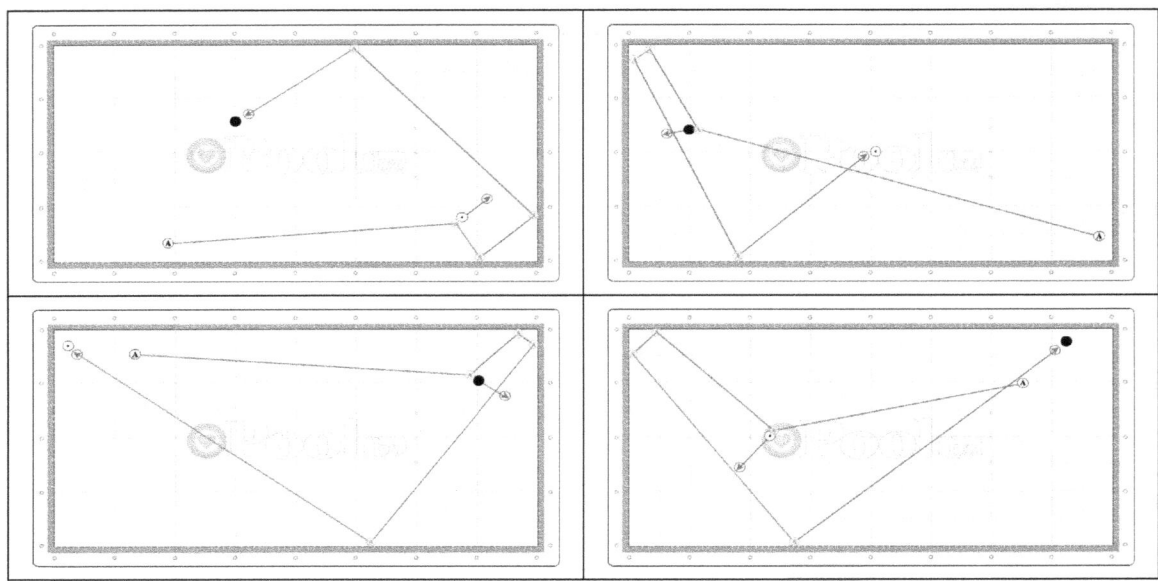

Analys:

E:3a. _____

E:3b. _____

E:3c. _____

E:3d. _____

E:3a – Inrätta

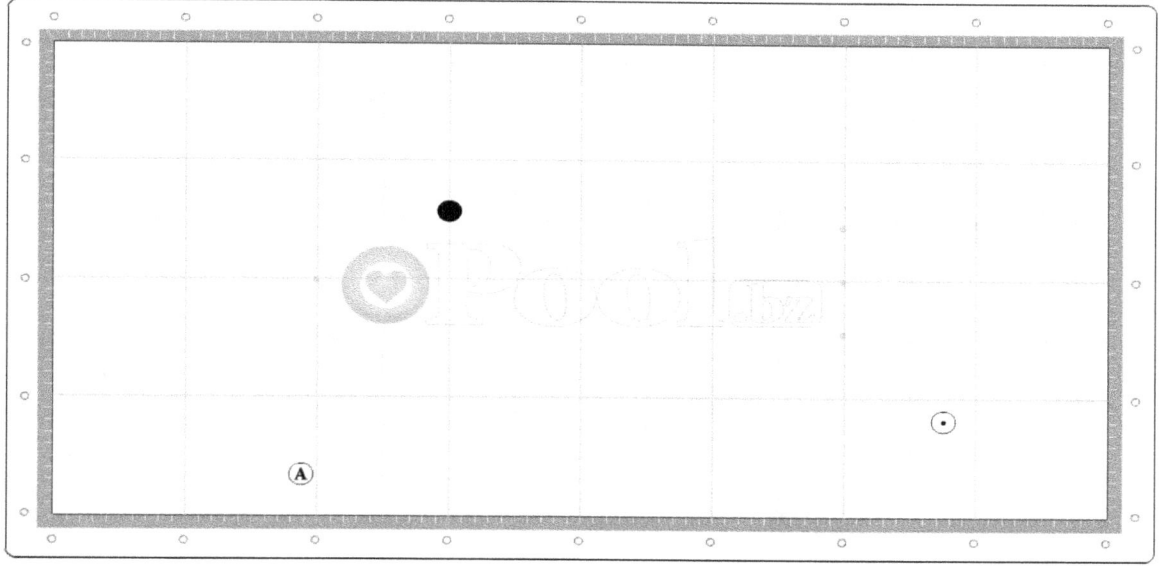

Anteckningar och idéer:

Skottmönster

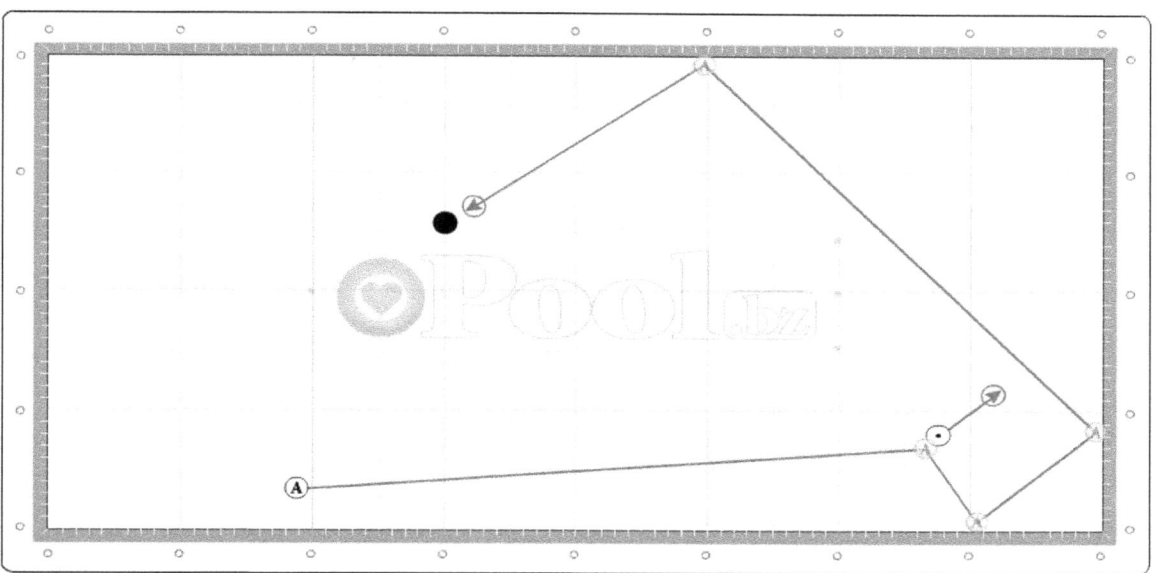

E:3b – Inrätta

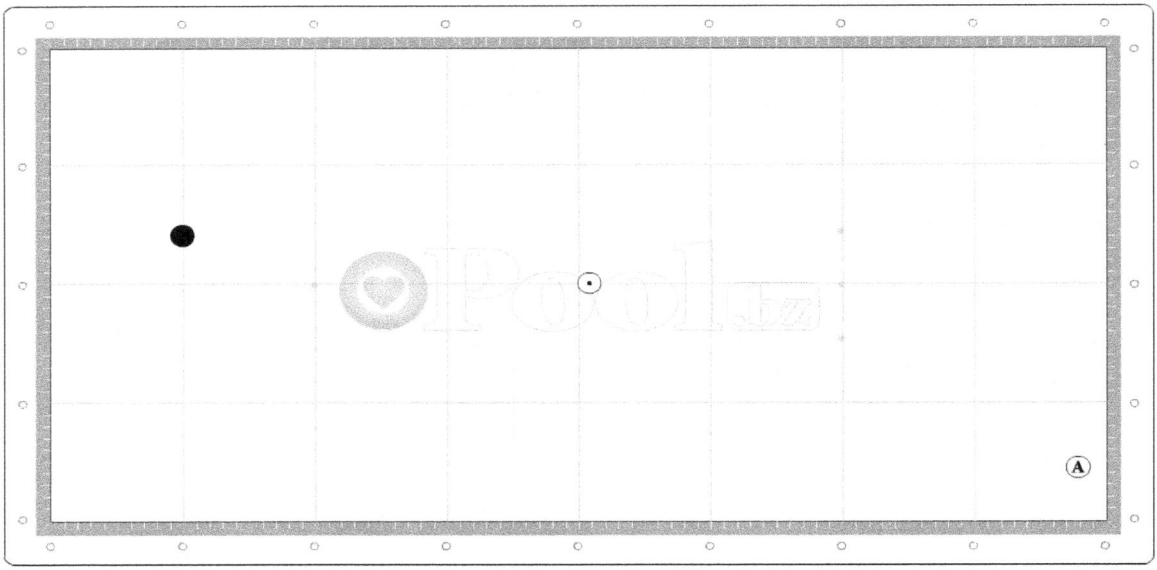

Anteckningar och idéer:

Skottmönster

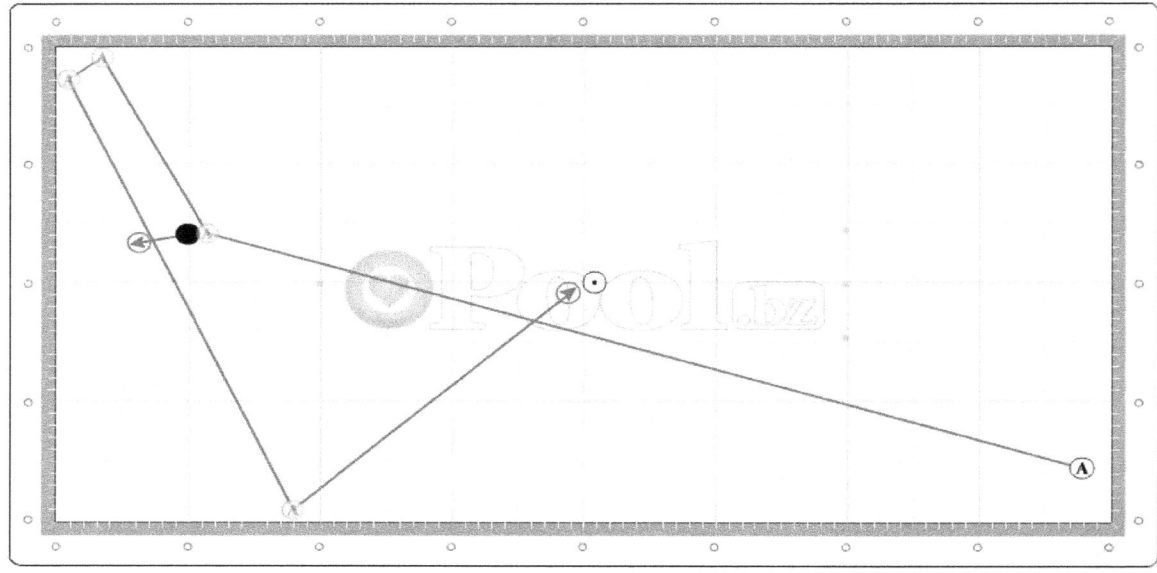

E:3c – Inrätta

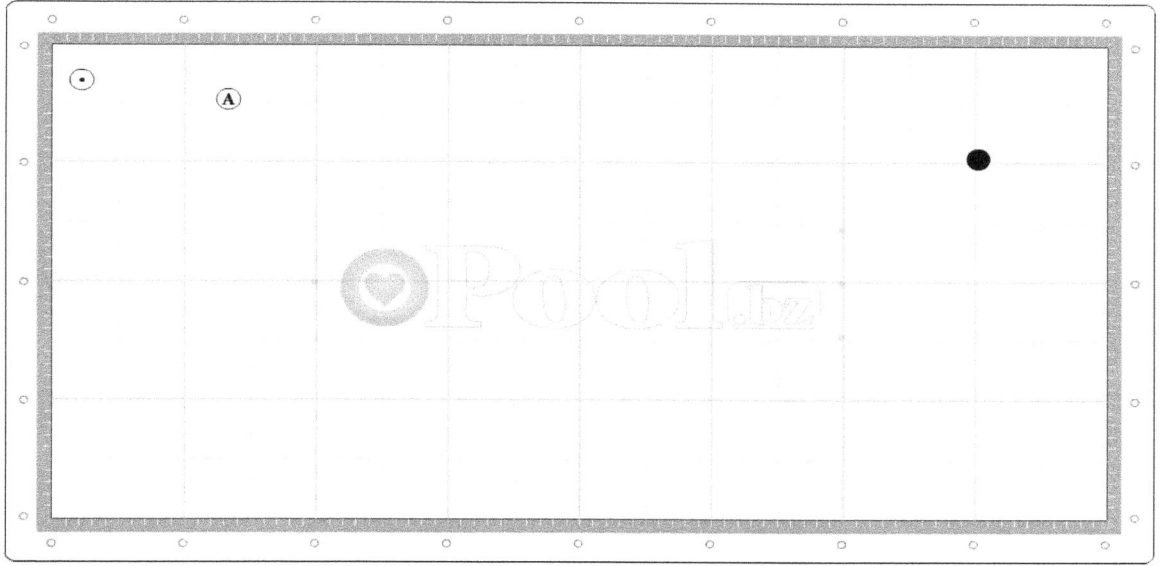

Anteckningar och idéer:

Skottmönster

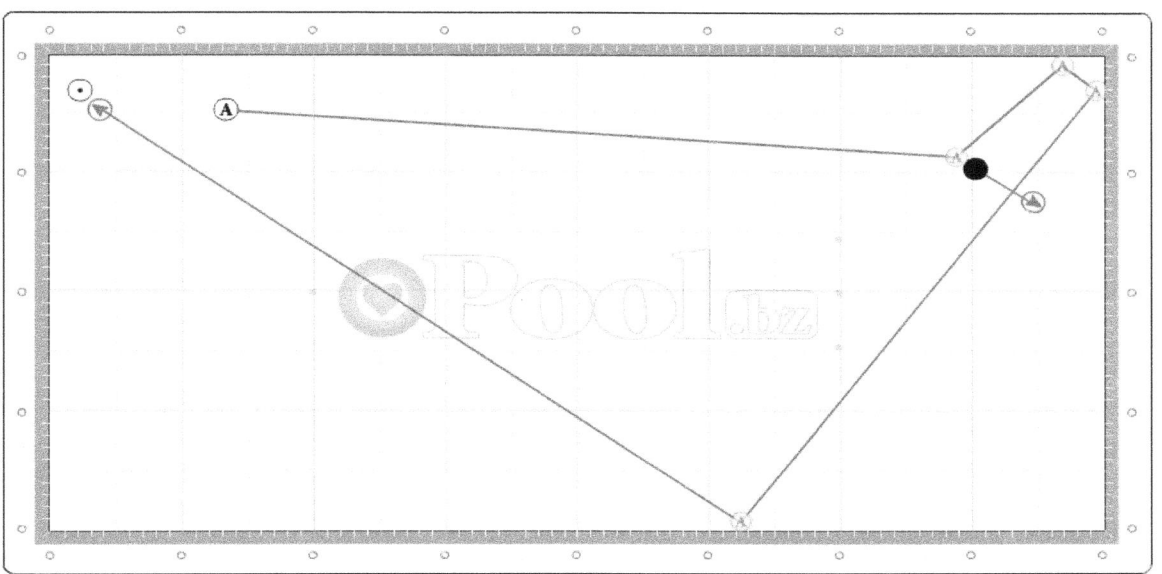

E:3d – Inrätta

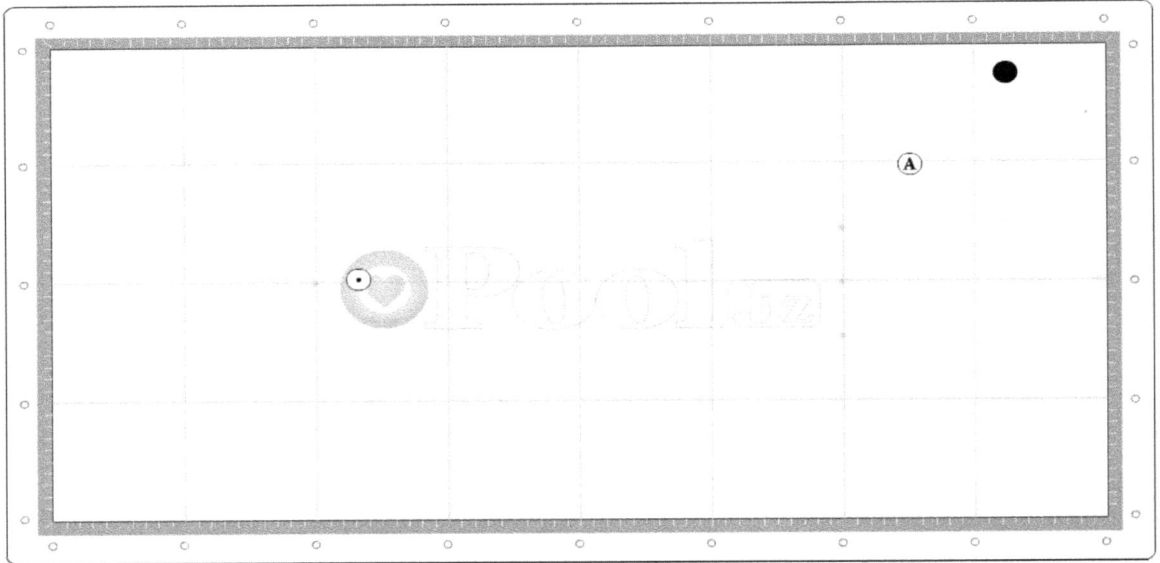

Anteckningar och idéer:

Skottmönster

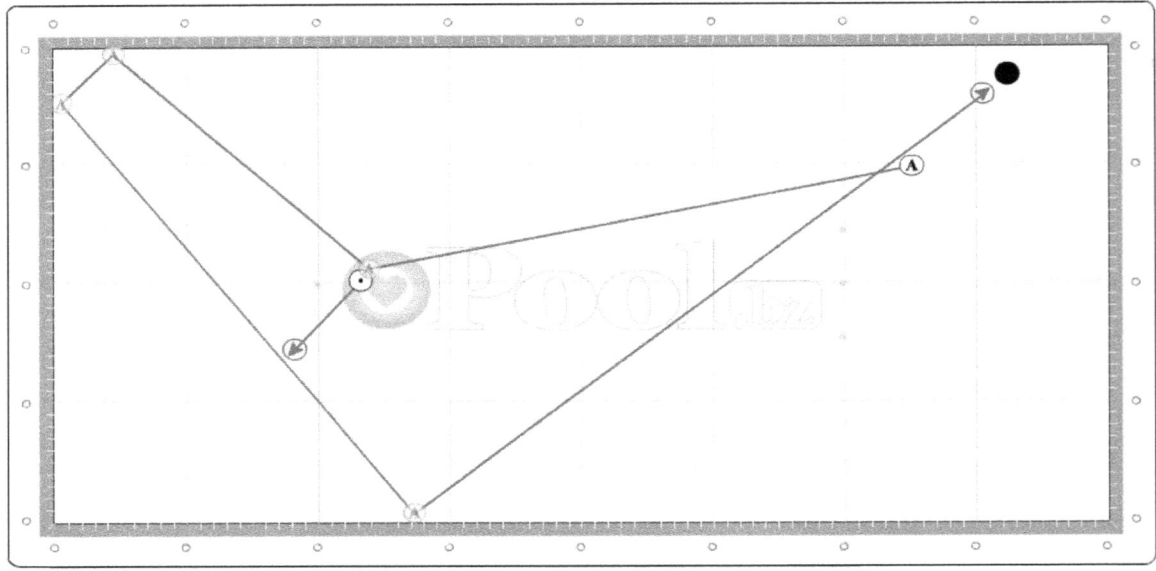

F: Grunt vinkelben, nerför backen

Den (CB) kontaktar den första (OB), och går sedan in i hörnet, lång vallar först. (CB) kommer ut till mitten av den motsatta långa vallar. (CB) kommer ut på en grundvinkel och kontaktar den andra (OB).

Ⓐ (CB) (din biljardboll) - ☉ (OB) (motståndare biljardboll) - ● (OB) (röd biljardboll)

F: Grupp 1

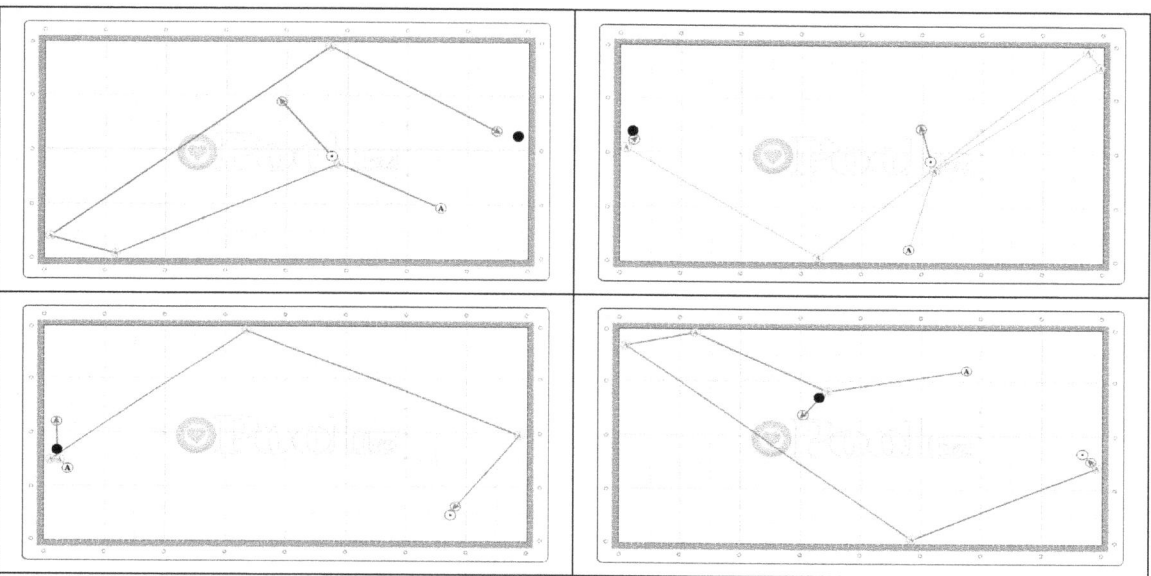

Analys:

F:1a. _____

F:1b. _____

F:1c. _____

F:1d. _____

F:1a – Inrätta

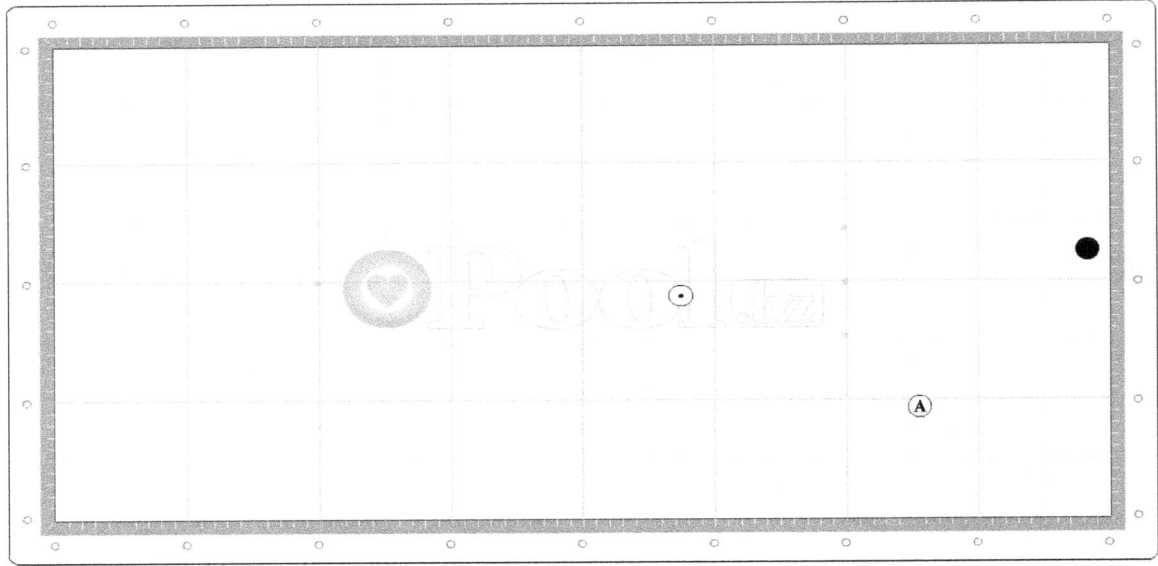

Anteckningar och idéer:

Skottmönster

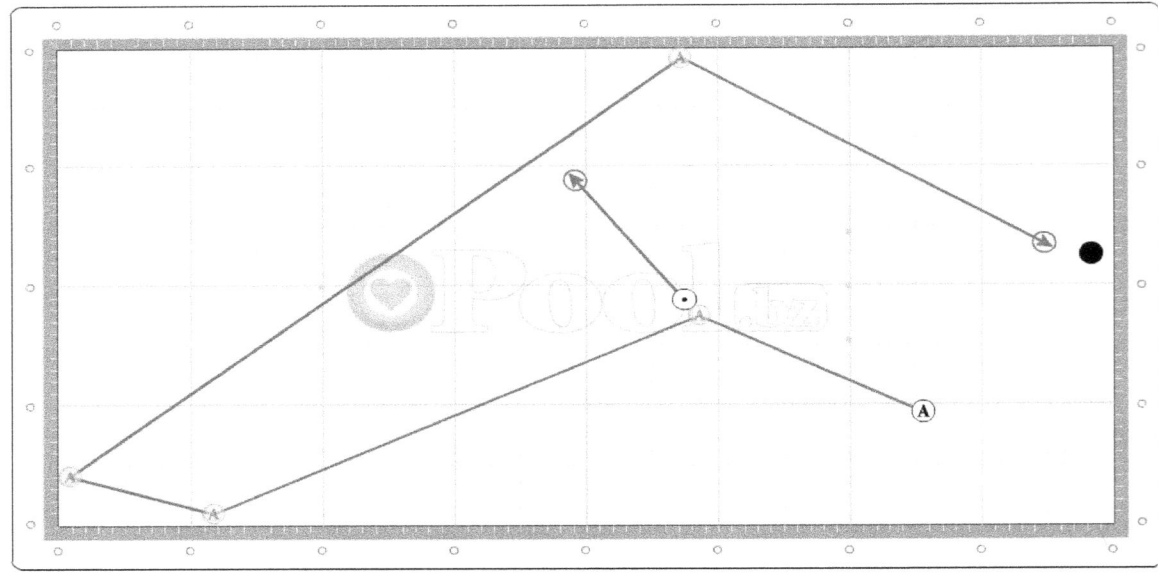

F:1b – Inrätta

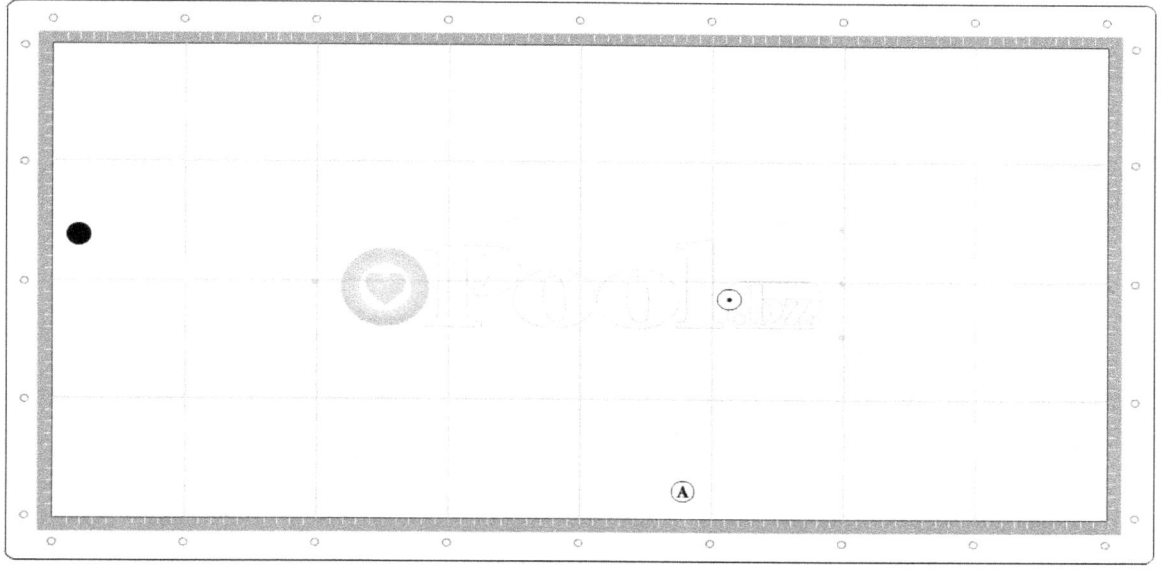

Anteckningar och idéer:

Skottmönster

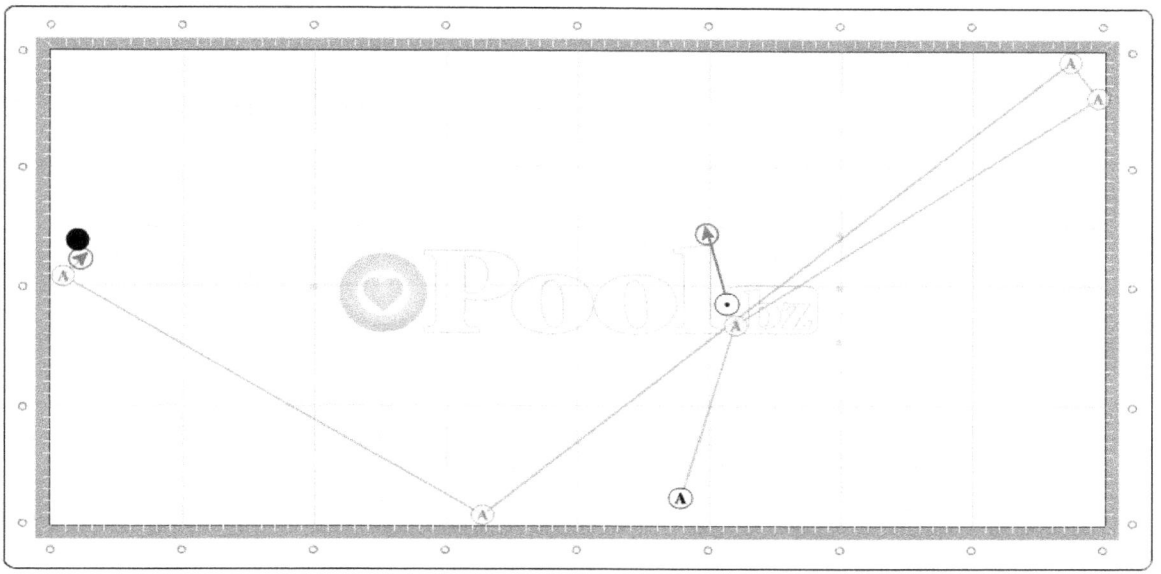

F:1c – Inrätta

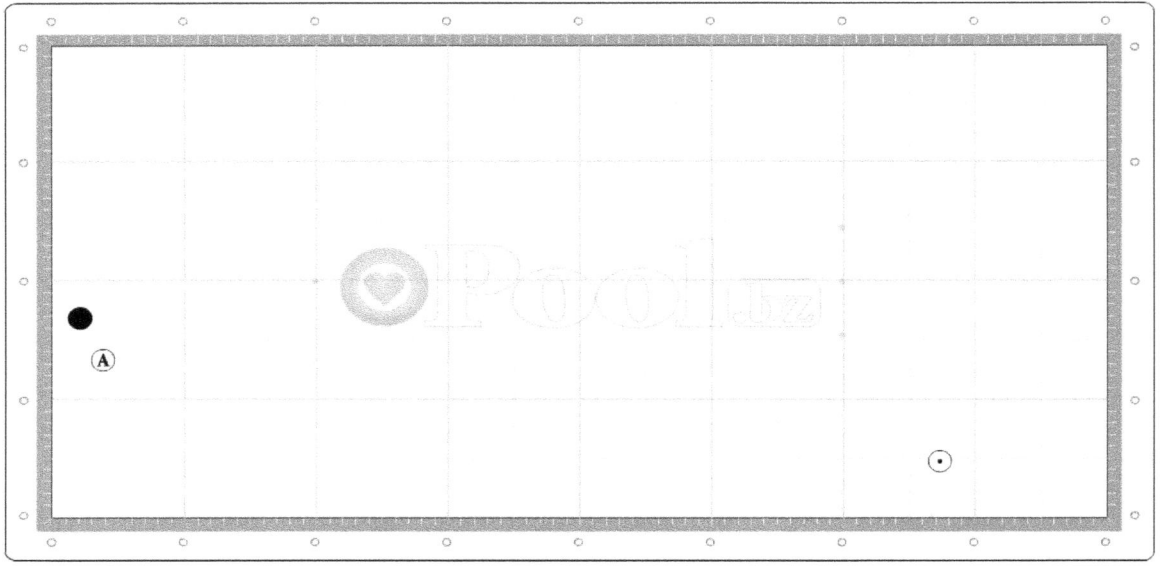

Anteckningar och idéer:

Skottmönster

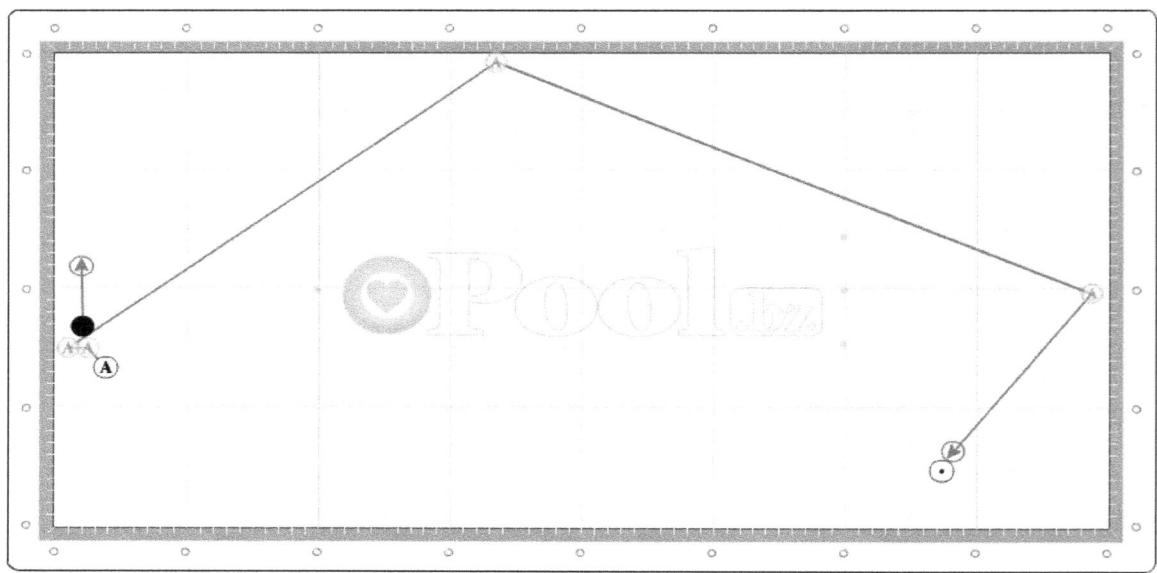

F:1d – Inrätta

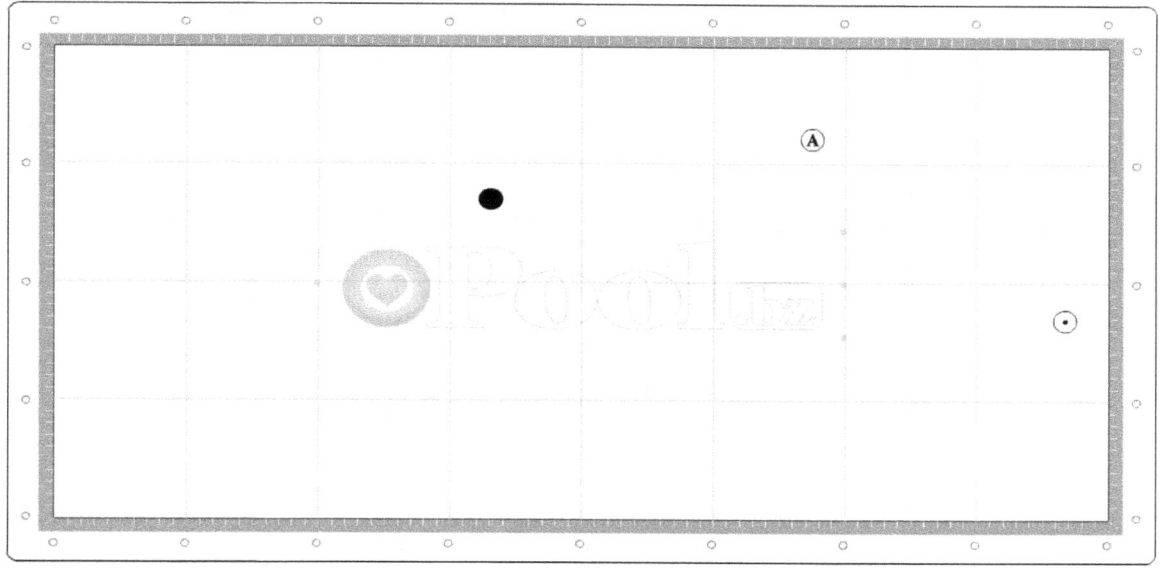

Anteckningar och idéer:

Skottmönster

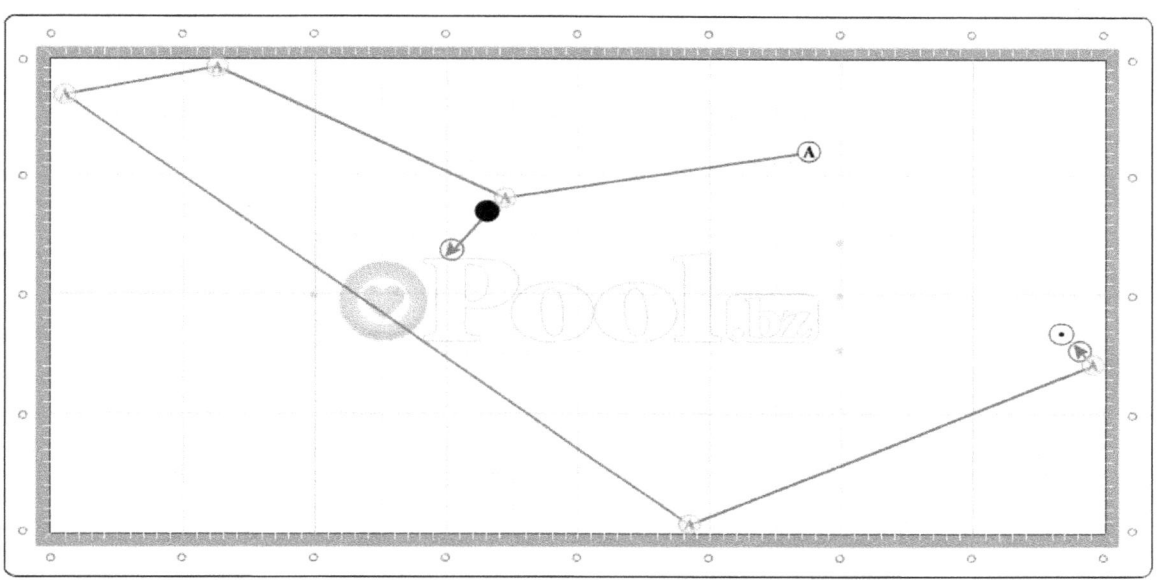

F: Grupp 2

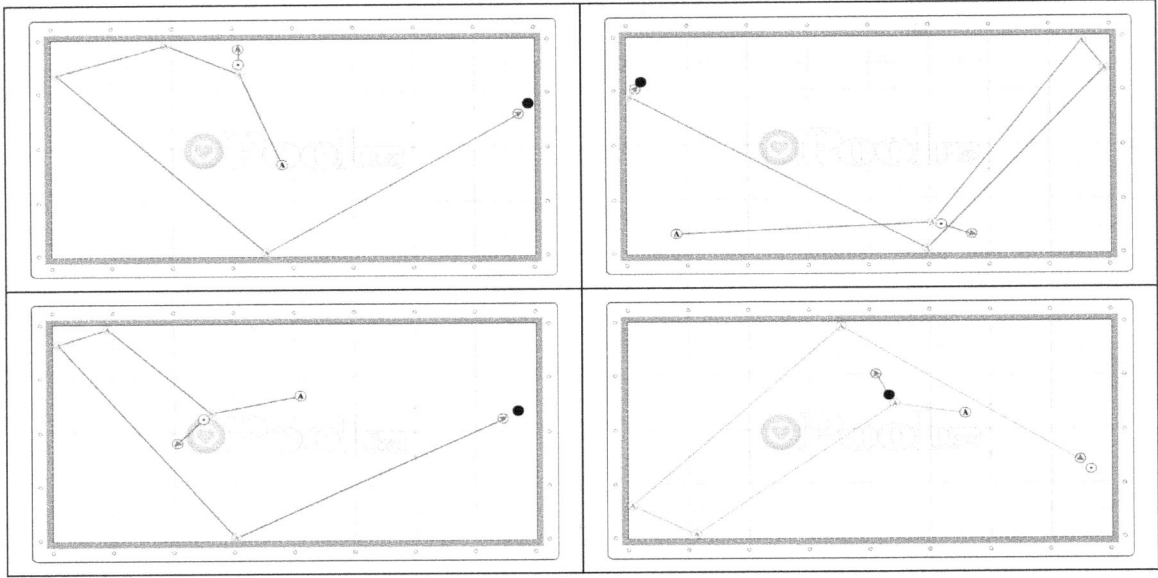

Analys:

F:2a. _____

F:2b. _____

F:2c. _____

F:2d. _____

F:2a – Inrätta

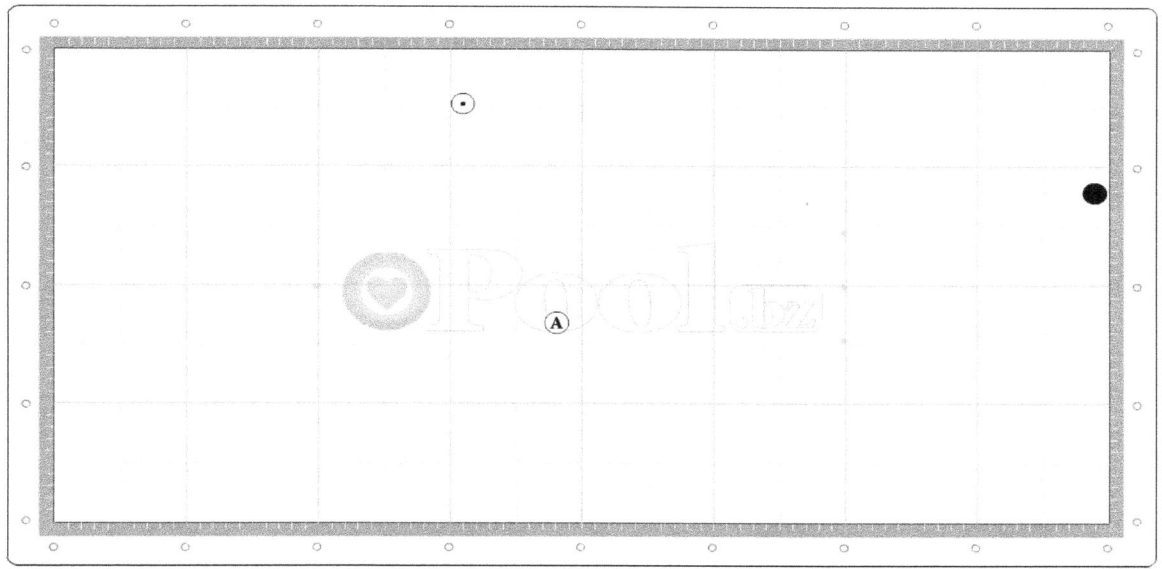

Anteckningar och idéer:

Skottmönster

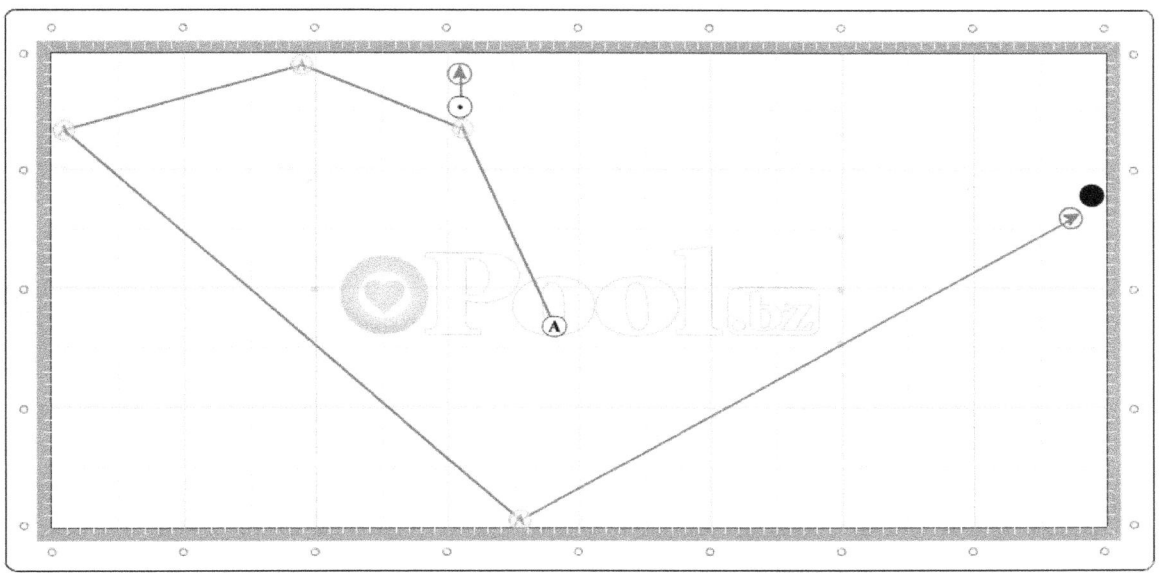

F:2b – Inrätta

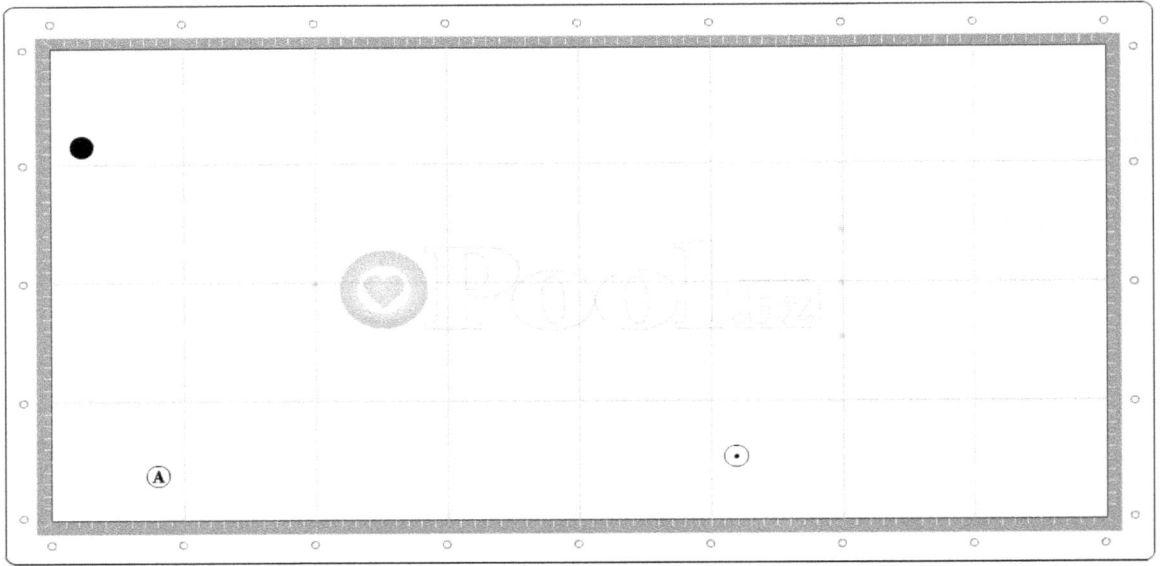

Anteckningar och idéer:

Skottmönster

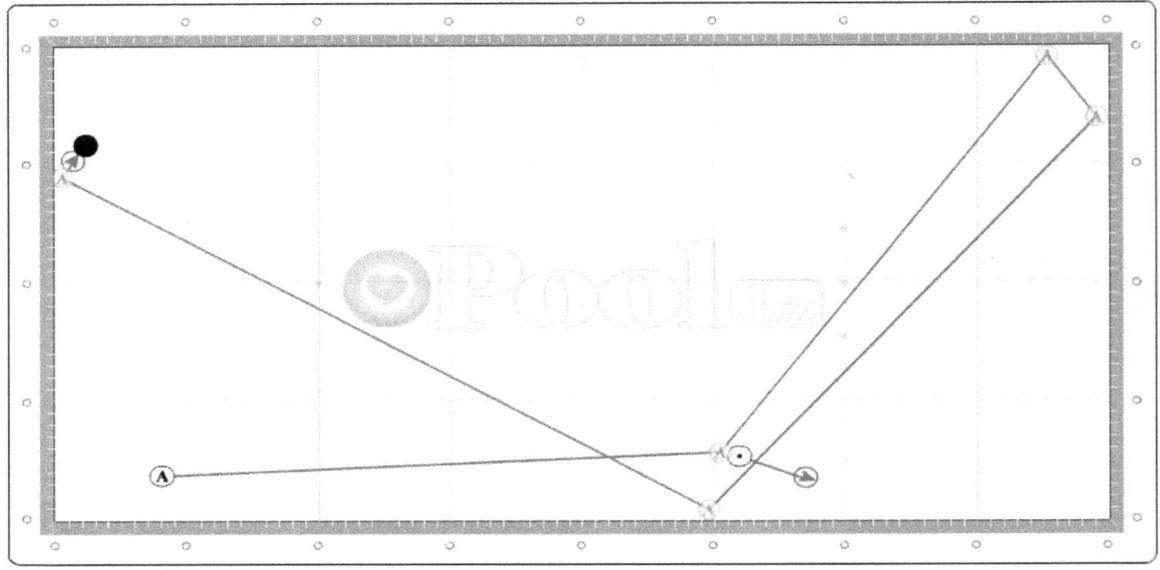

F:2c – Inrätta

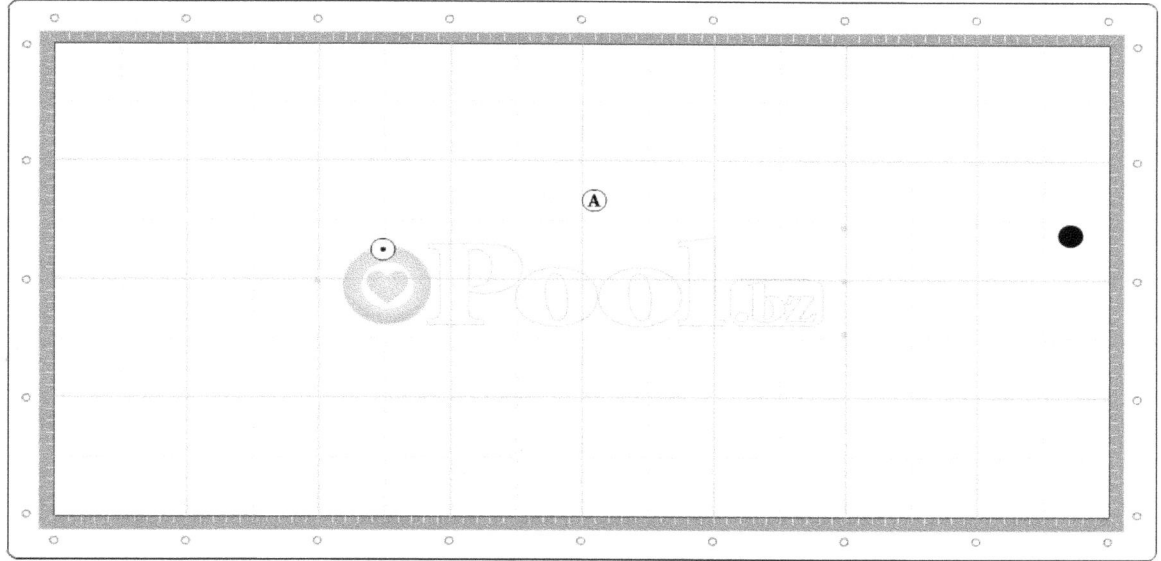

Anteckningar och idéer:

Skottmönster

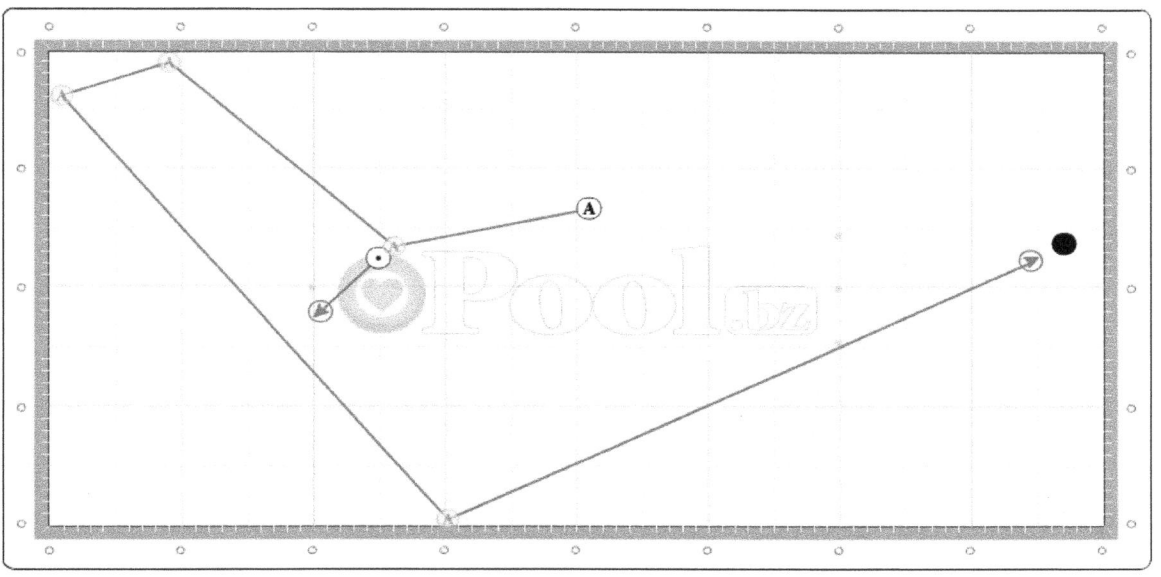

F:2d – Inrätta

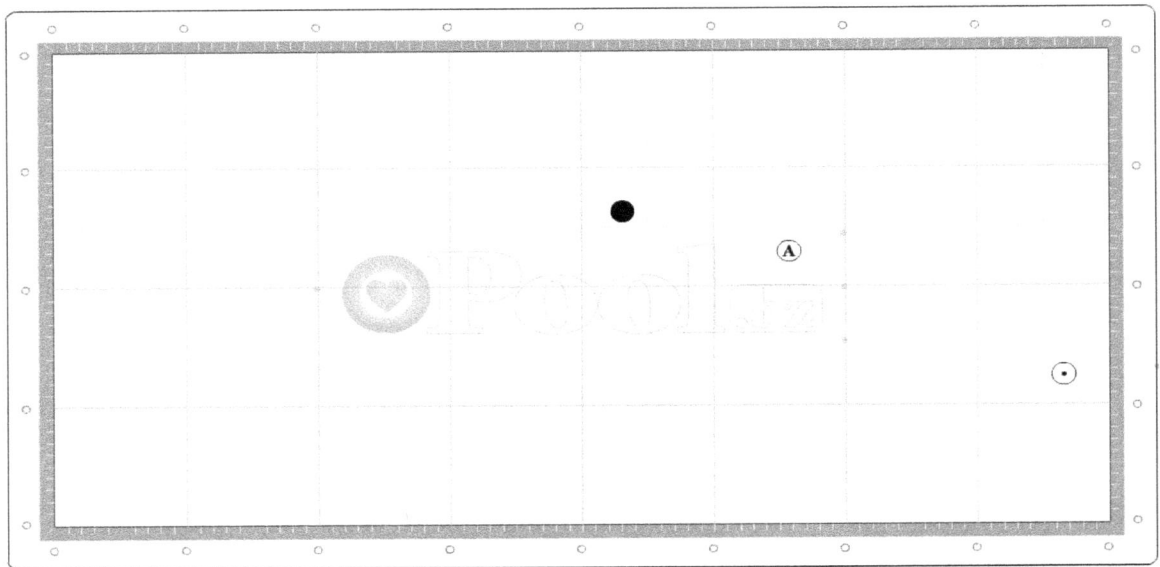

Anteckningar och idéer:

Skottmönster

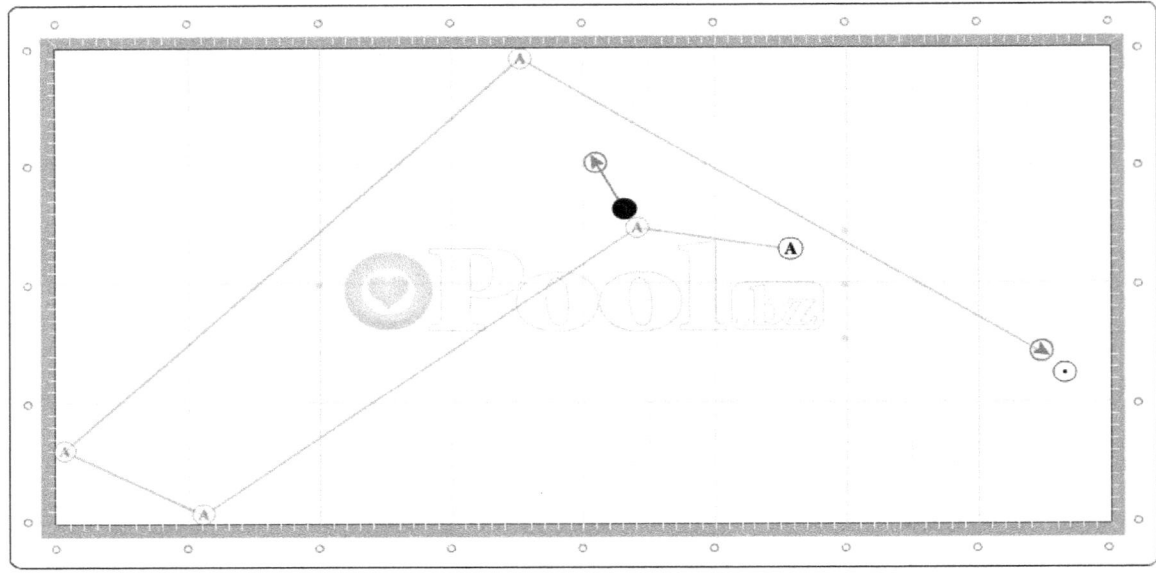

F: Grupp 3

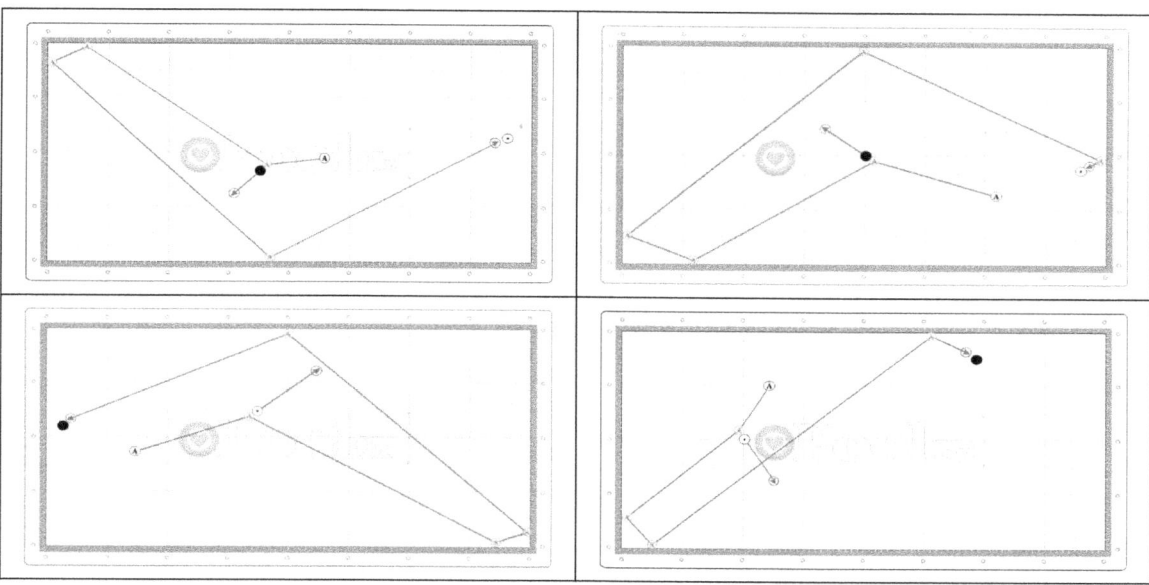

Analys:

F:3a. _____

F:3b. _____

F:3c. _____

F:3d. _____

F:3a – Inrätta

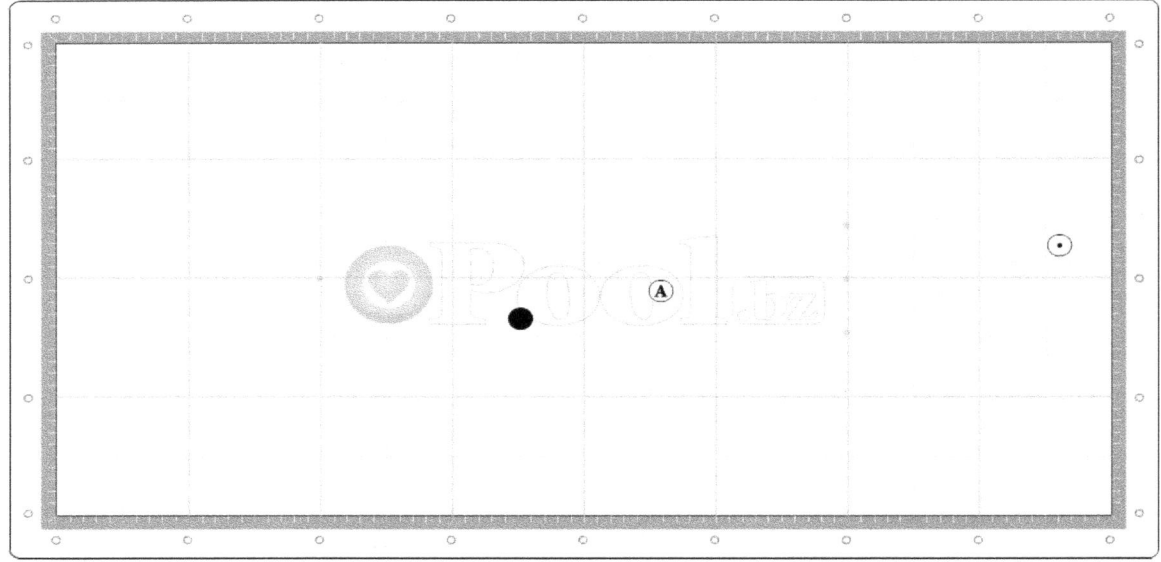

Anteckningar och idéer:

Skottmönster

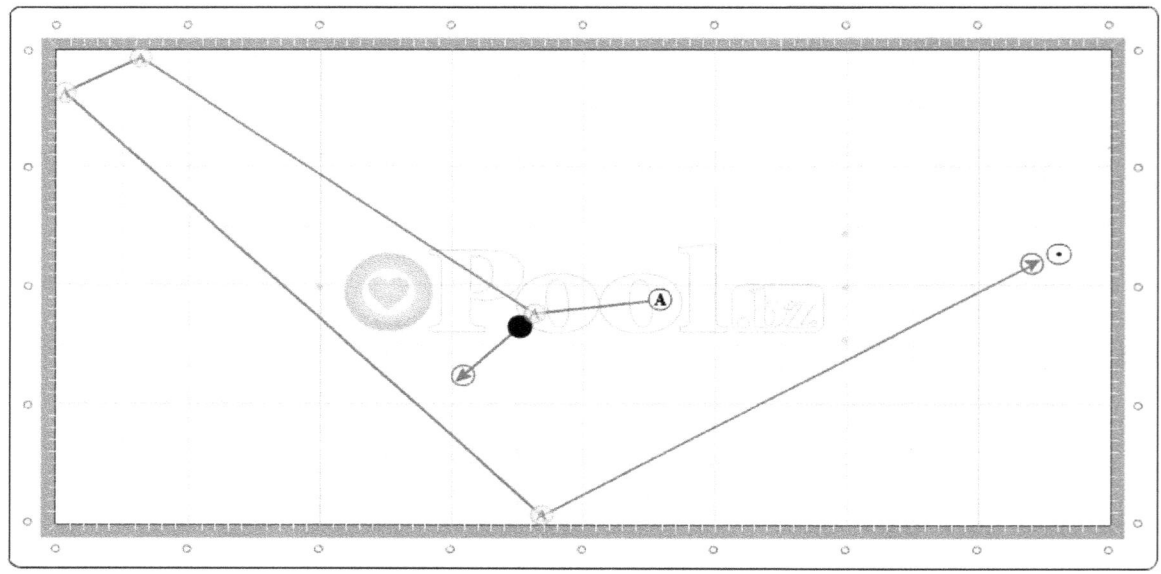

F:3b – Inrätta

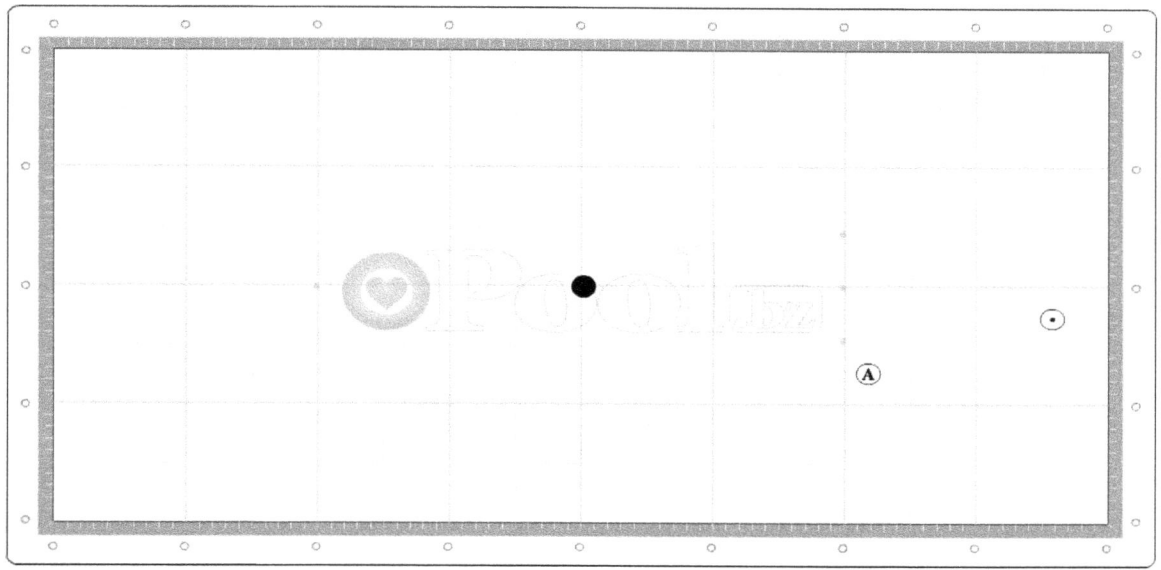

Anteckningar och idéer:

Skottmönster

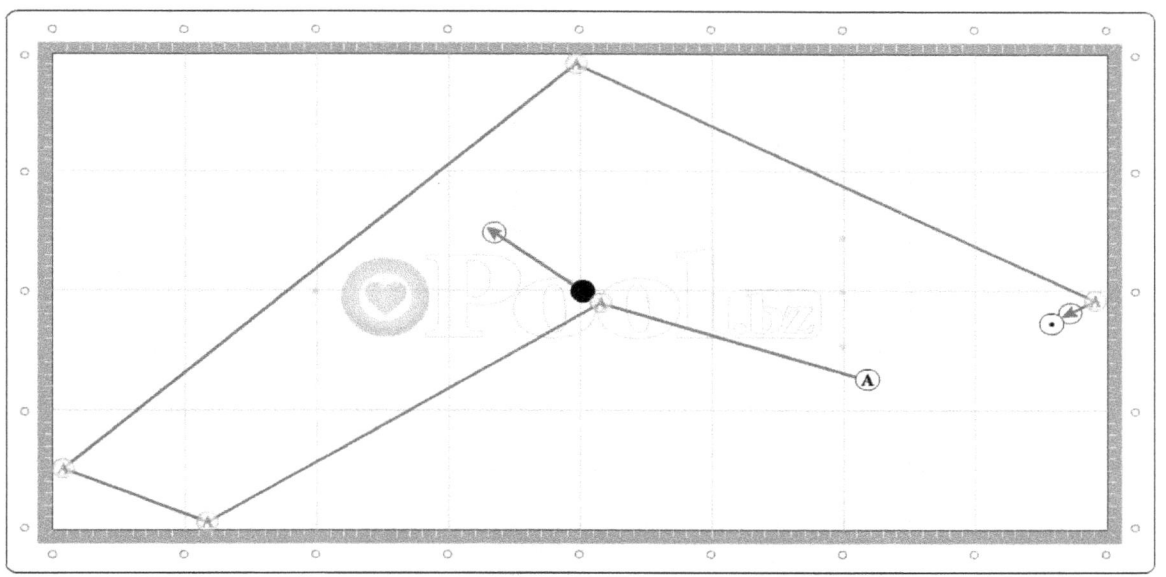

F:3c – Inrätta

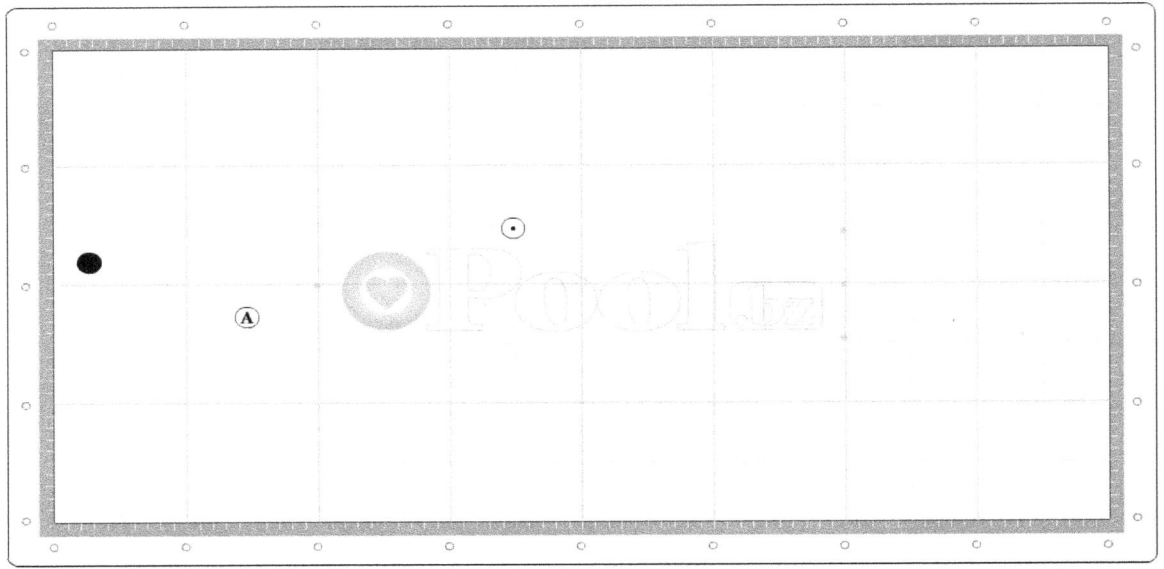

Anteckningar och idéer:

Skottmönster

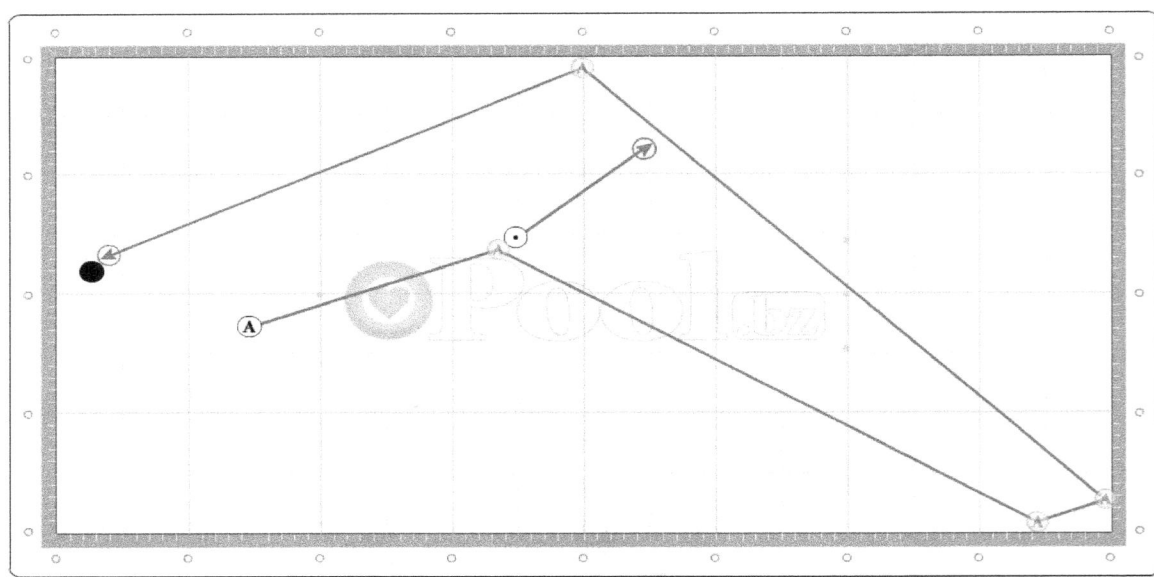

F:3d – Inrätta

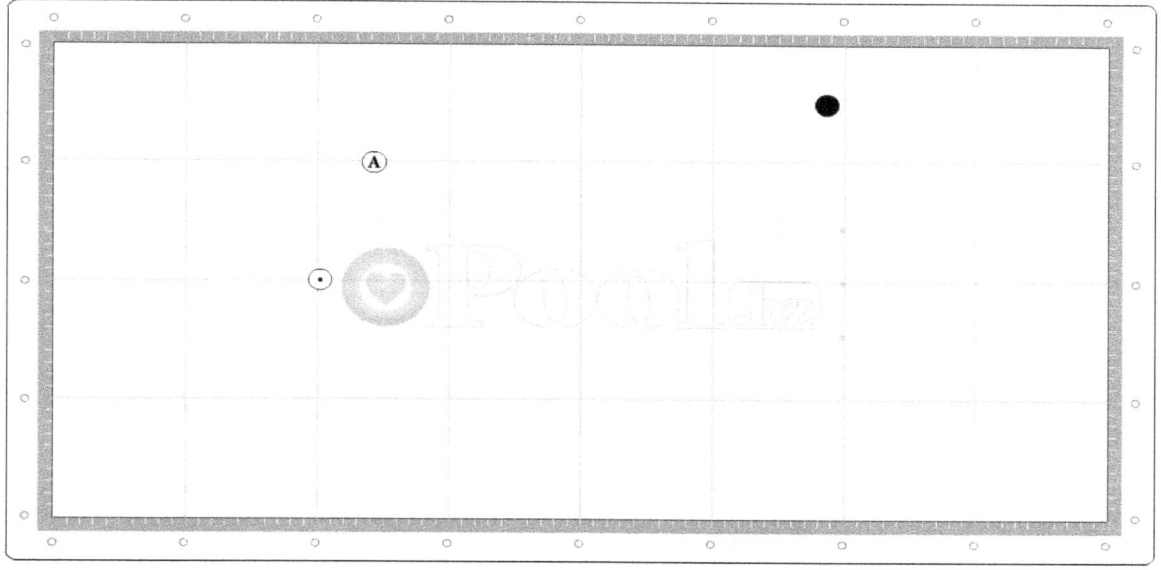

Anteckningar och idéer:

Skottmönster

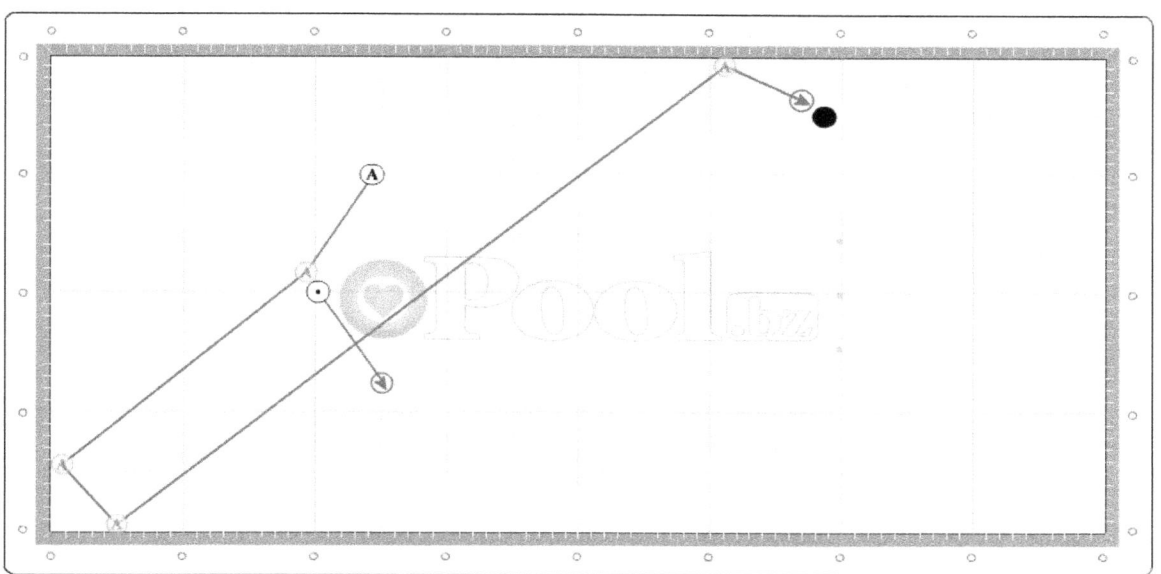

F: Grupp 4

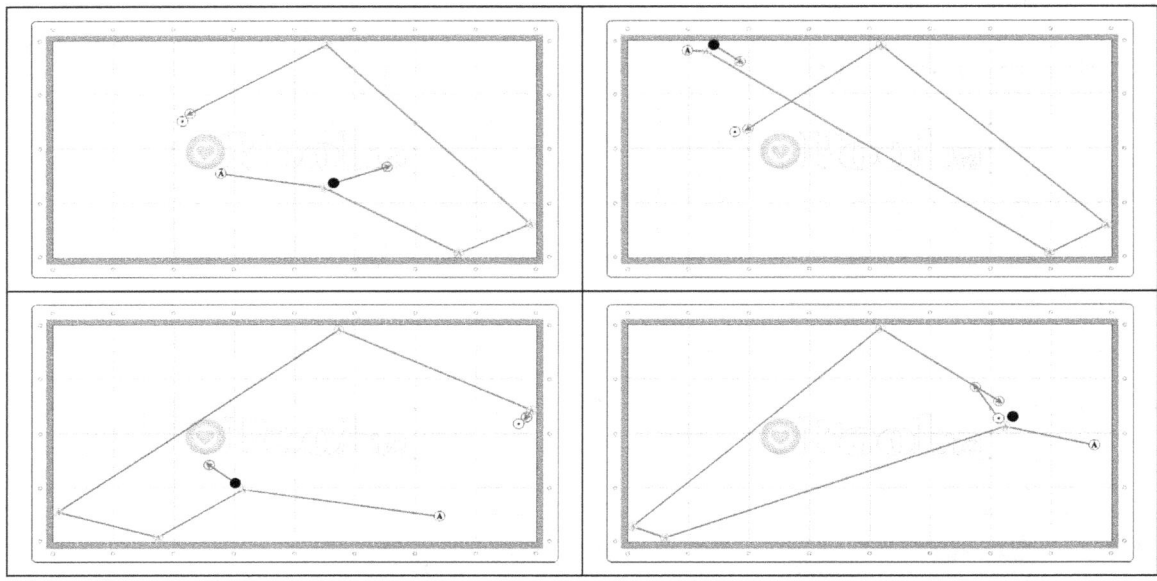

Analys:

F:4a. _____

F:4b. _____

F:4c. _____

F:4d. _____

F:4a – Inrätta

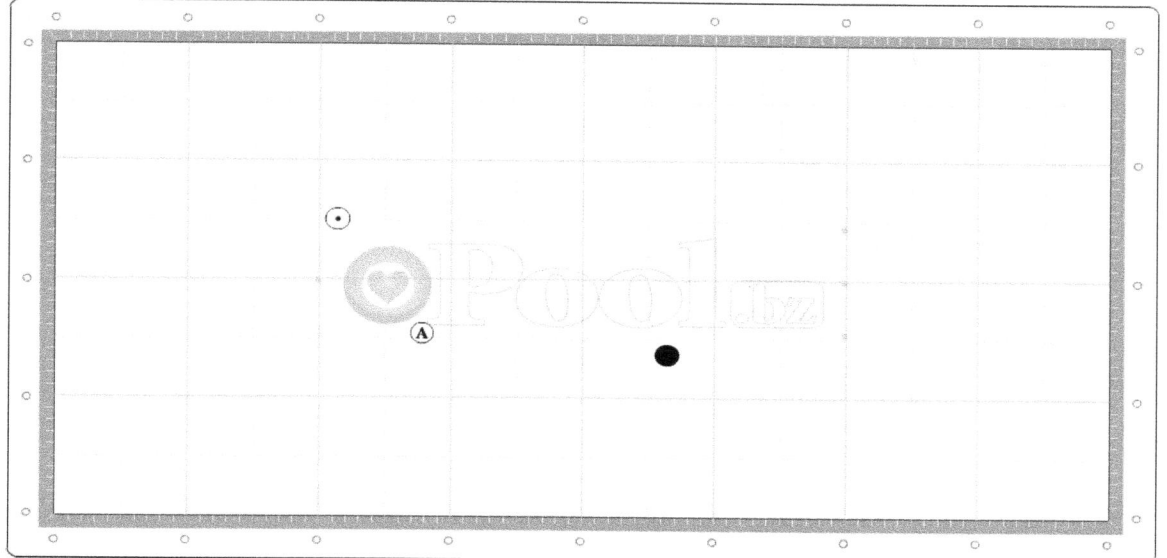

Anteckningar och idéer:

Skottmönster

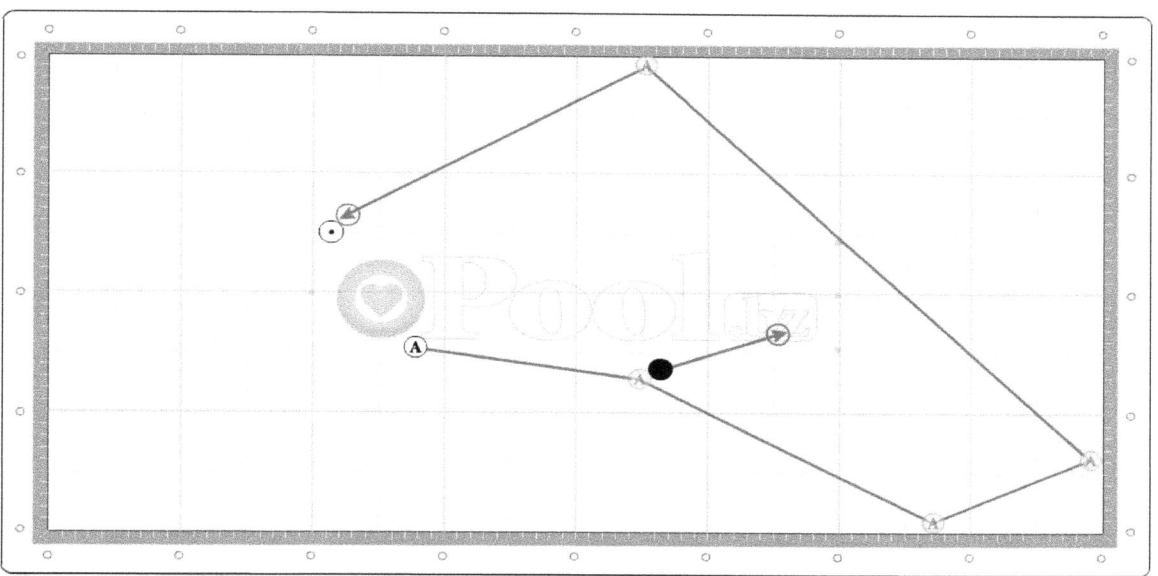

F:4b – Inrätta

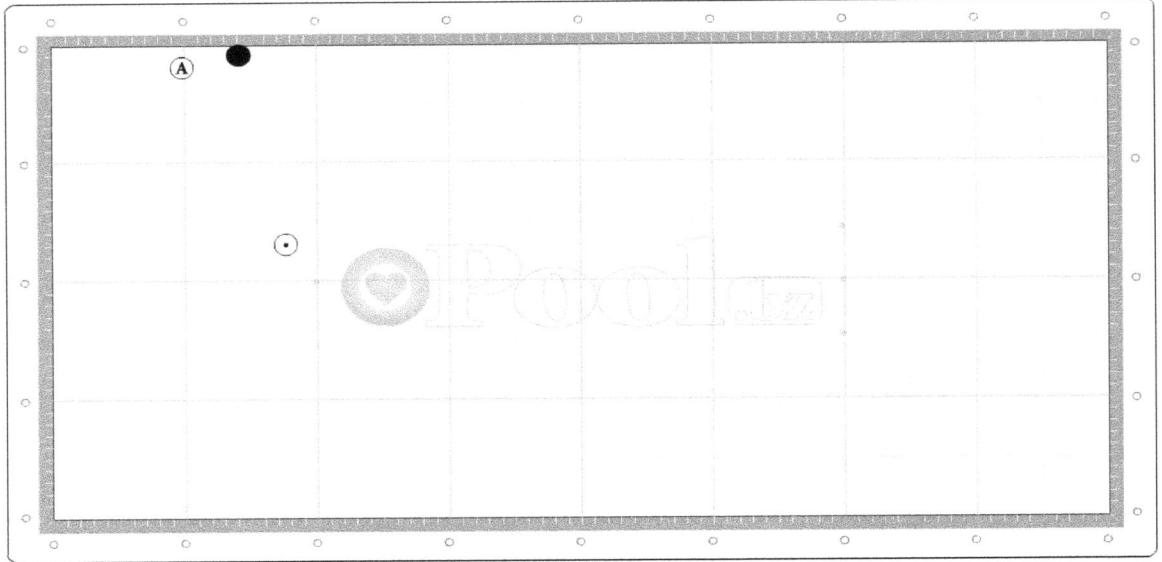

Anteckningar och idéer:

Skottmönster

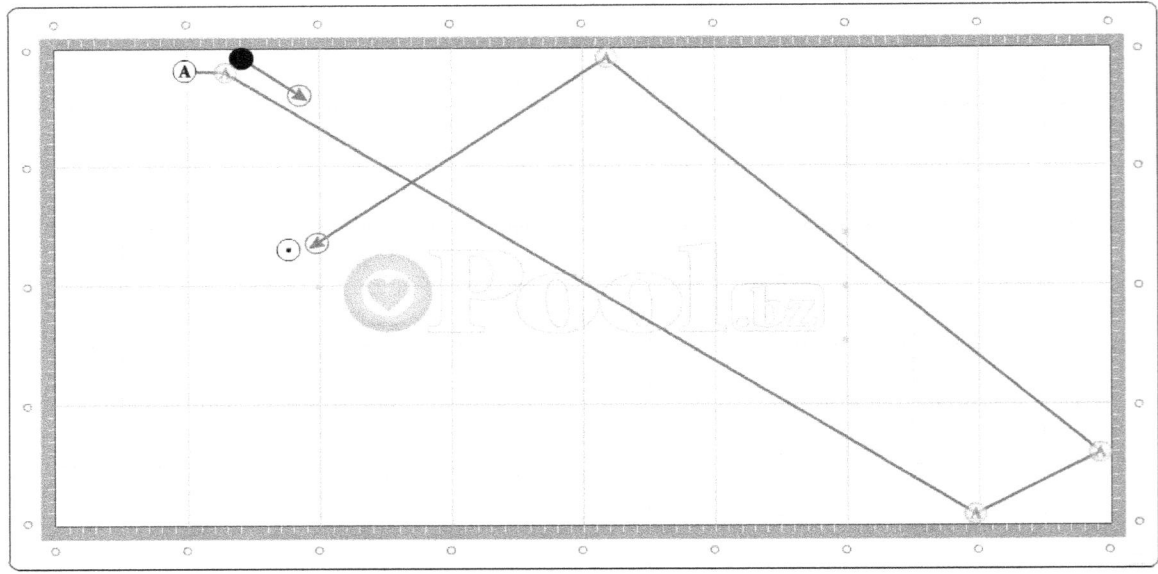

F:4c – Inrätta

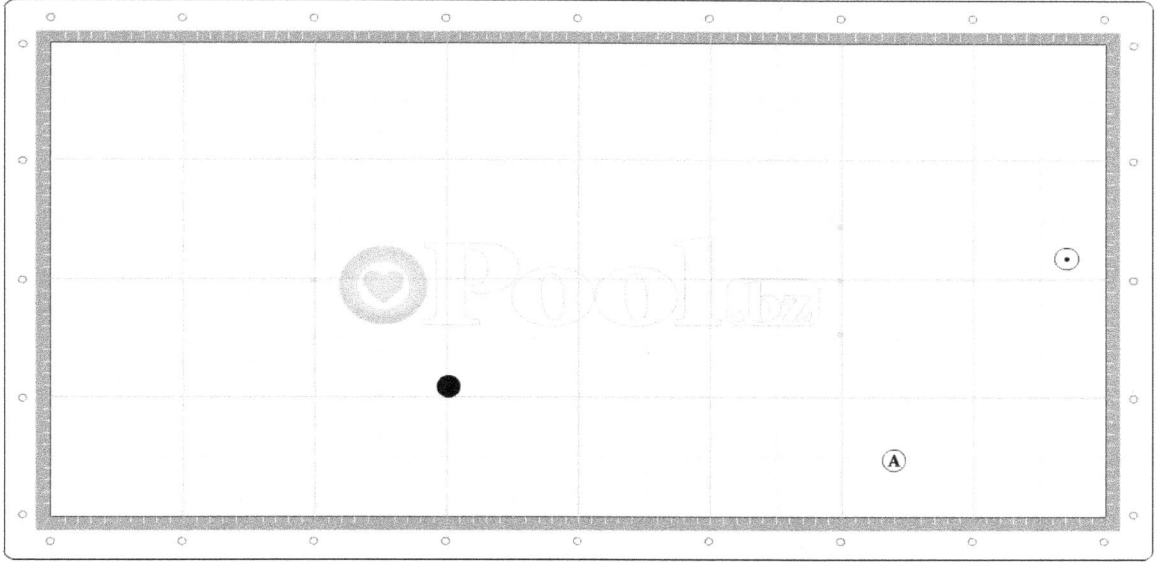

Anteckningar och idéer:

Skottmönster

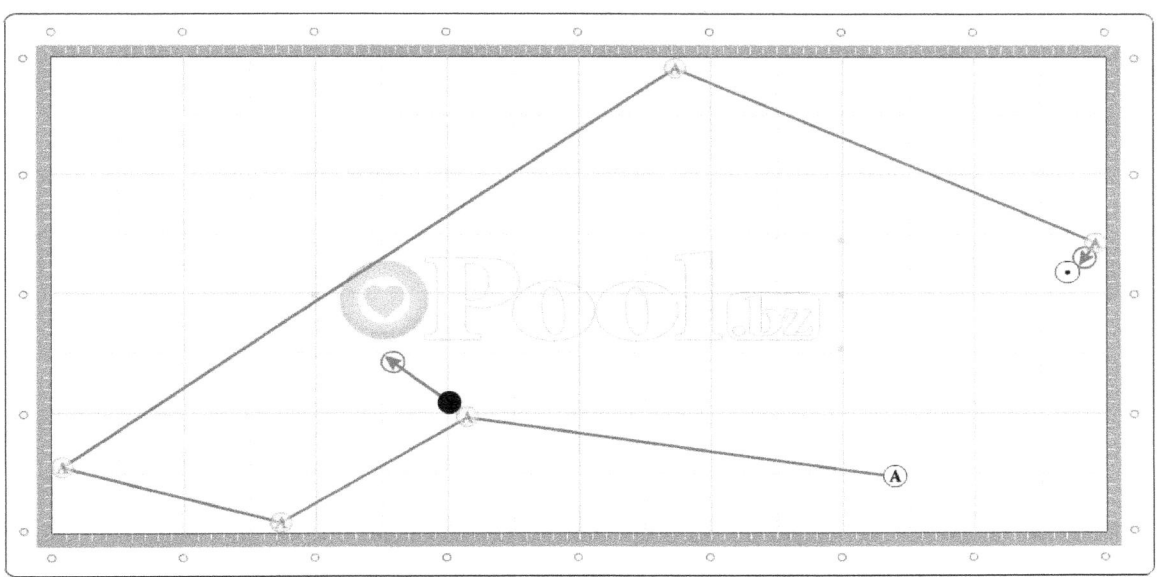

F:4d – Inrätta

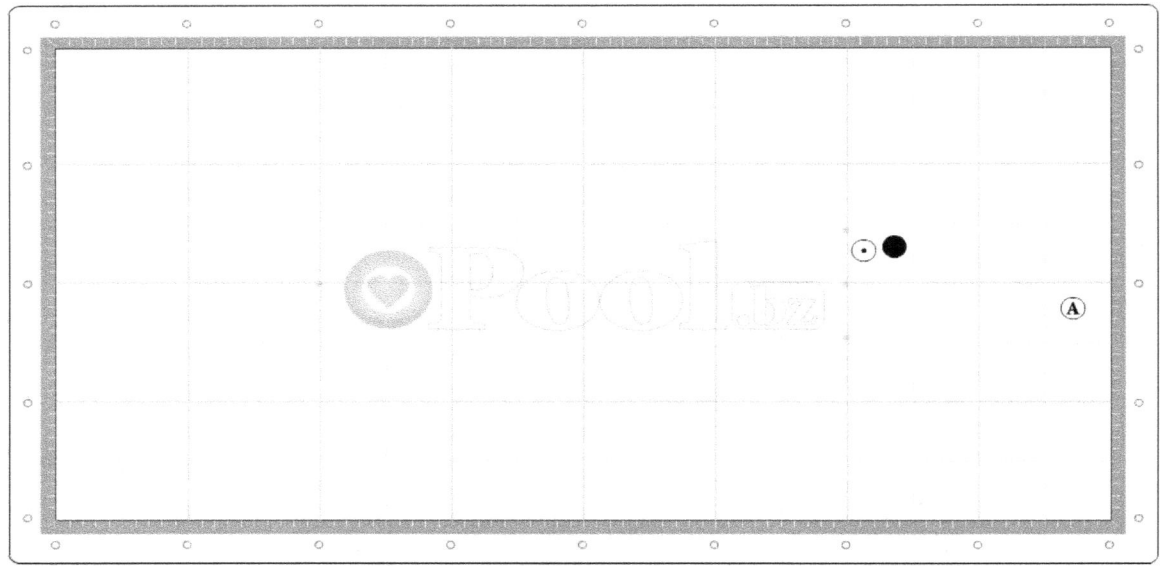

Anteckningar och idéer:

Skottmönster

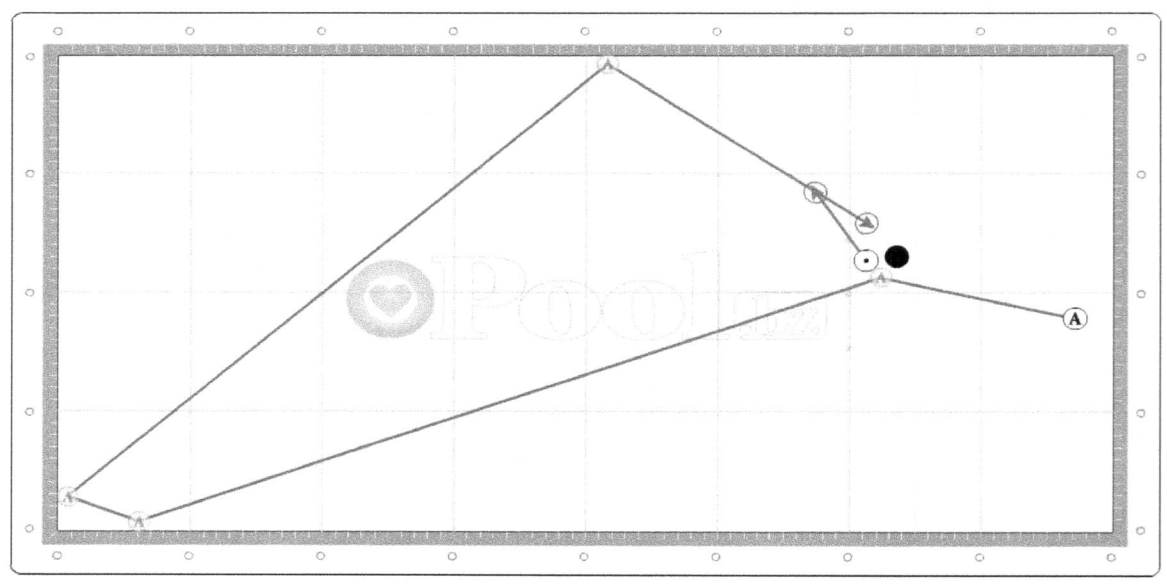

G: In i hörnet (kort vallar)

(CB) ansluts till den första (OB). (CB) går in i hörnet, kort vallar först. Sedan korsar (CB) bordet till mitten av den långa vallar. Därifrån kontaktar (CB) den andra (OB).

Ⓐ (CB) (din biljardboll) - ⊙ (OB) (motståndare biljardboll) - ● (OB) (röd biljardboll)

G: Grupp 1

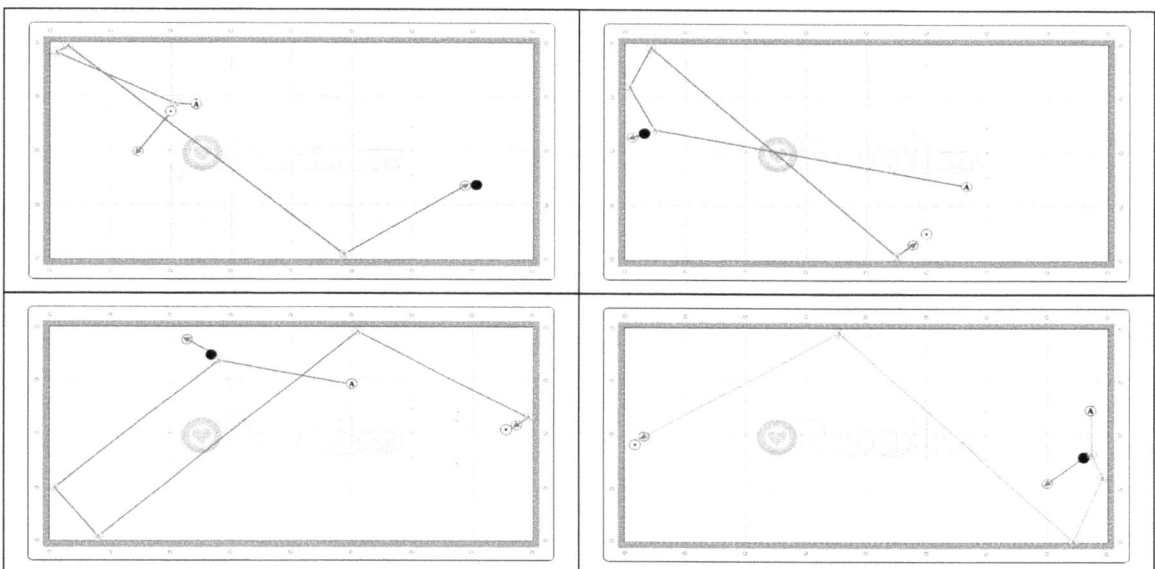

Analys:

G:1a. _____

G:1b. _____

G:1c. _____

G:1d. _____

G:1a – Inrätta

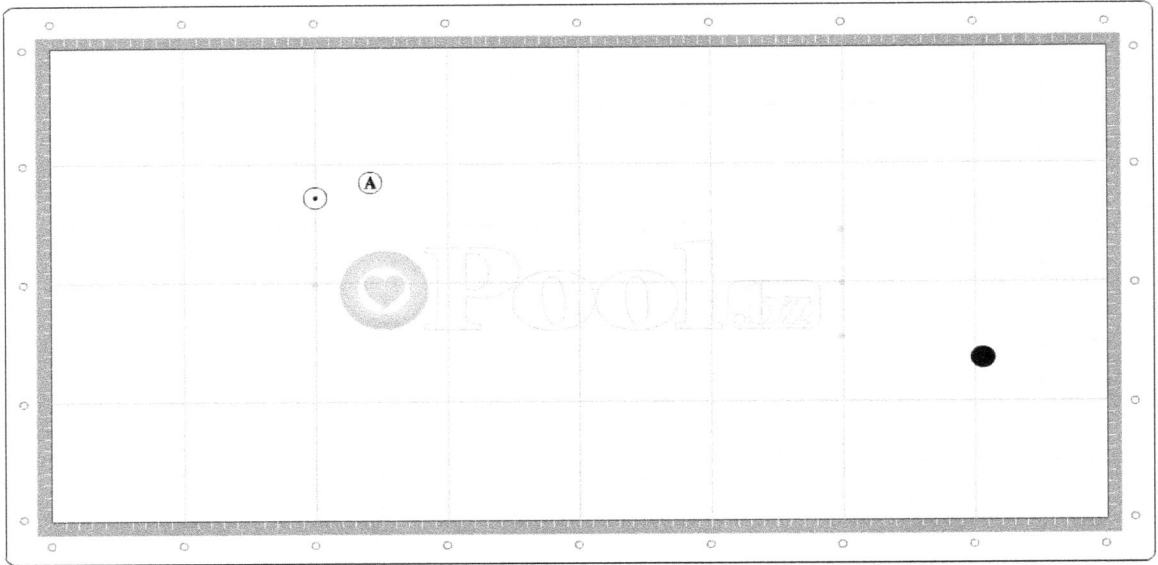

Anteckningar och idéer:

Skottmönster

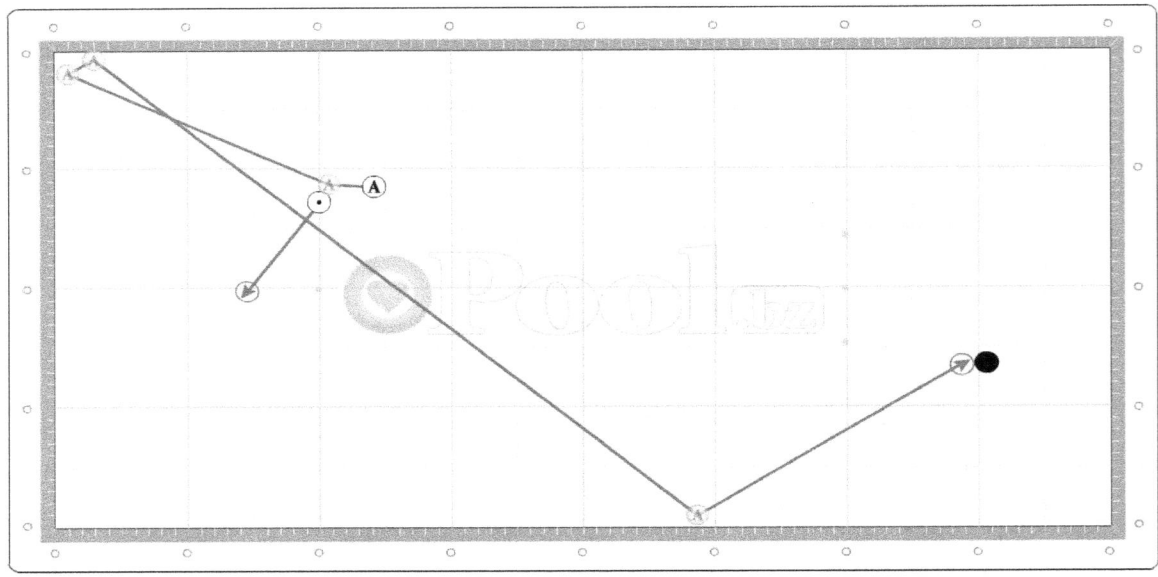

G:1b – Inrätta

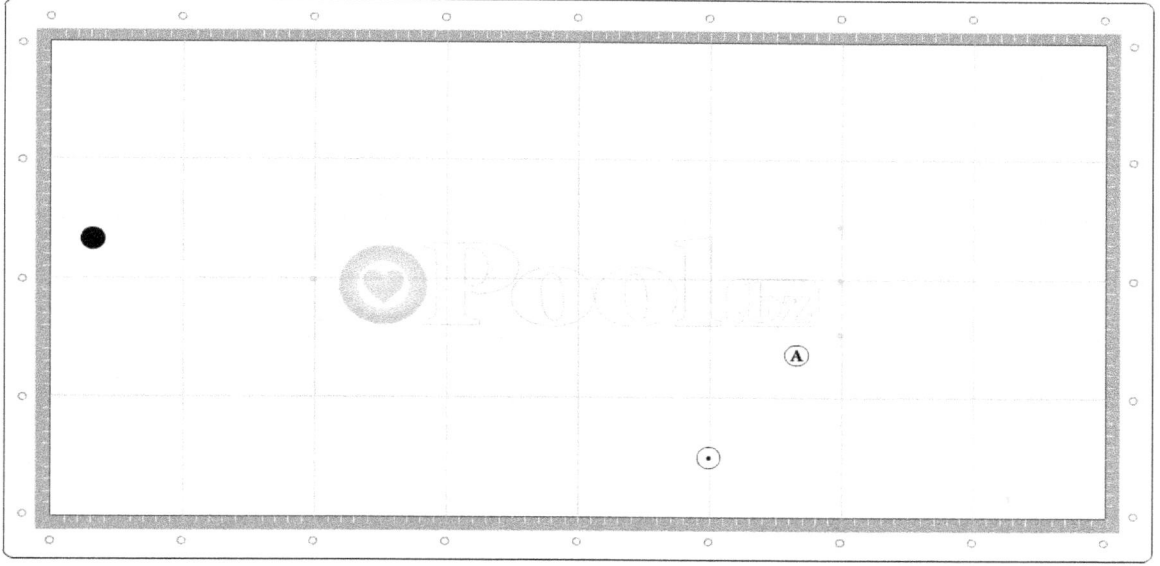

Anteckningar och idéer:

Skottmönster

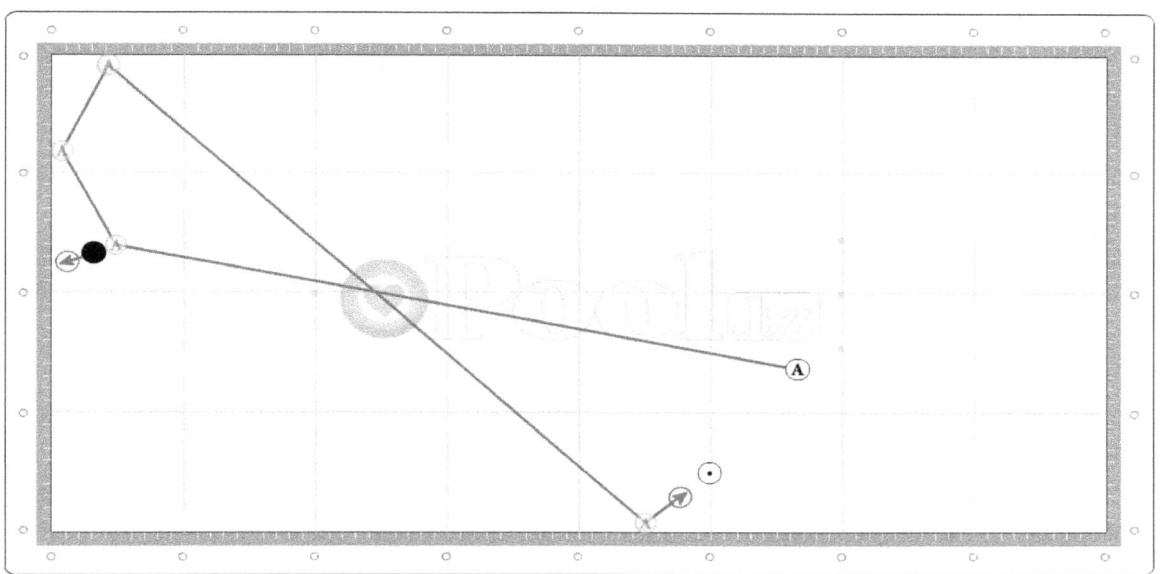

G:1c – Inrätta

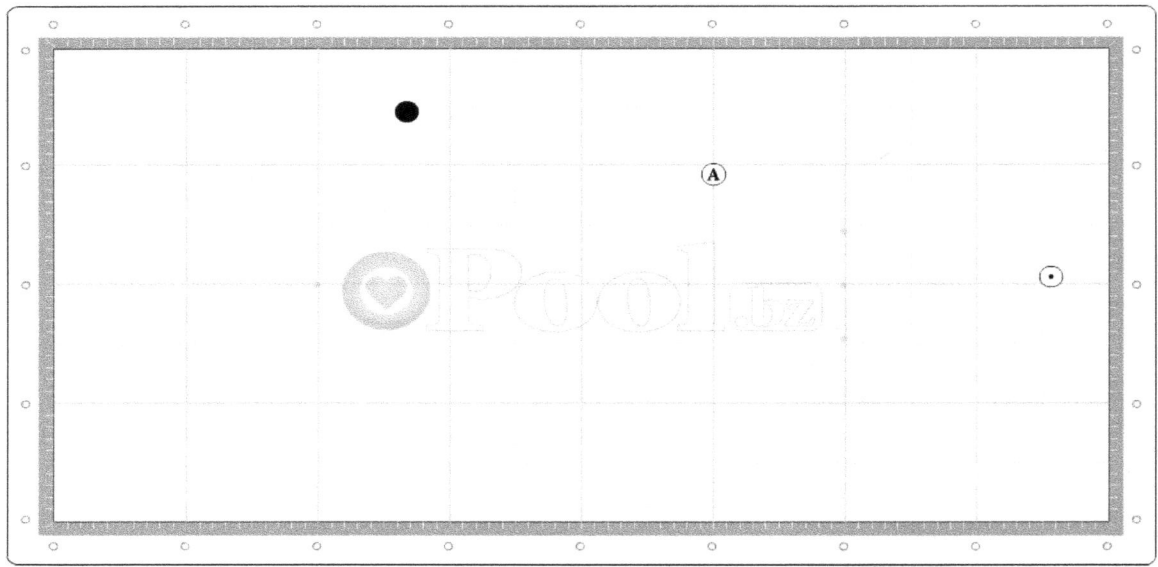

Anteckningar och idéer:

Skottmönster

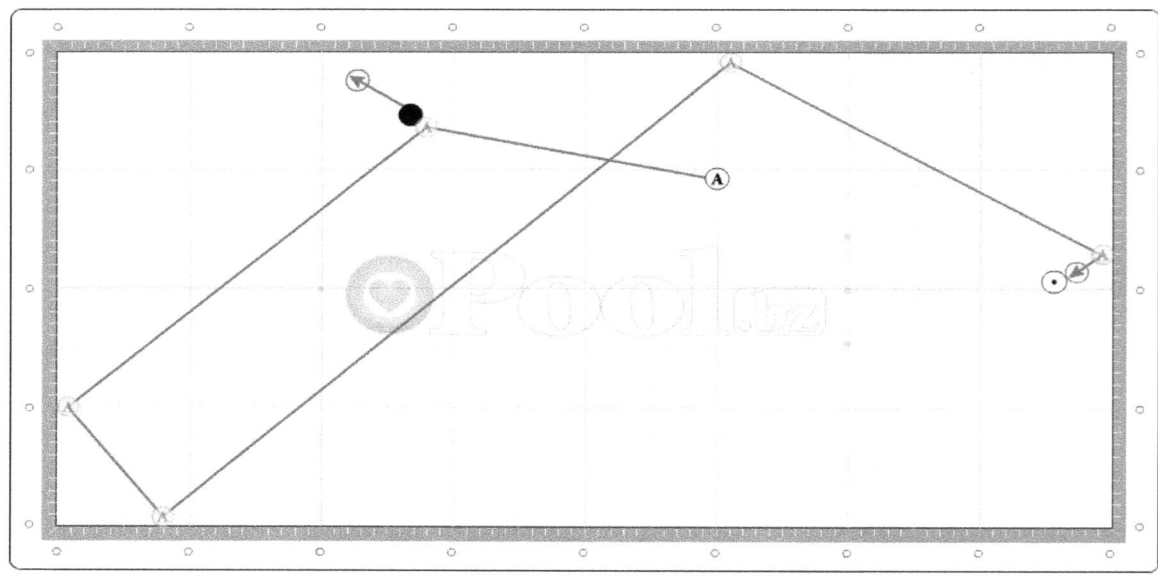

G:1d – Inrätta

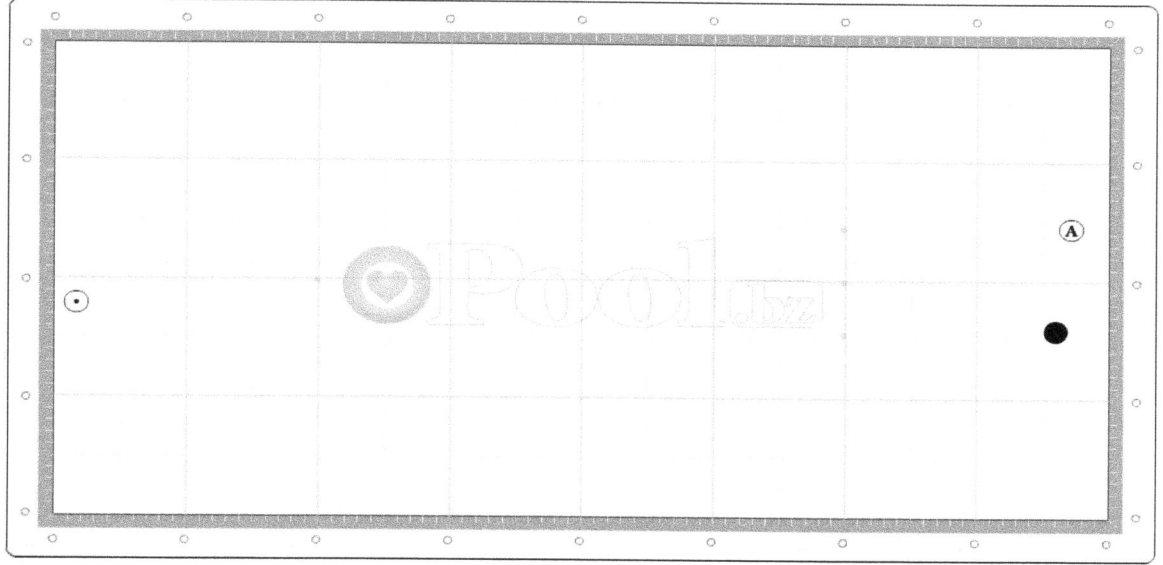

Anteckningar och idéer:

Skottmönster

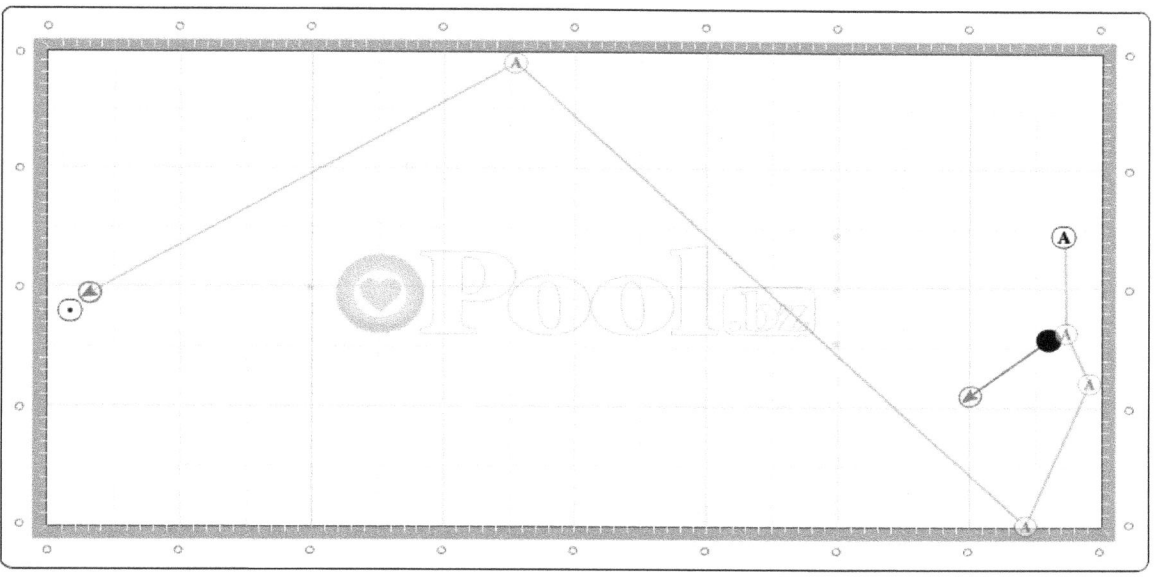

G: Grupp 2

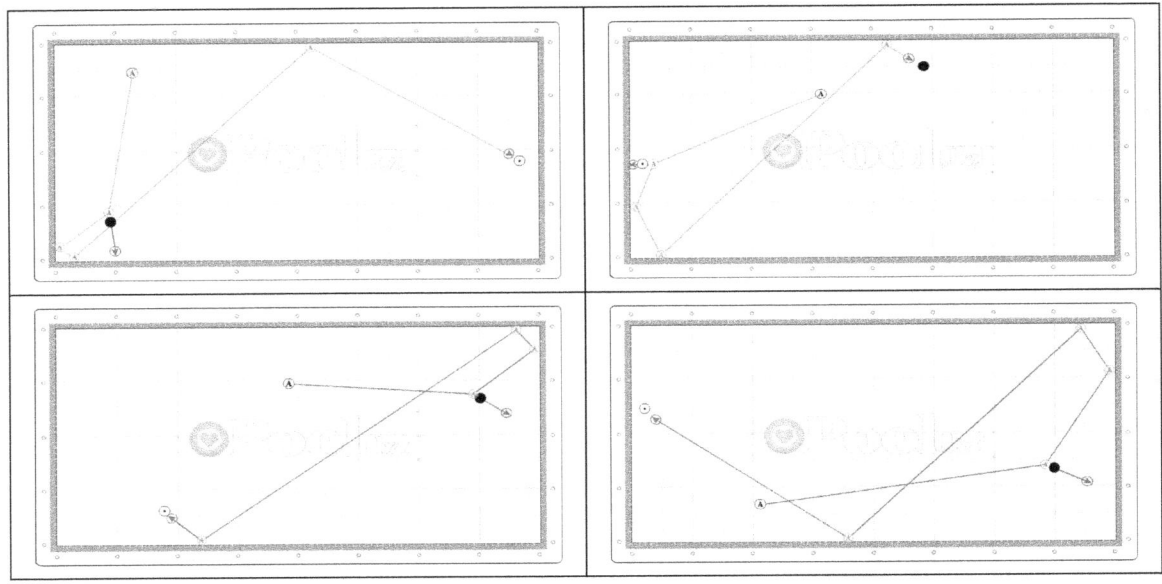

Analys:

G:2a. _____

G:2b. _____

G:2c. _____

G:2d. _____

G:2a – Inrätta

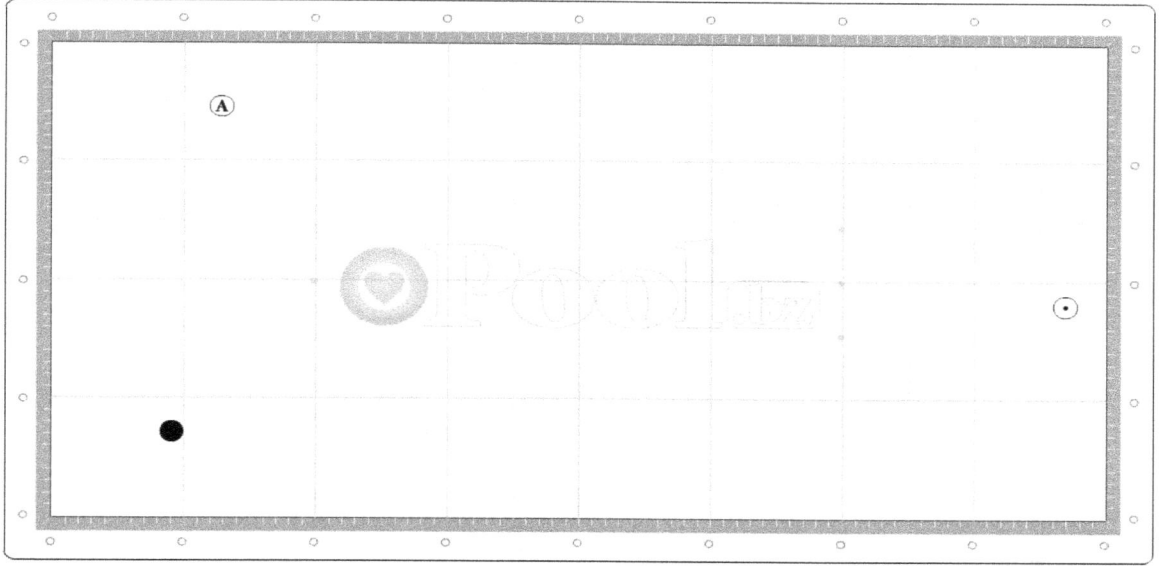

Anteckningar och idéer:

Skottmönster

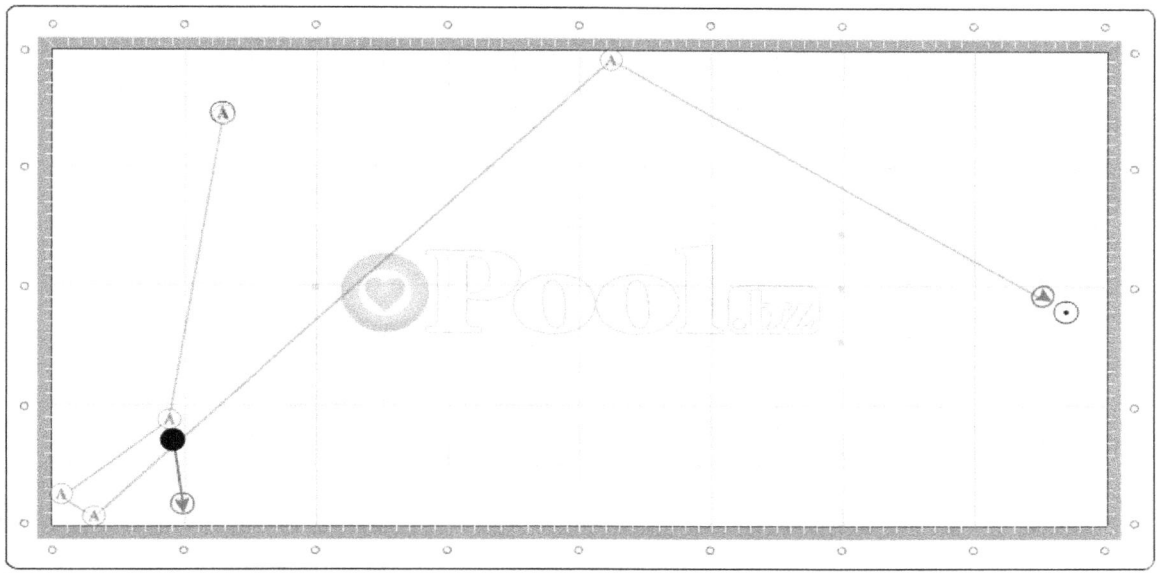

G:2b – Inrätta

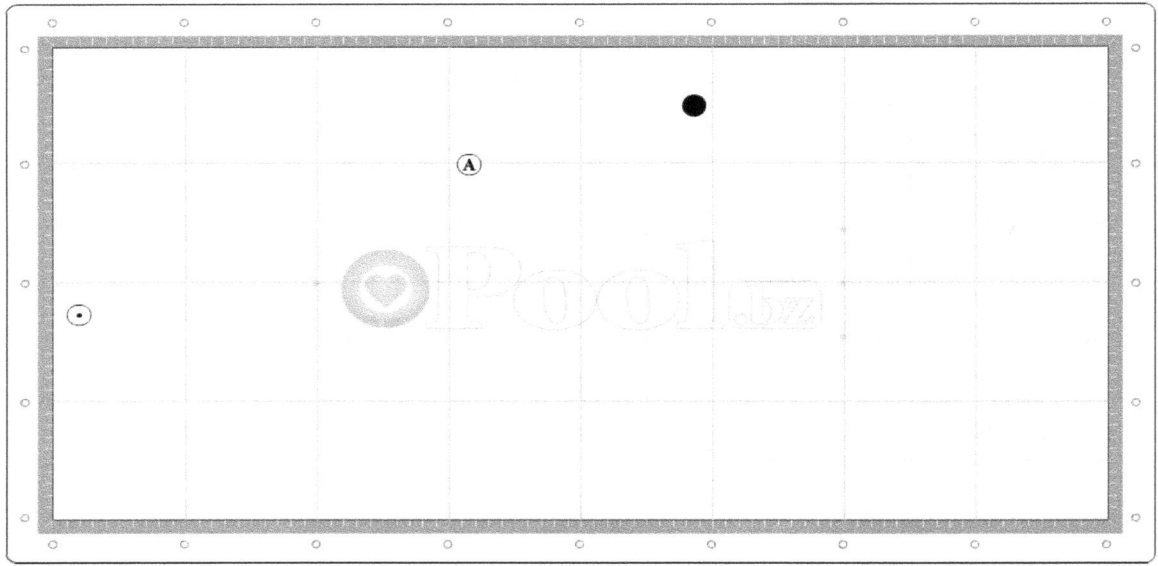

Anteckningar och idéer:

Skottmönster

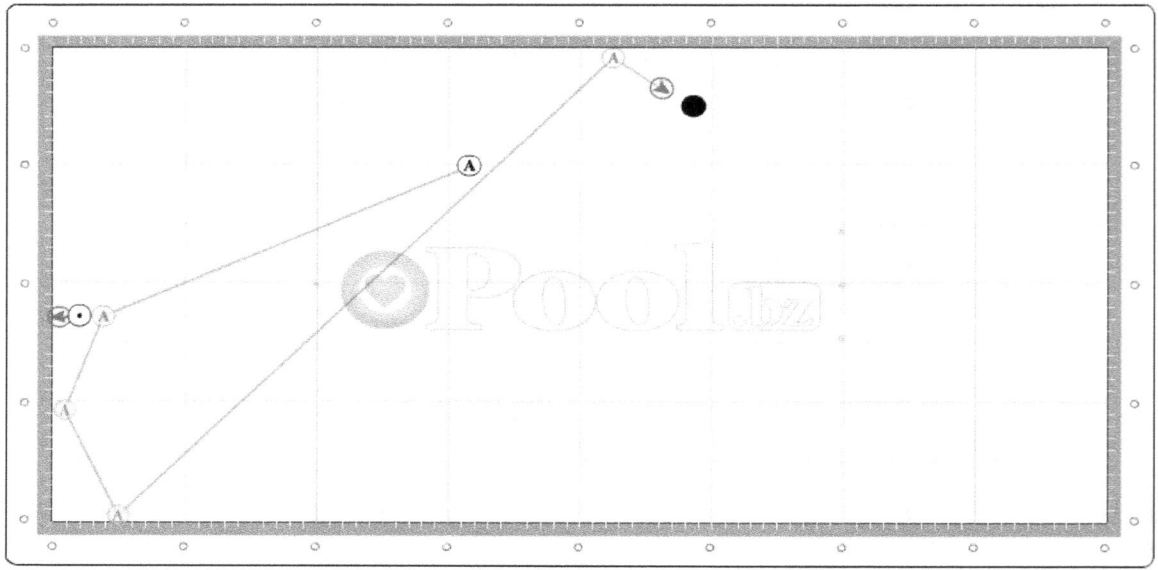

G:2c – Inrätta

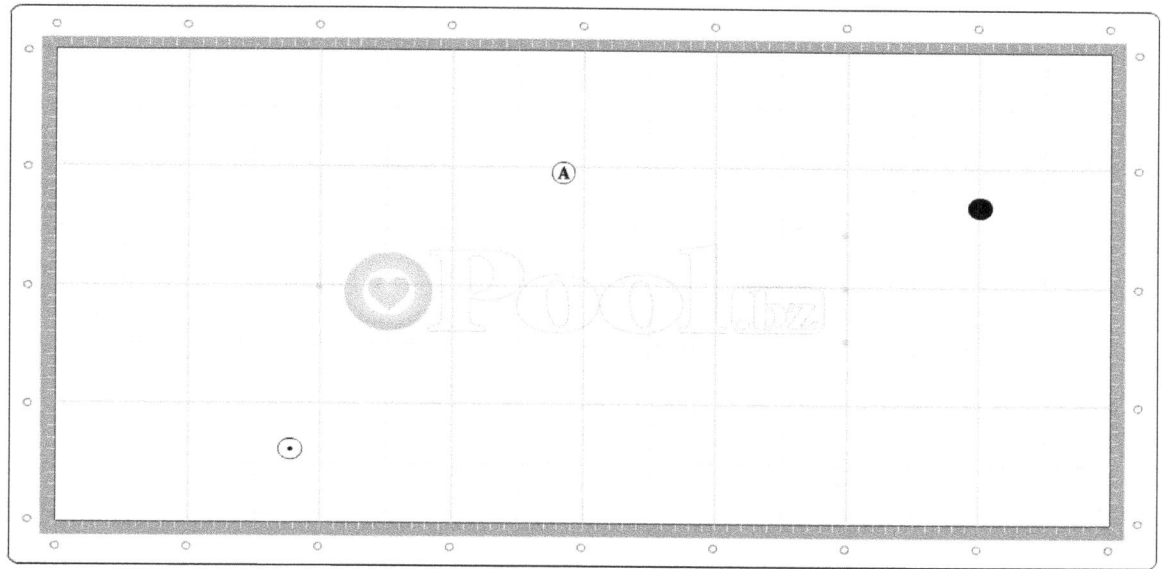

Anteckningar och idéer:

Skottmönster

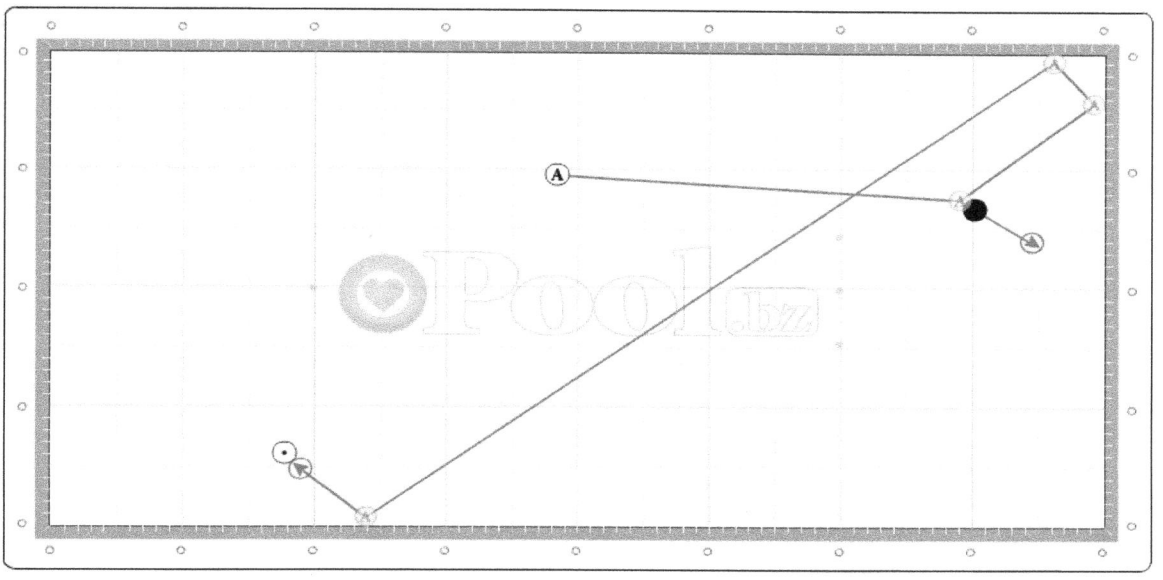

G:3d – Inrätta

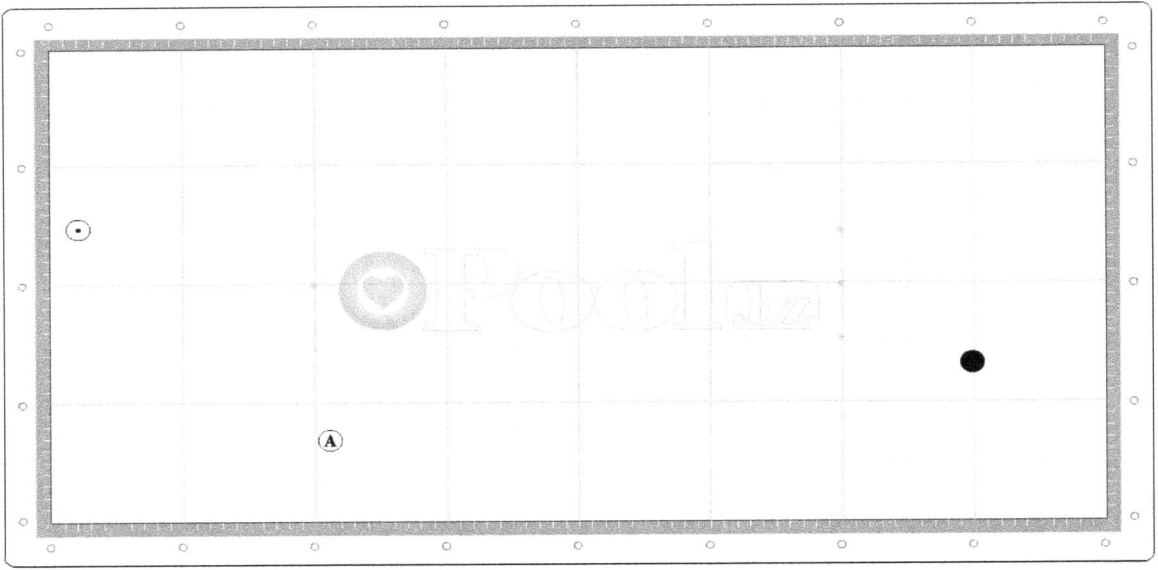

Anteckningar och idéer:

Skottmönster

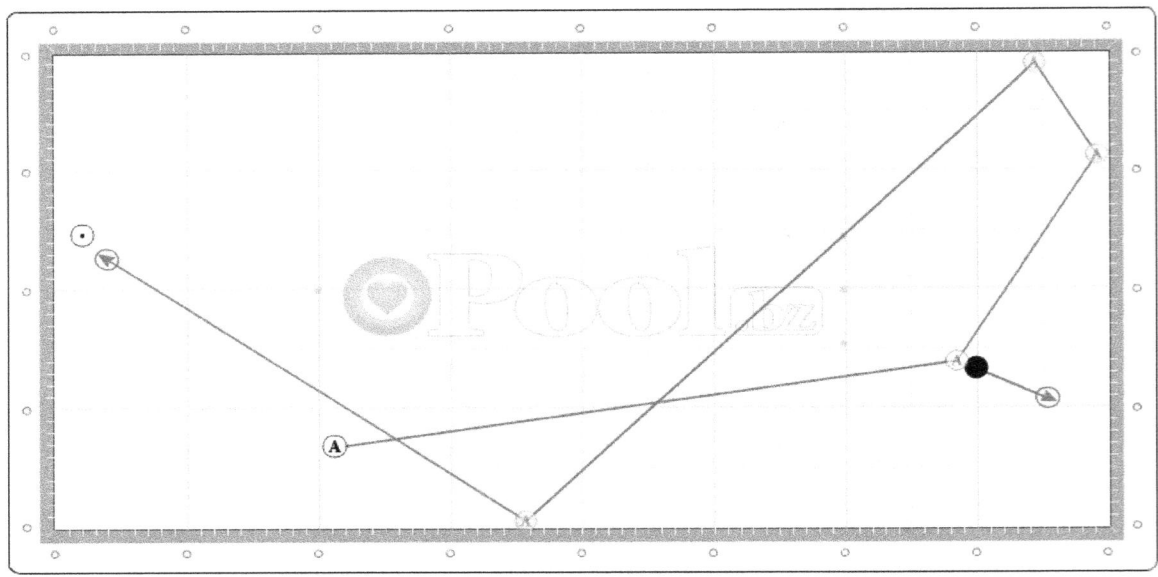

G: Grupp 3

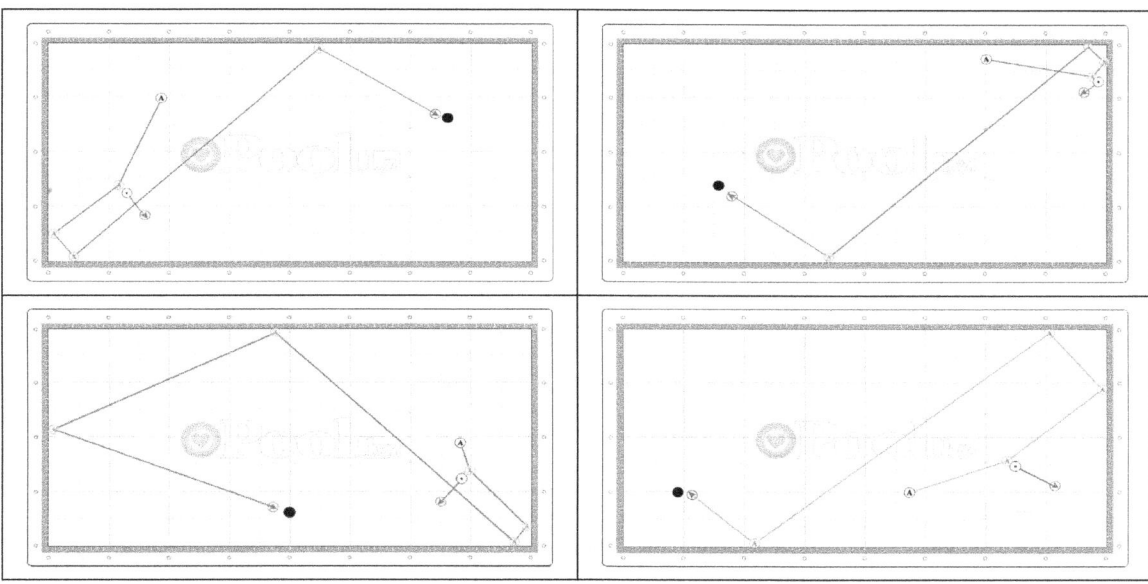

Analys:

G:3a. _____

G:3b. _____

G:3c. _____

G:3d. _____

G:3a – Inrätta

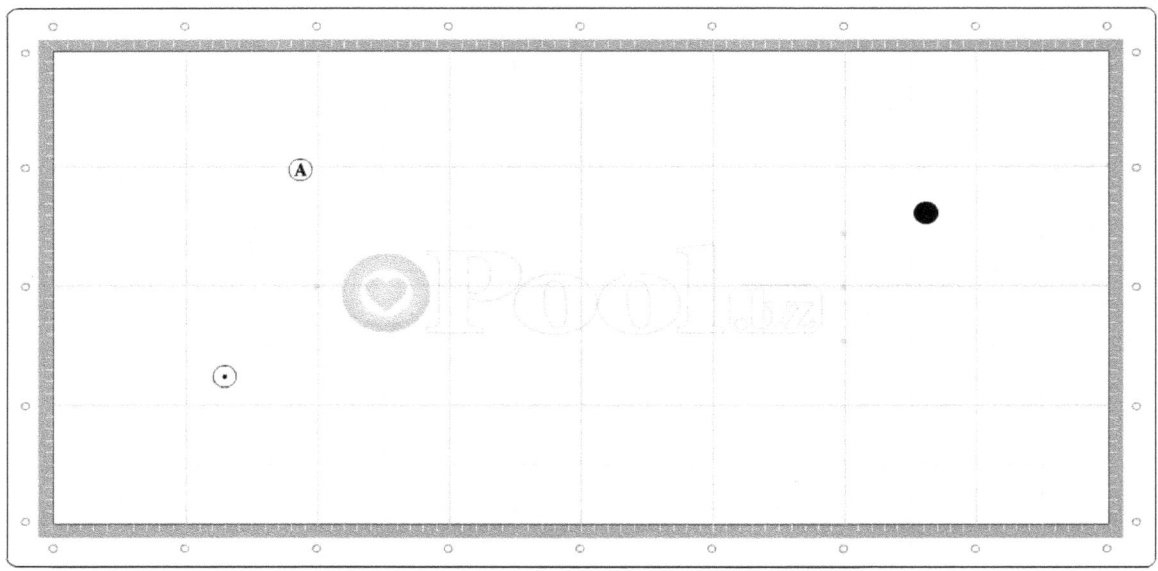

Anteckningar och idéer:

Skottmönster

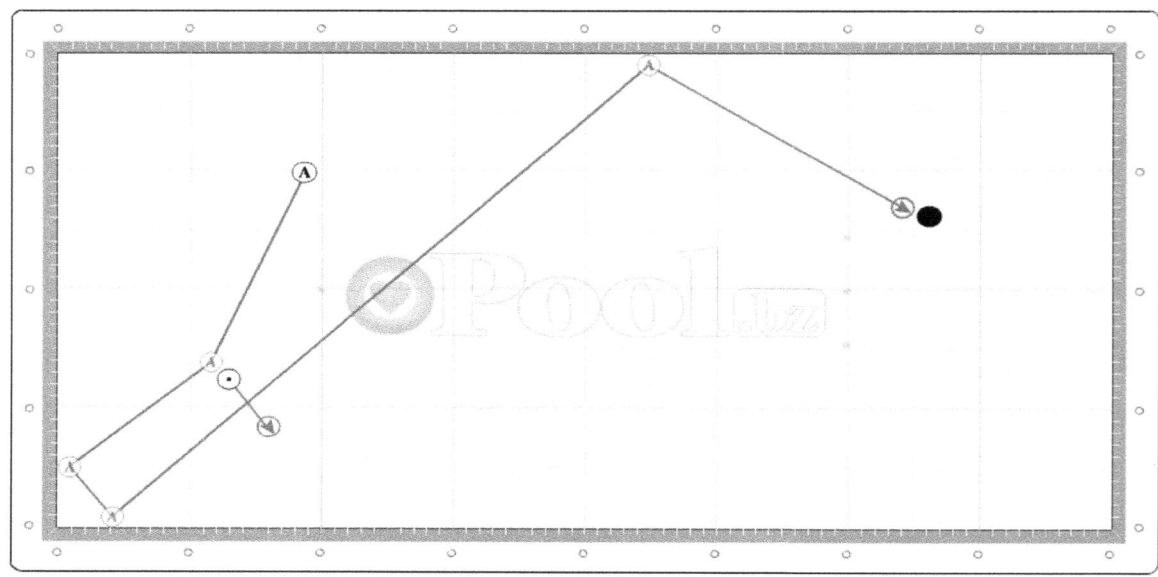

G:3b – Inrätta

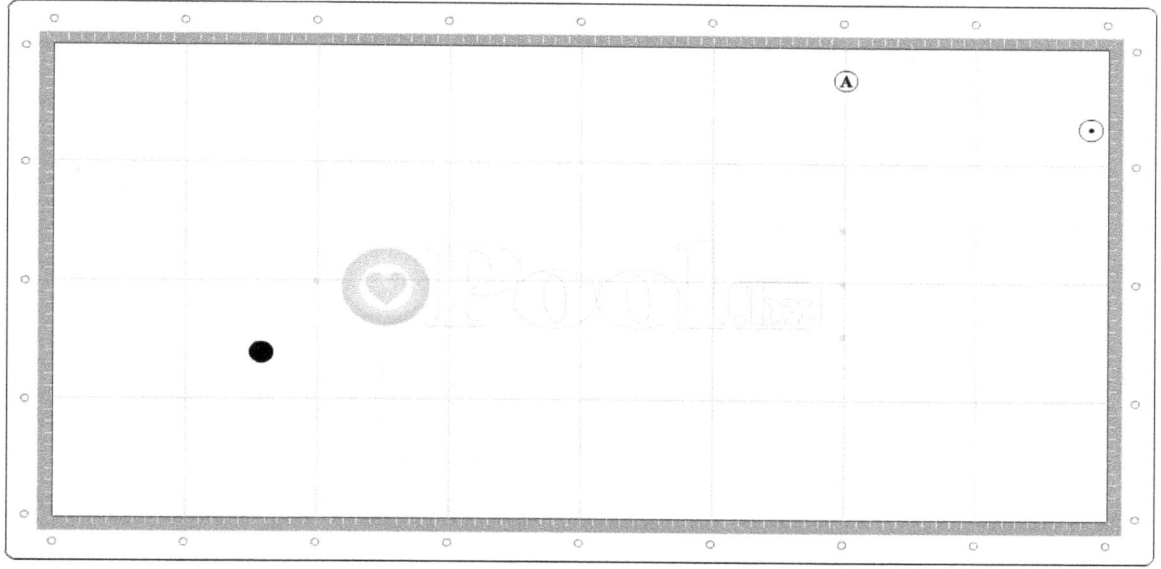

Anteckningar och idéer:

Skottmönster

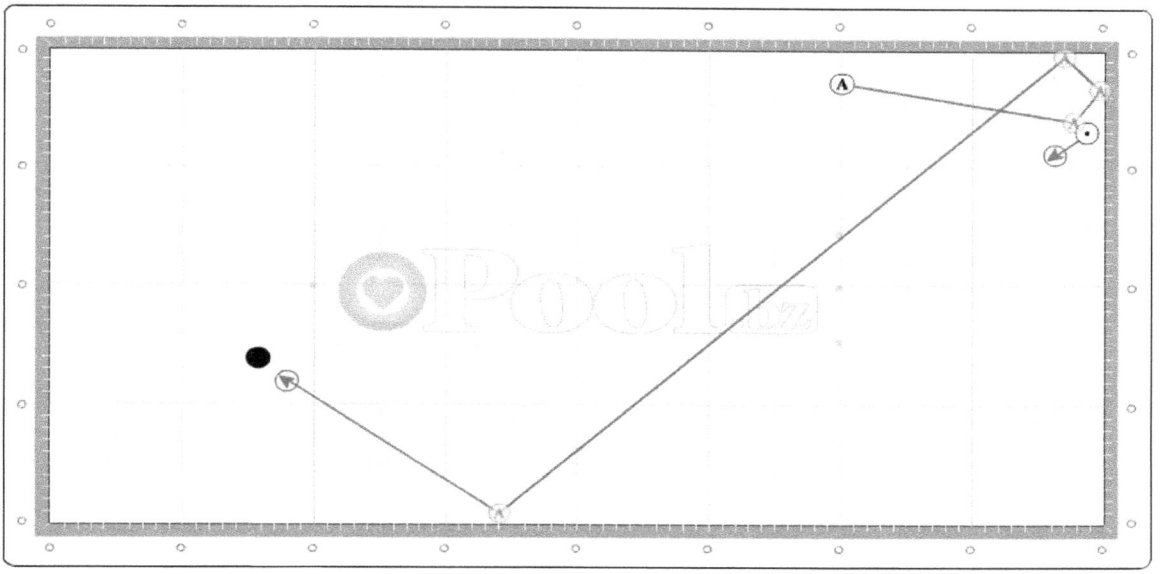

G:3c – Inrätta

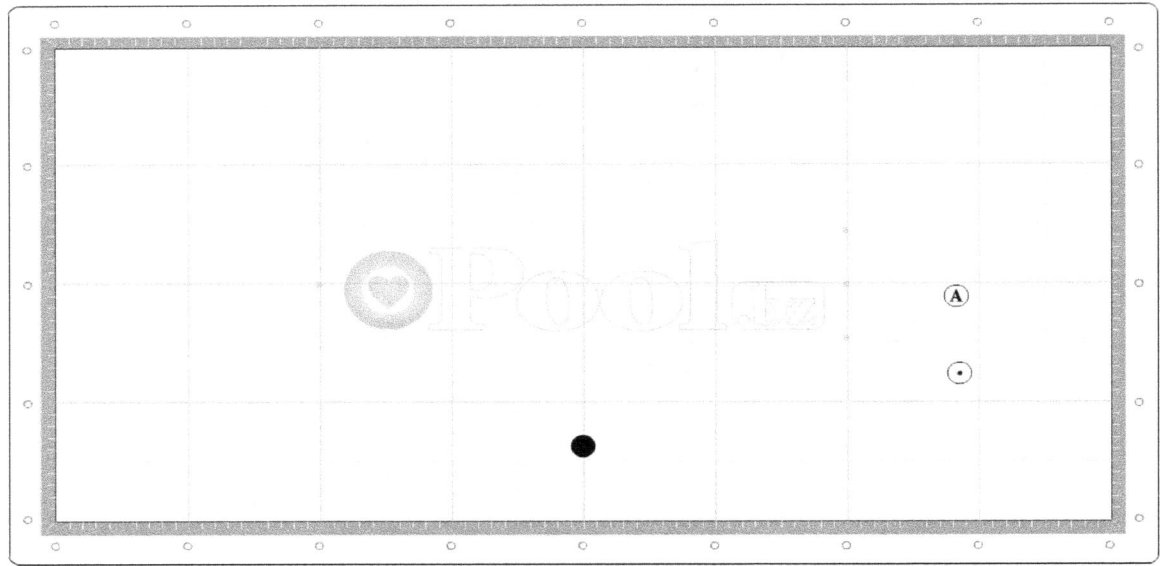

Anteckningar och idéer:

Skottmönster

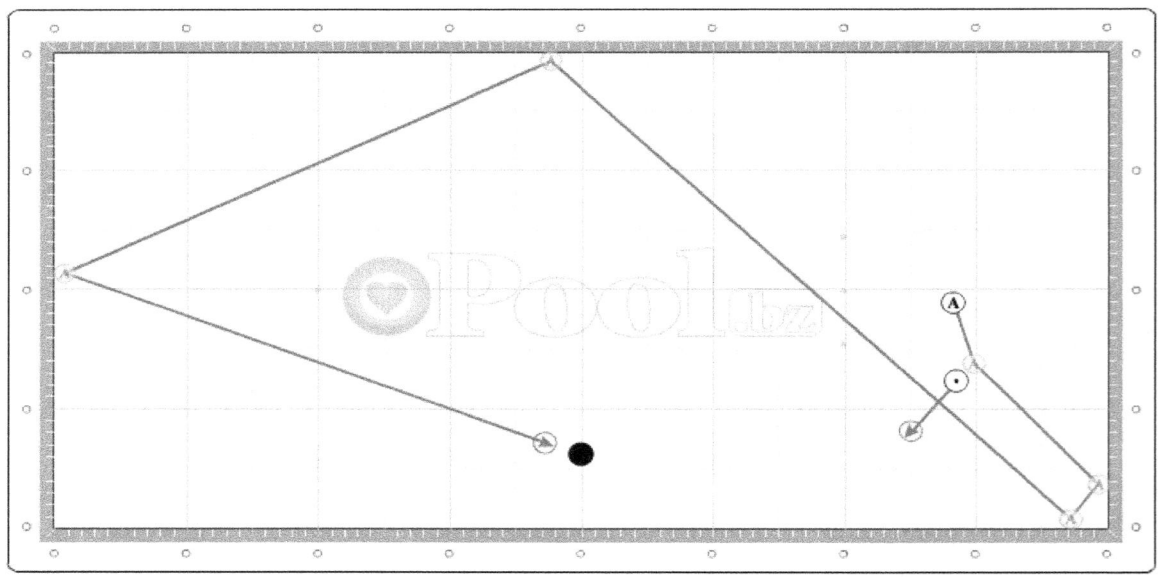

G:3d – Inrätta

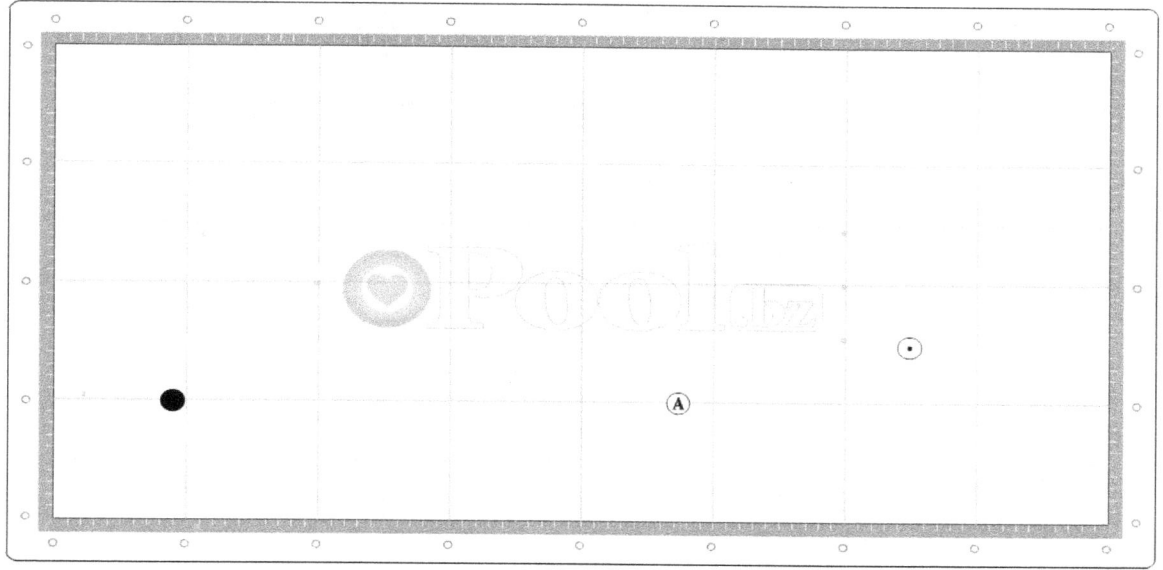

Anteckningar och idéer:

Skottmönster

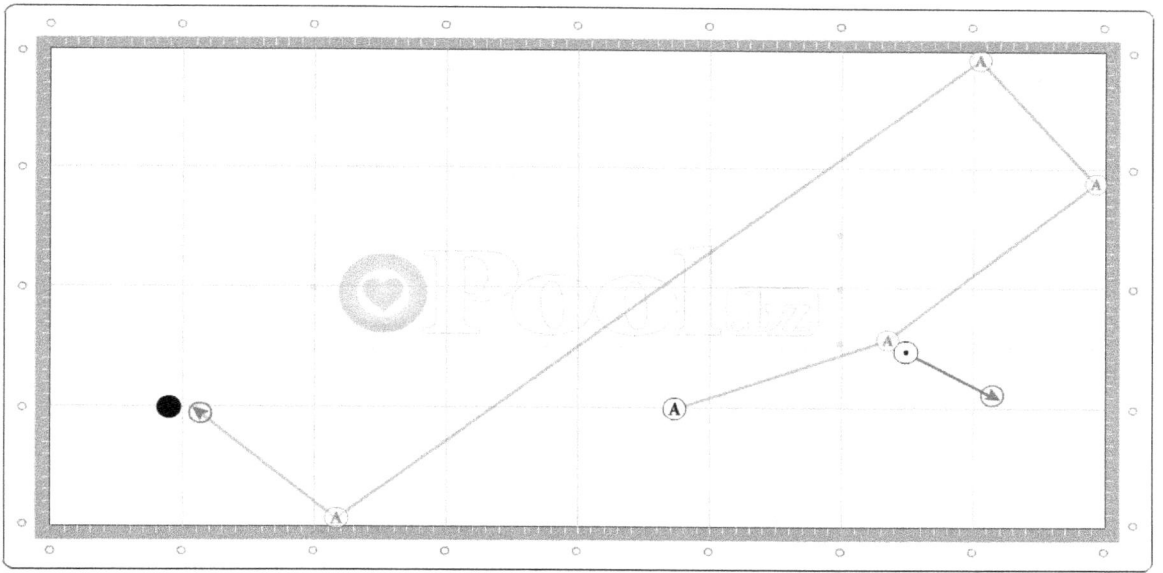

H: Enkel dubbelkrok

På dessa layouter kommer (CB) från den första (OB) in i den hörnslånga vallar först och kommer uppför backen till mitten av den långa vallar. På nedre sidan går (CB) in och ut ur det motsatta hörnet - en fem vallar situation.

(A) (CB) (din biljardboll) - (•) (OB) (motståndare biljardboll) - ● (OB) (röd biljardboll)

H: Grupp 1

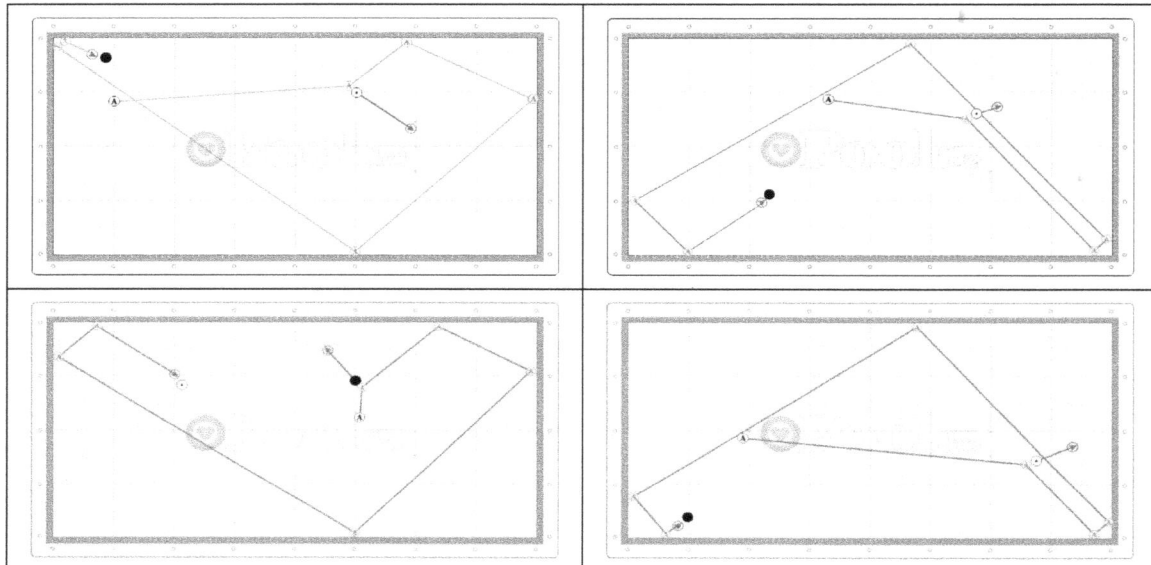

Analys:

H:1a. _____

H:1b. _____

H:1c. _____

H:1d. _____

H:1a – Inrätta

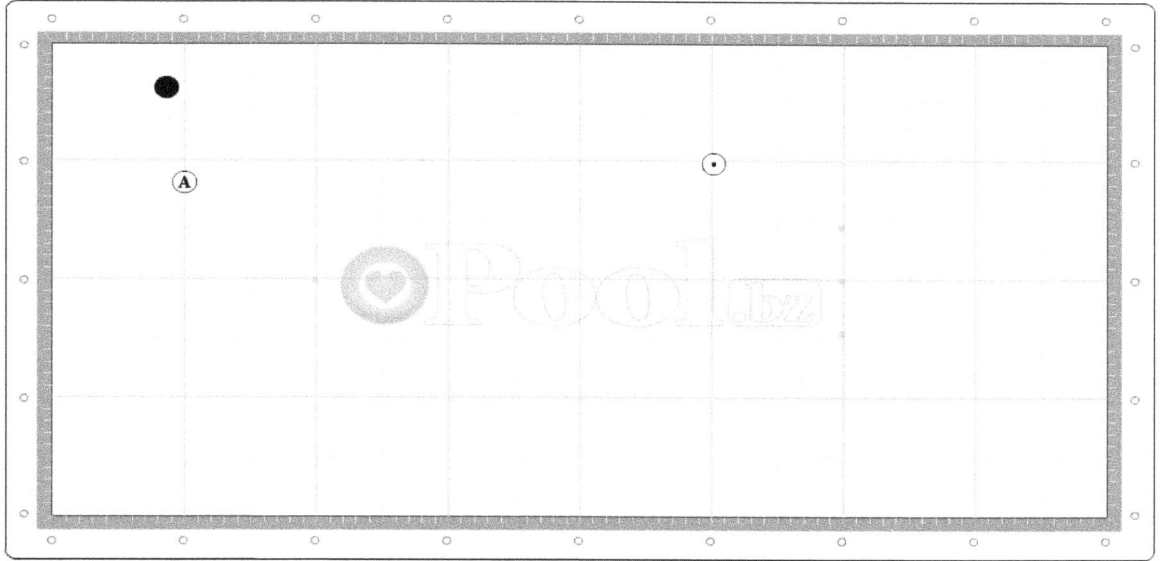

Anteckningar och idéer:

Skottmönster

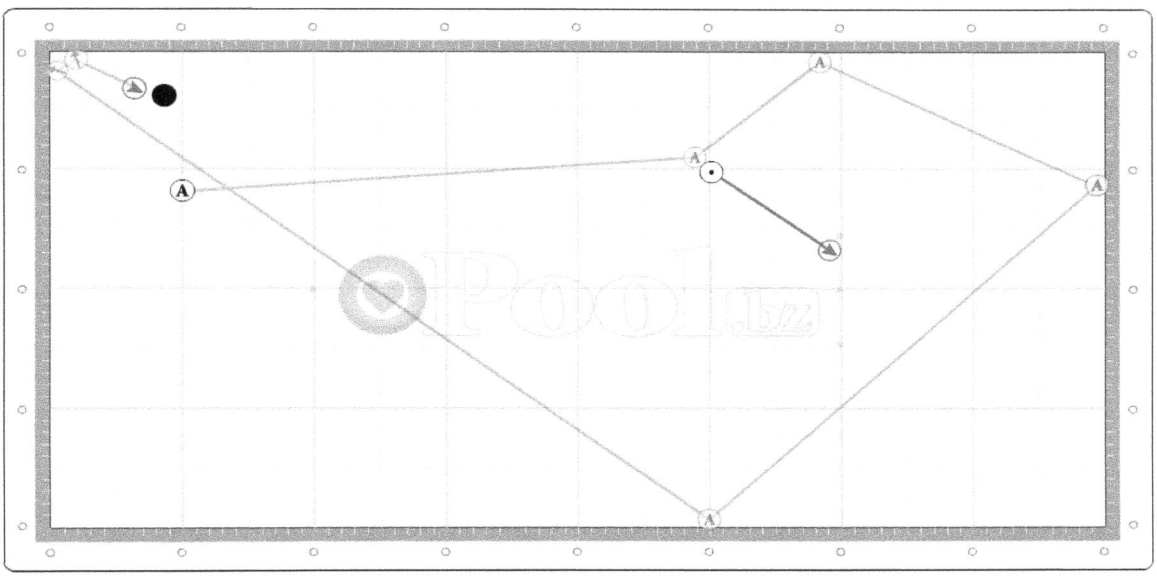

H:1b – Inrätta

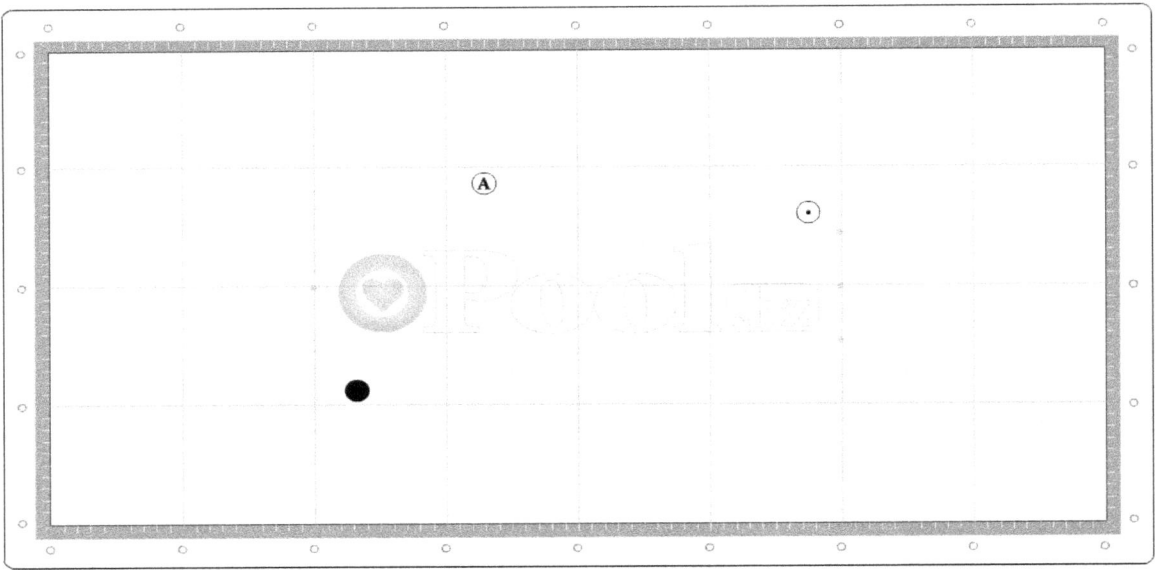

Anteckningar och idéer:

Skottmönster

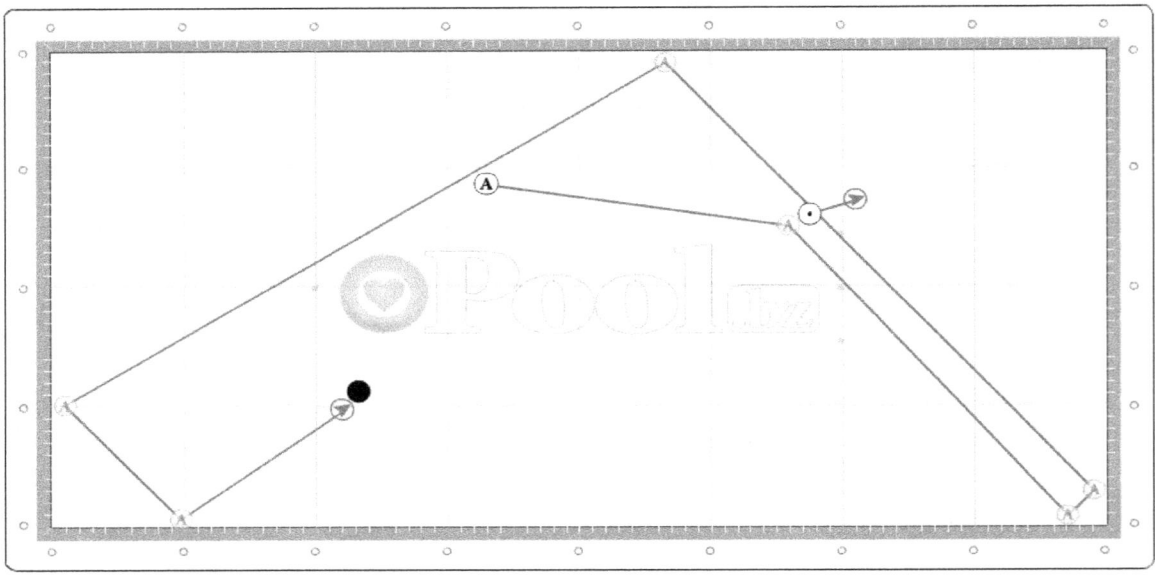

H:1c – Inrätta

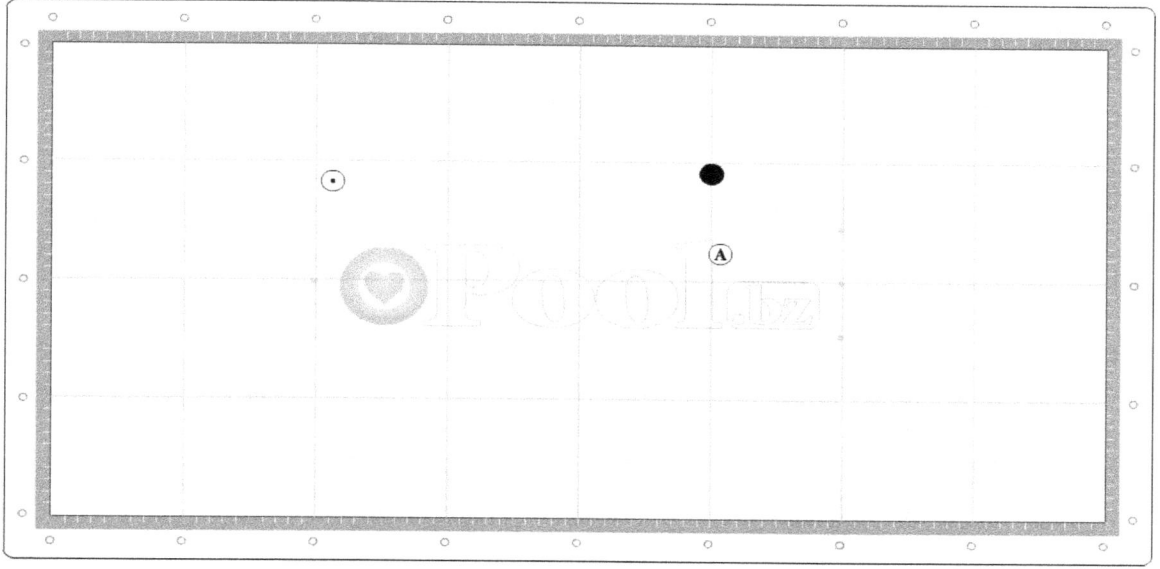

Anteckningar och idéer:

Skottmönster

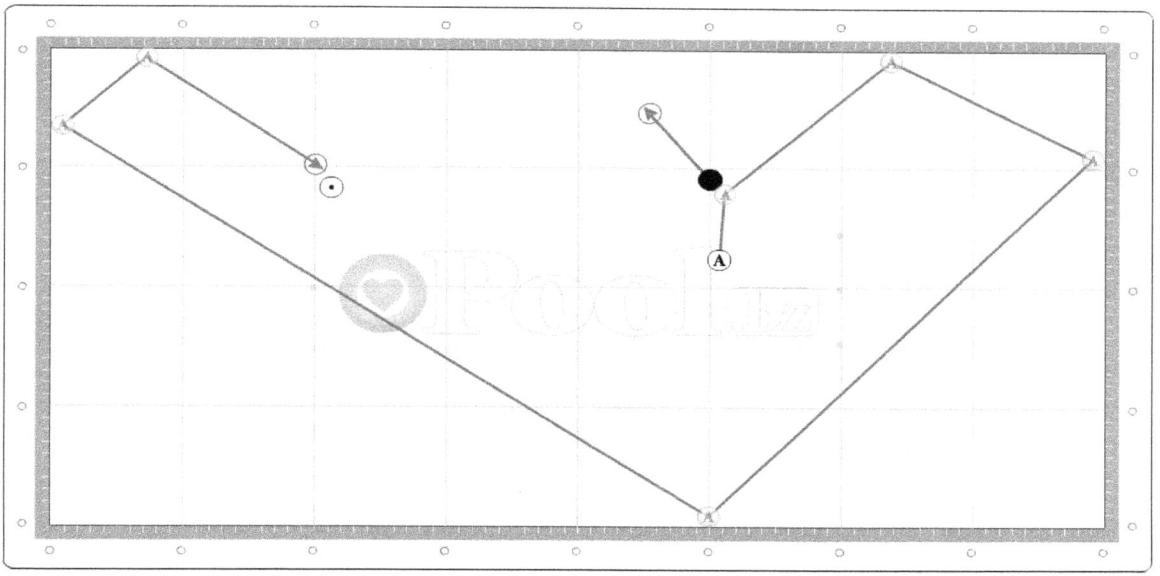

H:1d – Inrätta

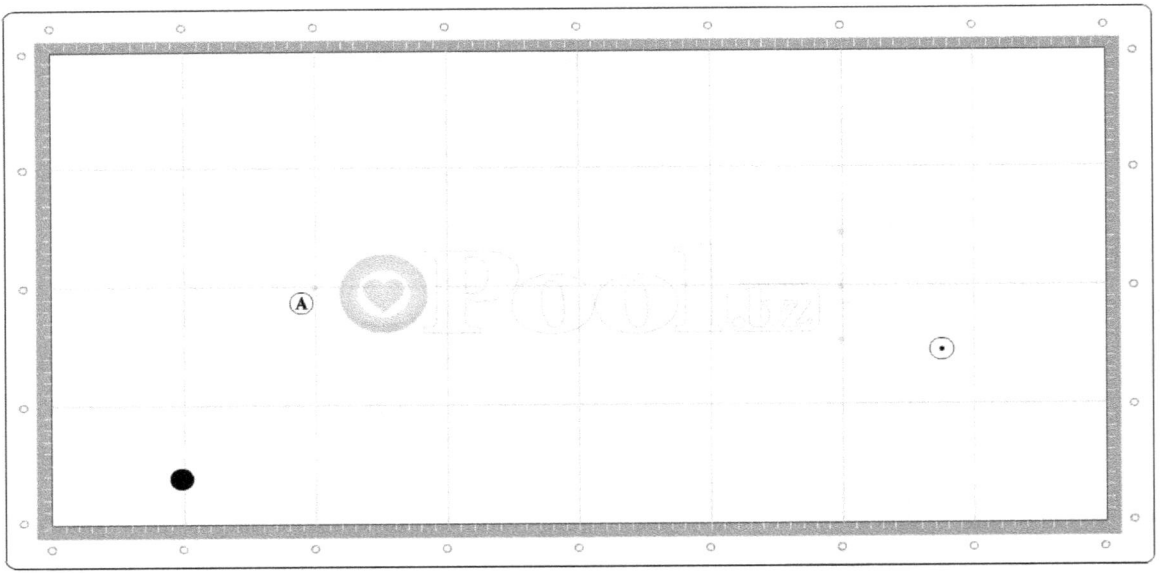

Anteckningar och idéer:

Skottmönster

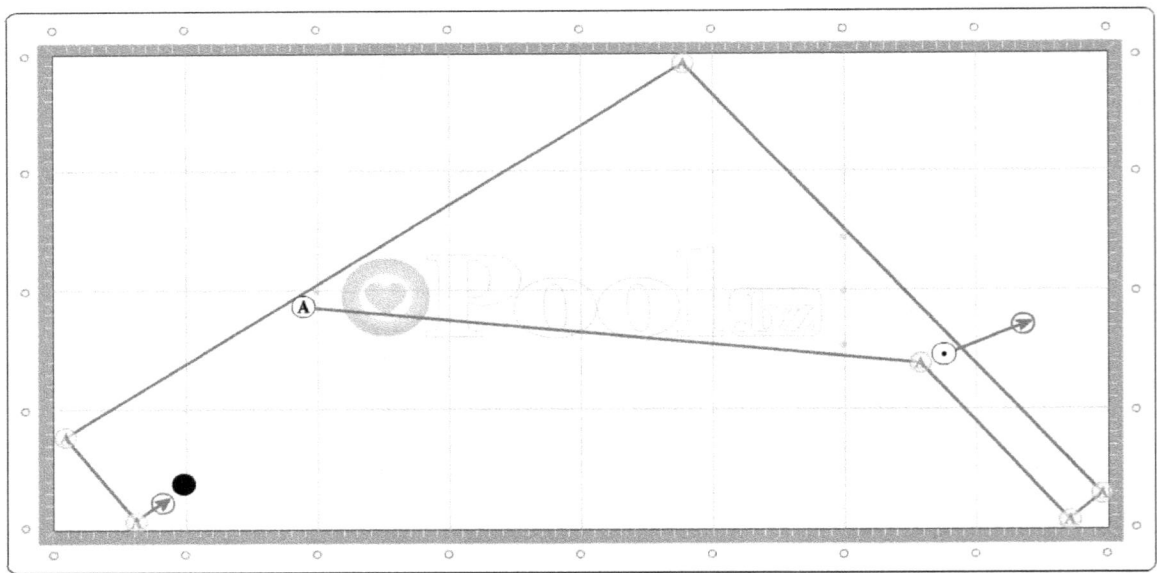

Trevallars carambole: Upp och ner i berget mönster

H: Grupp 2

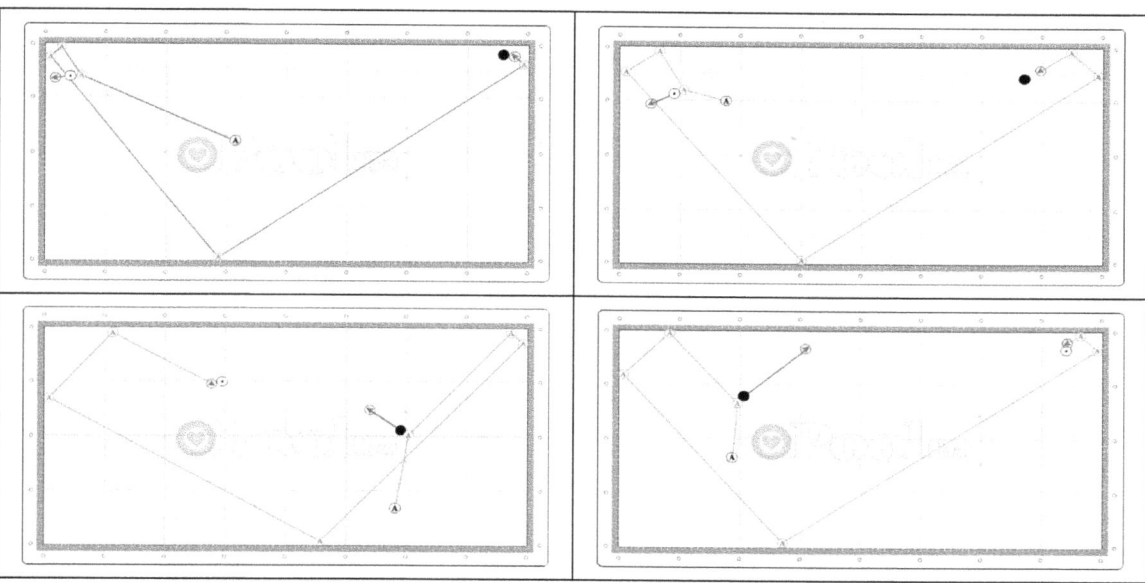

Analys:

H:2a. _____

H:2b. _____

H:2c. _____

H:2d. _____

H:2a – Inrätta

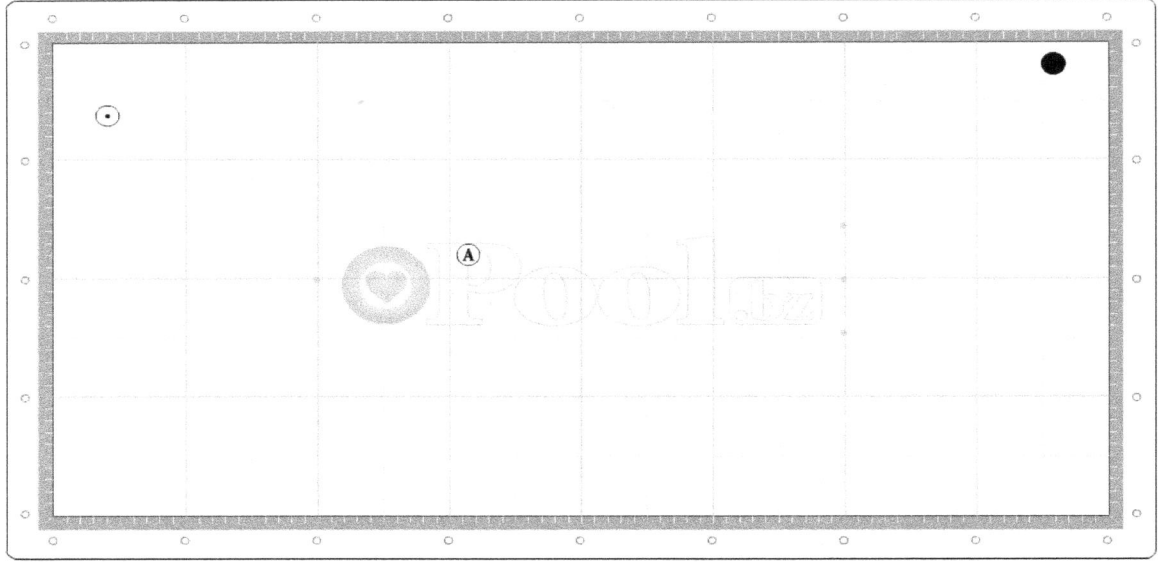

Anteckningar och idéer:

Skottmönster

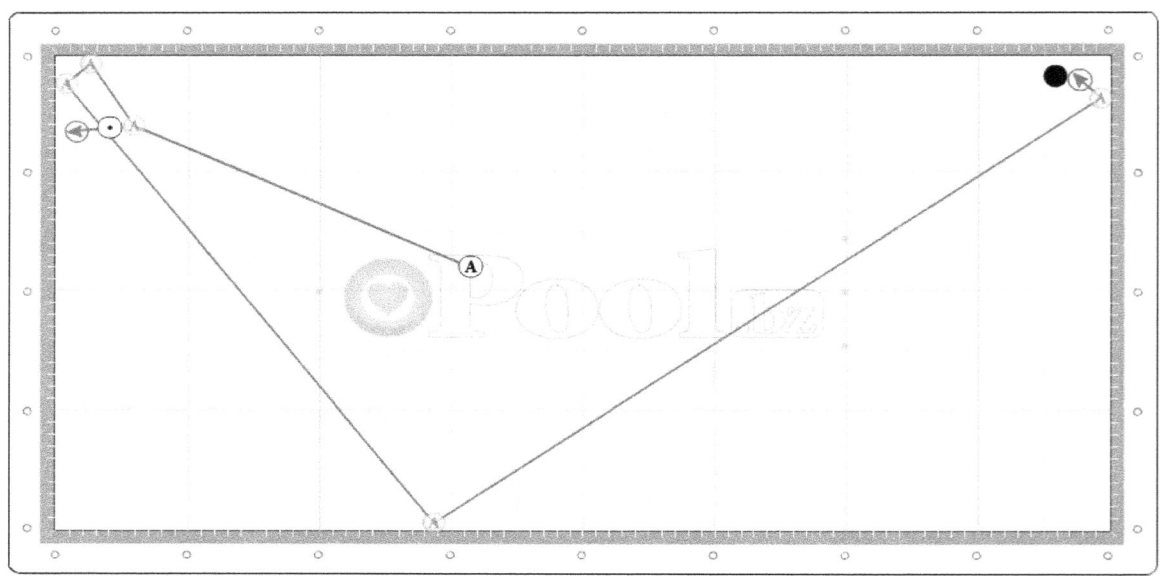

H:2b – Inrätta

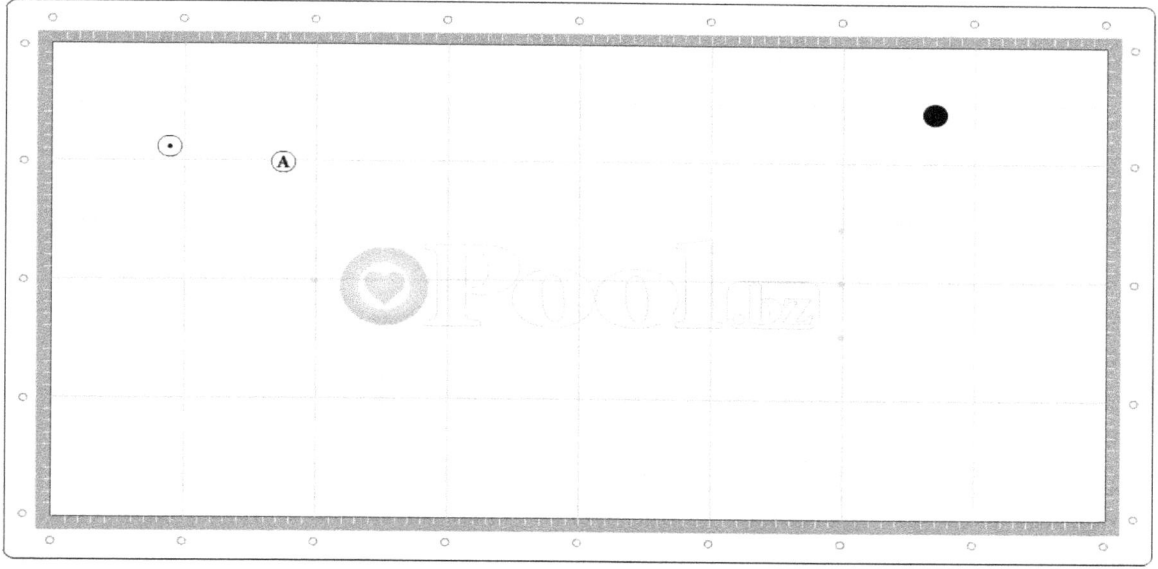

Anteckningar och idéer:

Skottmönster

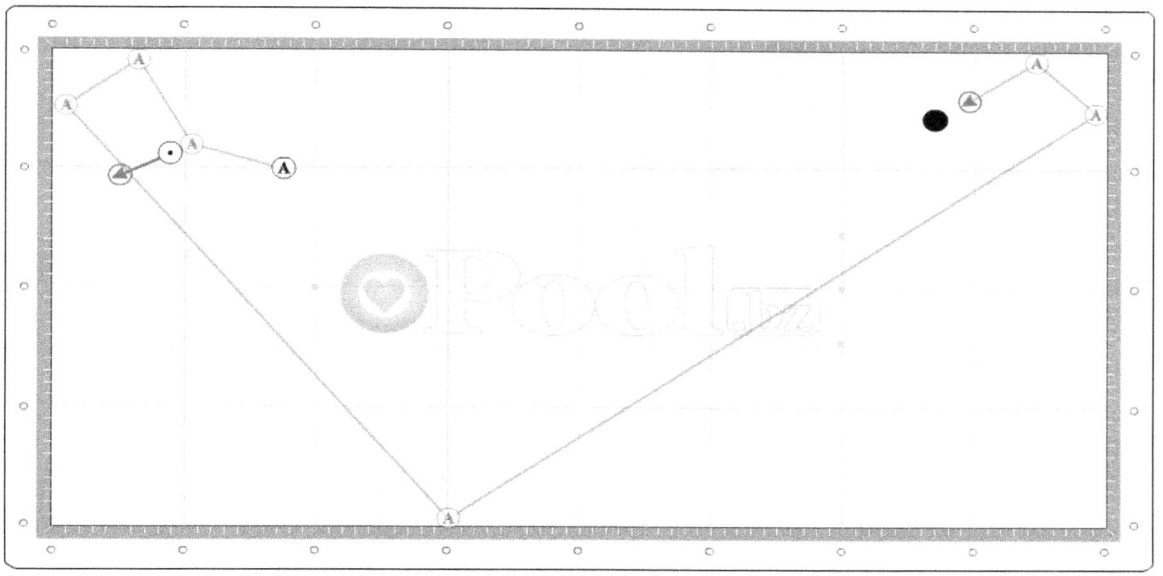

H:2c – Inrätta

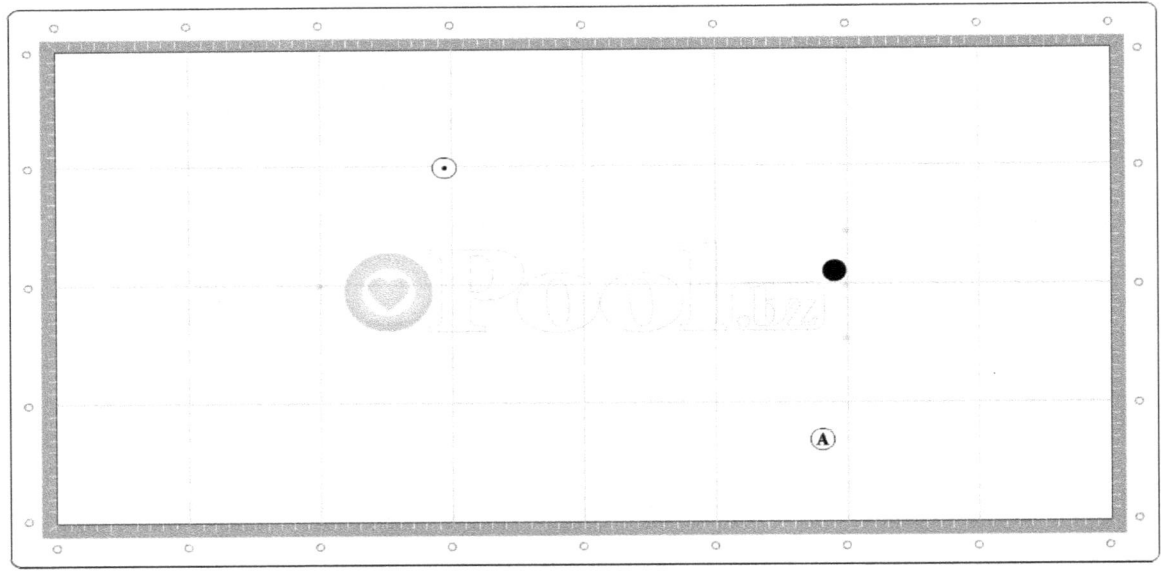

Anteckningar och idéer:

Skottmönster

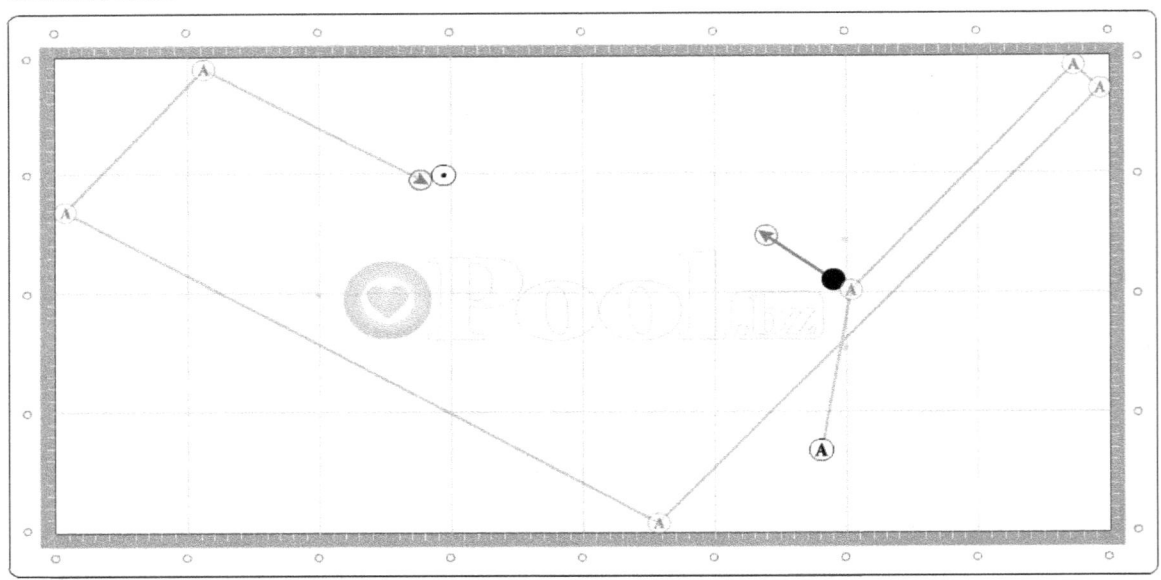

H:2d – Inrätta

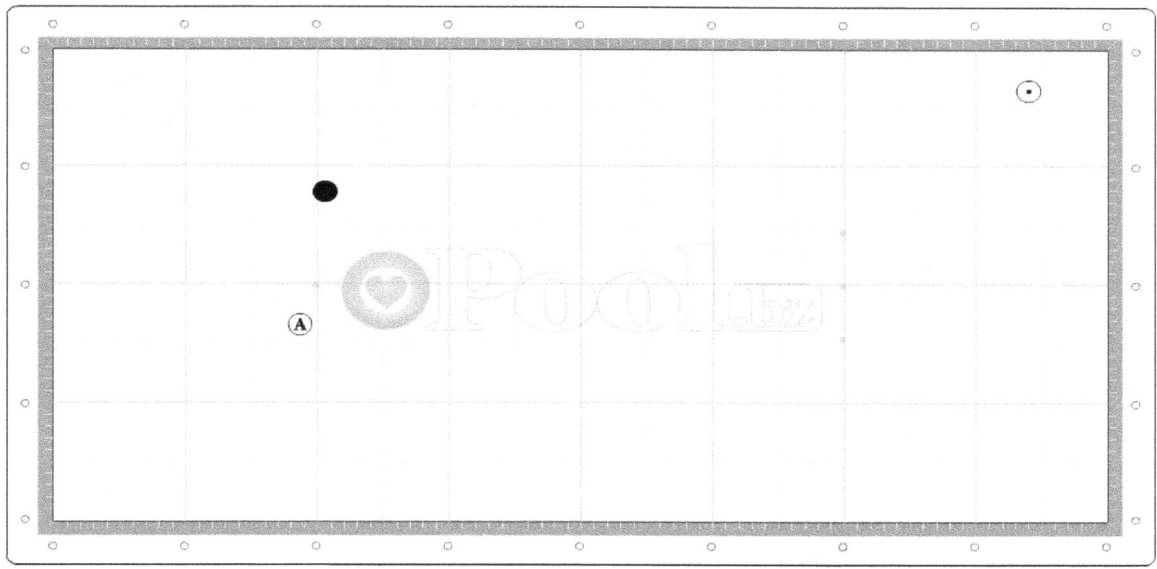

Anteckningar och idéer:

Skottmönster

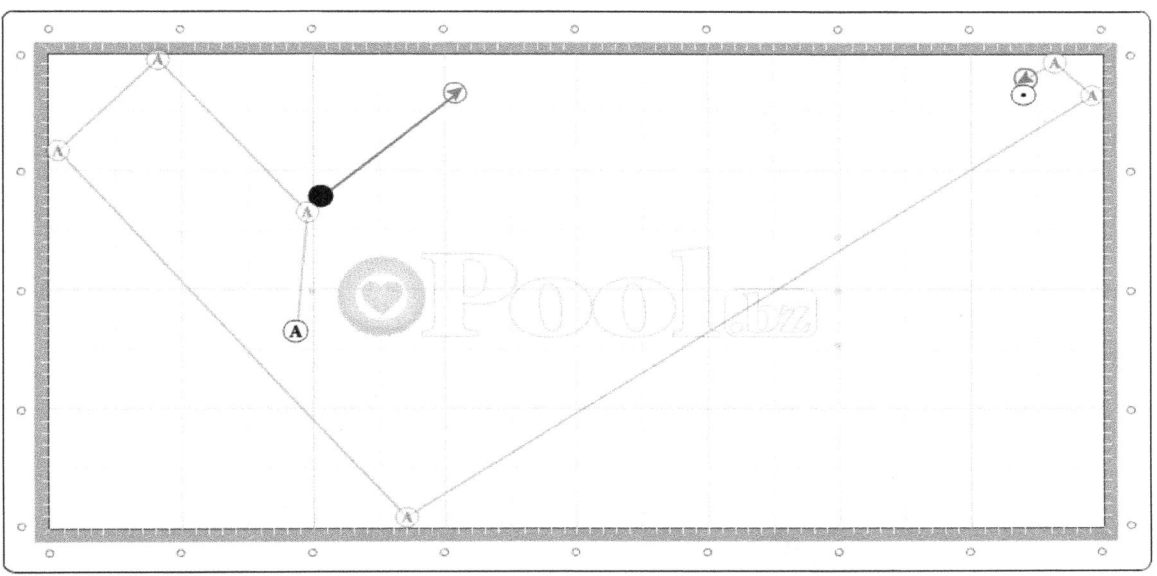

H: Grupp 3

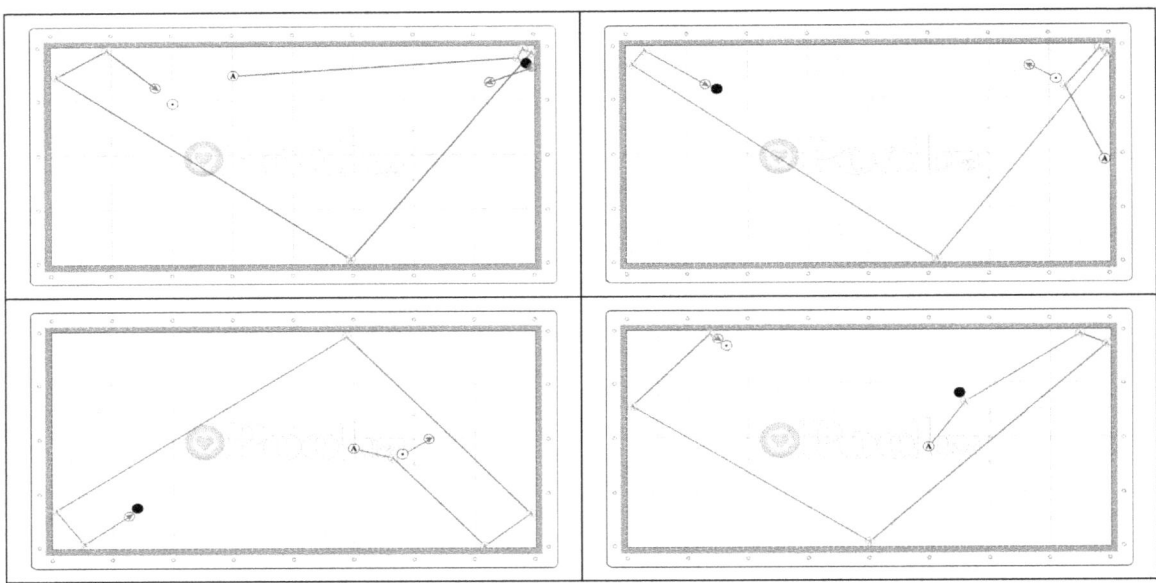

Analys:

H:3a. _____

H:3b. _____

H:3c. _____

H:3d. _____

H:3a – Inrätta

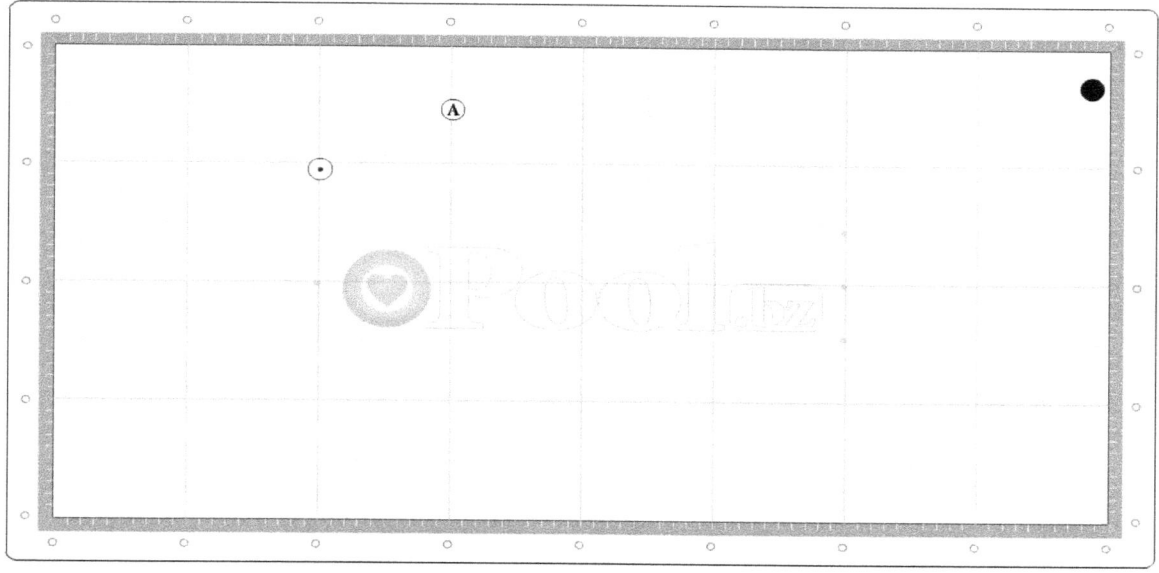

Anteckningar och idéer:

Skottmönster

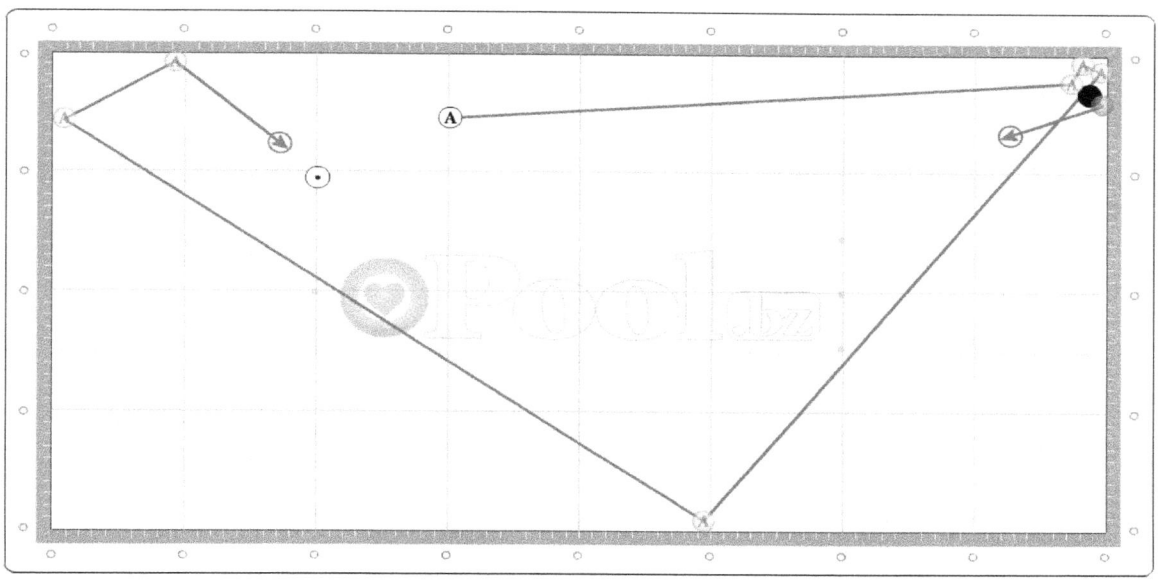

H:3b – Inrätta

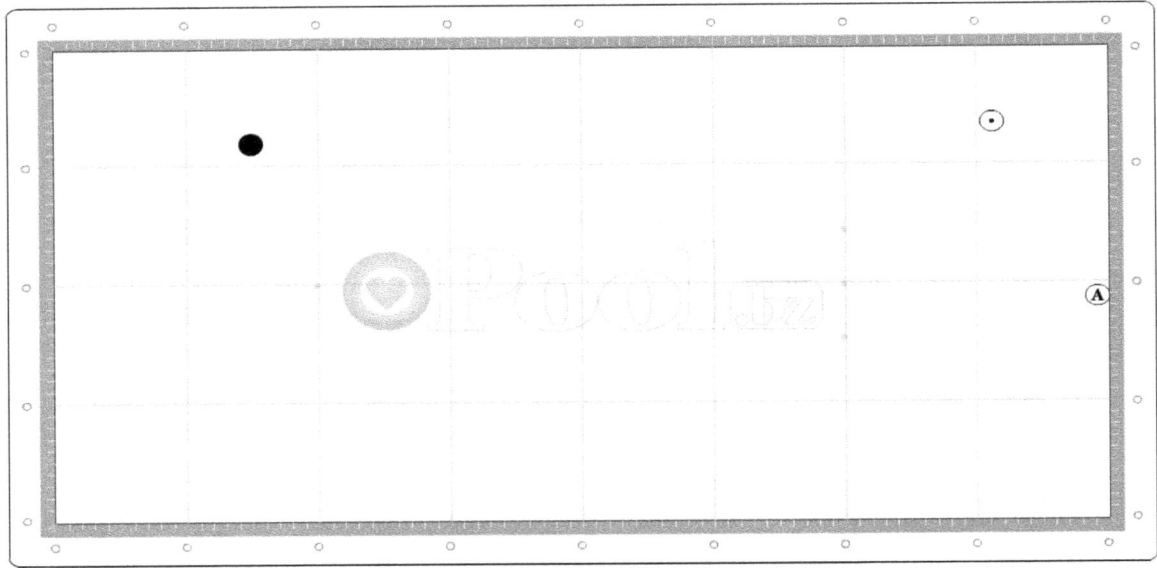

Anteckningar och idéer:

Skottmönster

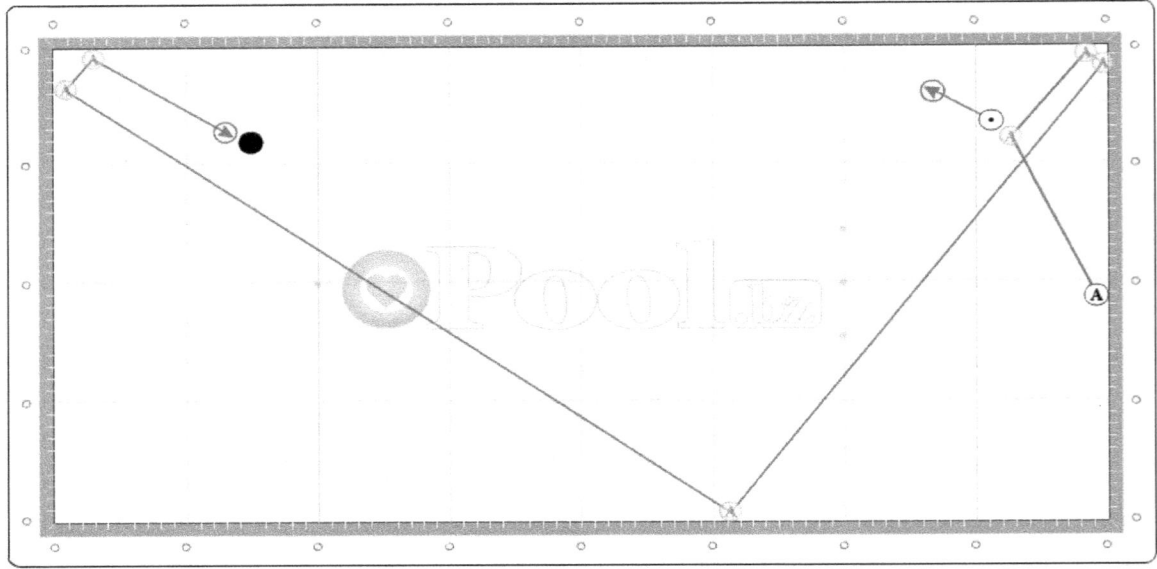

H:3c – Inrätta

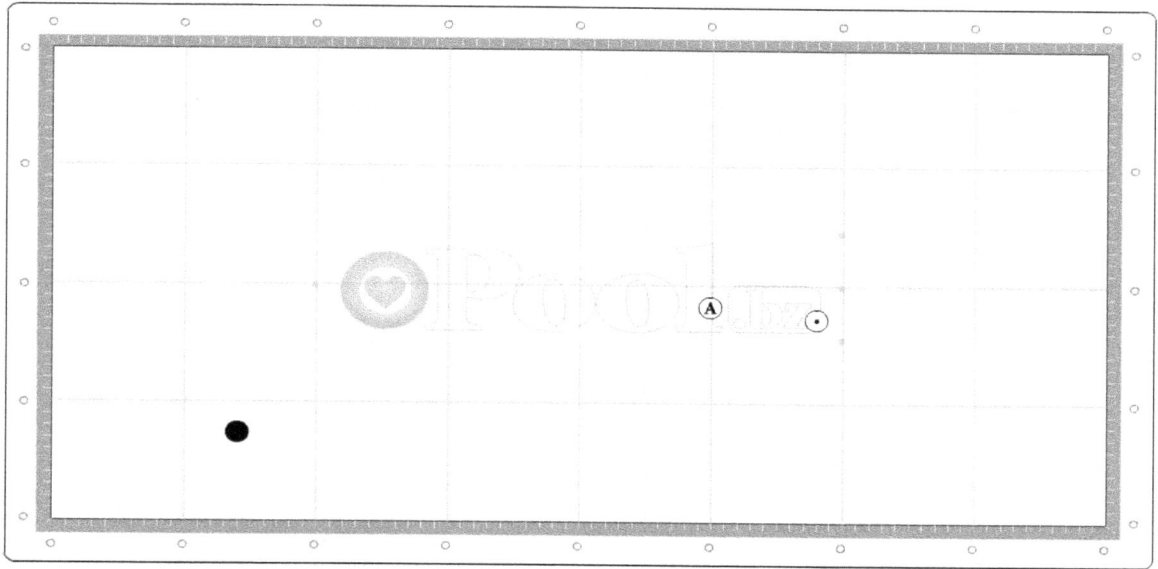

Anteckningar och idéer:

Skottmönster

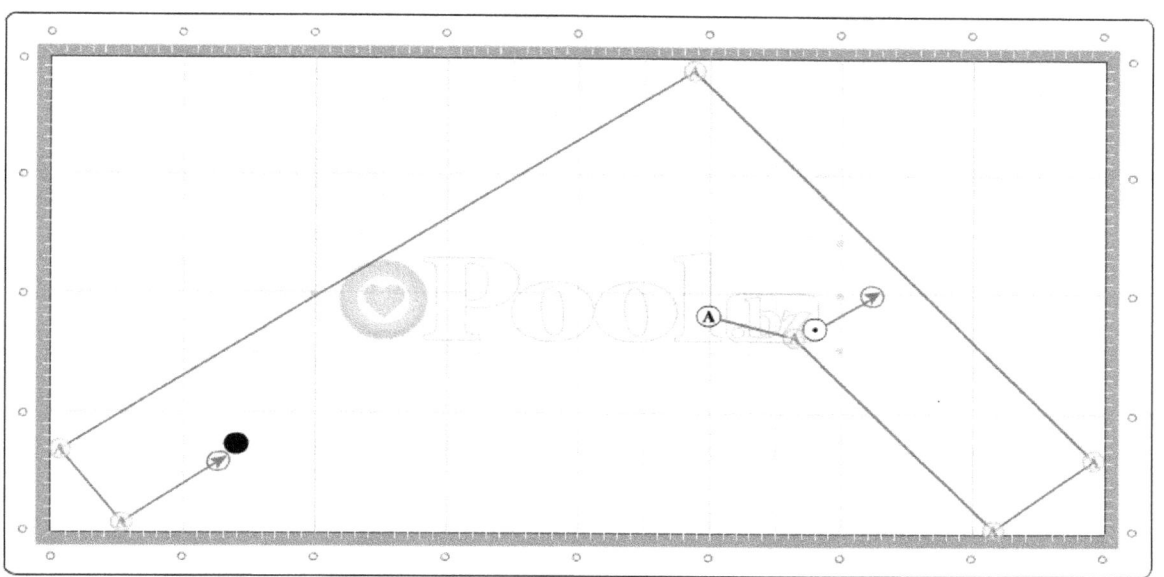

H:3d – Inrätta

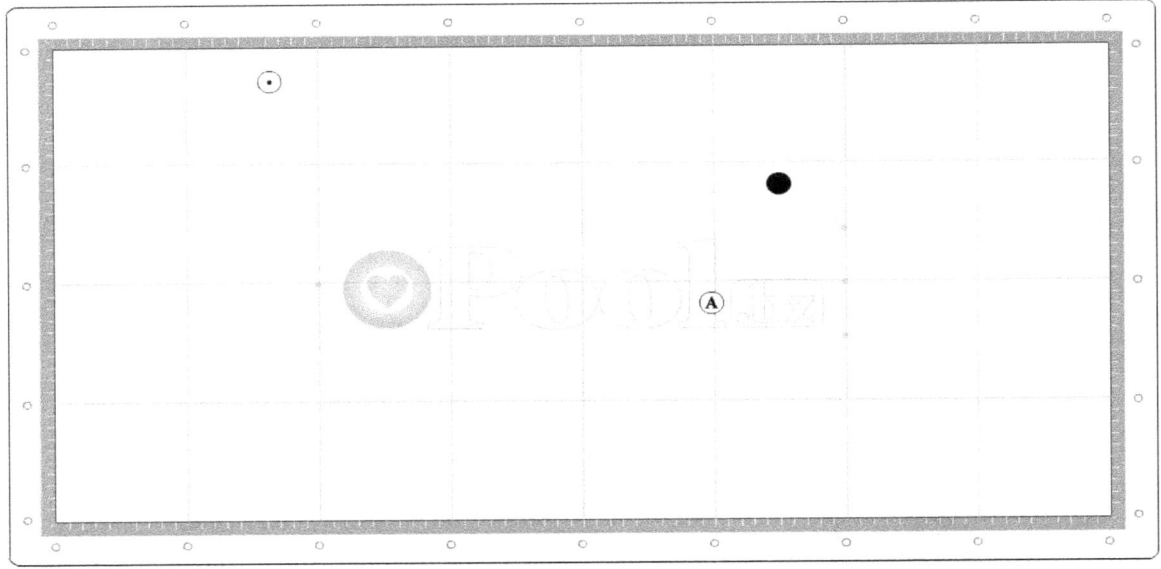

Anteckningar och idéer:

Skottmönster

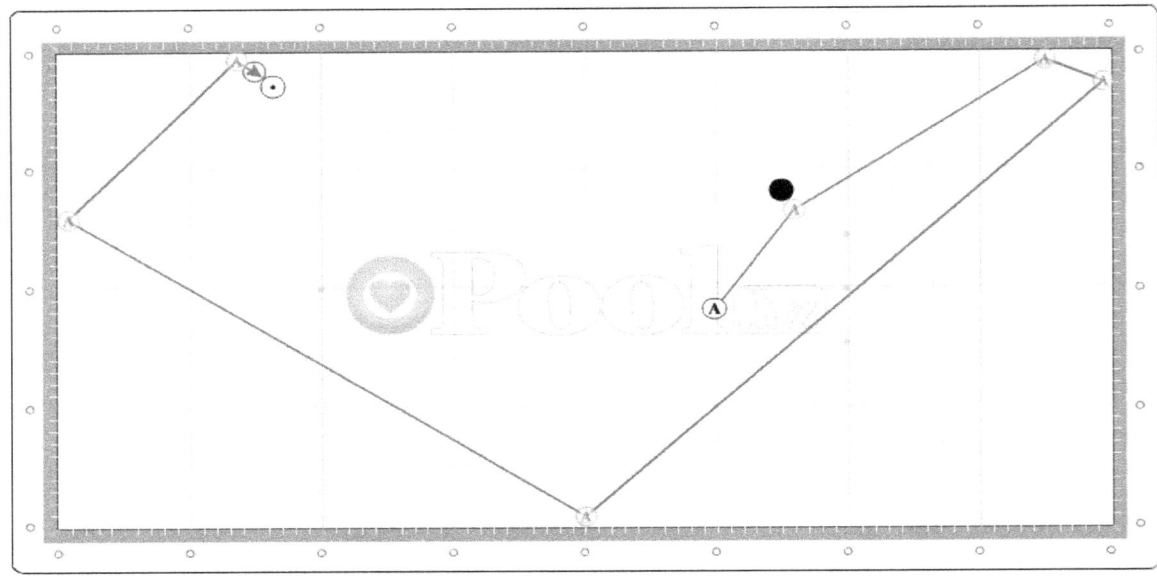

I: Dubbelkrok (förlängd)

På dessa layouter kommer (CB) från den första (OB) in i hörnslånga vallar först. (CB) går uppför backen till mitten av den motsatta långa vallar. På nedre sidan går (CB) in och ut ur det motsatta hörnet för att kontakta den andra (OB).

Ⓐ (CB) (din biljardboll) - ⊙ (OB) (motståndare biljardboll) - ● (OB) (röd biljardboll)

I: Grupp 1

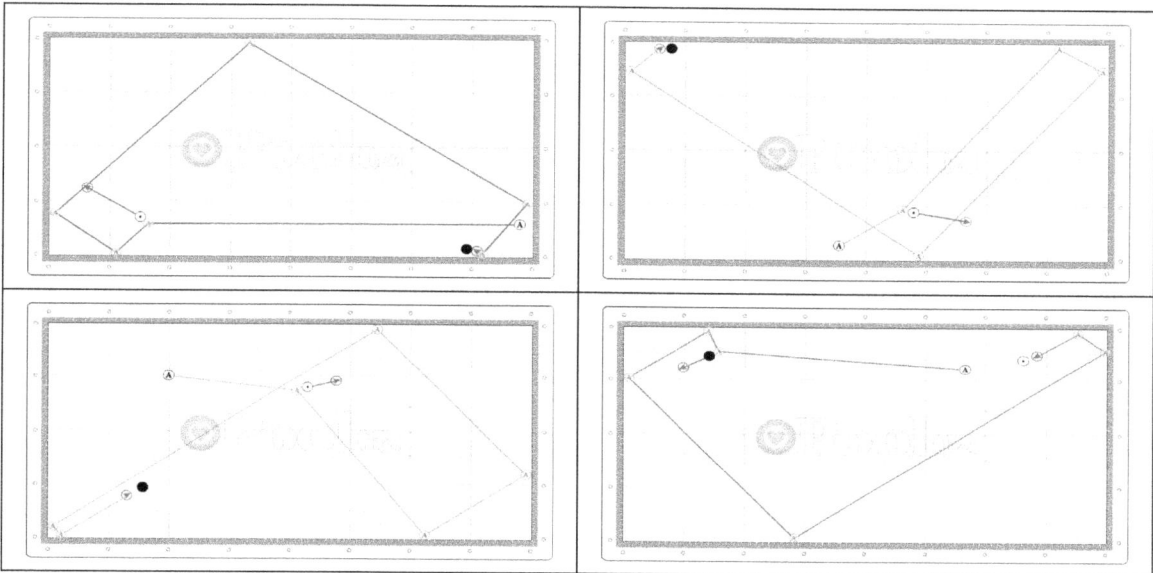

Analys:

I:1a. _____

I:1b. _____

I:1c. _____

I:1d. _____

I:1a – Inrätta

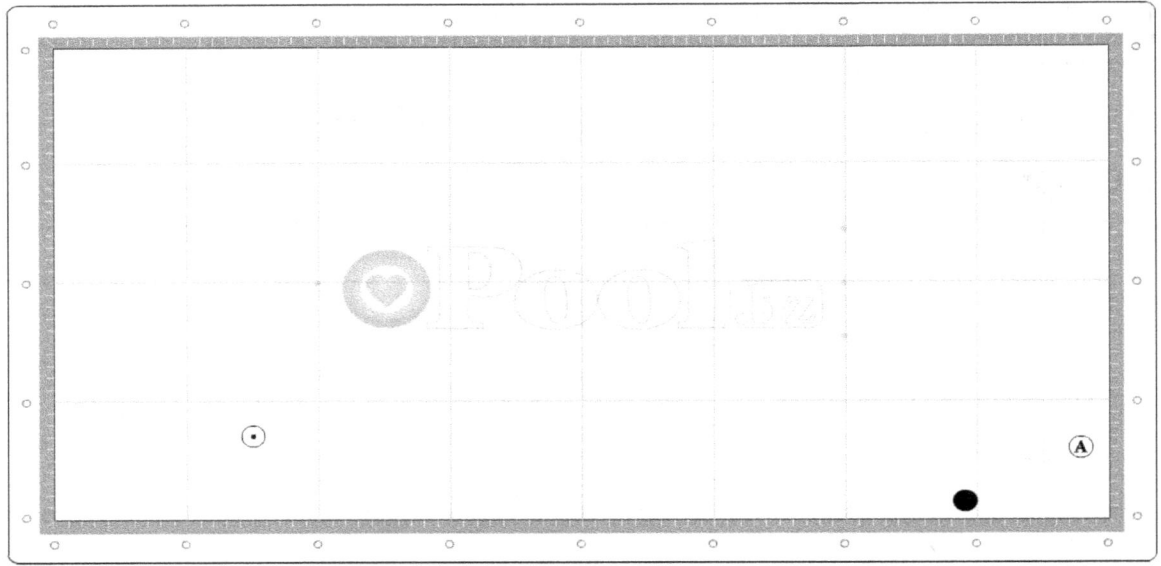

Anteckningar och idéer:

Skottmönster

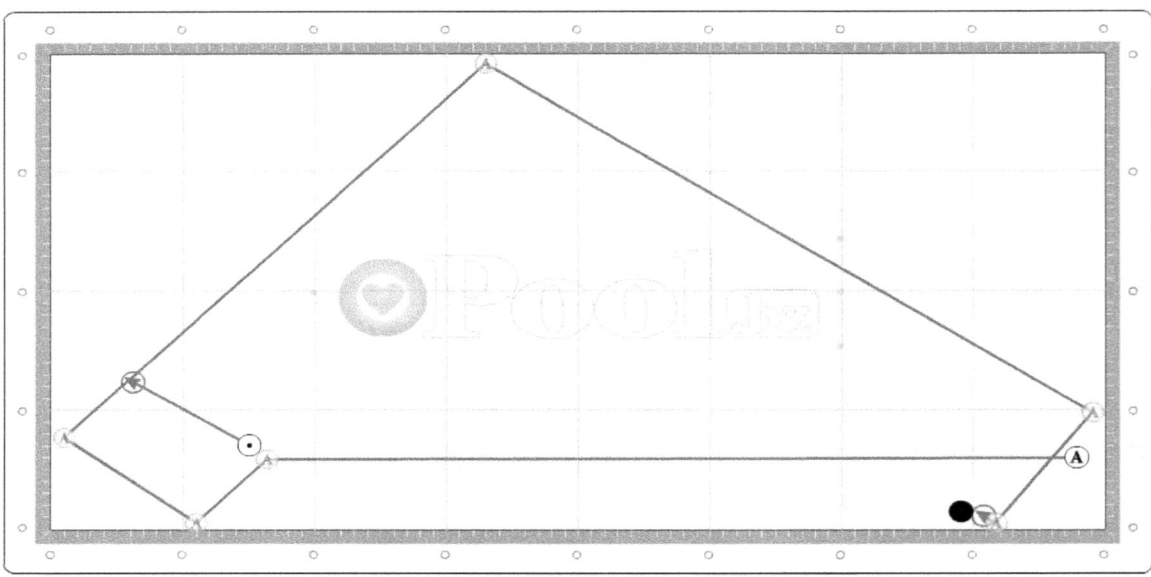

I:1b – Inrätta

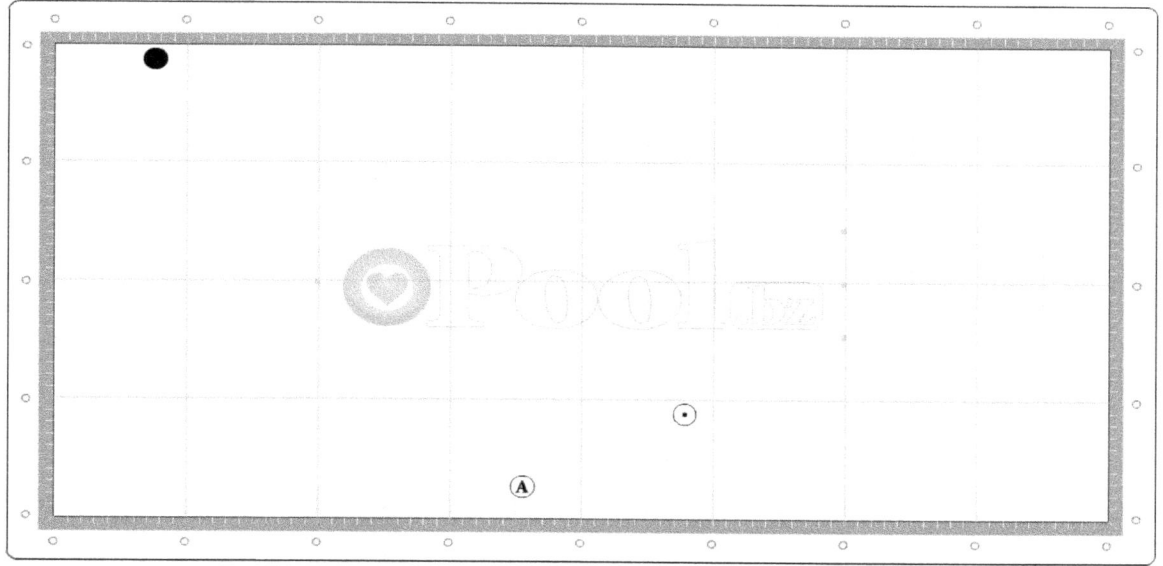

Anteckningar och idéer:

Skottmönster

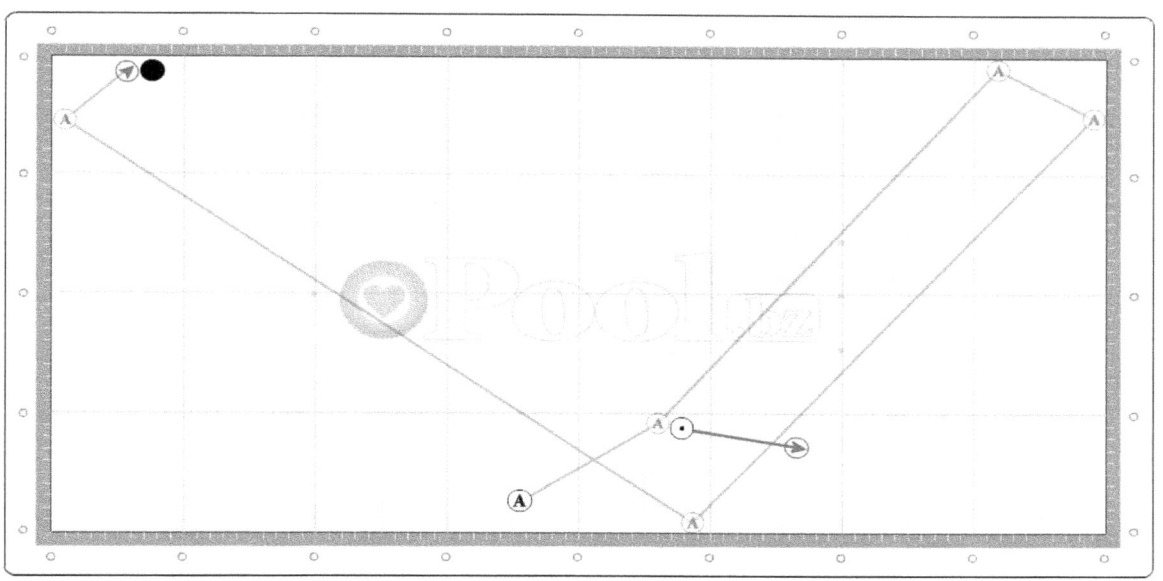

I:1c – Inrätta

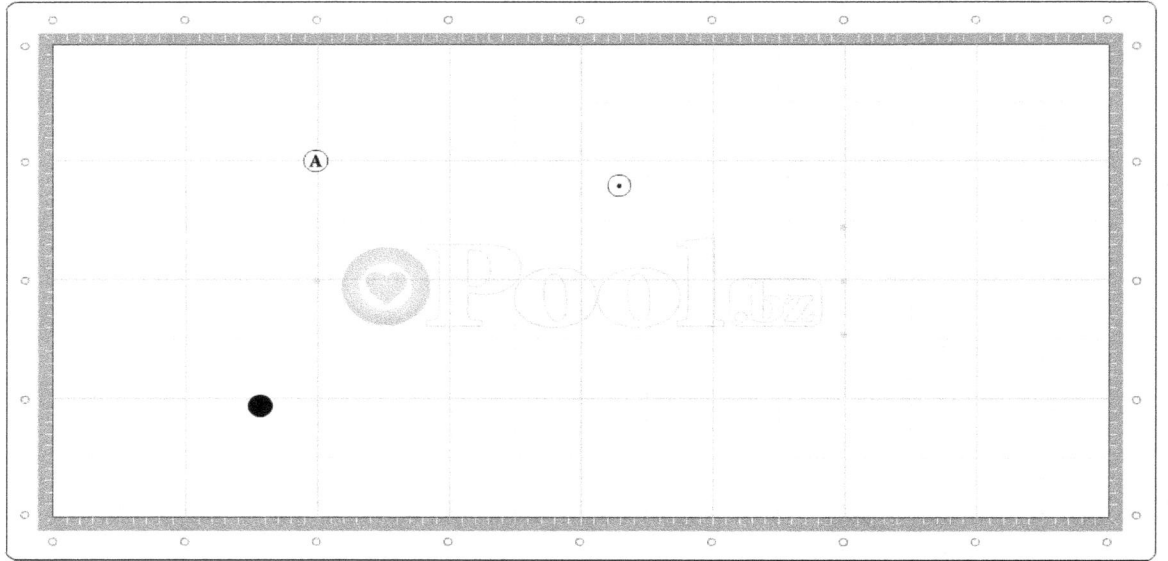

Anteckningar och idéer:

Skottmönster

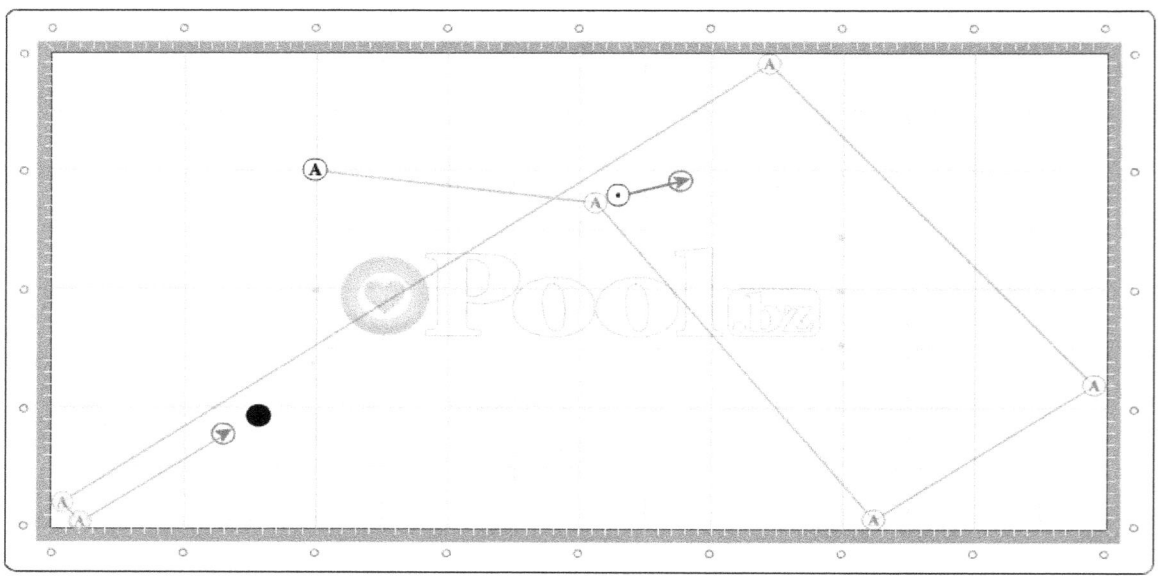

I:1d – Inrätta

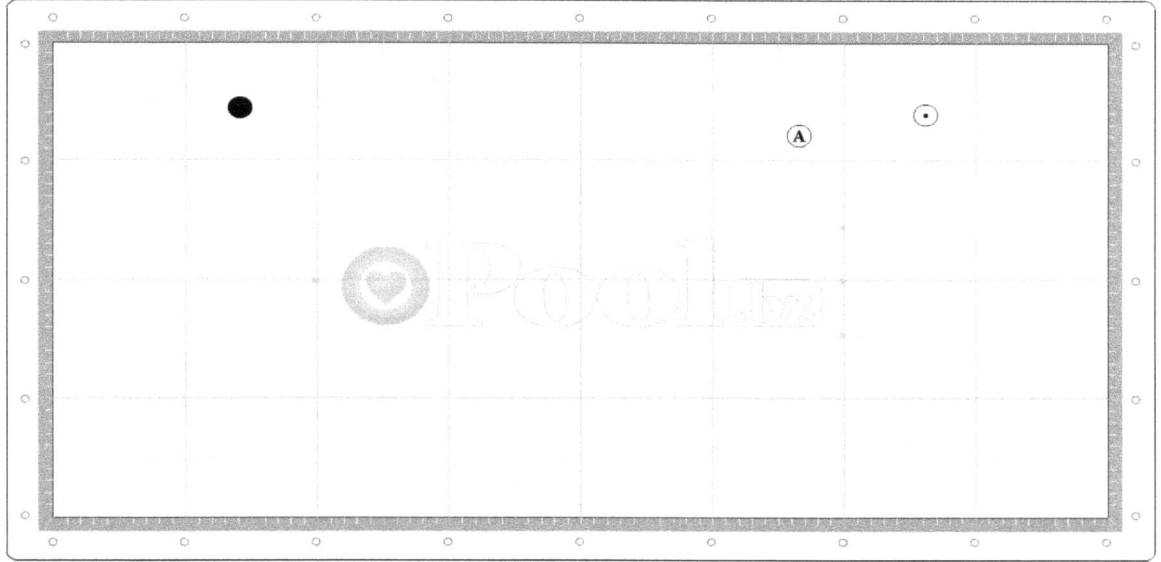

Anteckningar och idéer:

Skottmönster

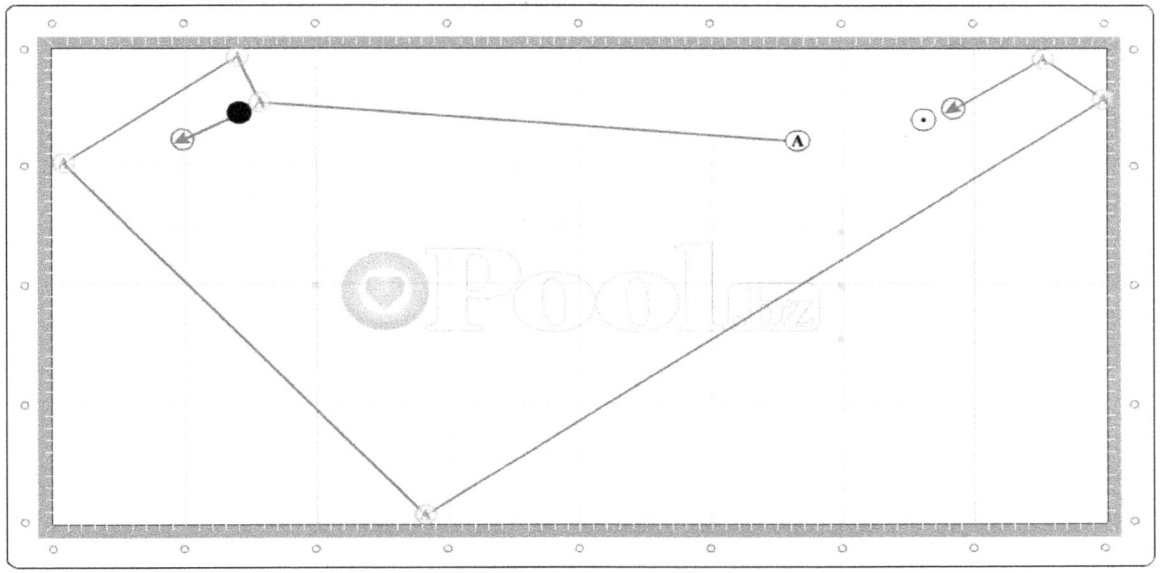

I: Grupp 2

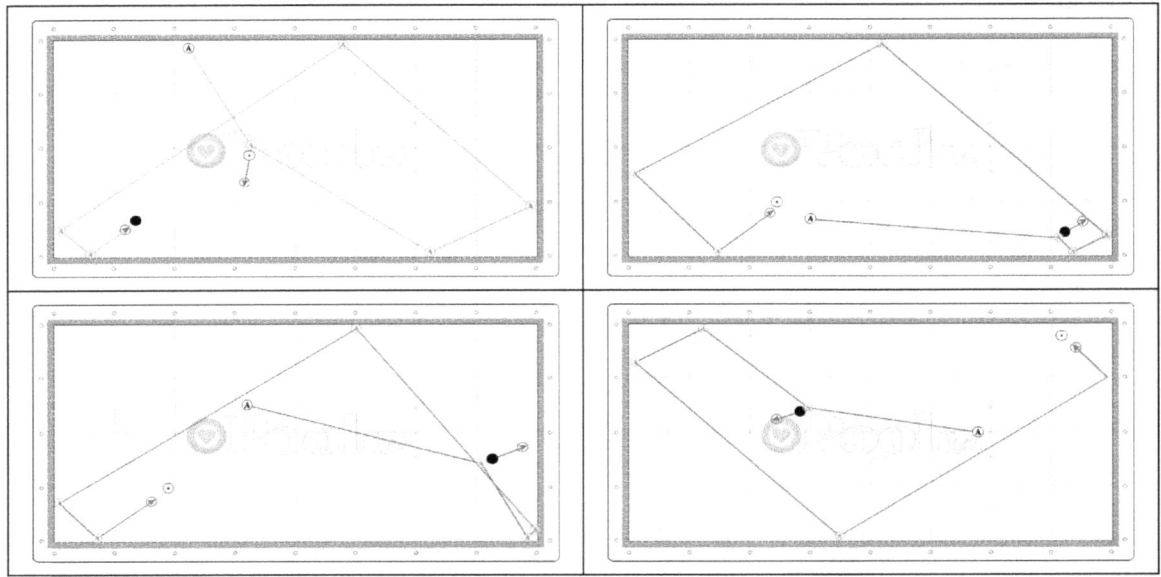

Analys:

I:2a. _____

I:2b. _____

I:2c. _____

I:2d. _____

I:2a – Inrätta

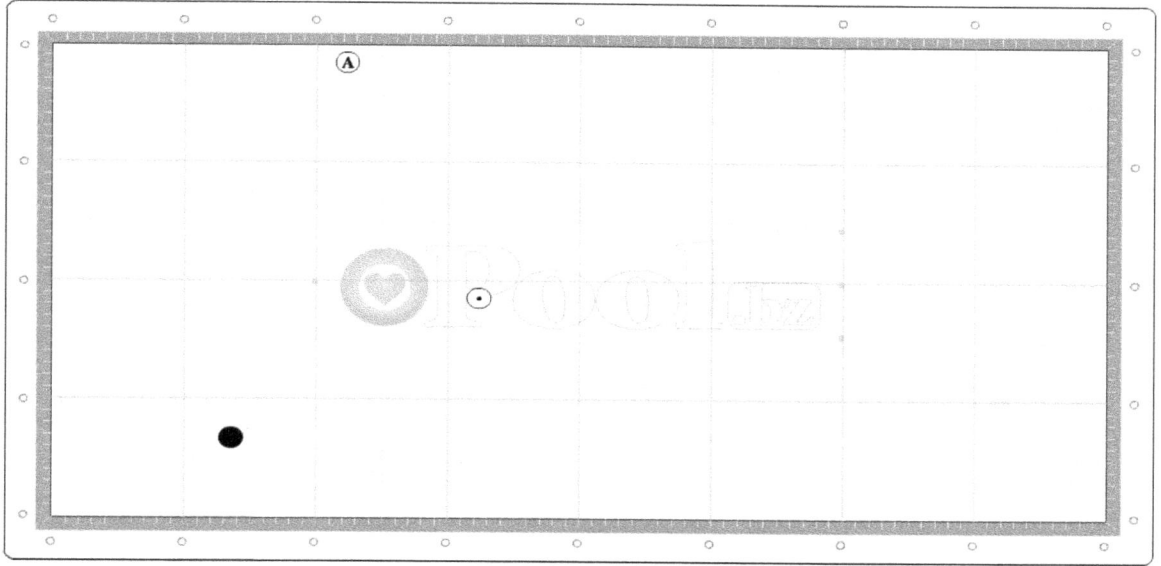

Anteckningar och idéer:

Skottmönster

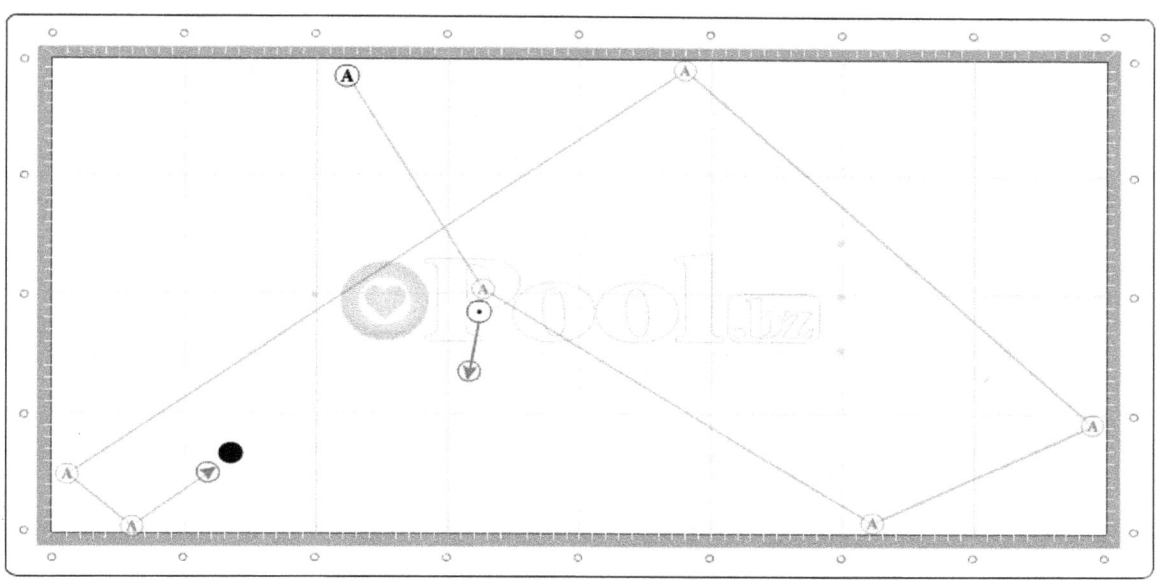

I:2b – Inrätta

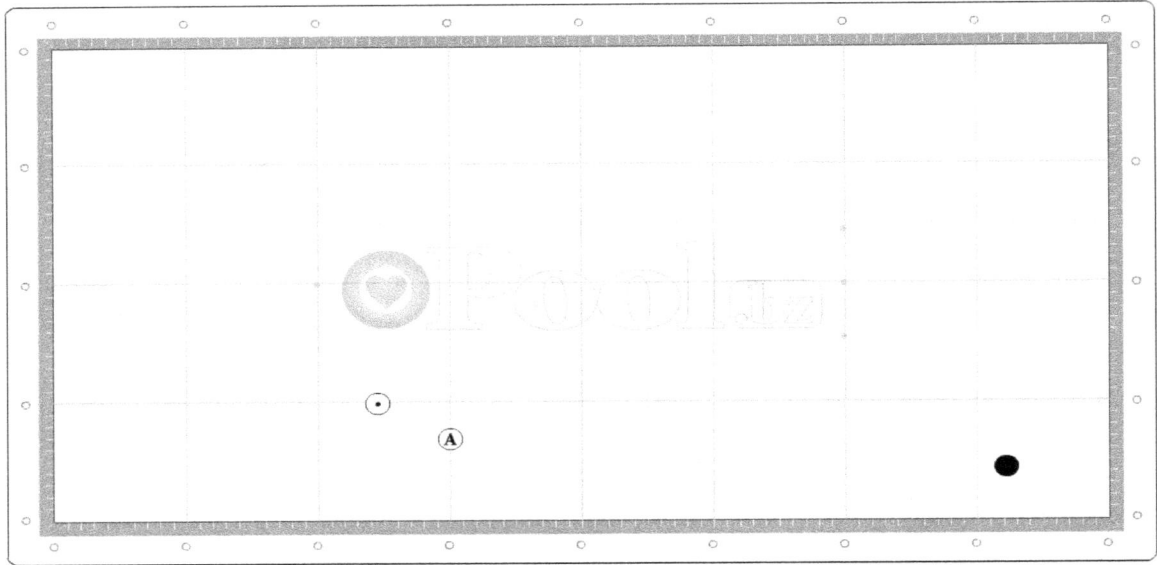

Anteckningar och idéer:

Skottmönster

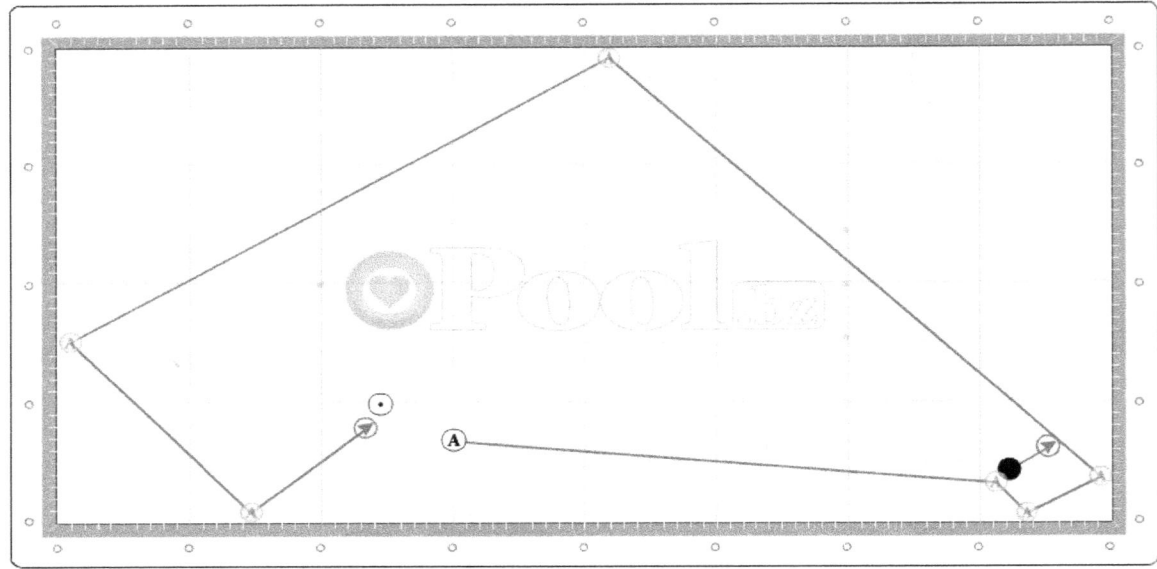

I:2c – Inrätta

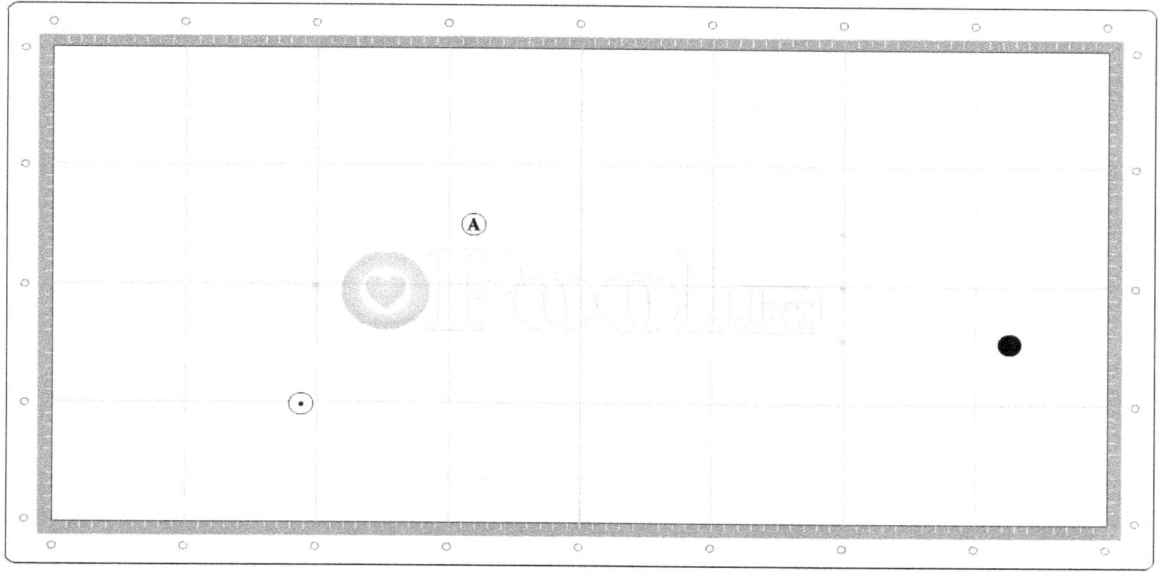

Anteckningar och idéer:

Skottmönster

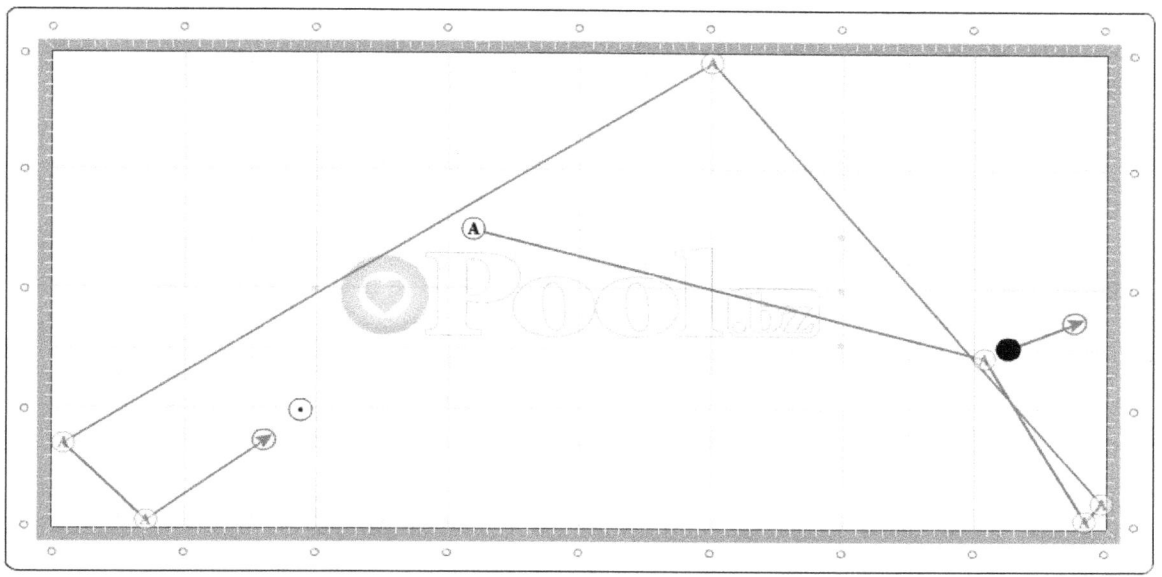

I:2d – Inrätta

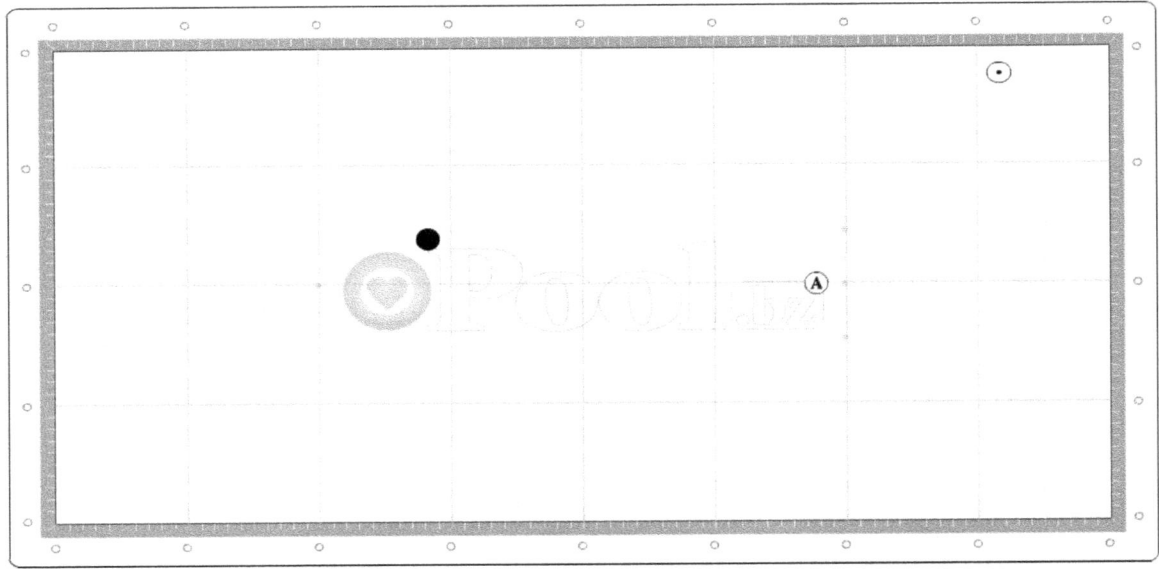

Anteckningar och idéer:

Skottmönster

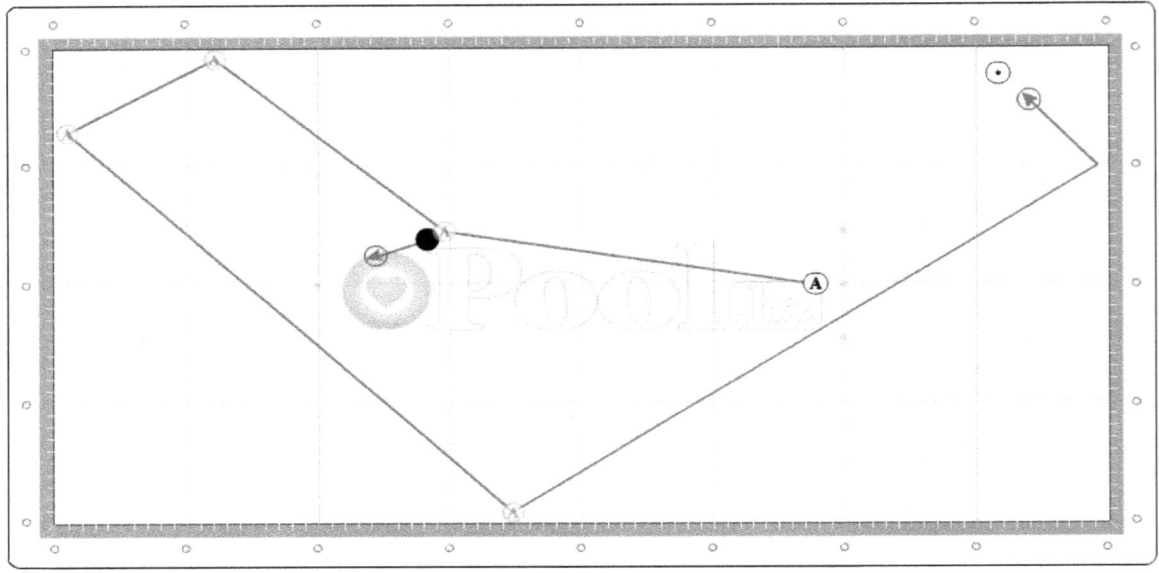

I: Grupp 3

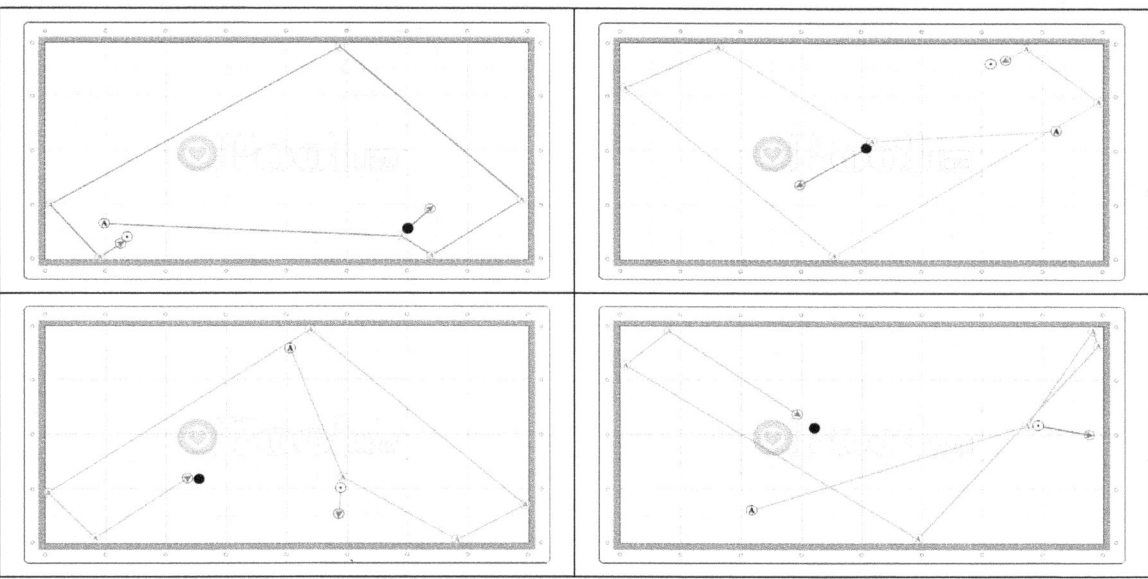

Analys:

I:3a. _____

I:3b. _____

I:3c. _____

I:3d. _____

I:3a – Inrätta

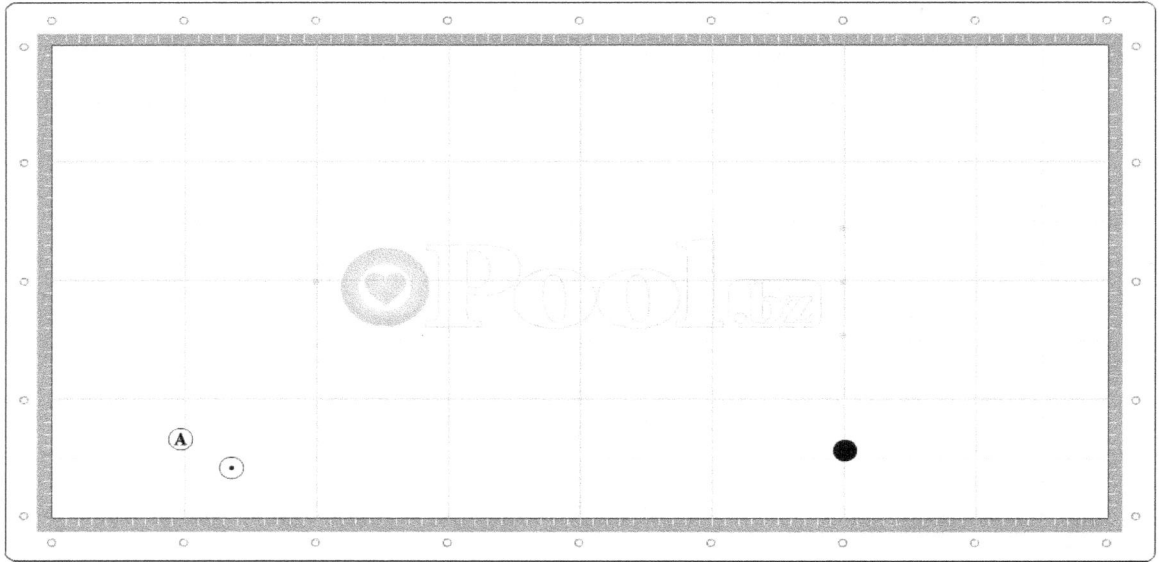

Anteckningar och idéer:

Skottmönster

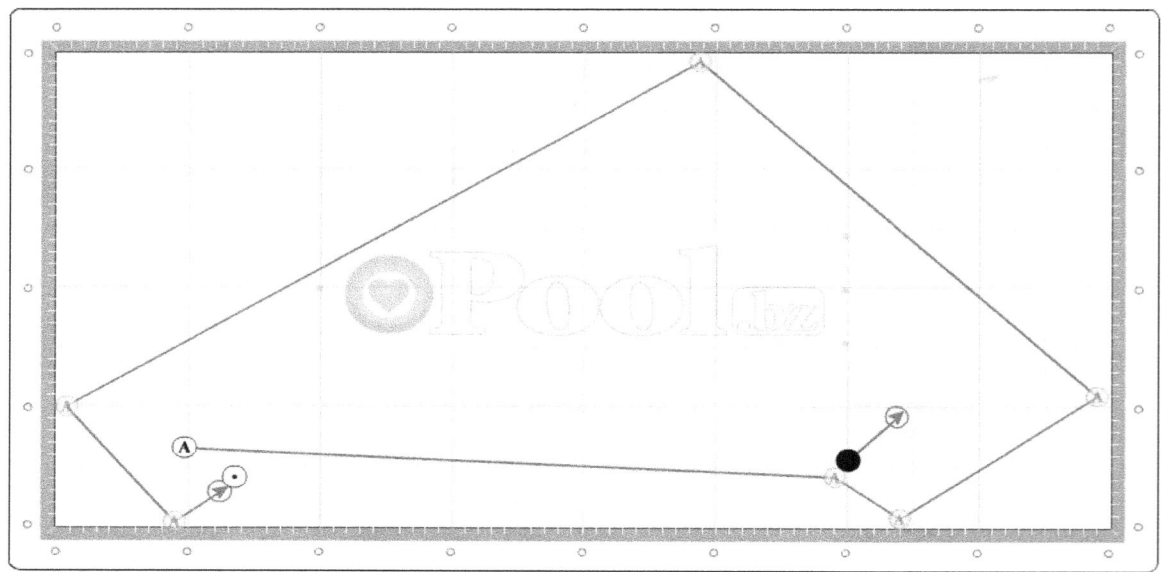

I:3b – Inrätta

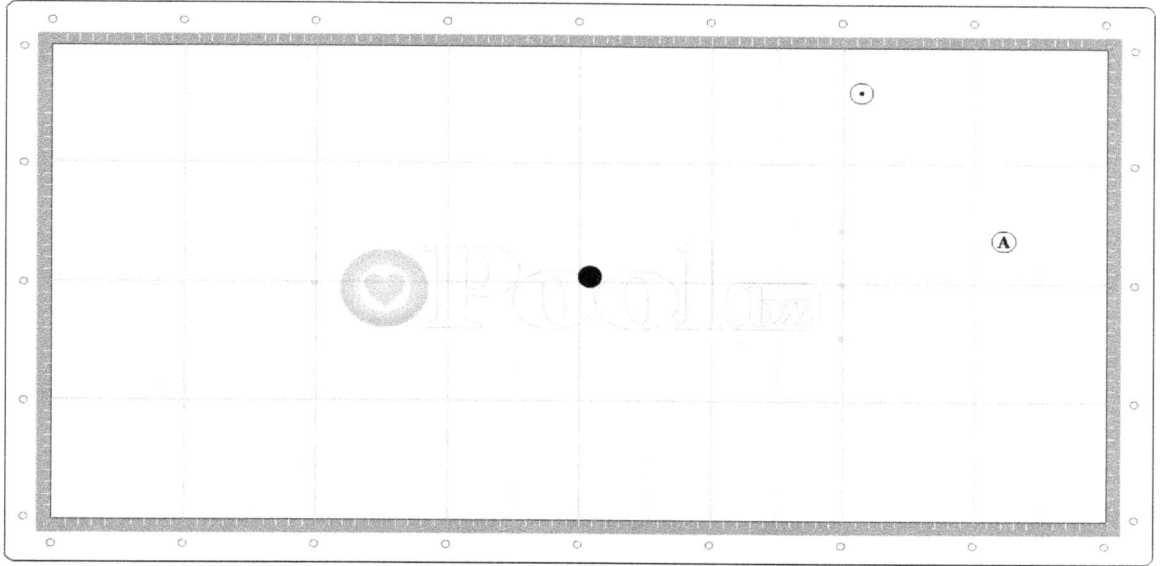

Anteckningar och idéer:

Skottmönster

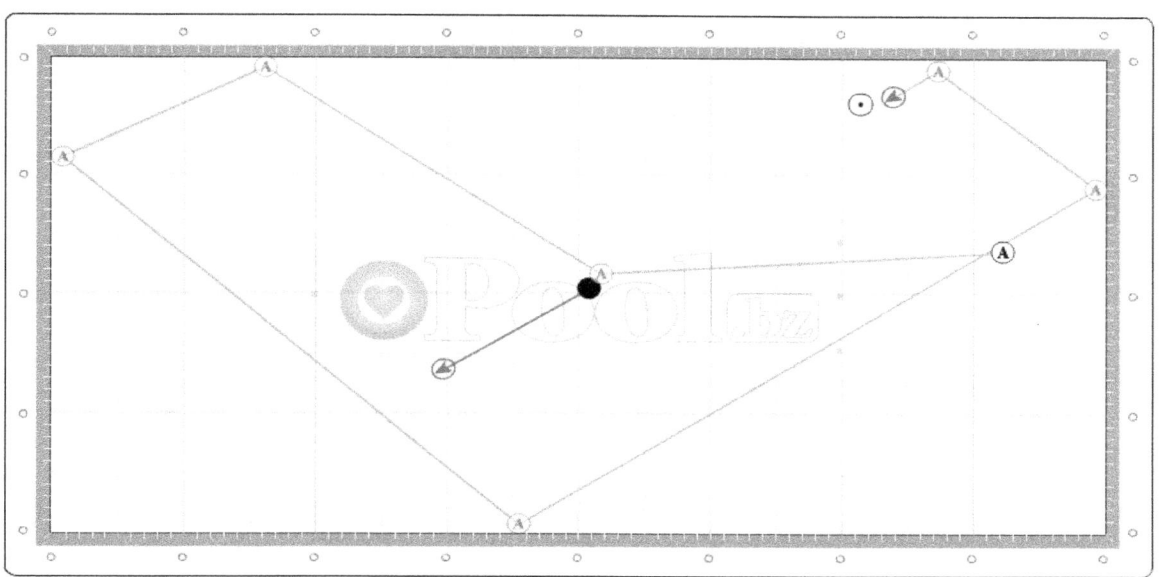

I:3c – Inrätta

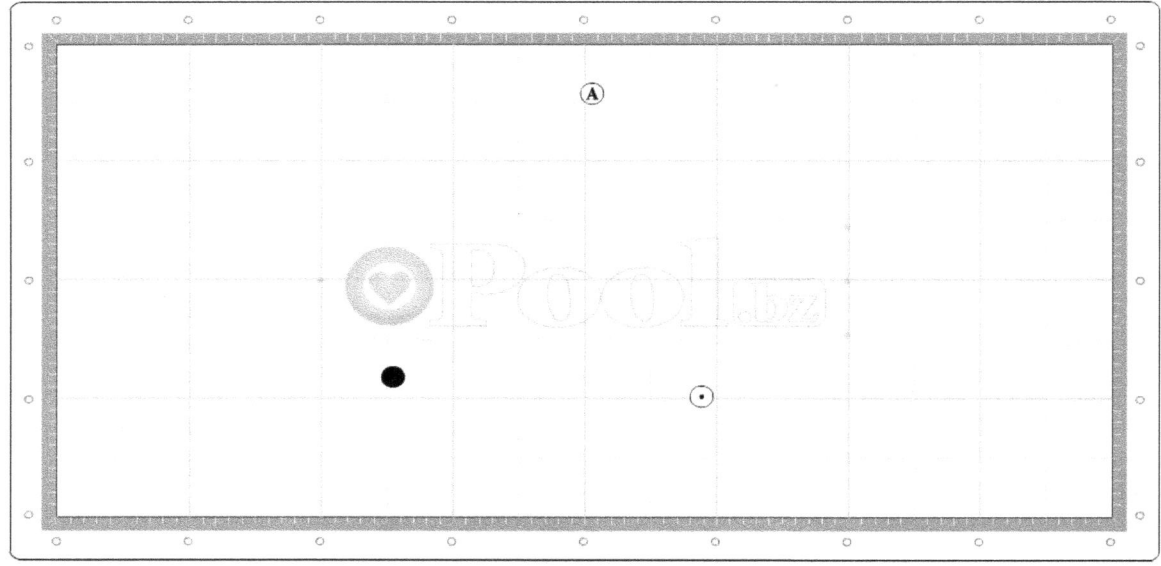

Anteckningar och idéer:

Skottmönster

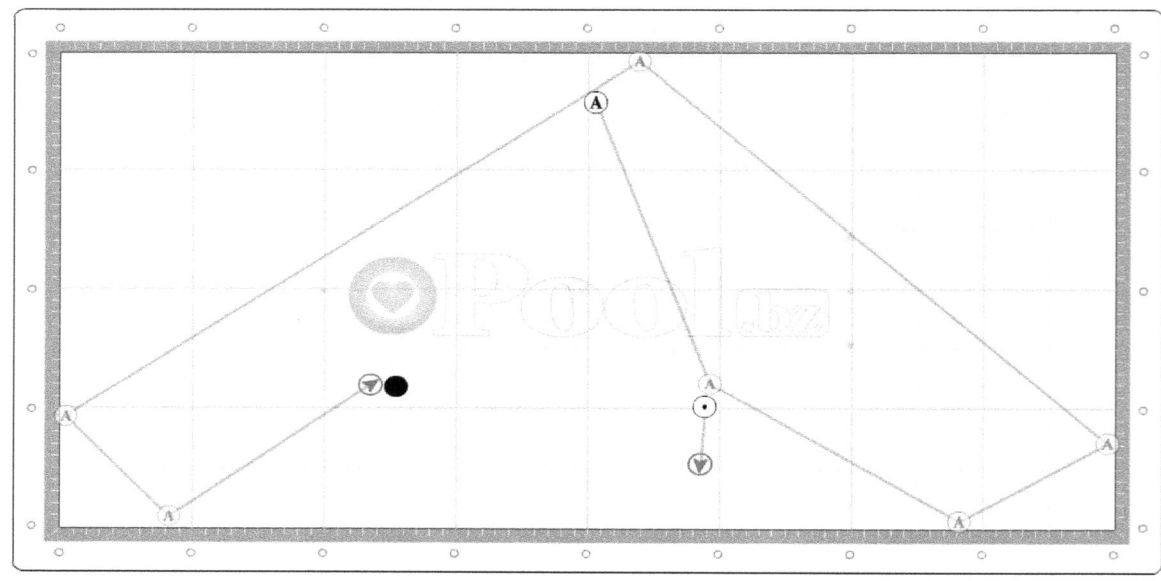

I:3d – Inrätta

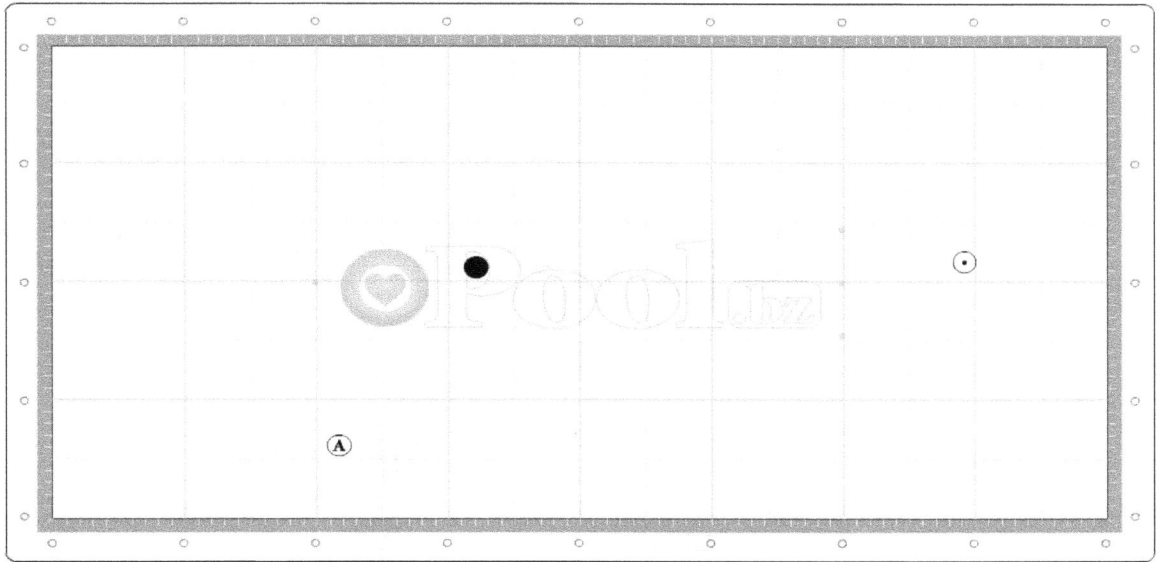

Anteckningar och idéer:

Skottmönster

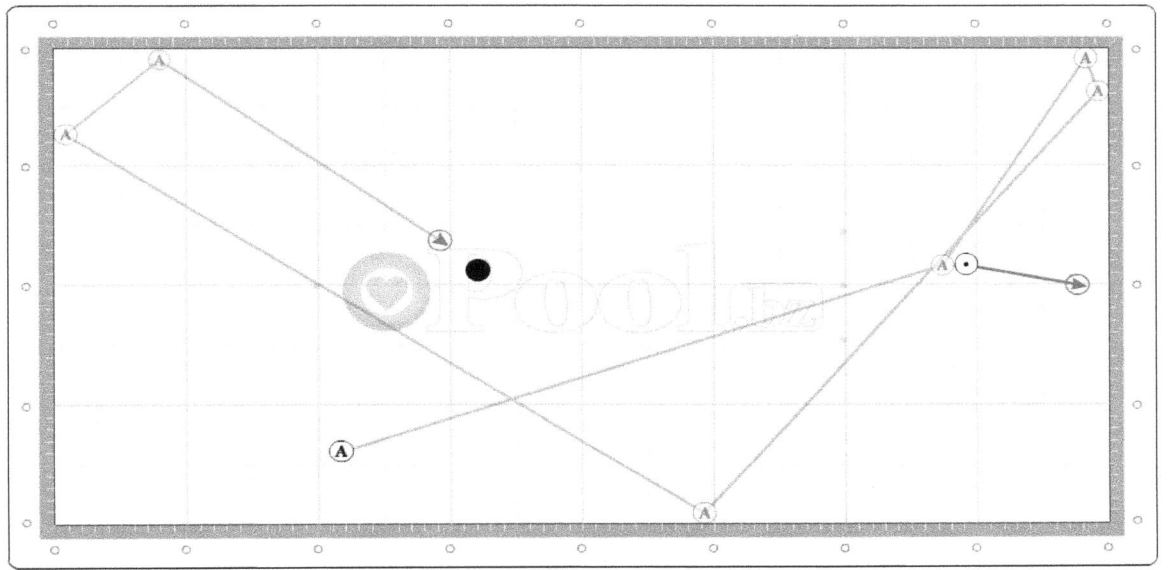

I: Grupp 4

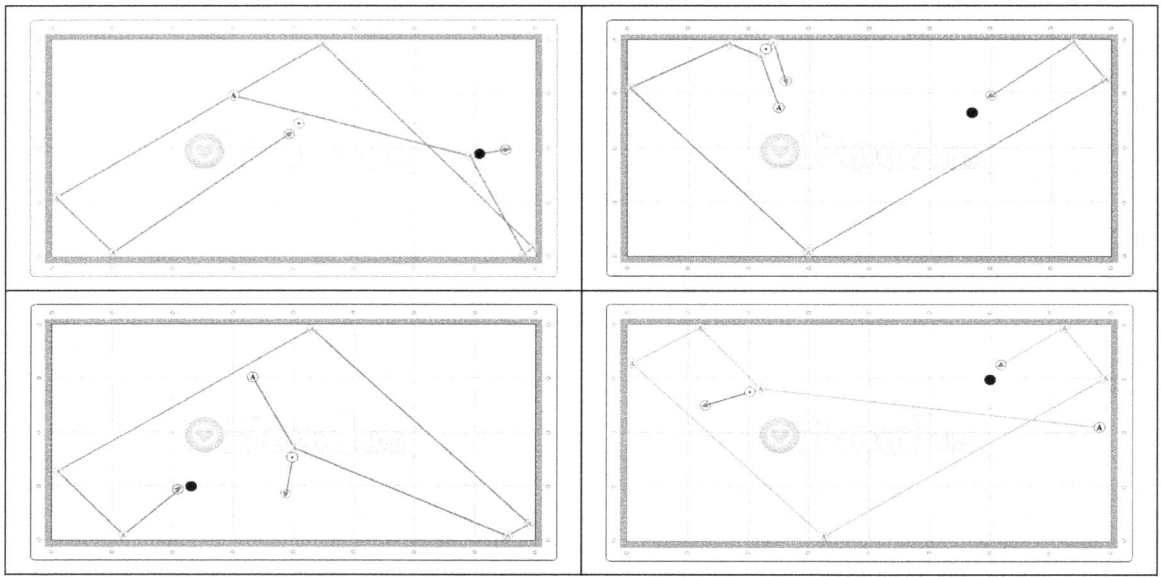

Analys:

I:4a. _____

I:4b. _____

I:4c. _____

I:4d. _____

Trevallars carambole: Upp och ner i berget mönster

I:4a – Inrätta

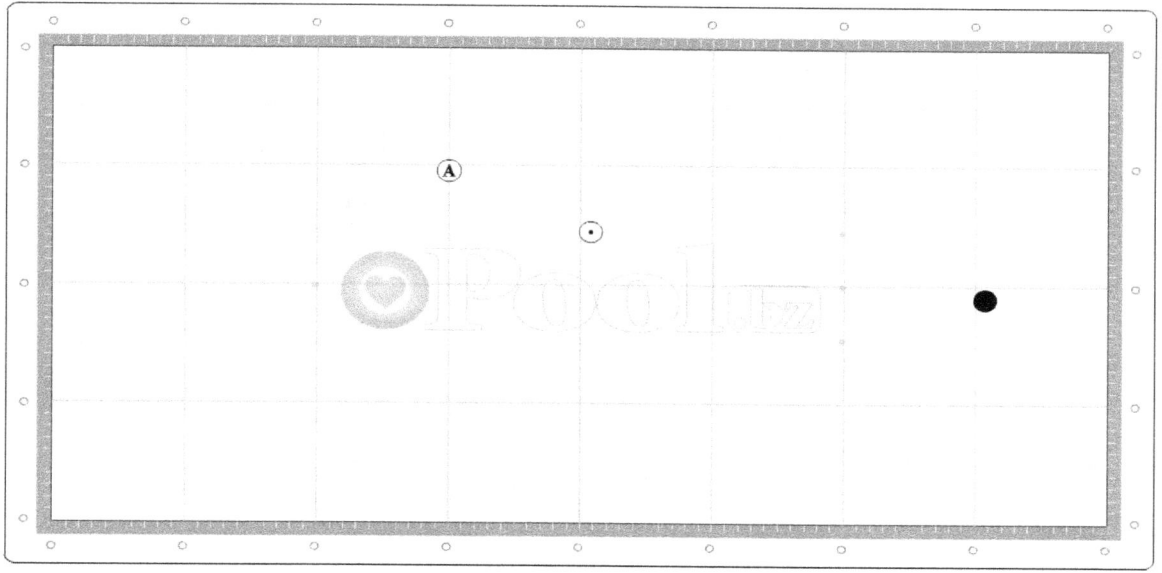

Anteckningar och idéer:

Skottmönster

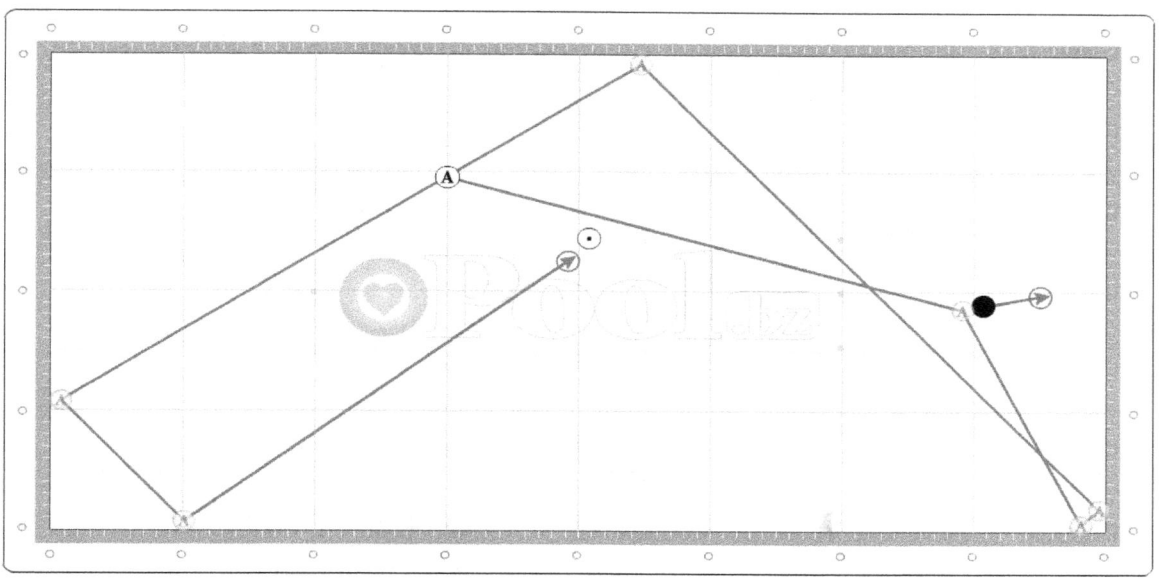

I:4b – Inrätta

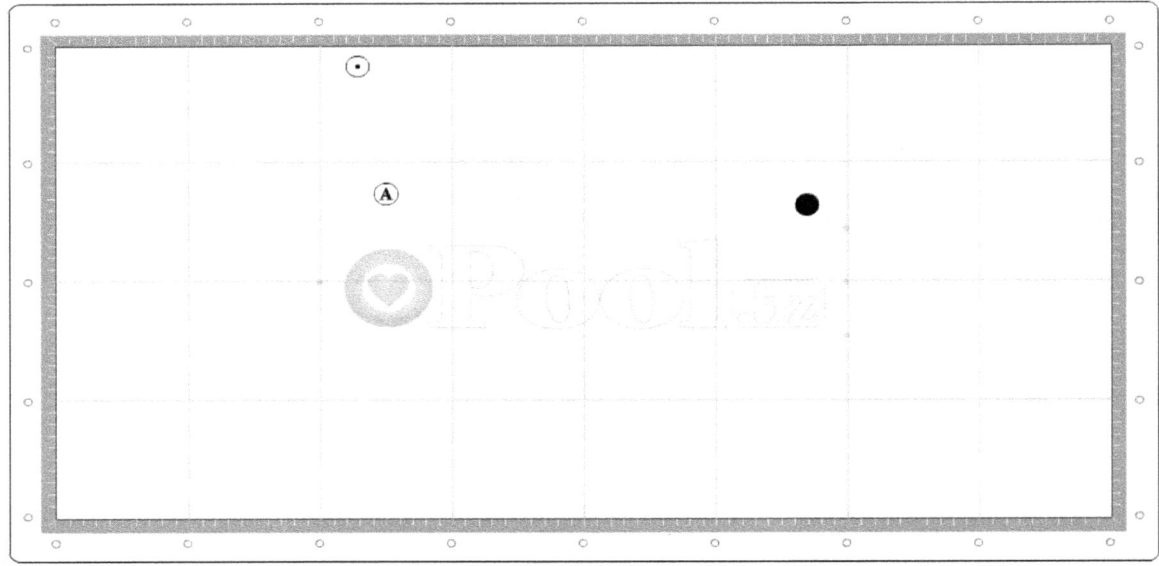

Anteckningar och idéer:

Skottmönster

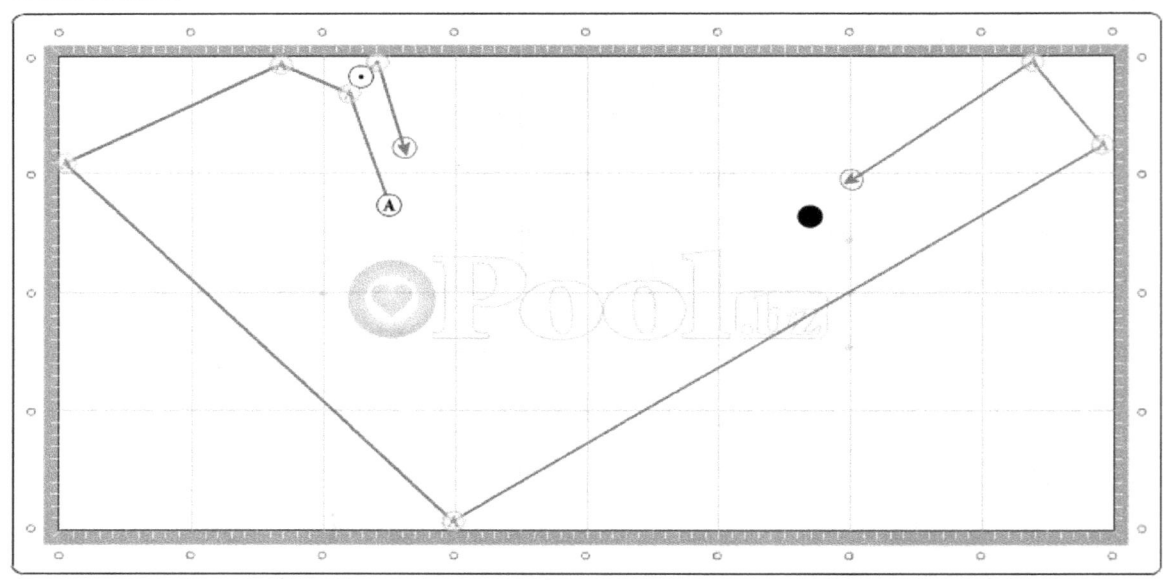

I:4c – Inrätta

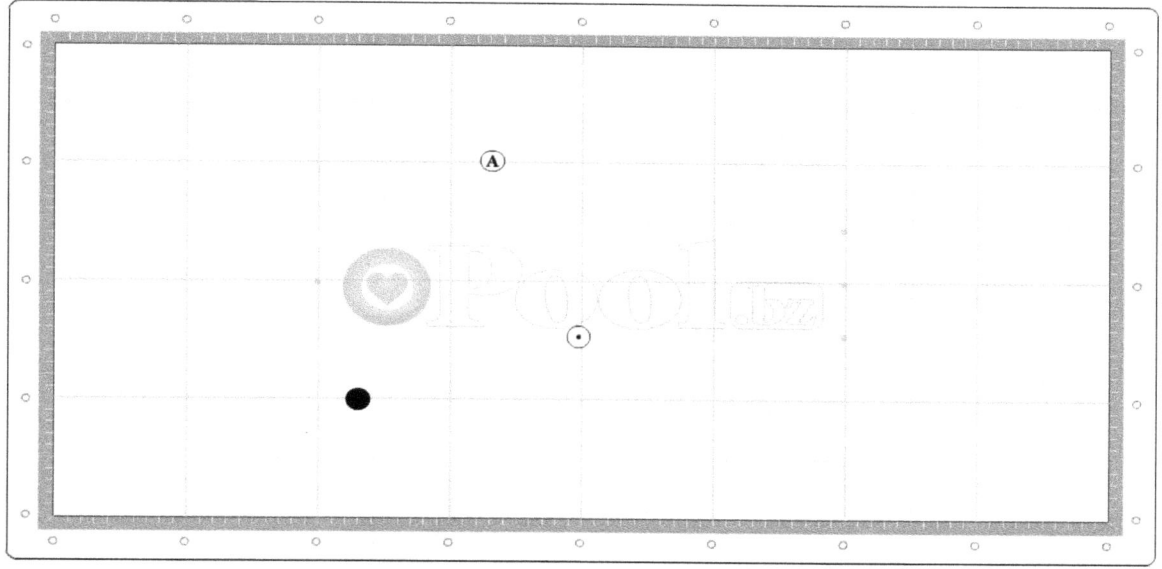

Anteckningar och idéer:

Skottmönster

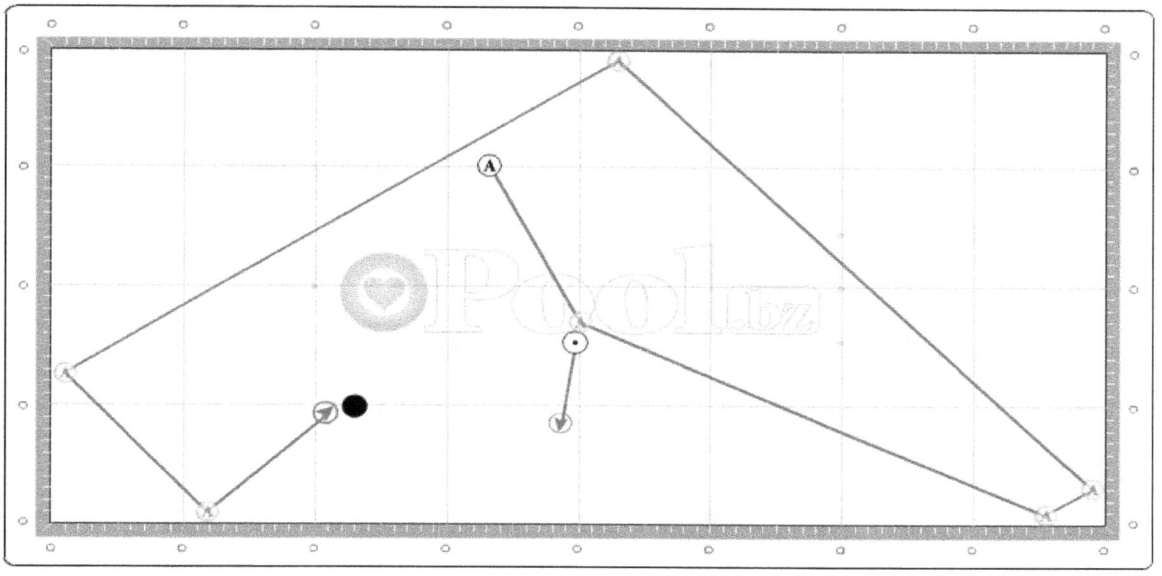

I:4d – Inrätta

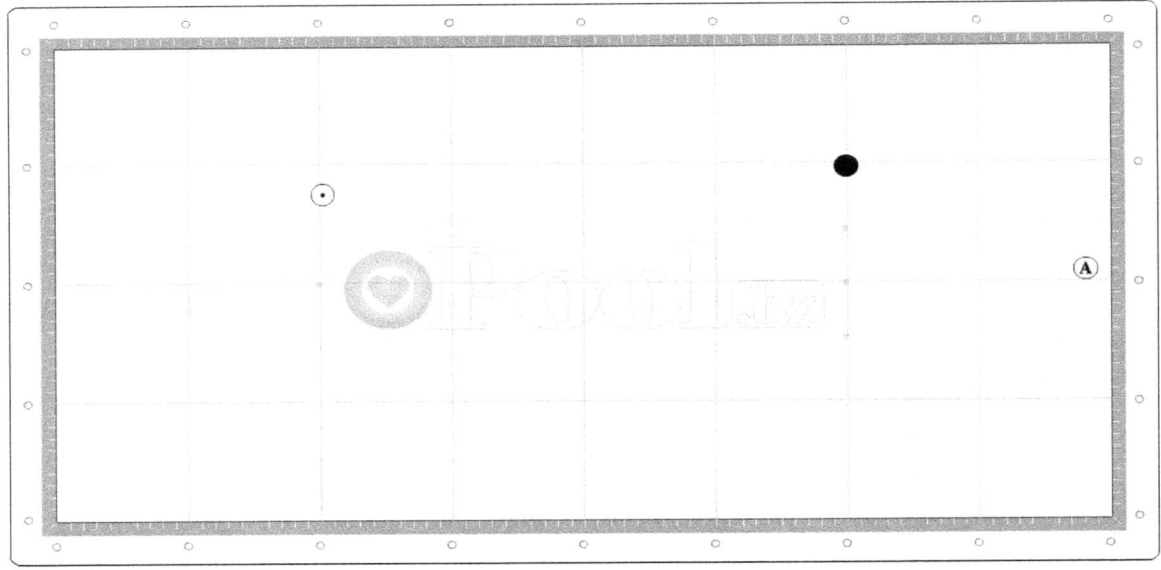

Anteckningar och idéer:

Skottmönster

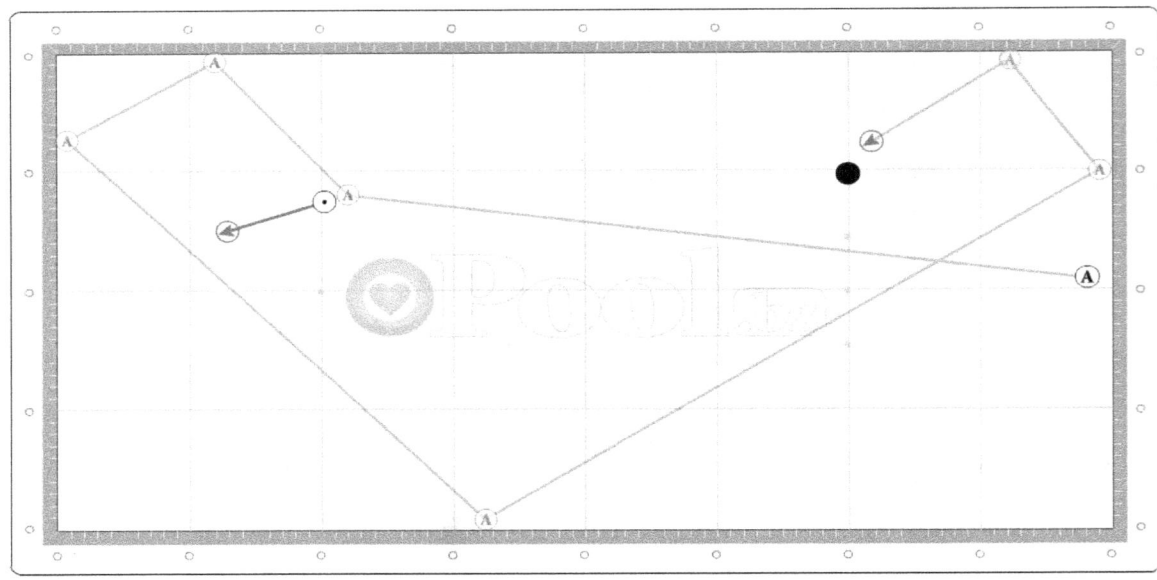

J: Dubbelkrok (med returdiagonal)

Detta är en intressant uppsättning lösningar. (CB) kommer från den första (OB) in i hörnet - lång vallar först. Det går uppför backen till motsatt lång vallar. Sedan går (CB) in och ut ur det motsatta hörnet. Den (CB) reser diagonalt över bordet till den andra (OB).

(A) (CB) (din biljardboll) - ⊙ (OB) (motståndare biljardboll) - ● (OB) (röd biljardboll)

J: Grupp 1

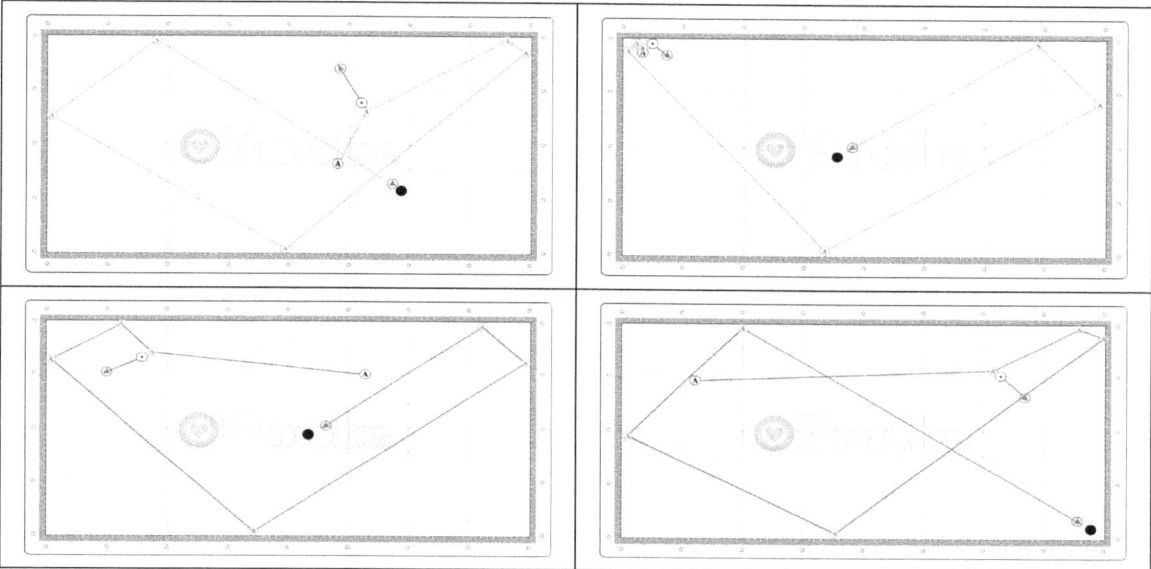

Analys:

J:1a. _____

J:1b. _____

J:1c. _____

J:1d. _____

J:1a – Inrätta

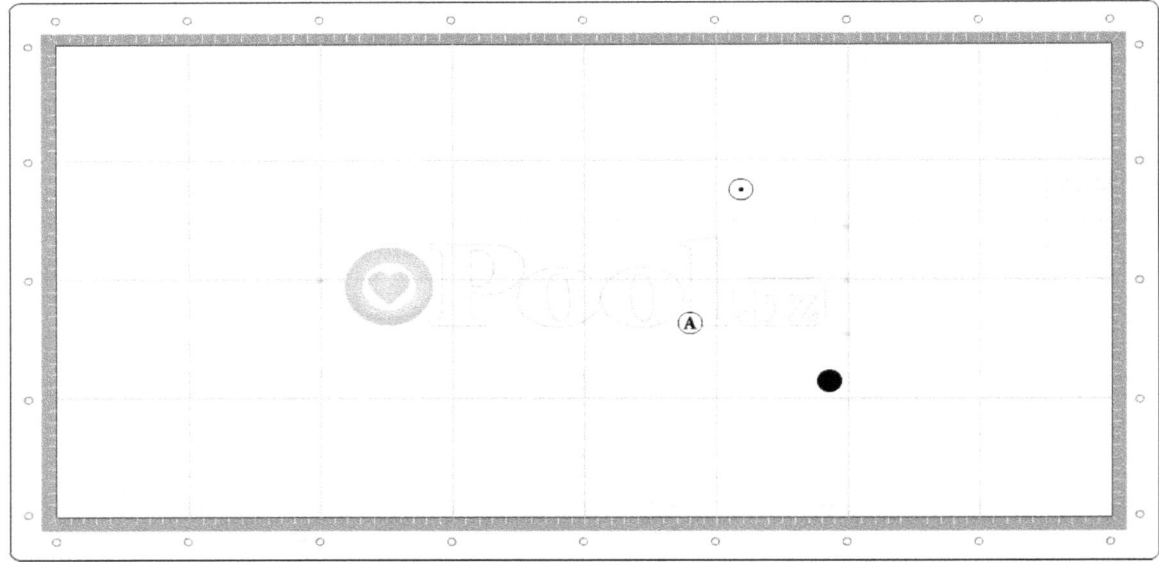

Anteckningar och idéer:

Skottmönster

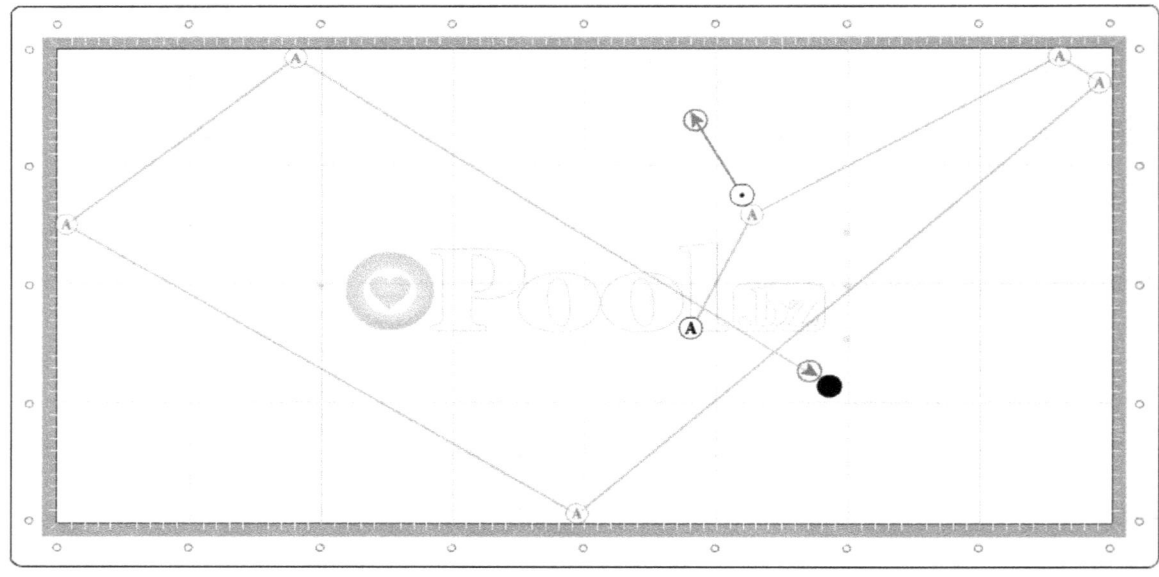

J:1b – Inrätta

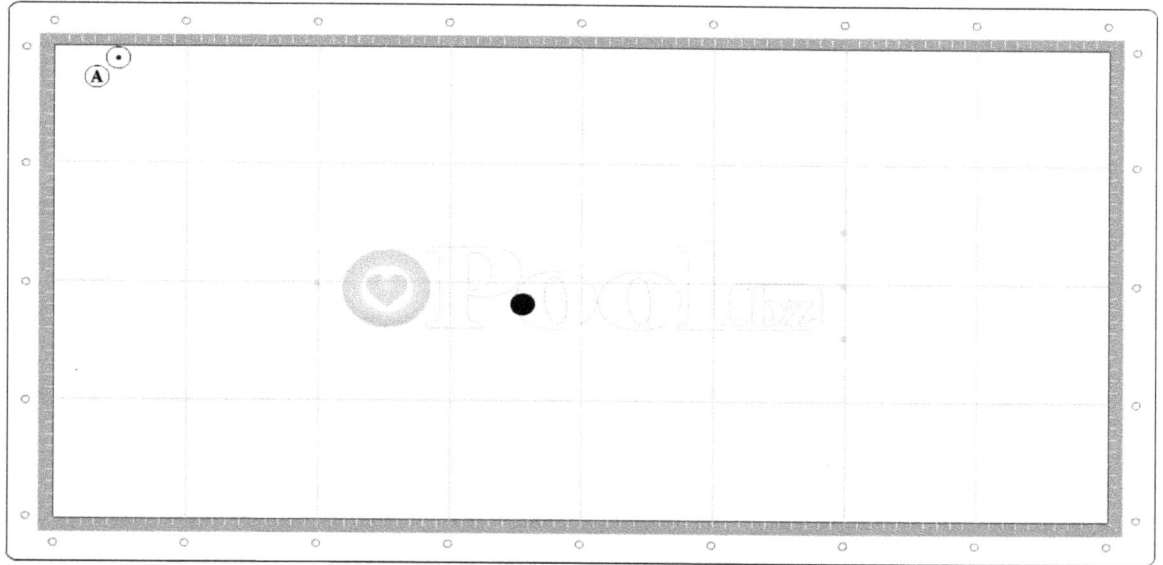

Anteckningar och idéer:

Skottmönster

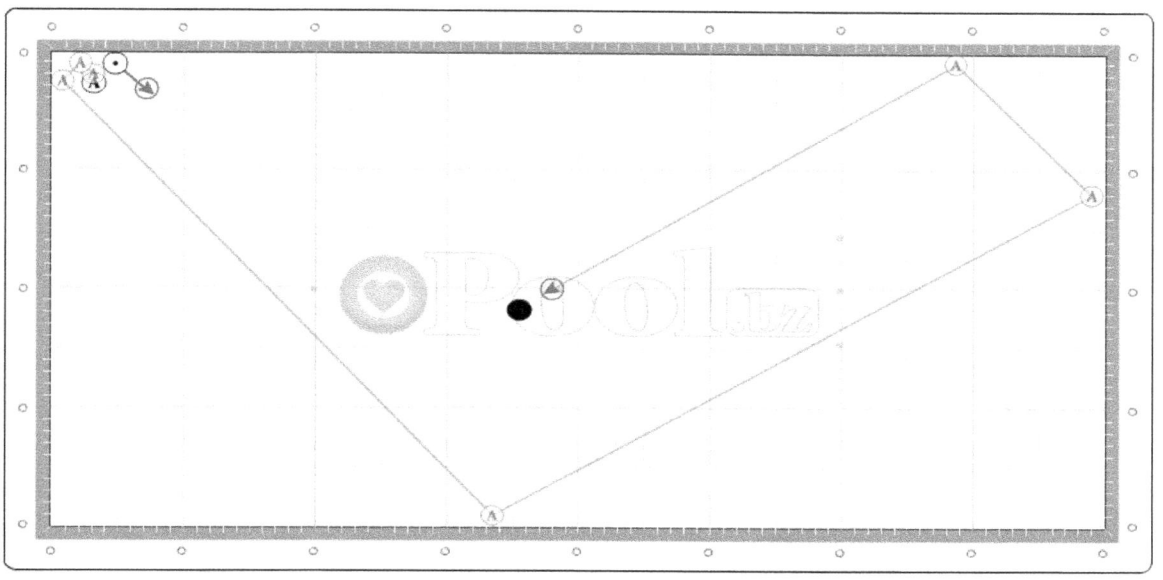

J:1c – Inrätta

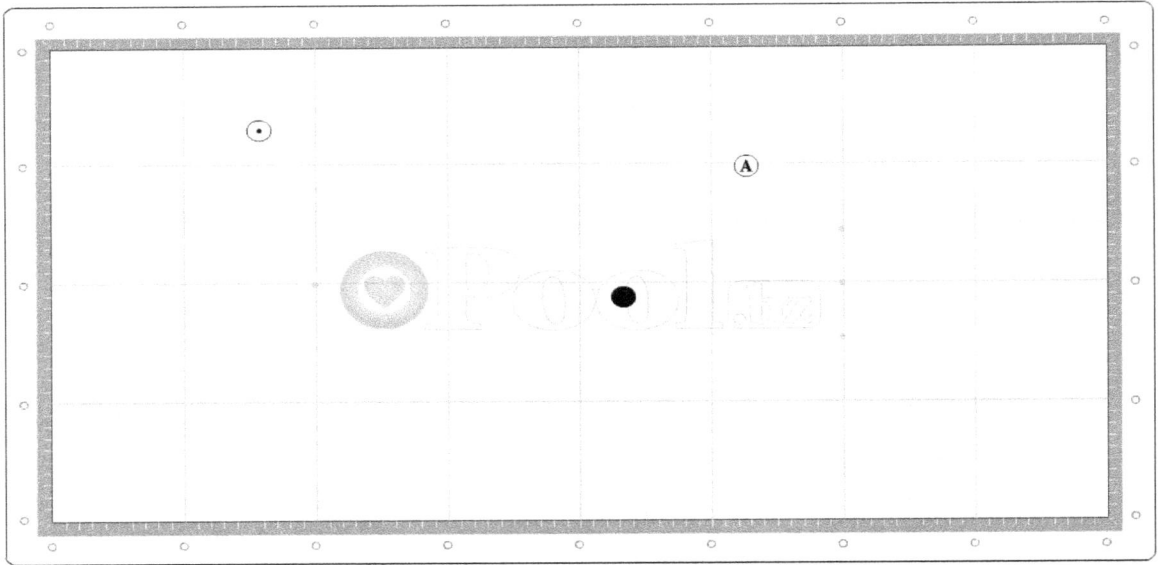

Anteckningar och idéer:

Skottmönster

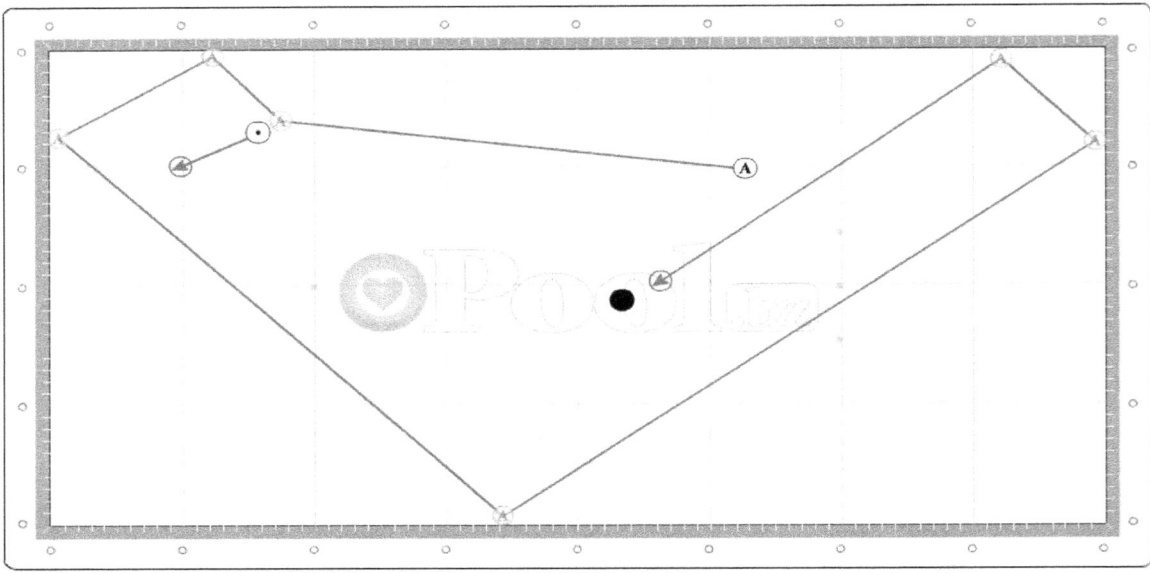

J:1d – Inrätta

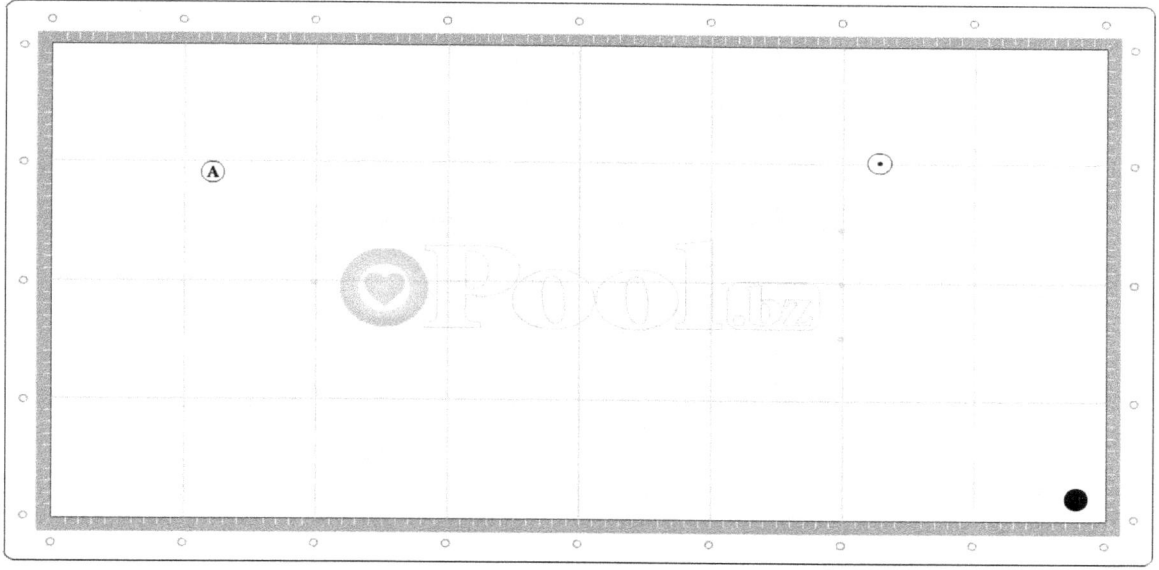

Anteckningar och idéer:

Skottmönster

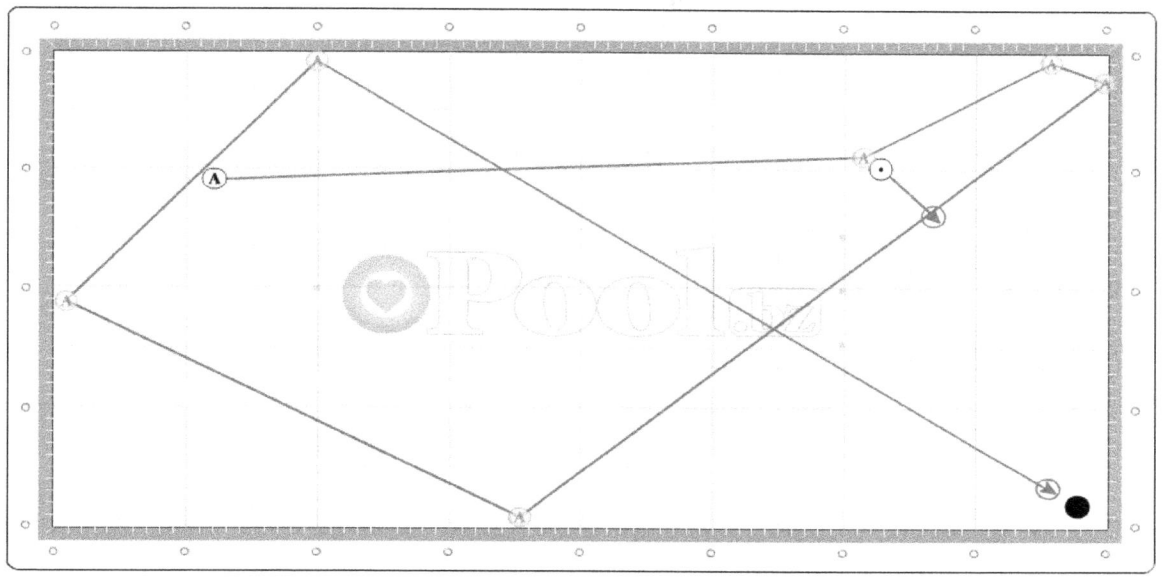

J: Grupp 2

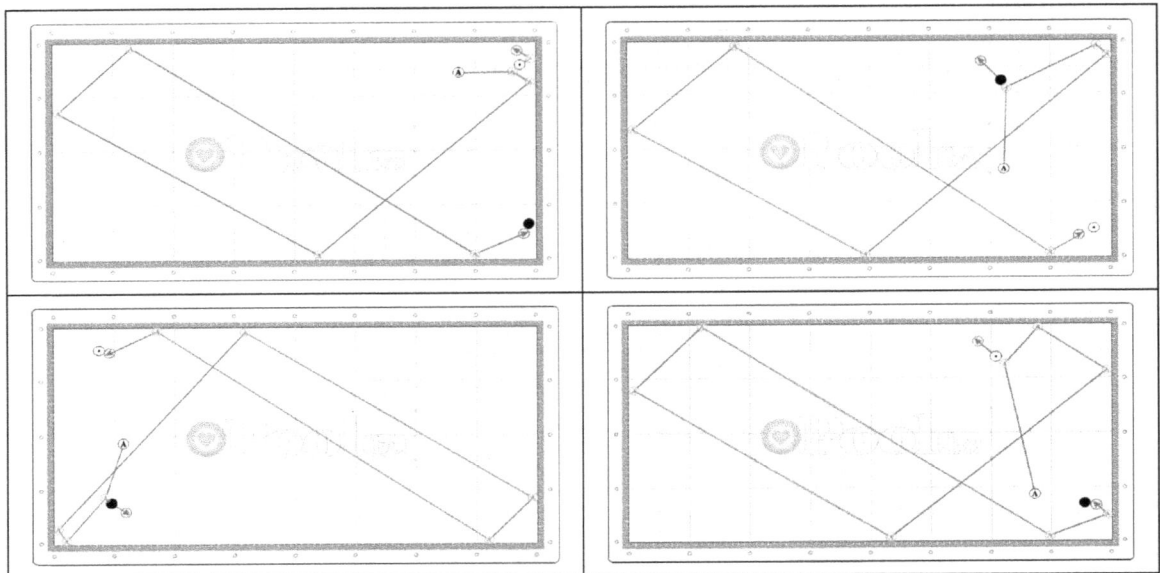

Analys:

J:2a. _____

J:2b. _____

J:2c. _____

J:2d. _____

J:2a – Inrätta

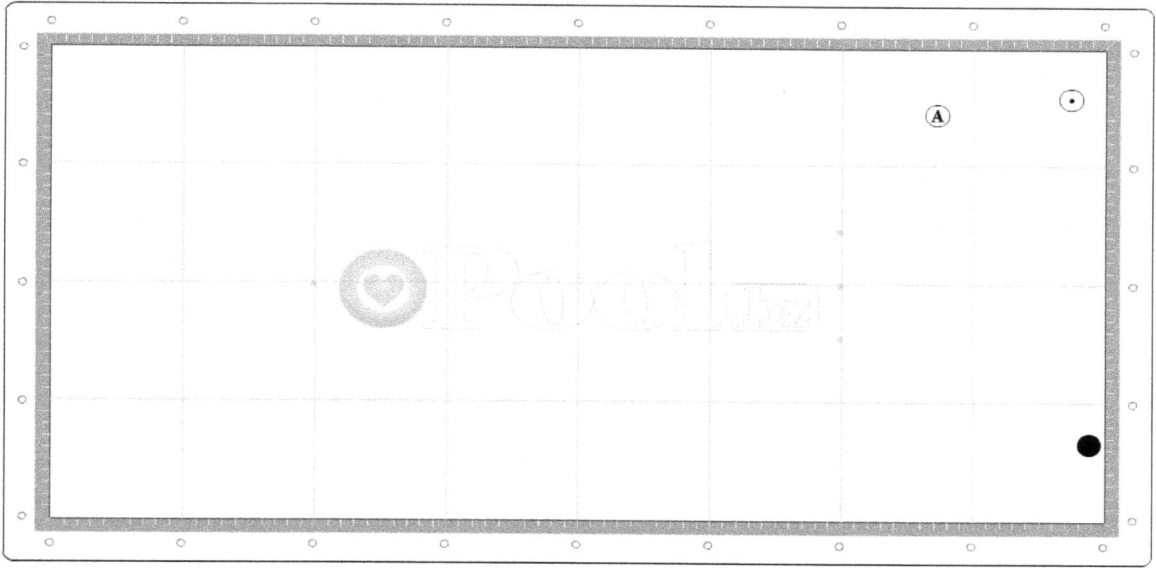

Anteckningar och idéer:

Skottmönster

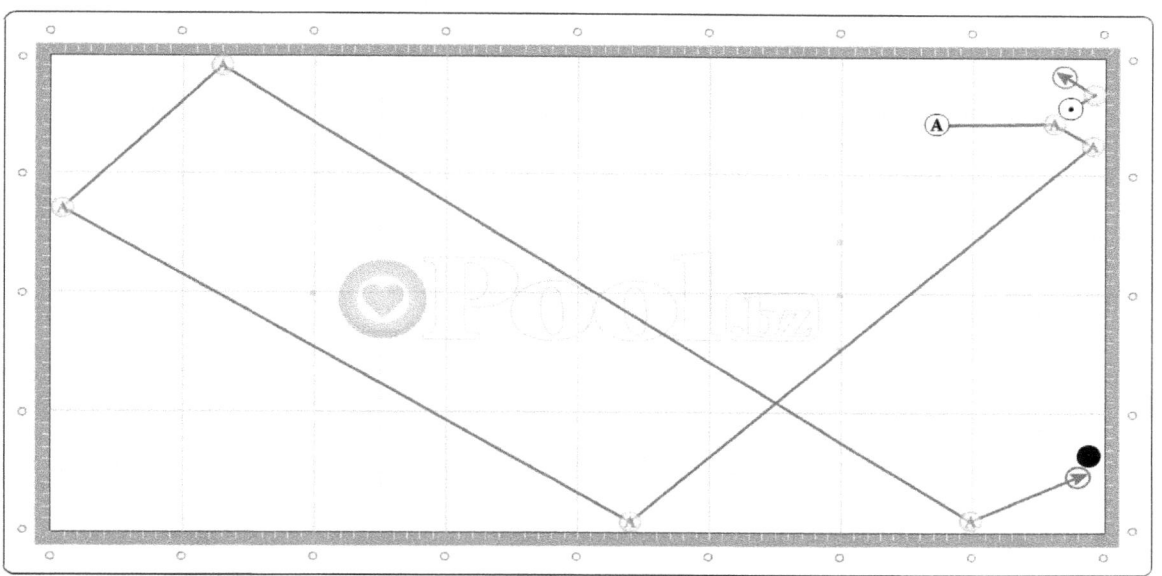

J:2b – Inrätta

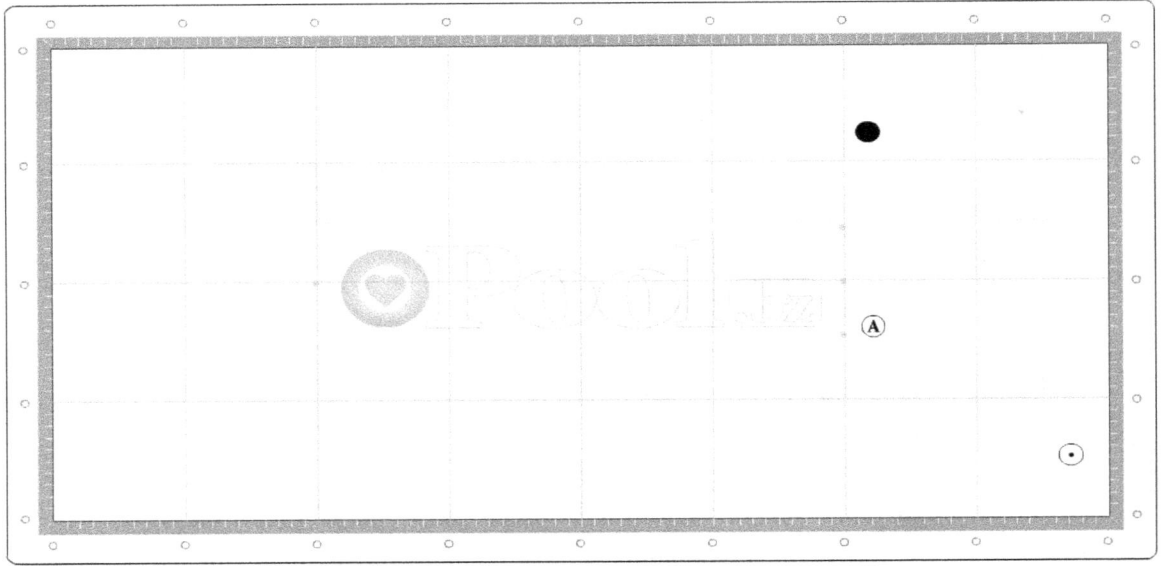

Anteckningar och idéer:

Skottmönster

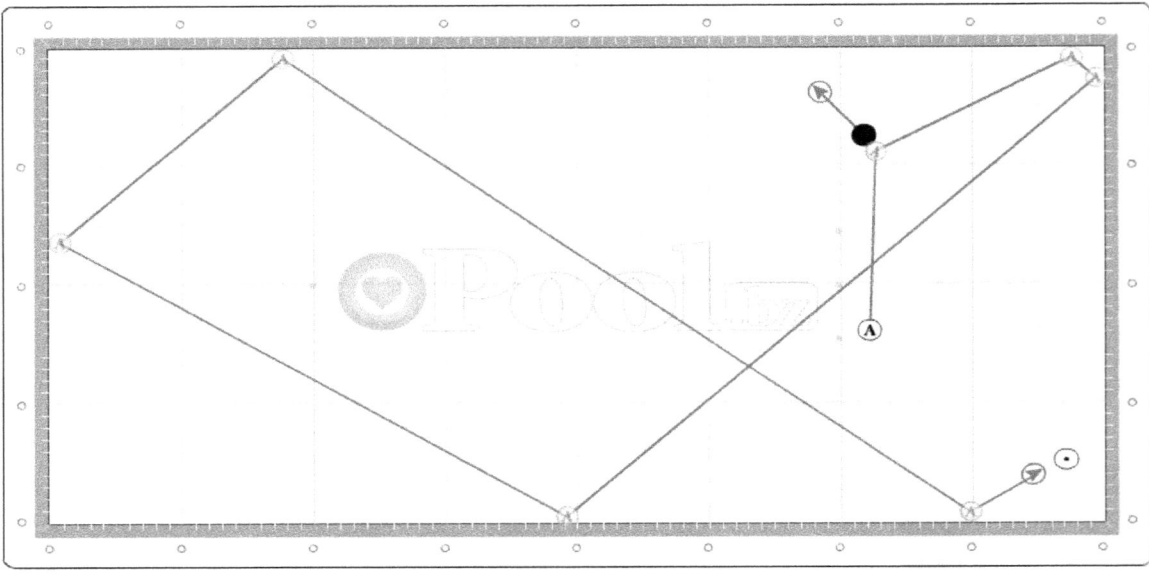

J:2c – Inrätta

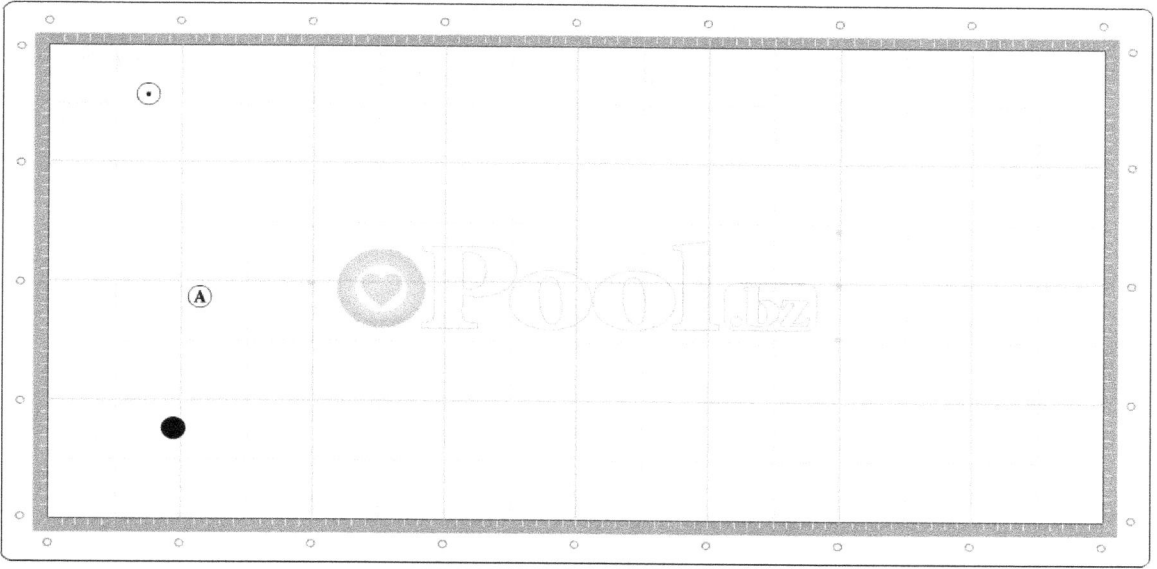

Anteckningar och idéer:

Skottmönster

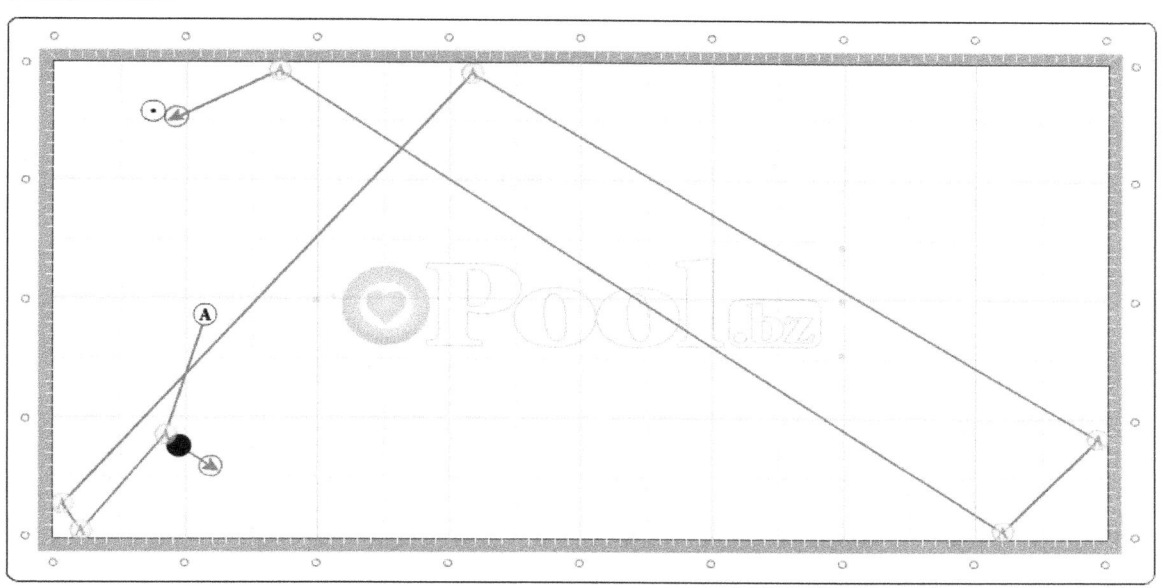

J:2d – Inrätta

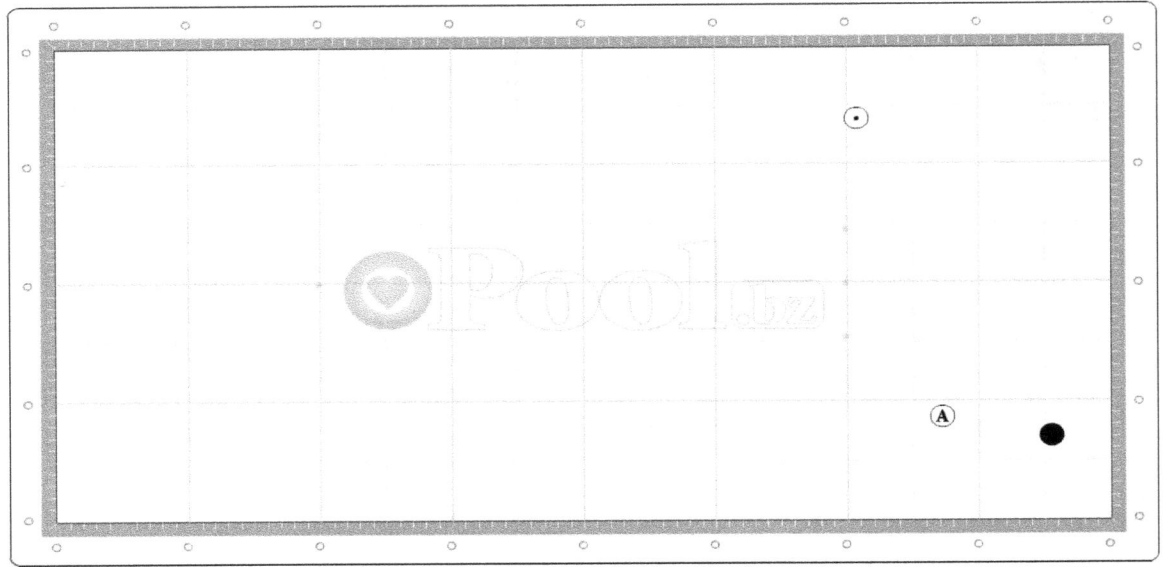

Anteckningar och idéer:

Skottmönster

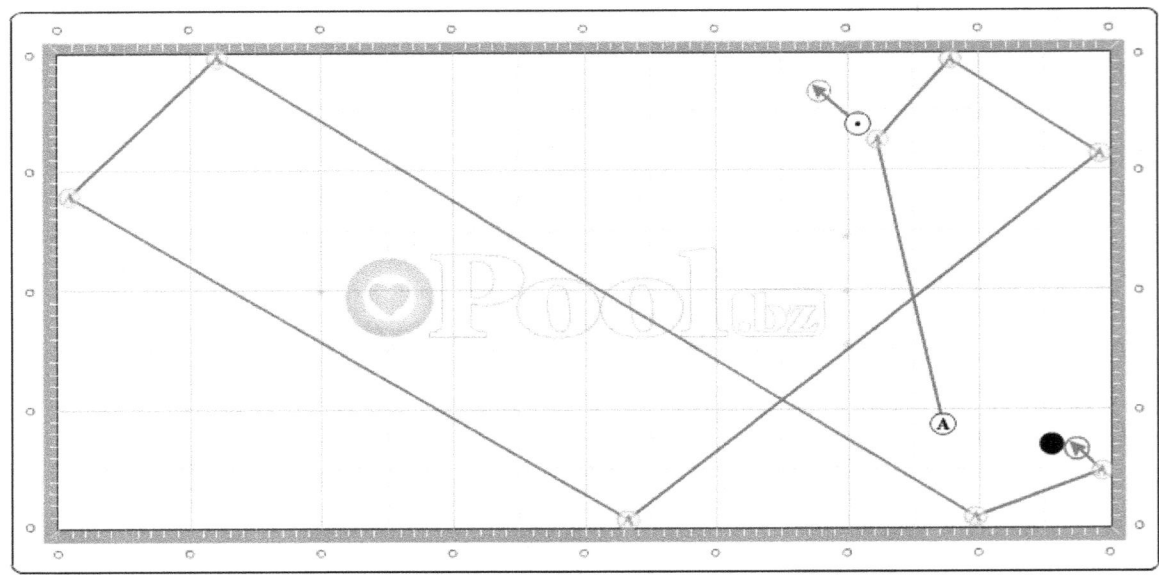

J: Grupp 3

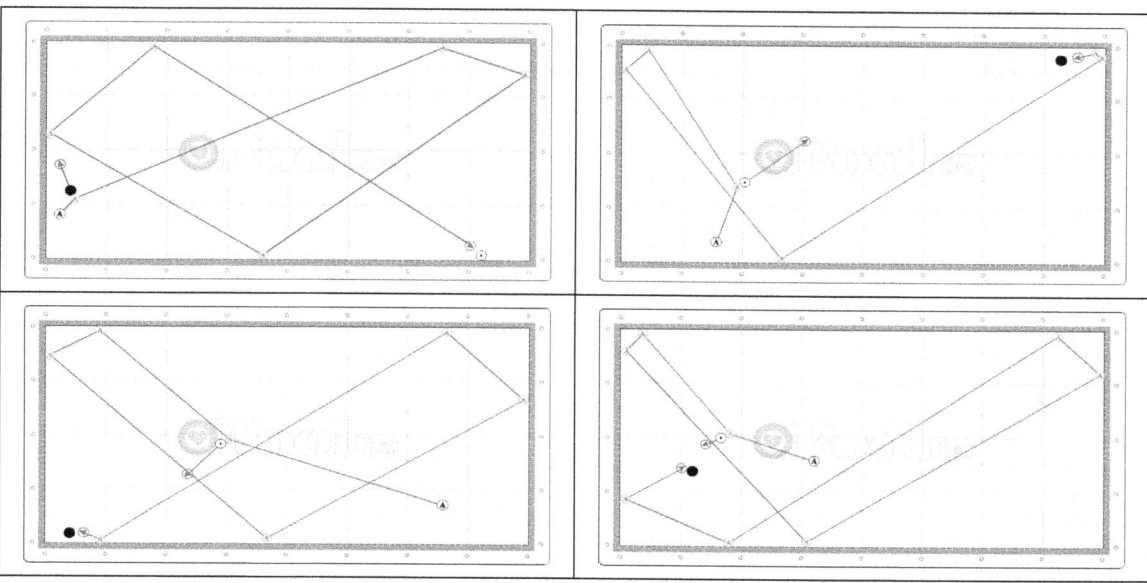

Analys:

J:3a. _____

J:3b. _____

J:3c. _____

J:3d. _____

J:3a – Inrätta

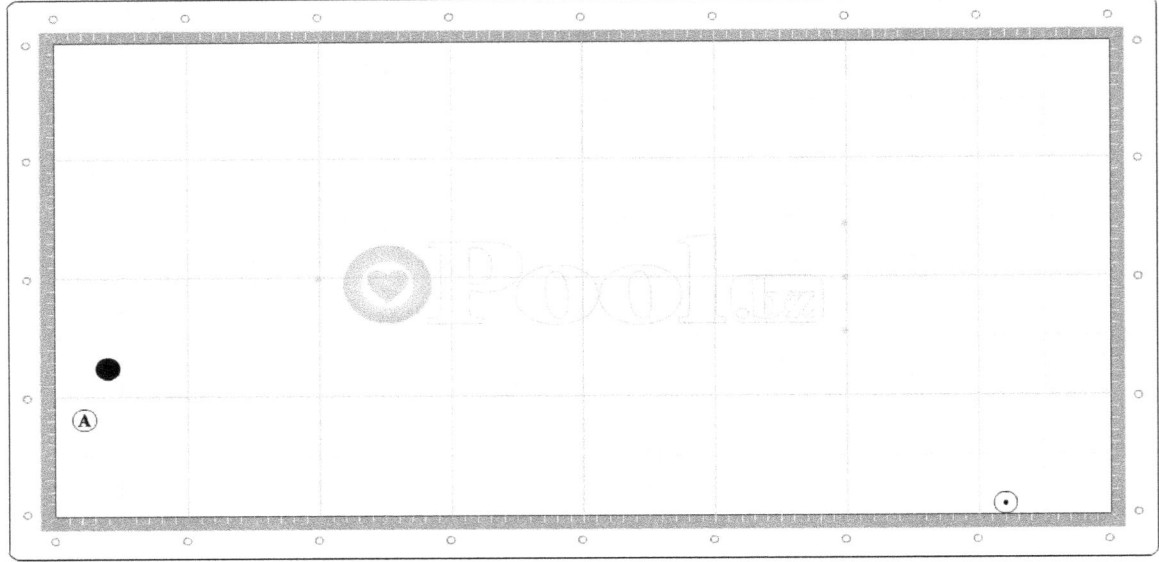

Anteckningar och idéer:

Skottmönster

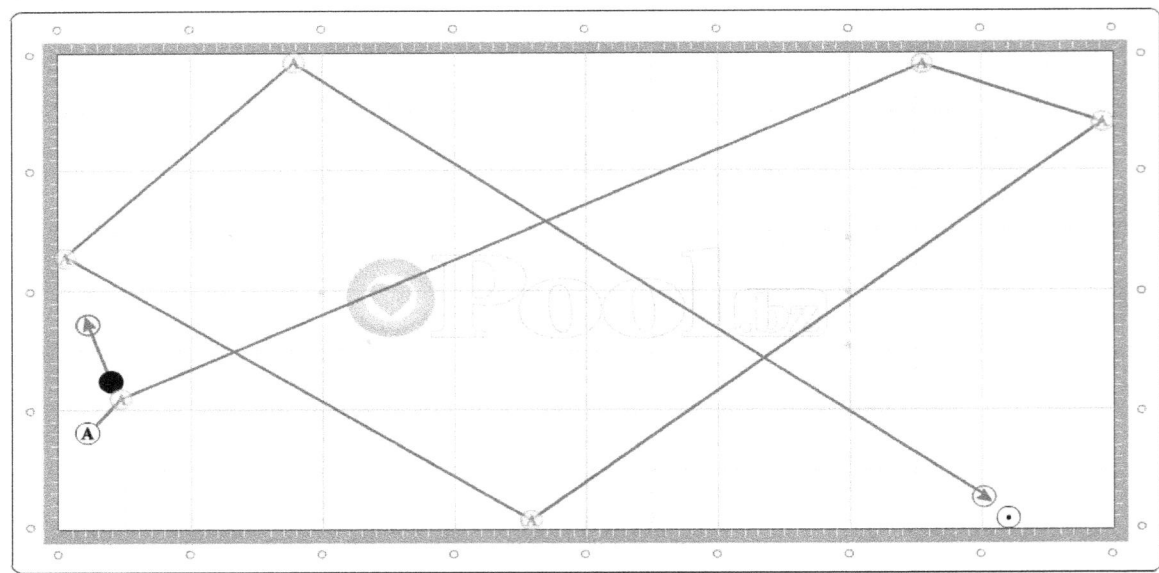

J:3b – Inrätta

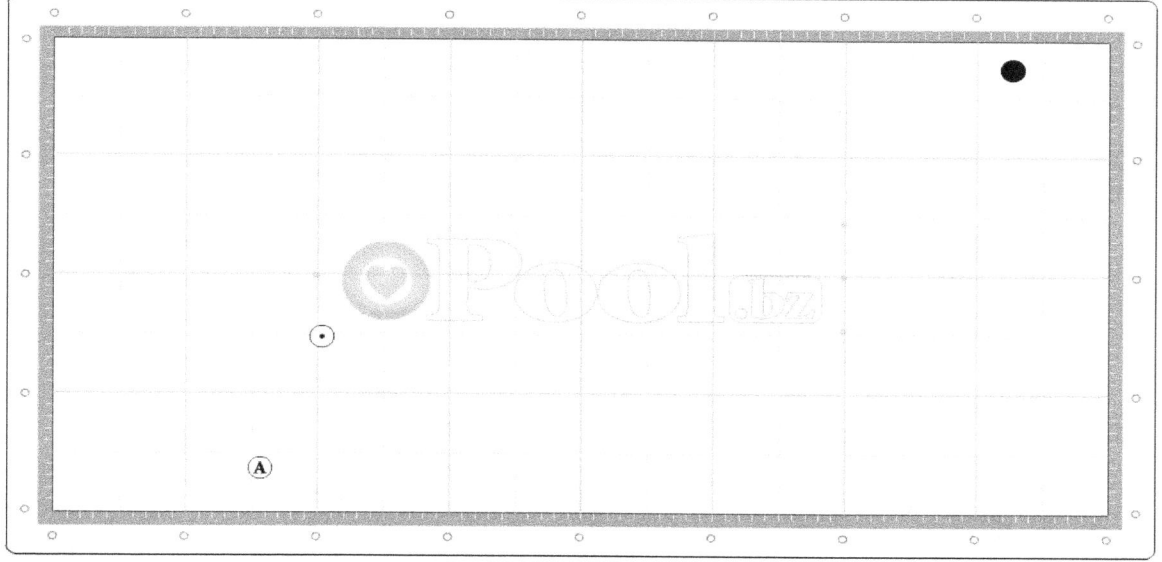

Anteckningar och idéer:

Skottmönster

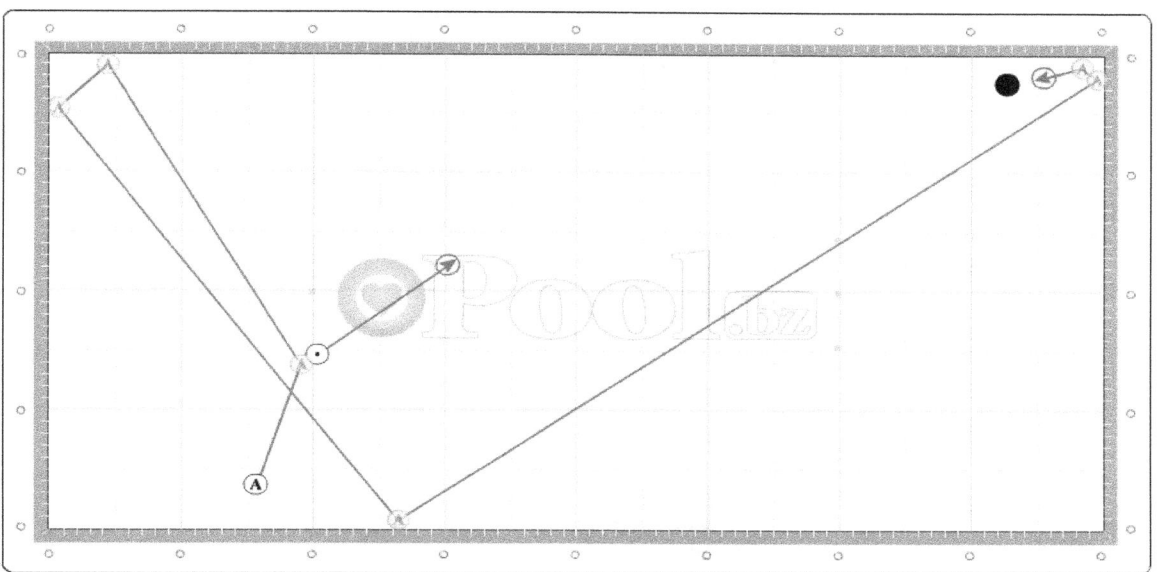

J:3c – Inrätta

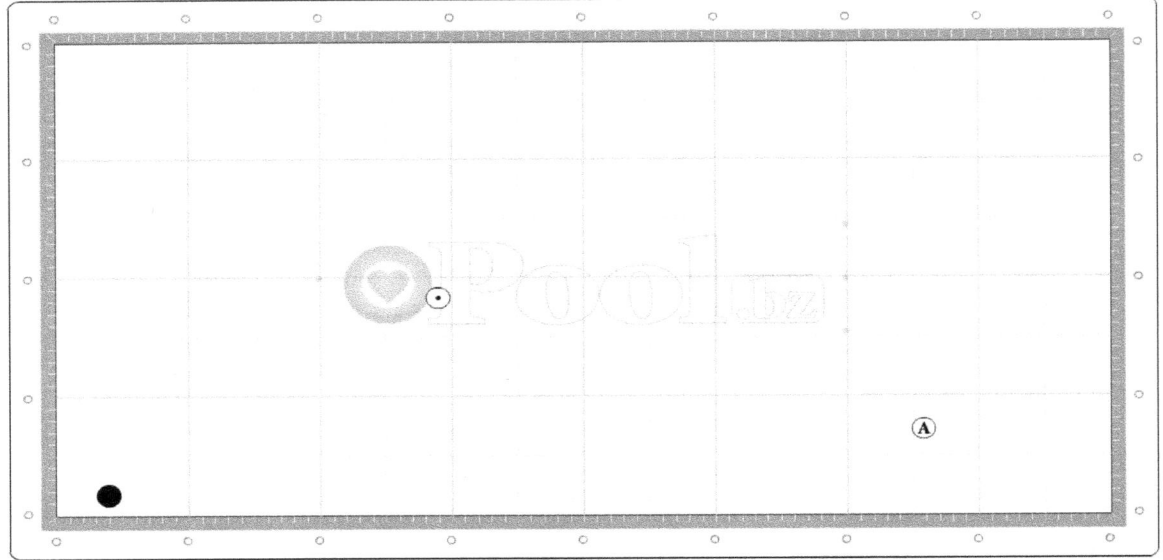

Anteckningar och idéer:

Skottmönster

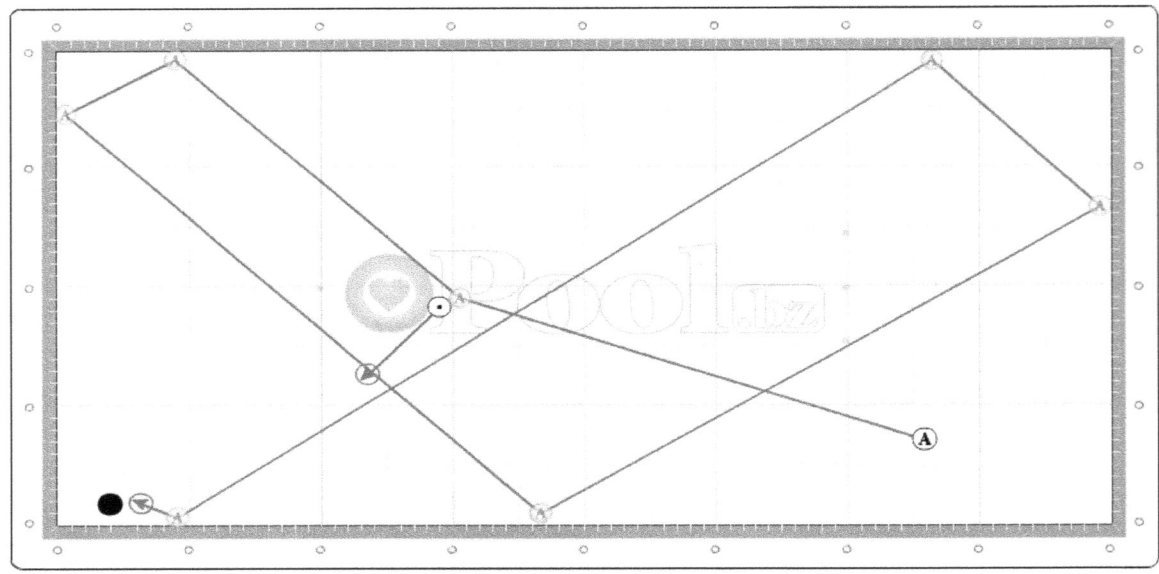

J:3d – Inrätta

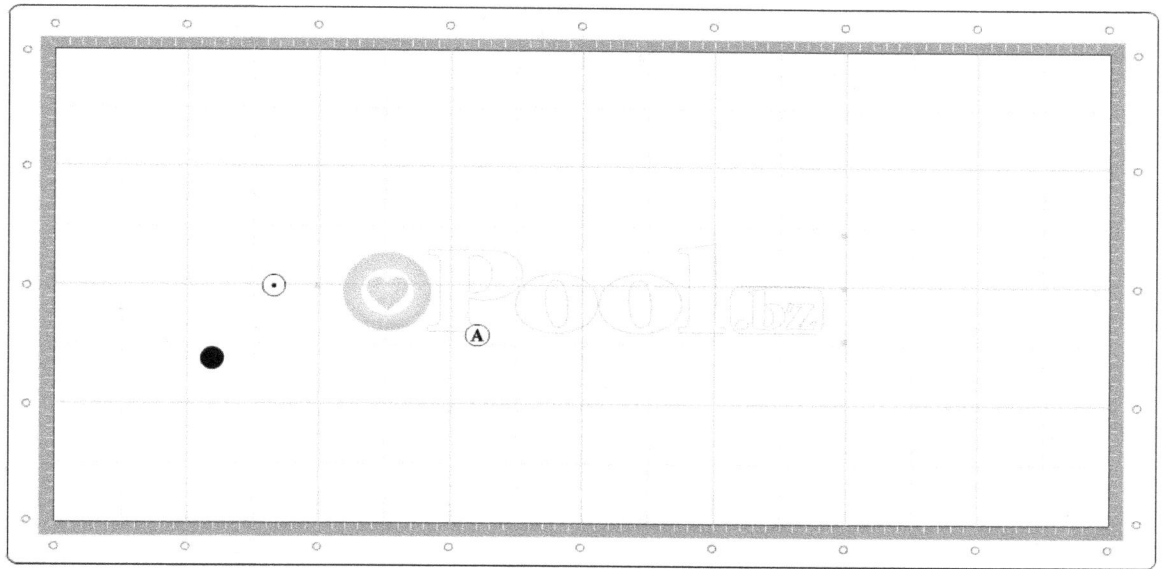

Anteckningar och idéer:

Skottmönster

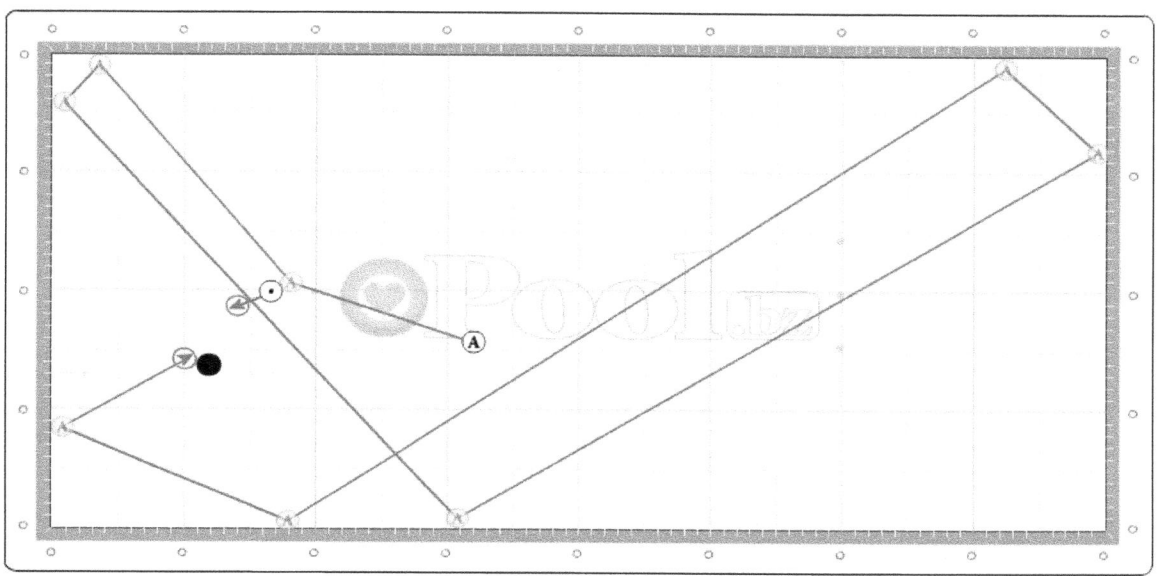

J: Grupp 4

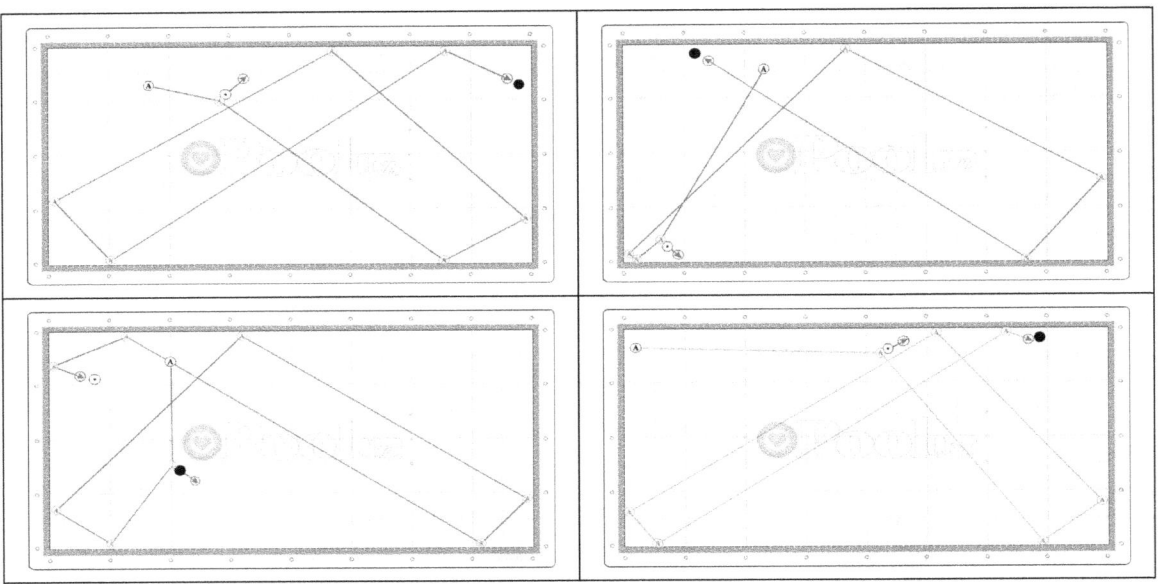

Analys:

J:4a. _____

J:4b. _____

J:4c. _____

J:4d. _____

J:4a – Inrätta

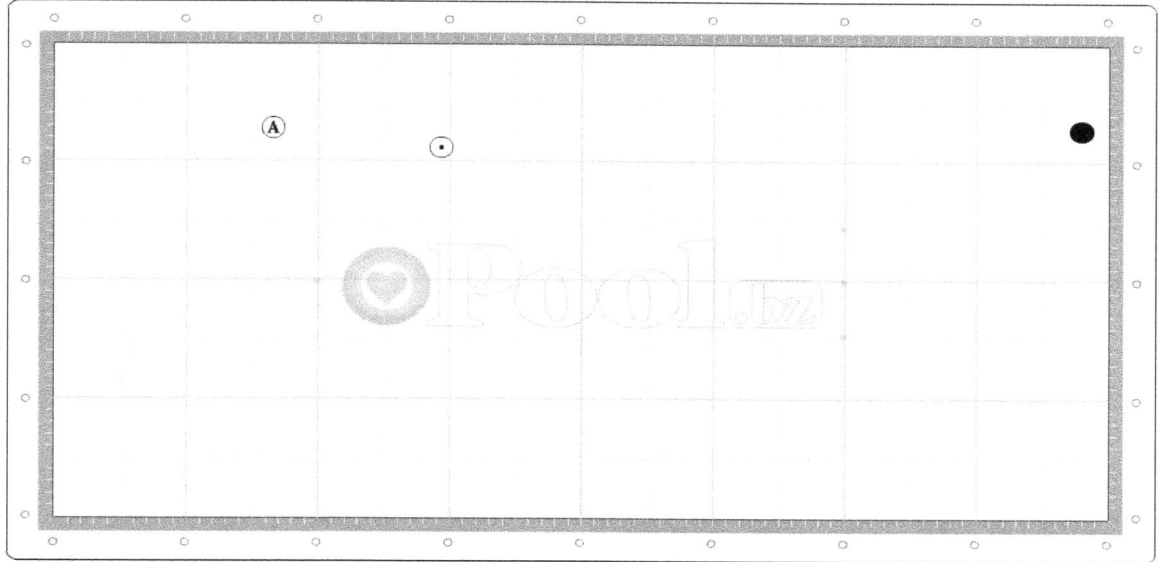

Anteckningar och idéer:

Skottmönster

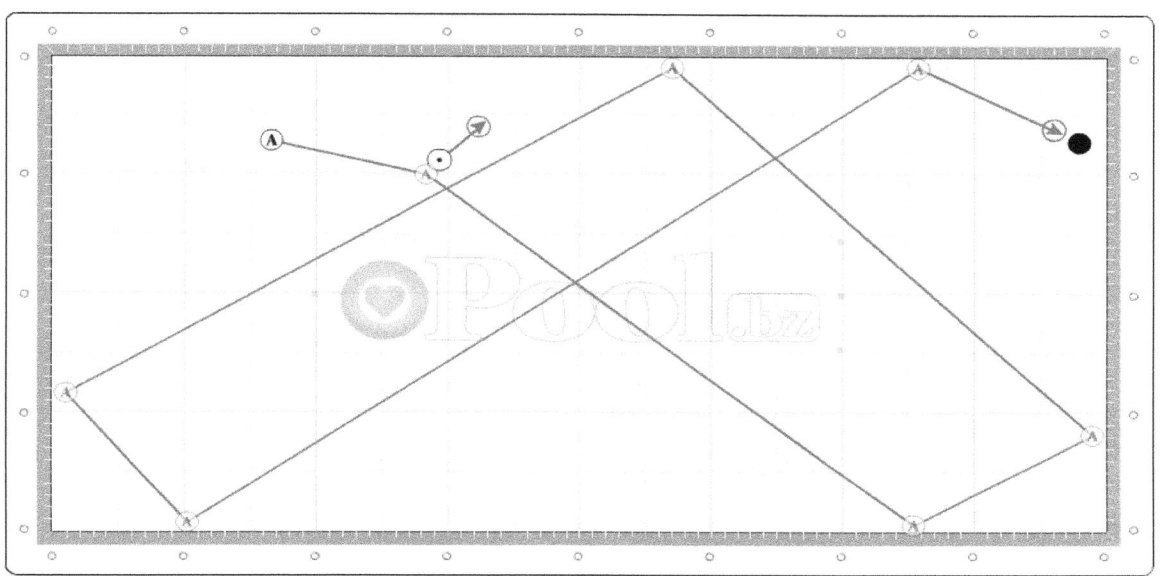

J:4b – Inrätta

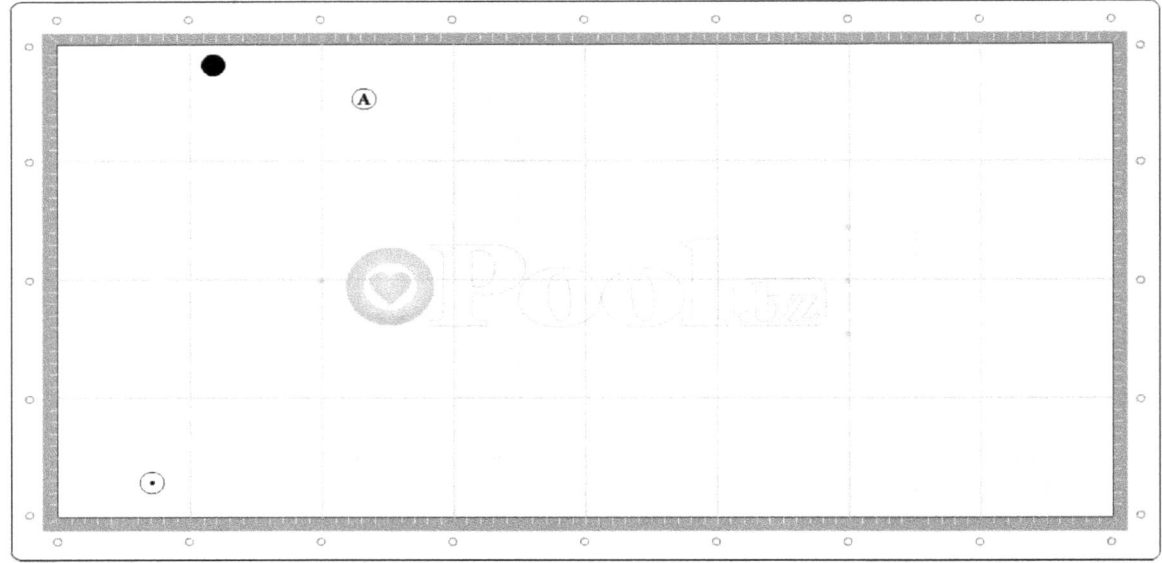

Anteckningar och idéer:

Skottmönster

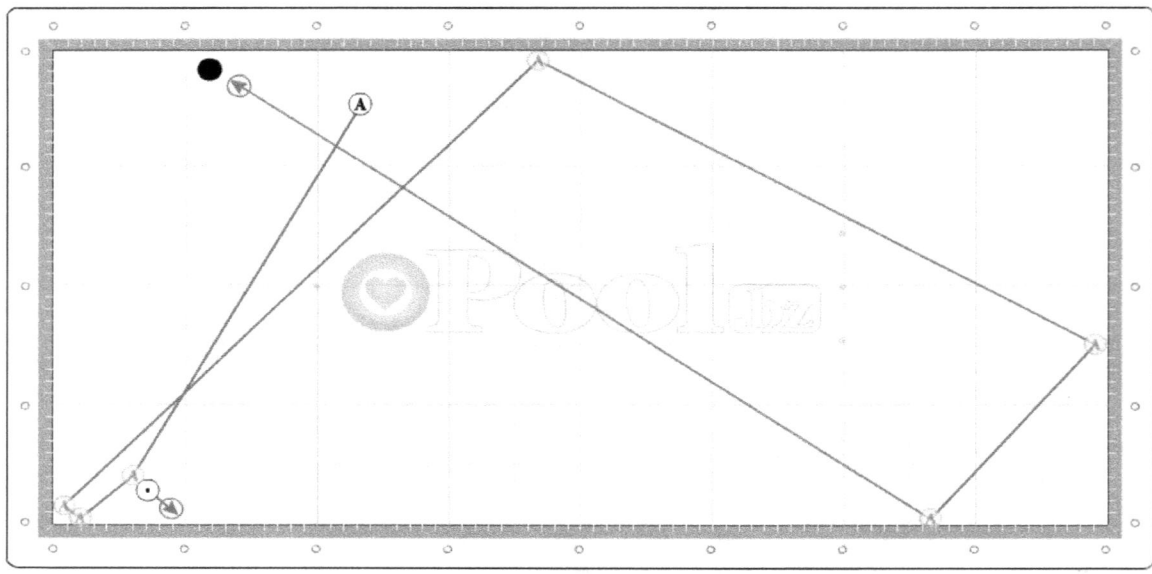

J:4c – Inrätta

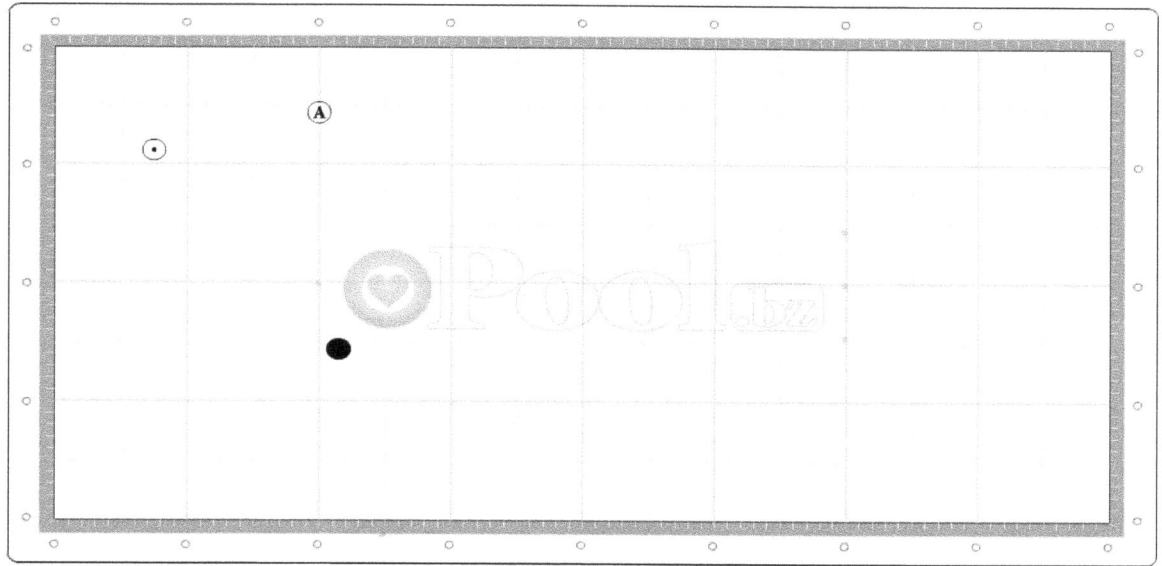

Anteckningar och idéer:

Skottmönster

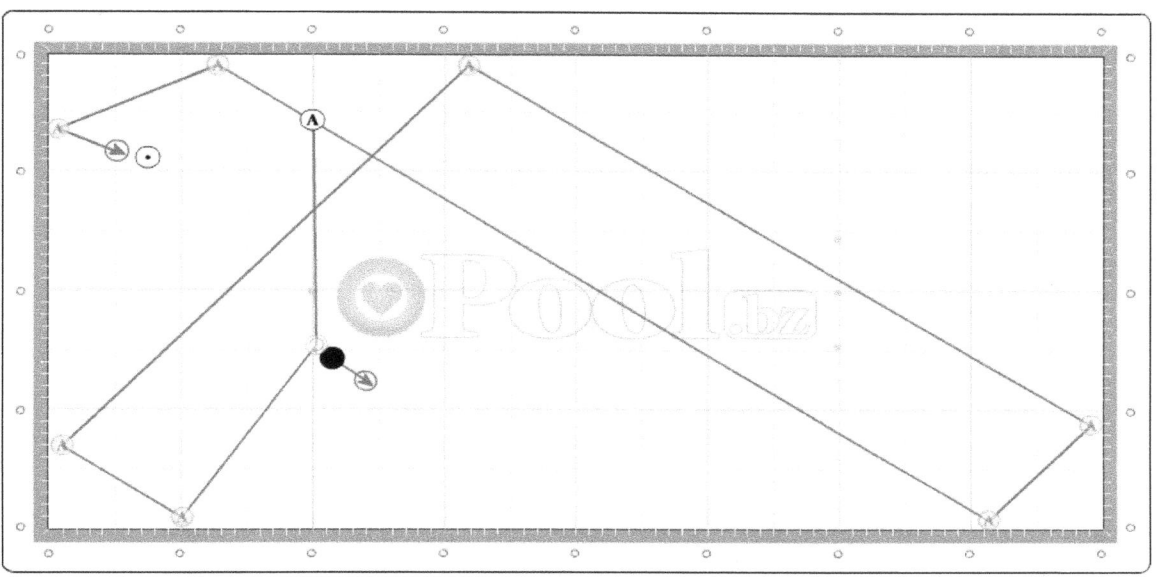

J:4d – Inrätta

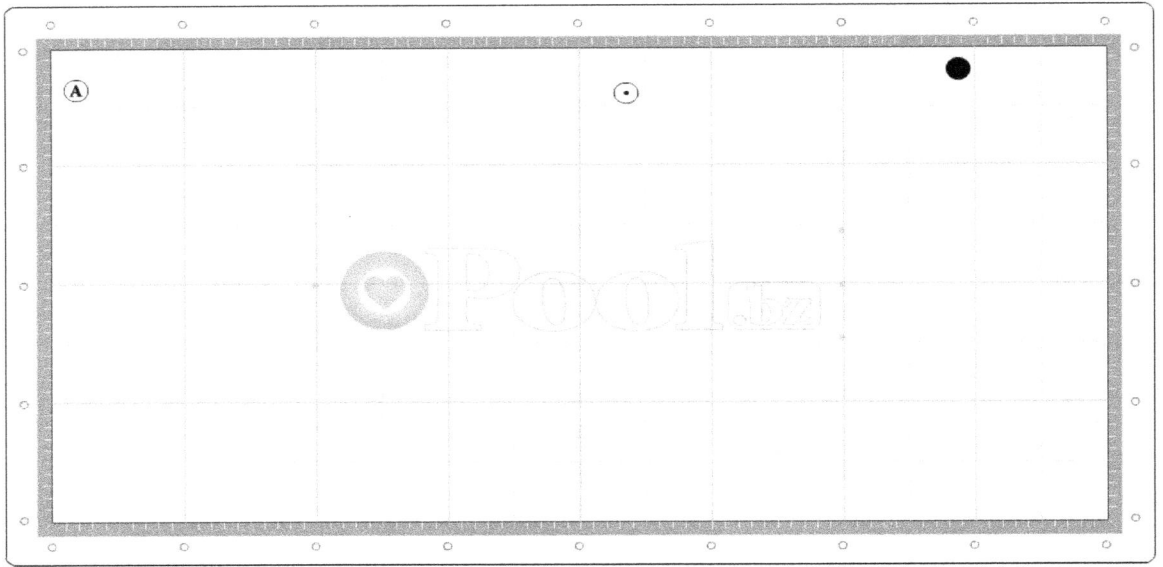

Anteckningar och idéer:

Skottmönster

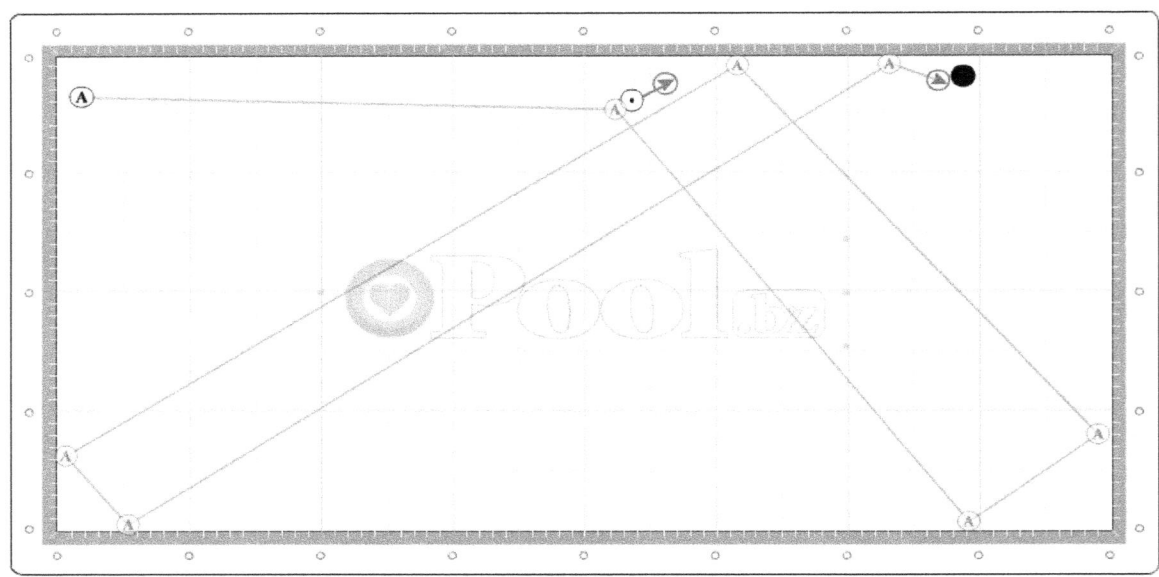

K: Dubbel topp av kullen

Det här är intressanta situationer. (CB) gör en dubbel över kullmönstret.

Ⓐ (CB) (din biljardboll) - ⊙ (OB) (motståndare biljardboll) - ● (OB) (röd biljardboll)

K: Grupp 1

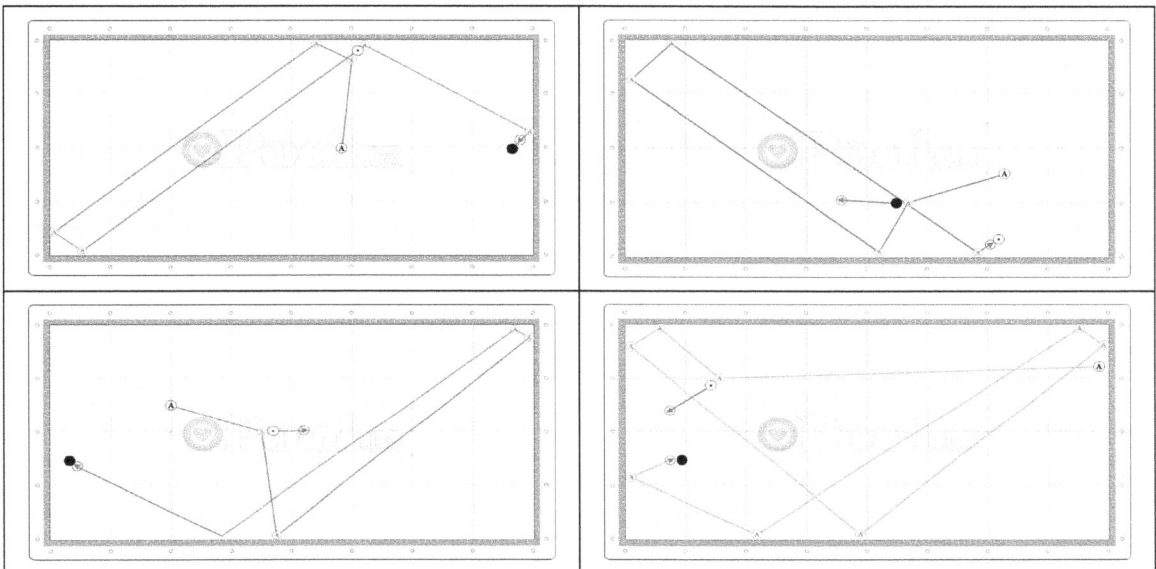

Analys:

K:1a. _____

K:1b. _____

K:1c. _____

K:1d. _____

K:1a – Inrätta

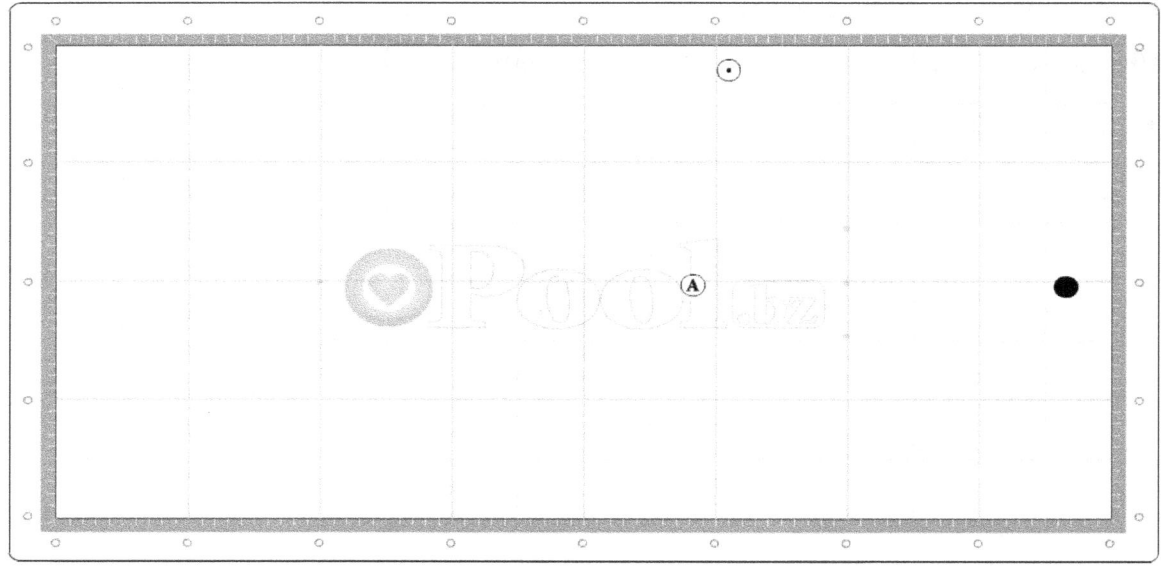

Anteckningar och idéer:

Skottmönster

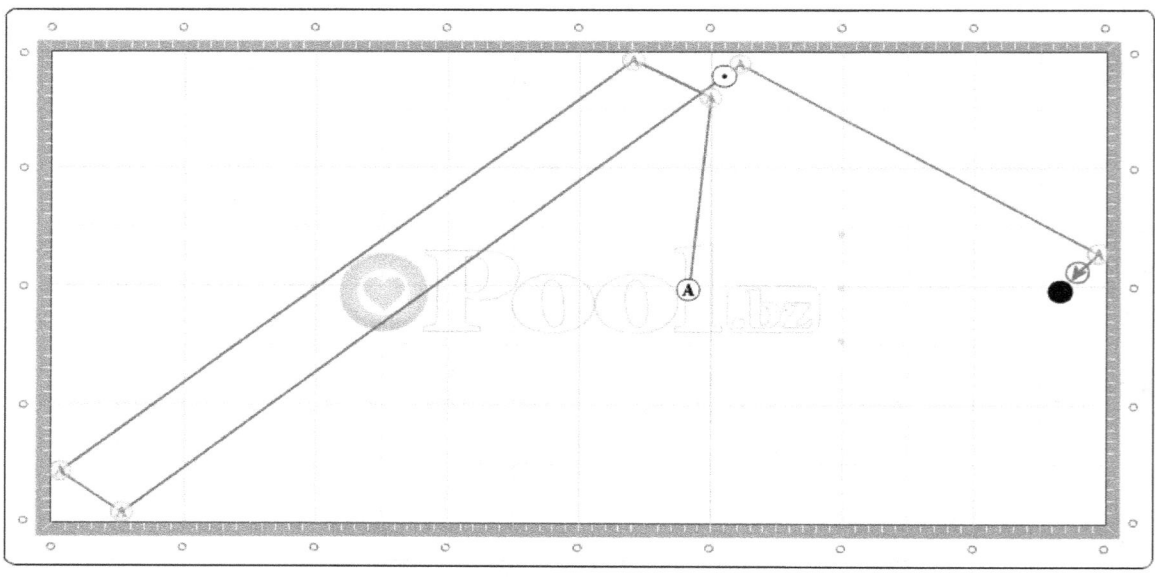

K:1b – Inrätta

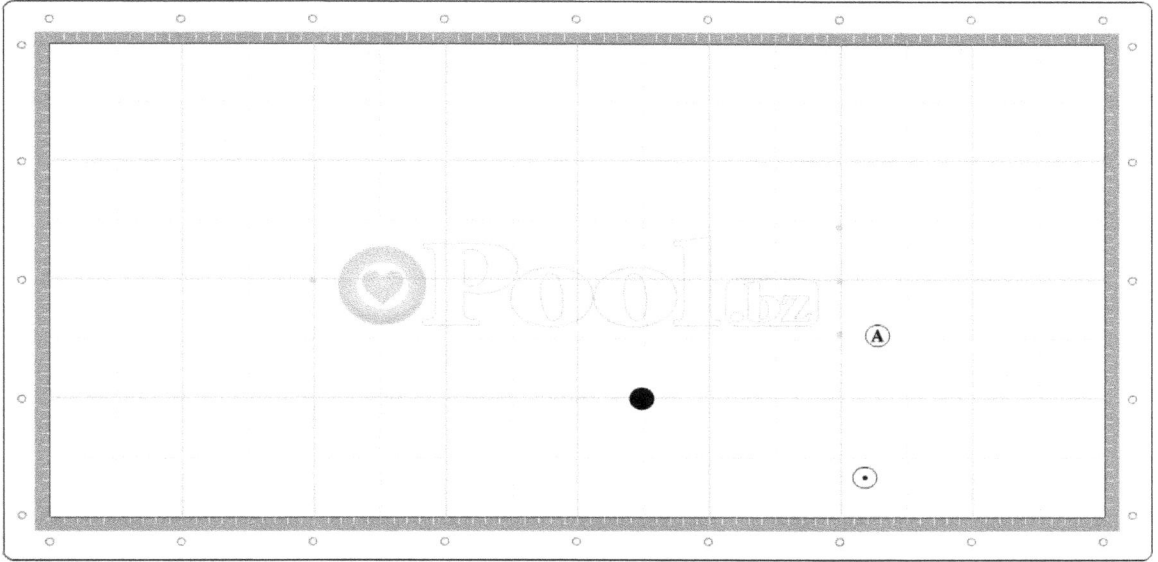

Anteckningar och idéer:

Skottmönster

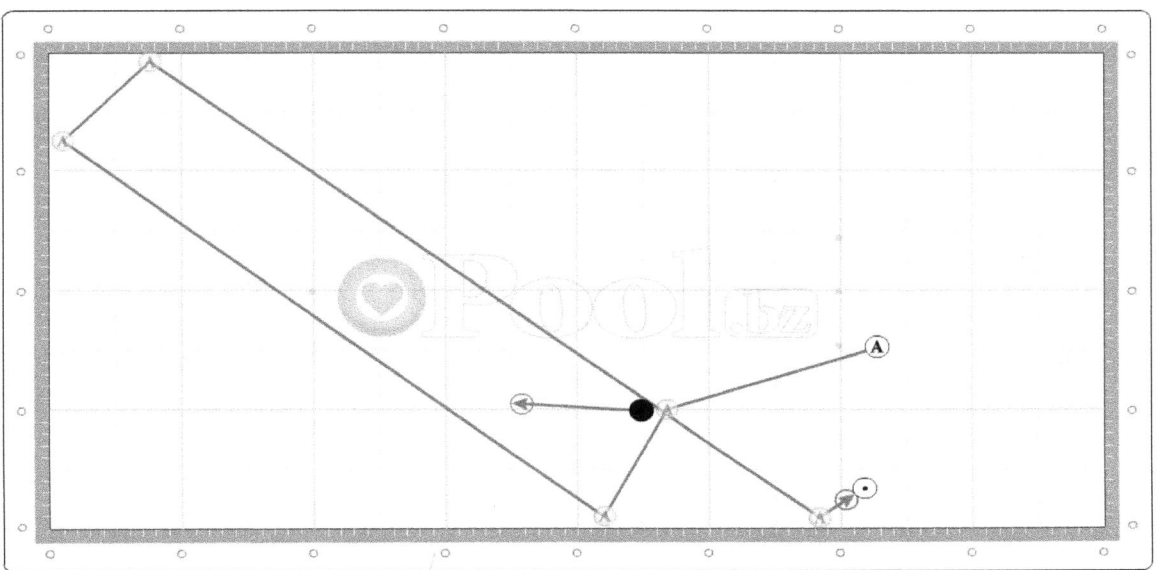

K:1c – Inrätta

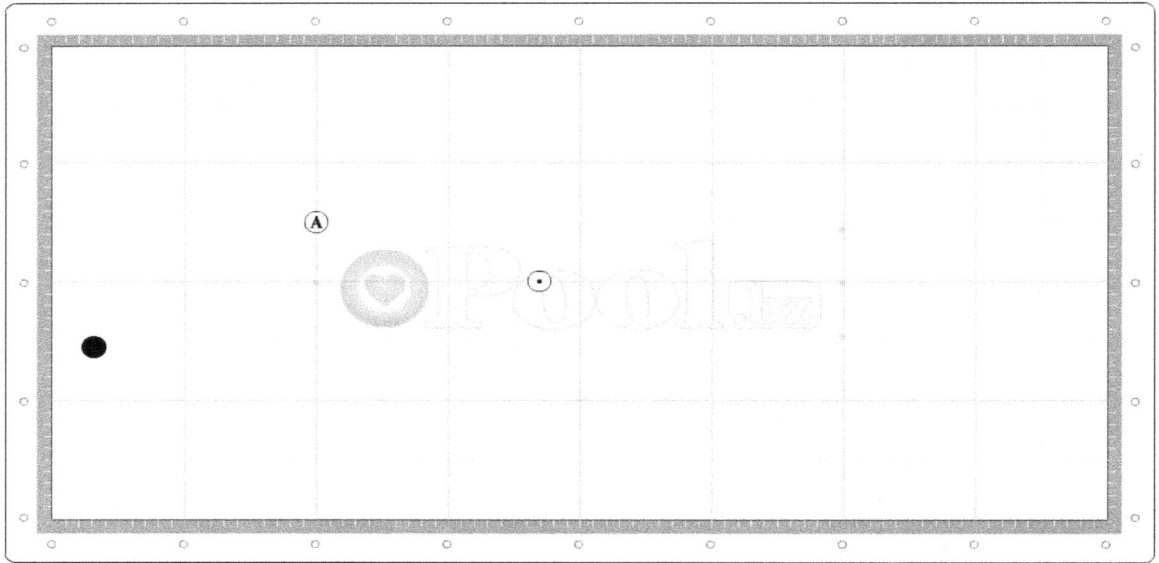

Anteckningar och idéer:

Skottmönster

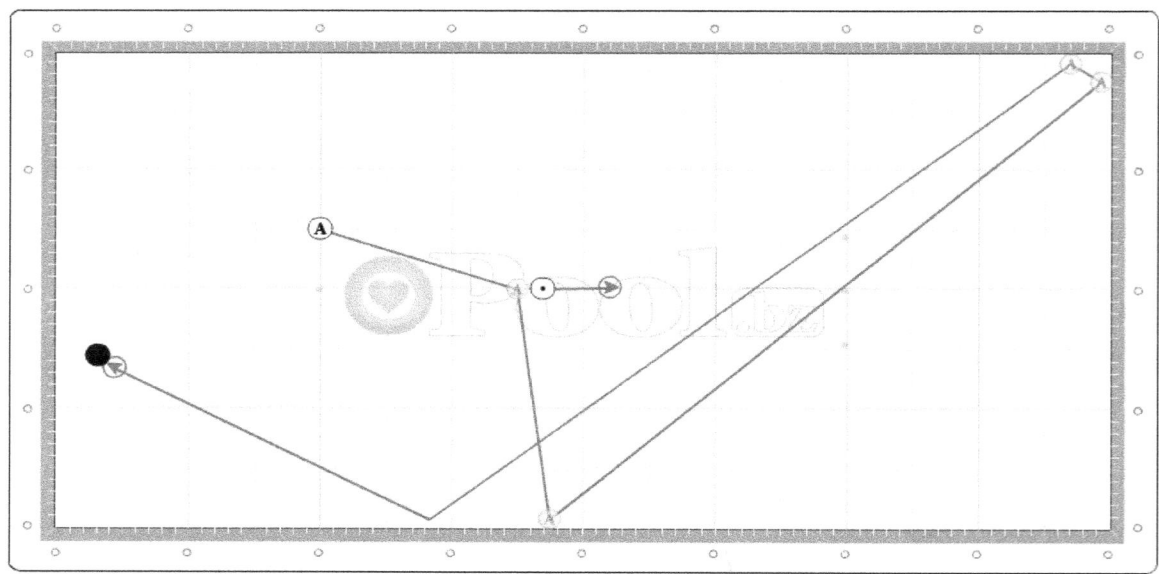

K:1d – Inrätta

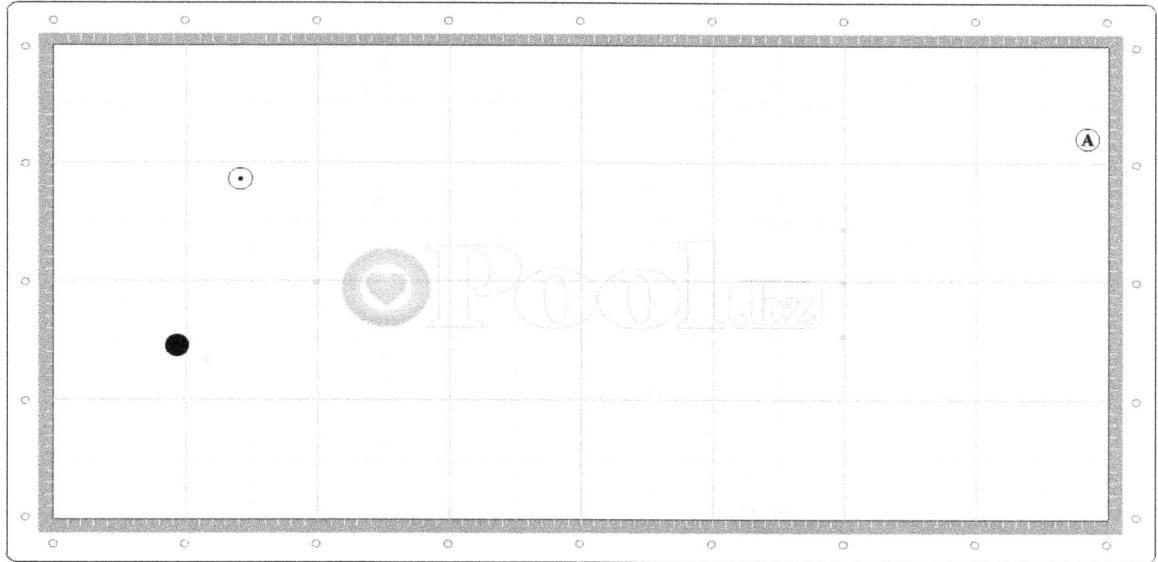

Anteckningar och idéer:

Skottmönster

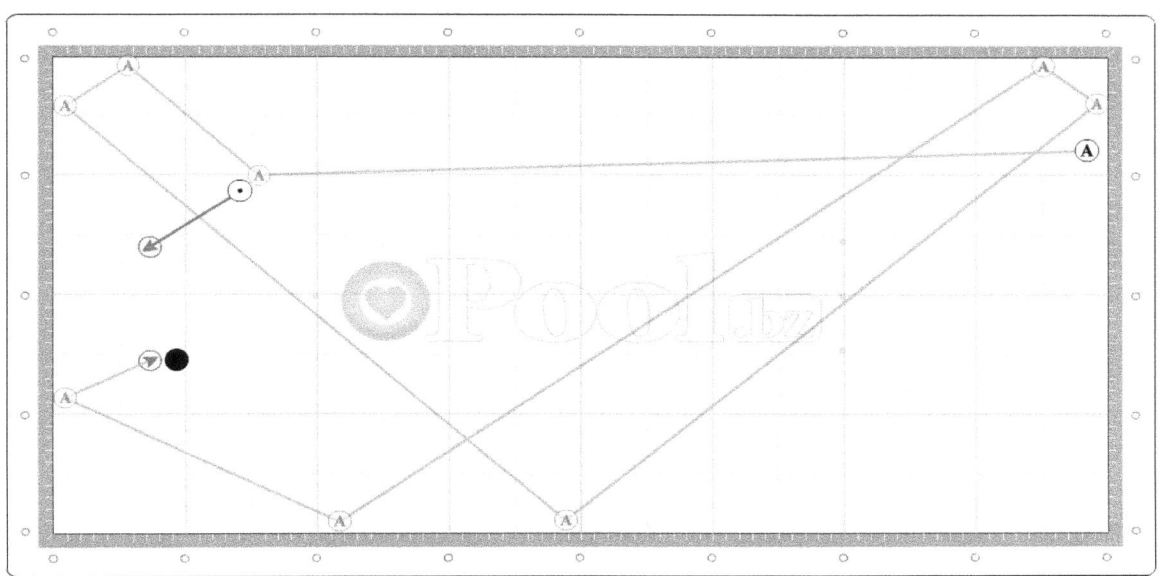

L: Utvändig returkrok

Den (CB) kontaktar den första (OB) och går in i mitten av den långa vallar. Den (CB) reser sedan in i hörnet, lång vallar först. Då kontaktar (CB) den andra (OB).

Ⓐ (CB) (din biljardboll) - ⊙ (OB) (motståndare biljardboll) - ● (OB) (röd biljardboll)

L: Grupp 1

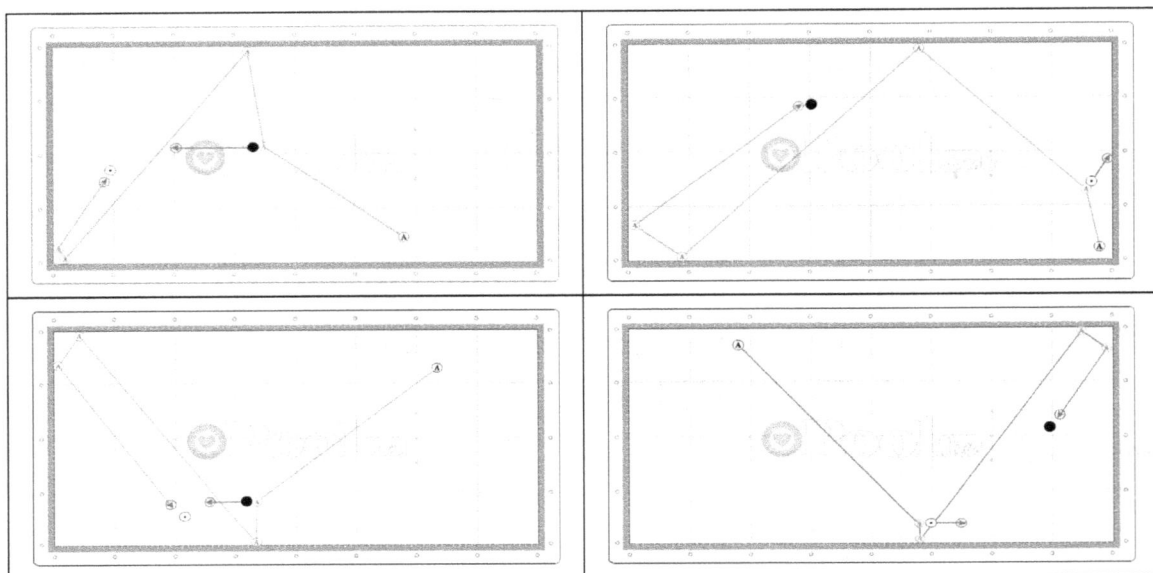

Analys:

L:1a. _____

L:1b. _____

L:1c. _____

L:1d. _____

L:1a – Inrätta

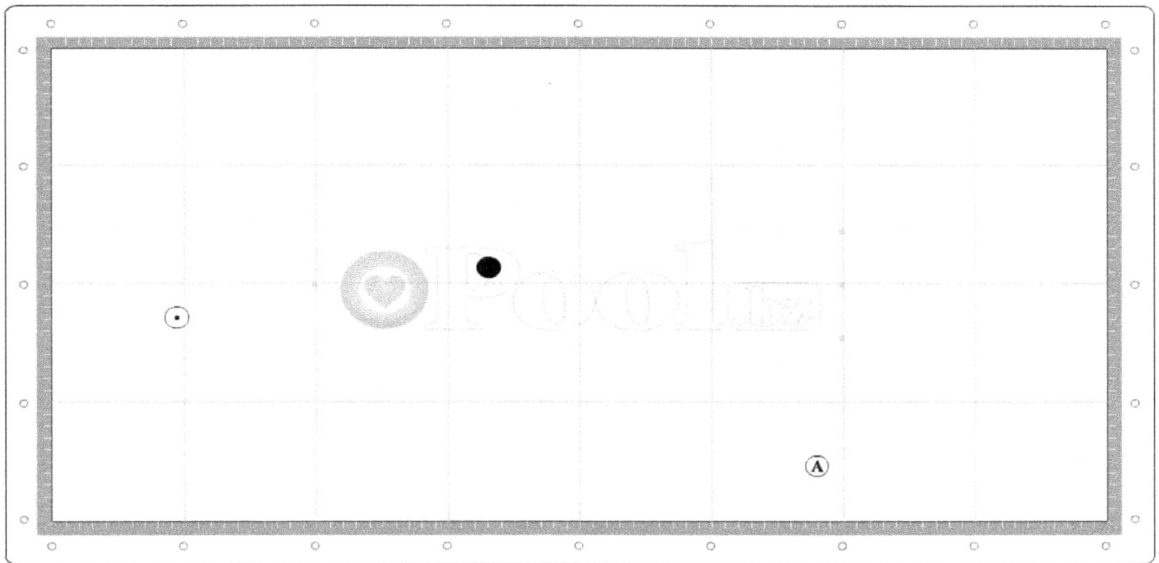

Anteckningar och idéer:

Skottmönster

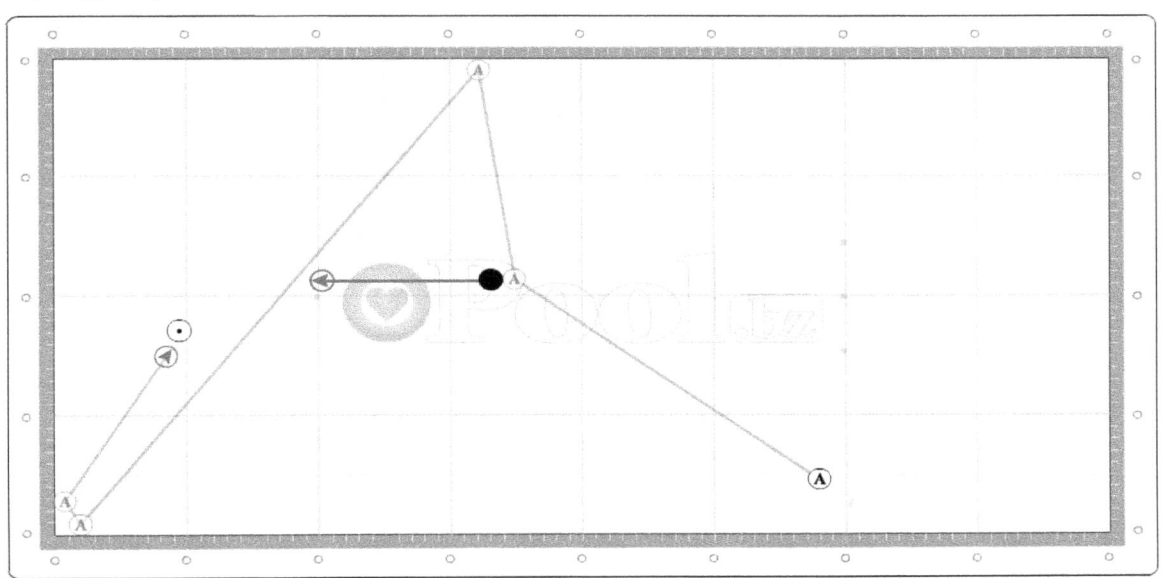

L:1b – Inrätta

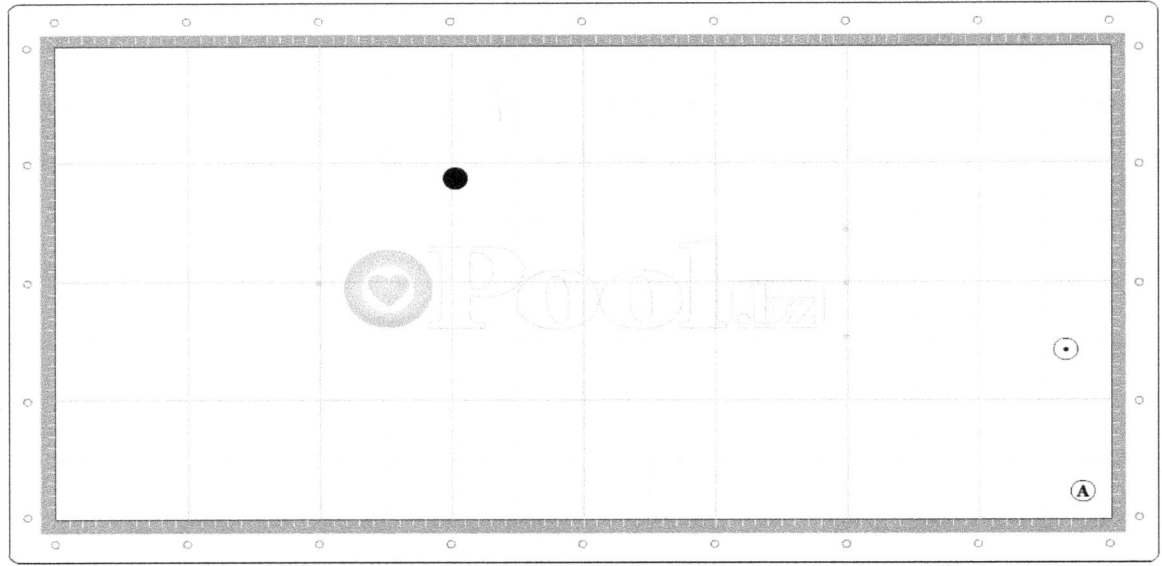

Anteckningar och idéer:

Skottmönster

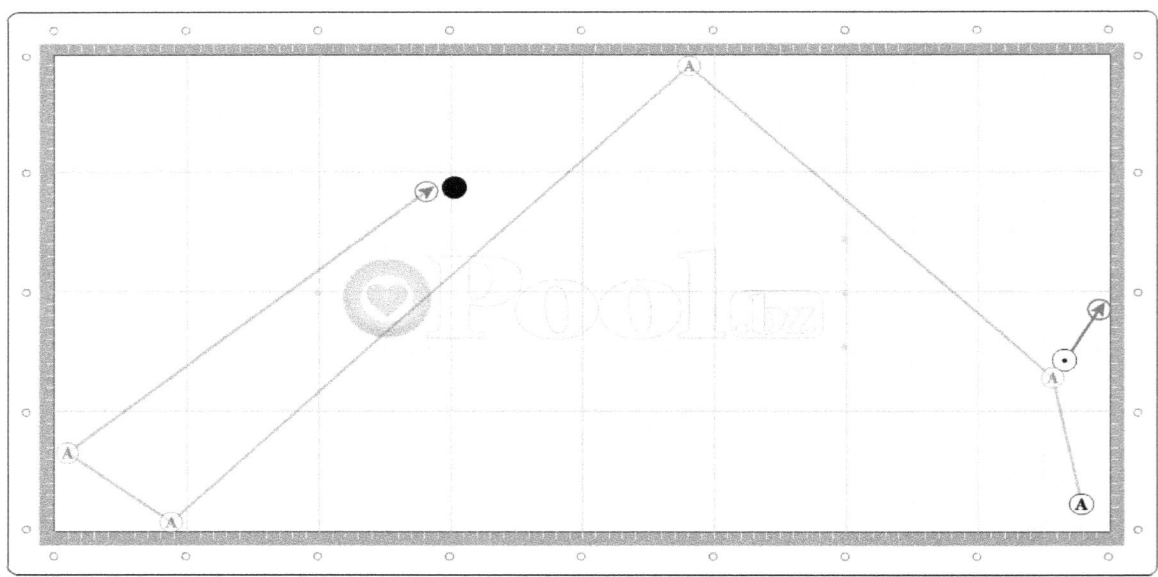

L:1c – Inrätta

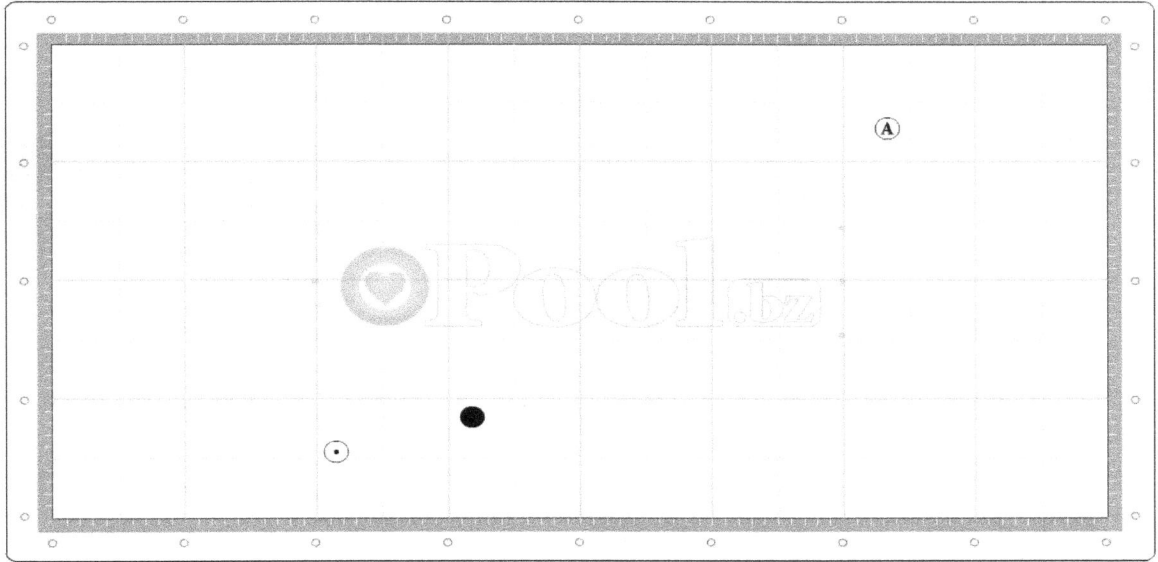

Anteckningar och idéer:

Skottmönster

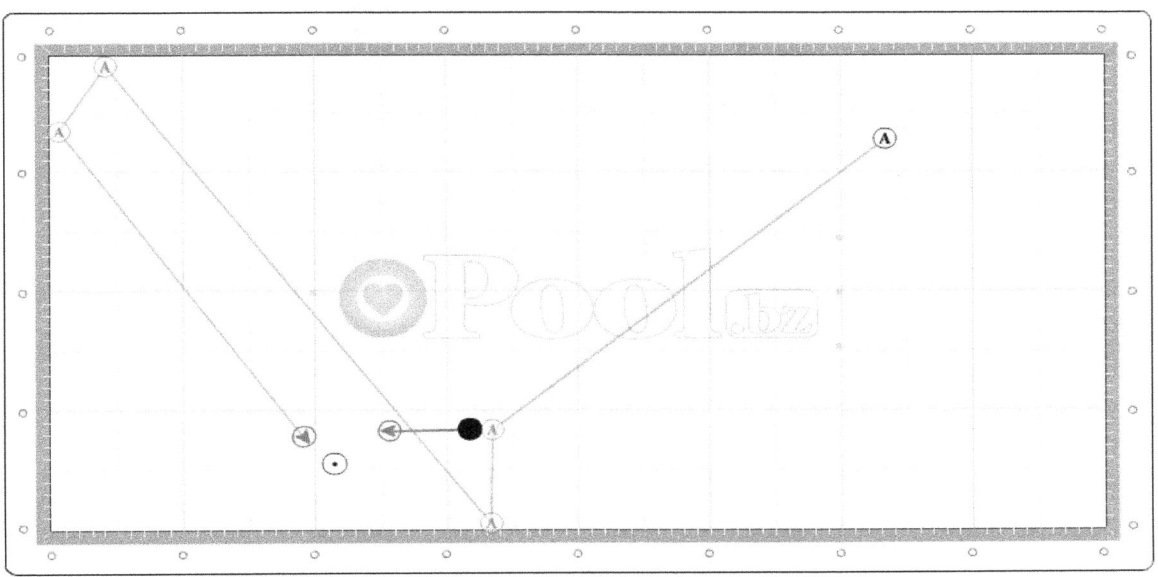

L:1d – Inrätta

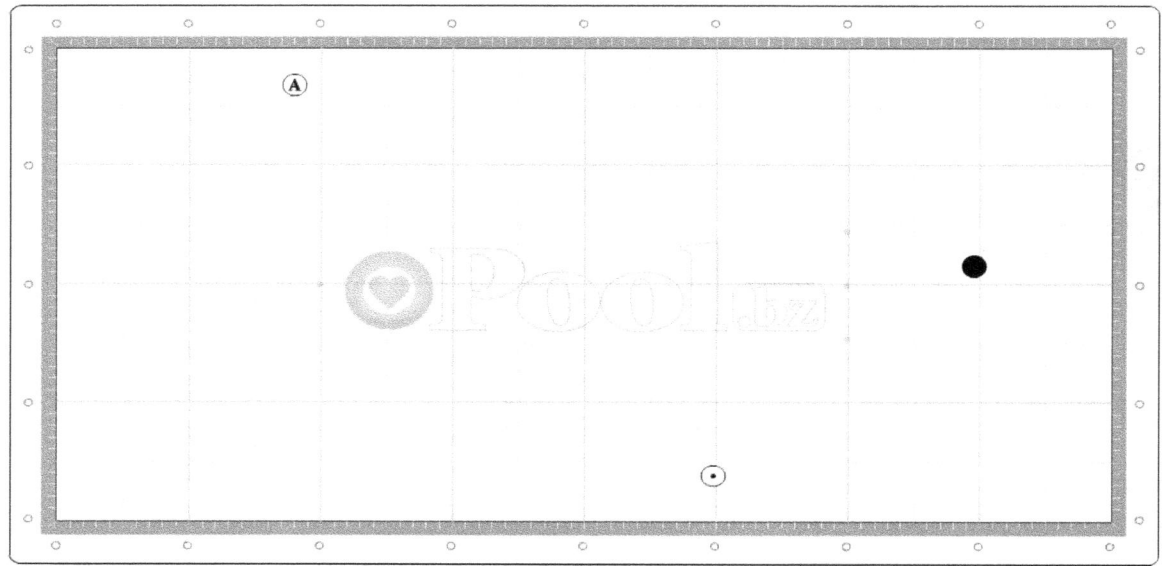

Anteckningar och idéer:

Skottmönster

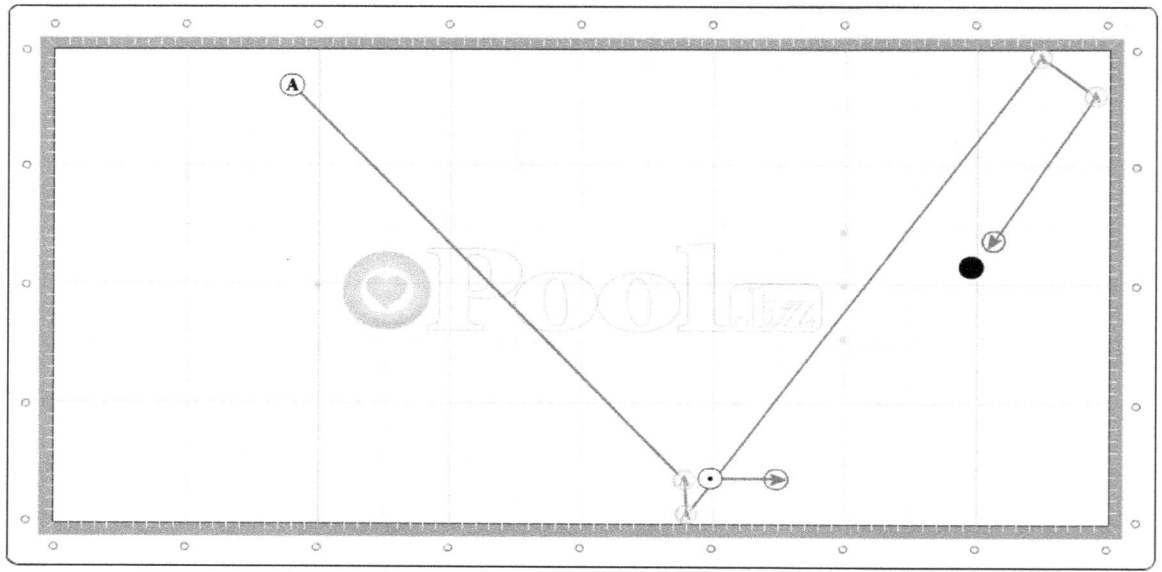

L: Grupp 2

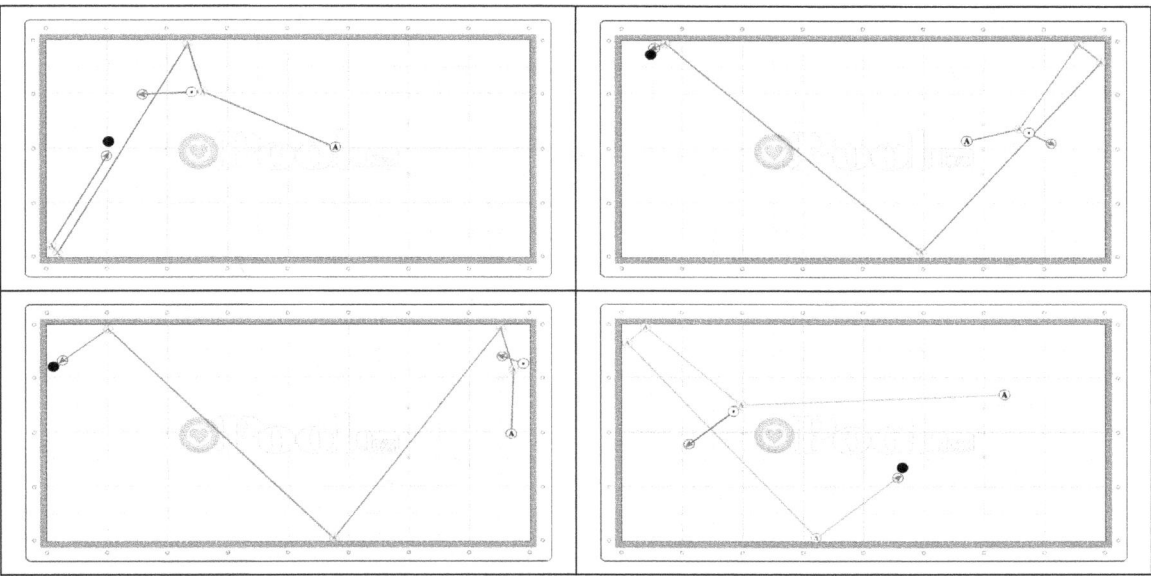

Analys:

L:2a. _____

L:2b. _____

L:2c. _____

L:2d. _____

L:2a – Inrätta

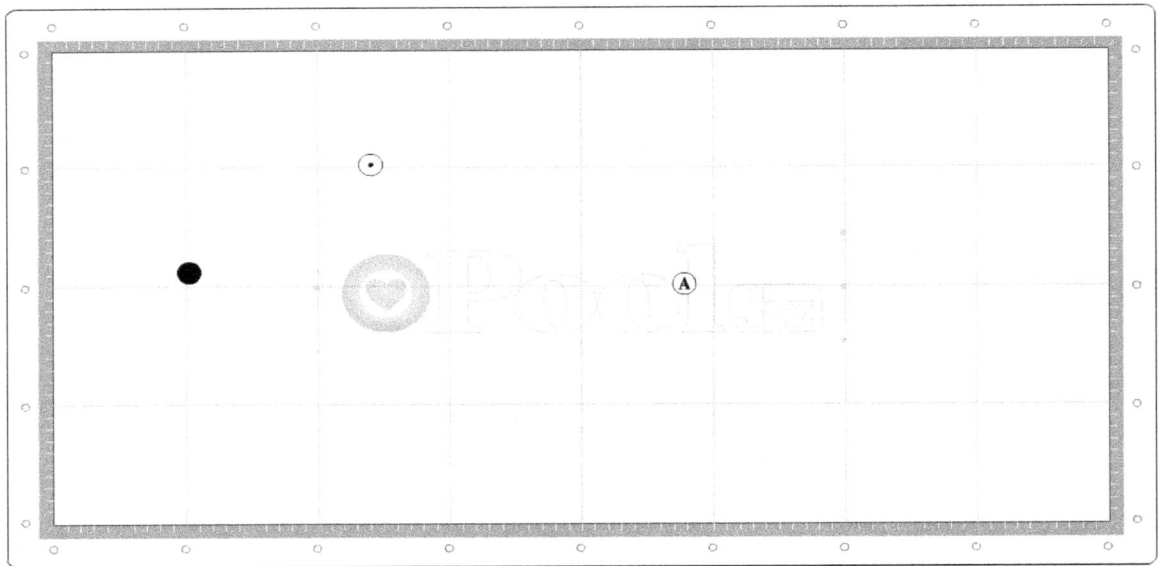

Anteckningar och idéer:

Skottmönster

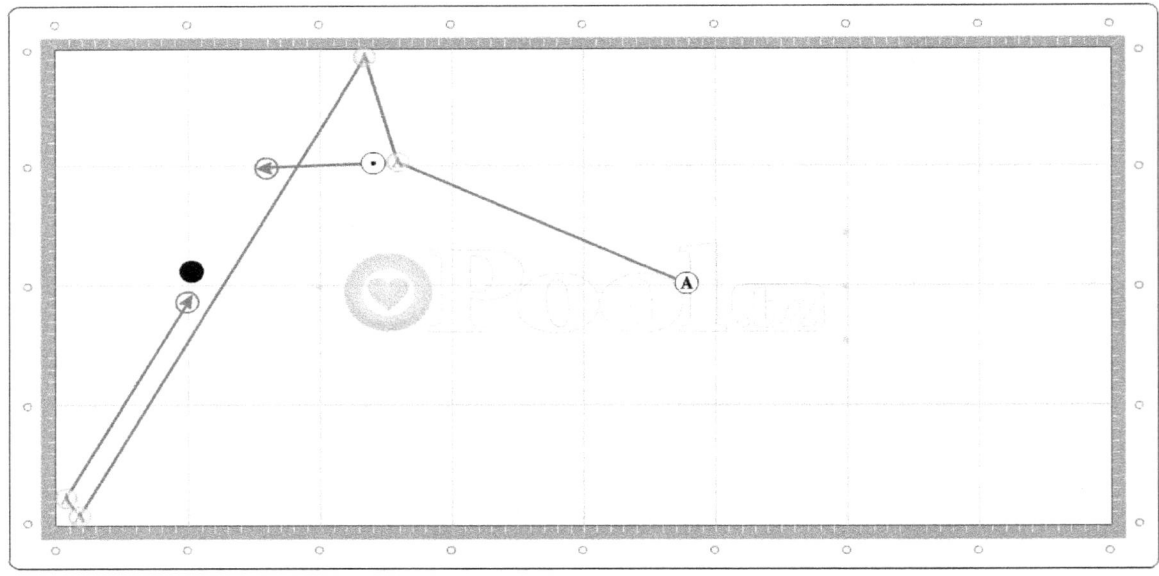

L:2b – Inrätta

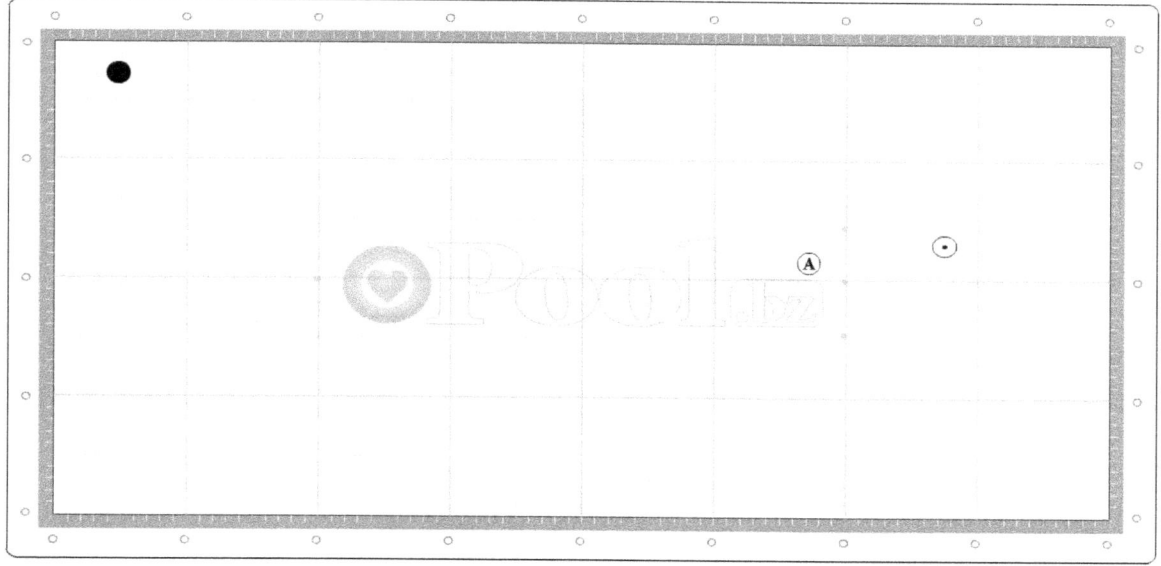

Anteckningar och idéer:

Skottmönster

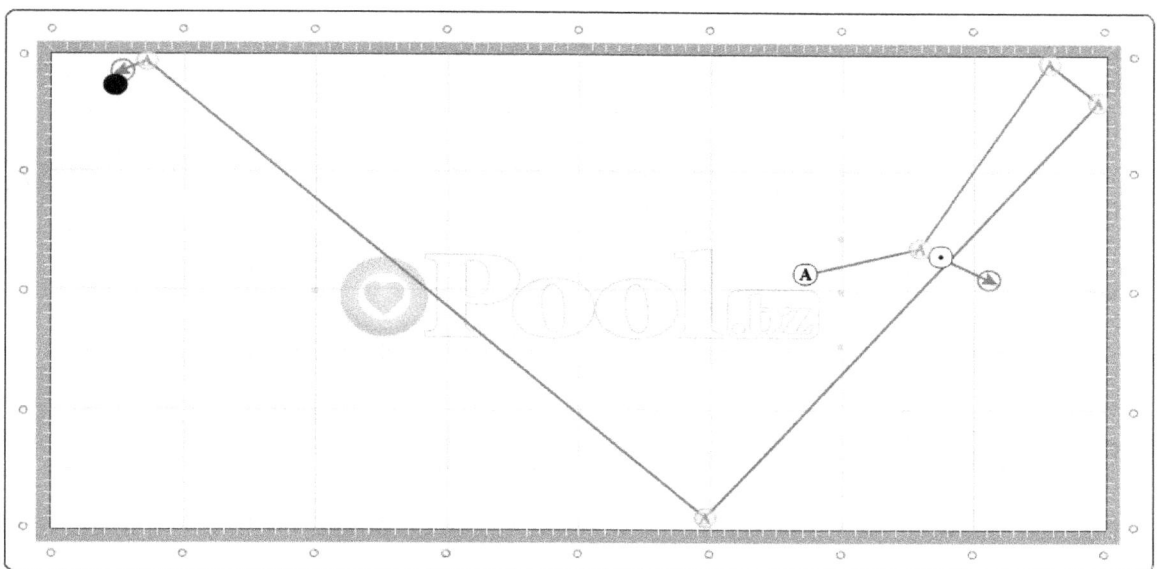

L:1c – Inrätta

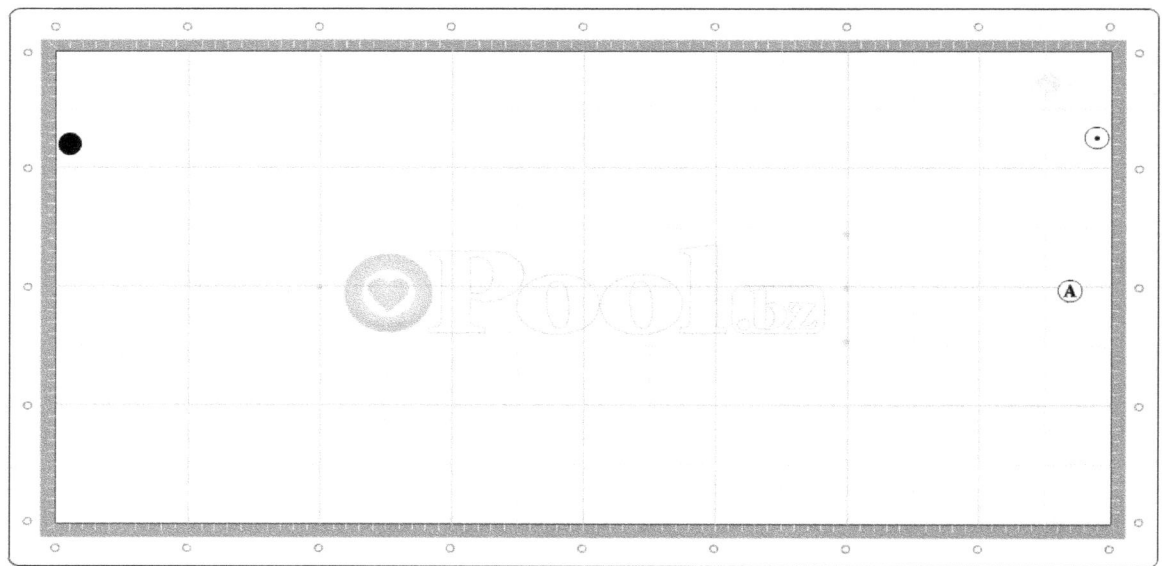

Anteckningar och idéer:

Skottmönster

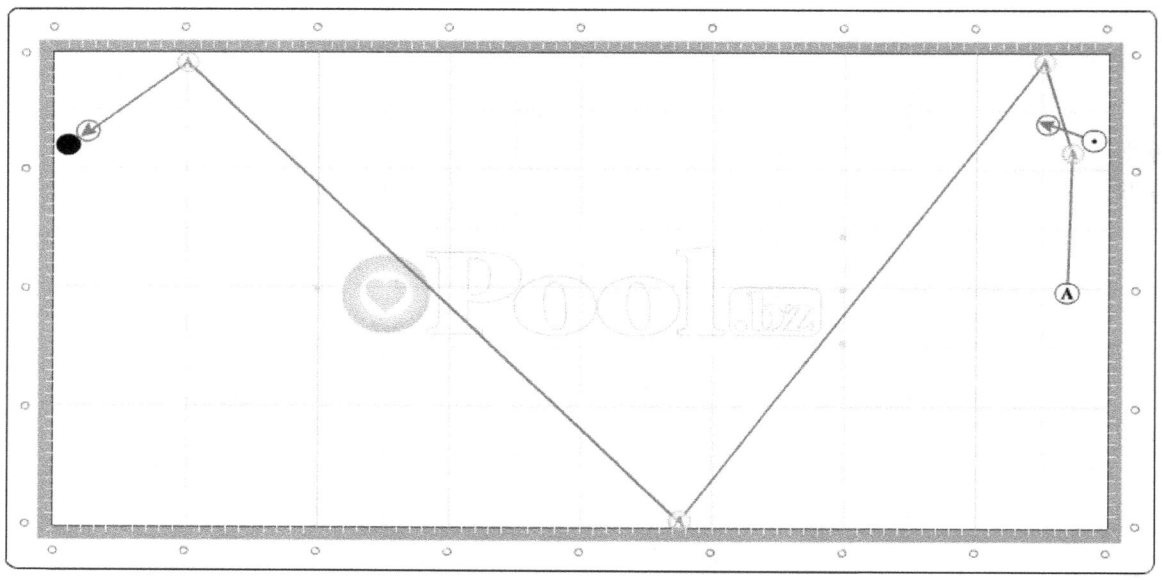

L:2d – Inrätta

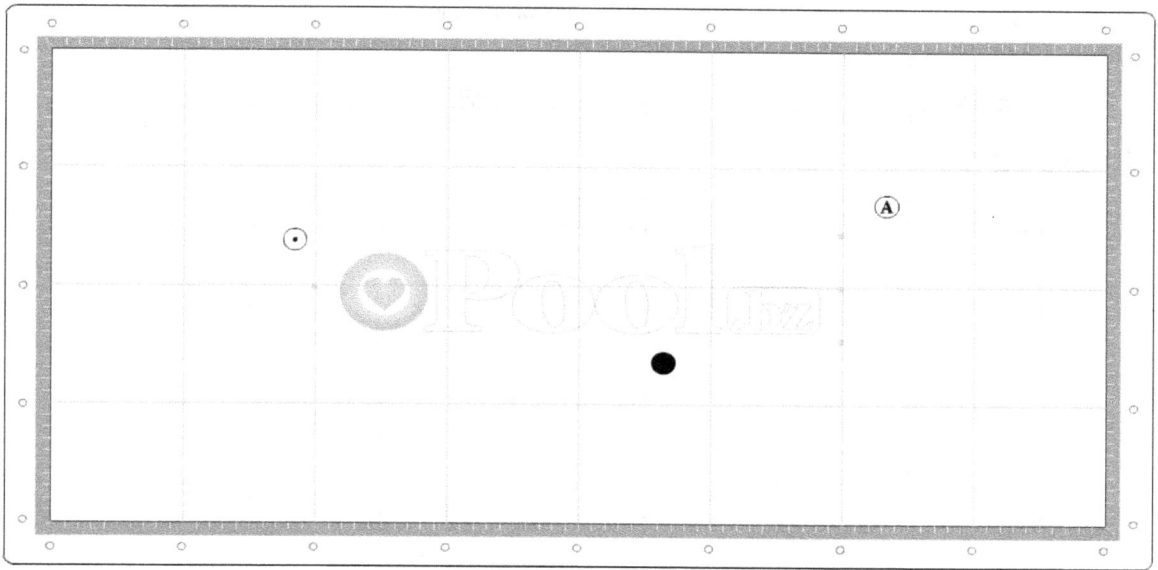

Anteckningar och idéer:

Skottmönster

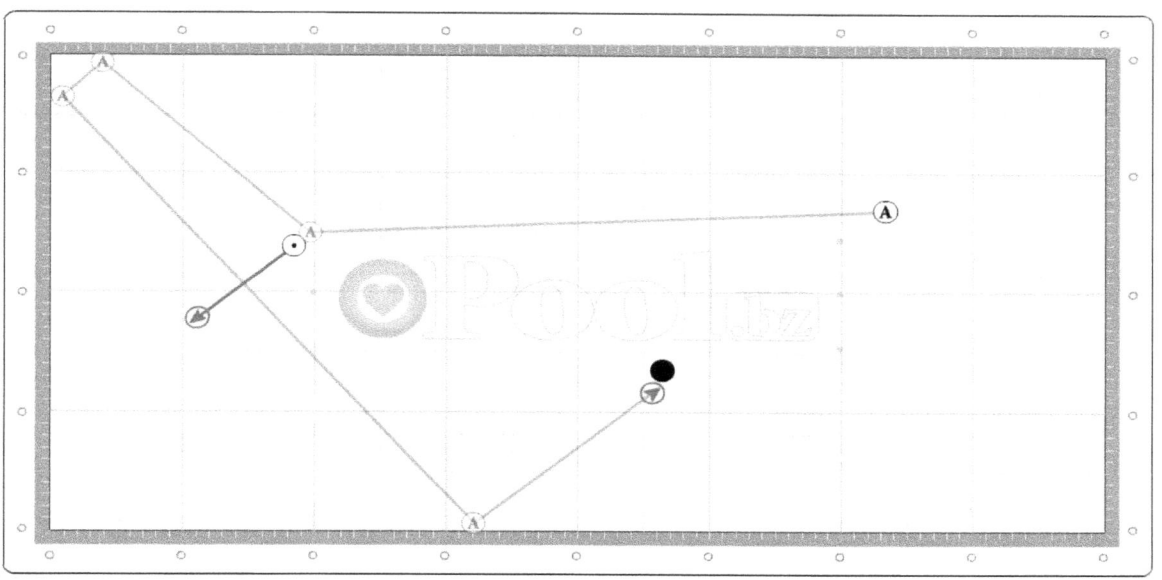

M: Utvändig hörnvändning (kort vallar)

Den (CB) kommer av den första (OB) och sedan in i hörnet, kort vallar först. (CB) klättrar uppför backen. På nedsidan kontaktar (CB) den andra (OB).

Ⓐ (CB) (din biljardboll) - ⊙ (OB) (motståndare biljardboll) - ● (OB) (röd biljardboll)

M: Grupp 1

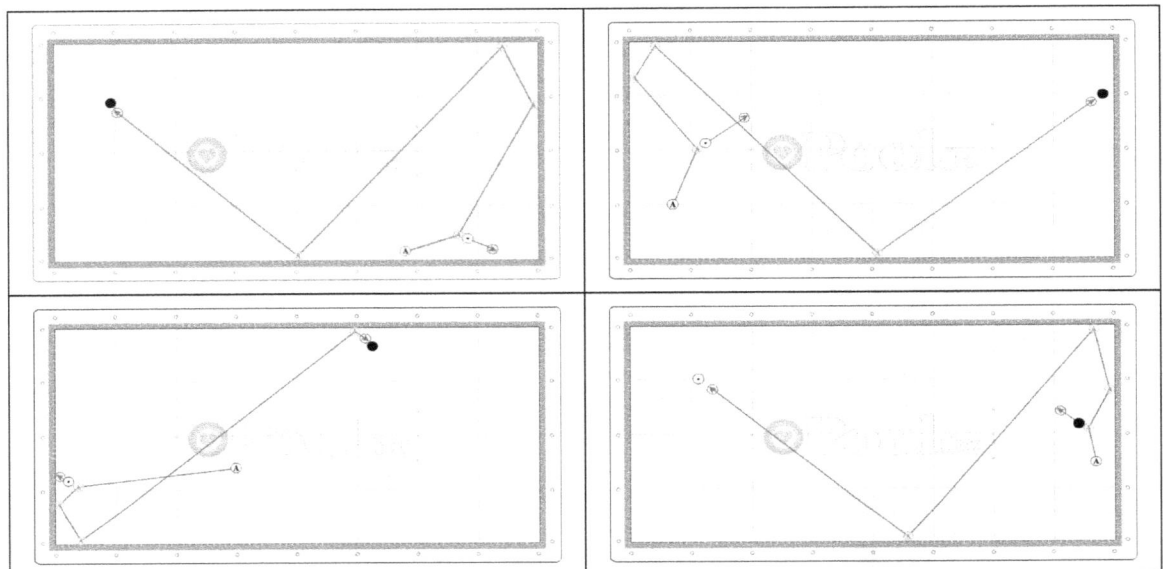

Analys:

M:1a. _____

M:1b. _____

M:1c. _____

M:1d. _____

M:1a – Inrätta

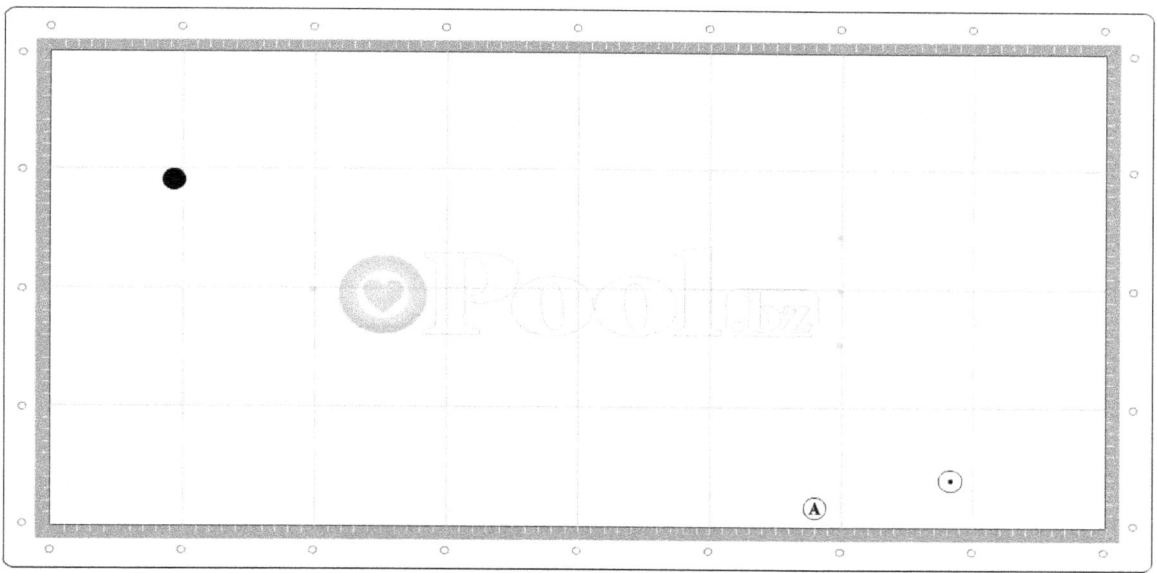

Anteckningar och idéer:

Skottmönster

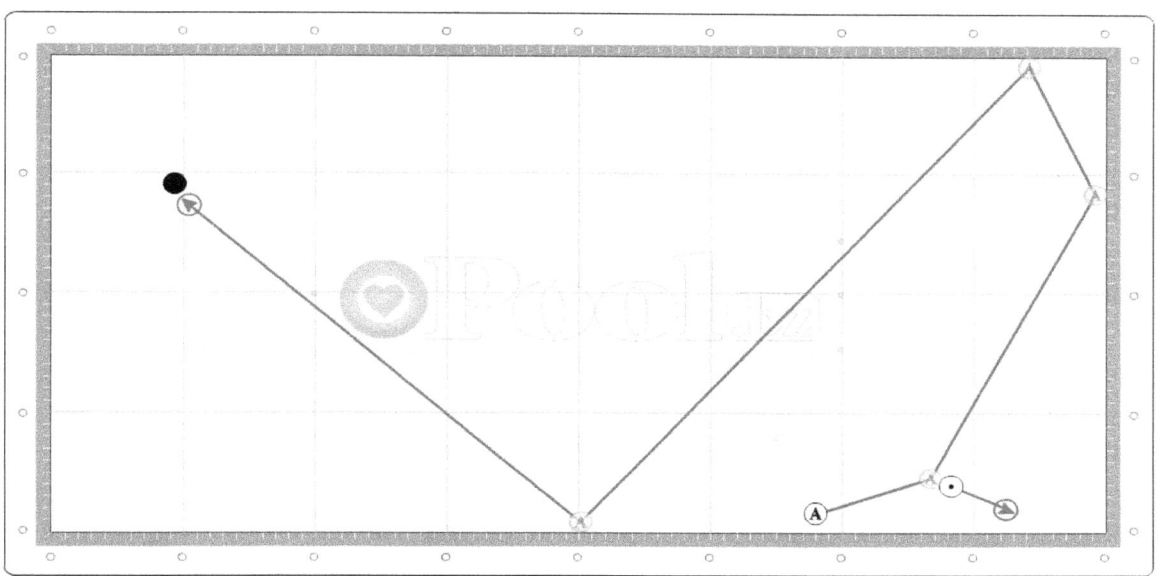

M:1b – Inrätta

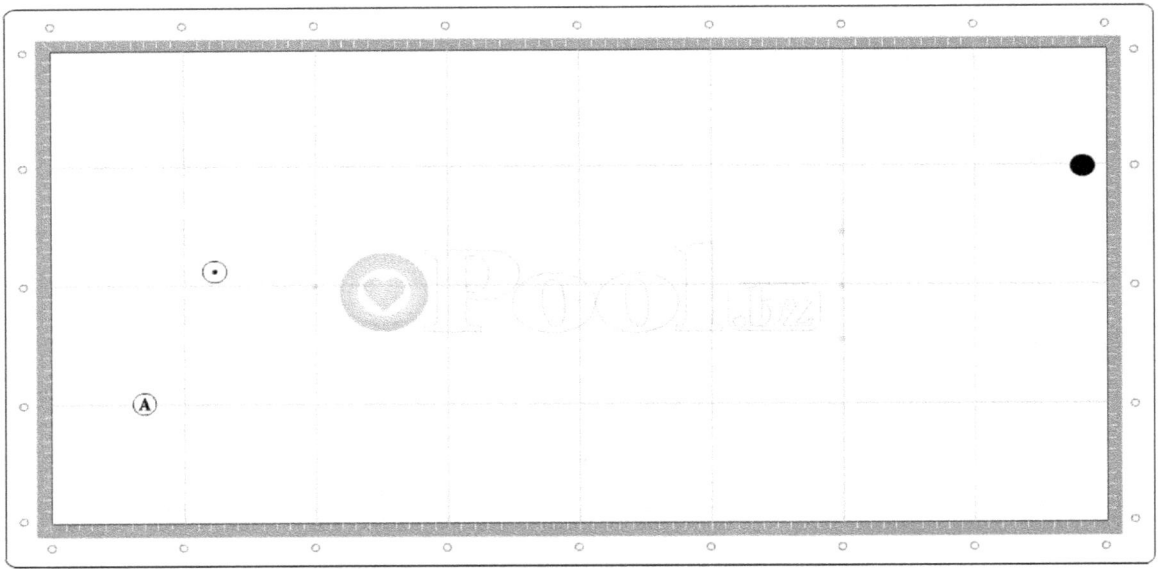

Anteckningar och idéer:

Skottmönster

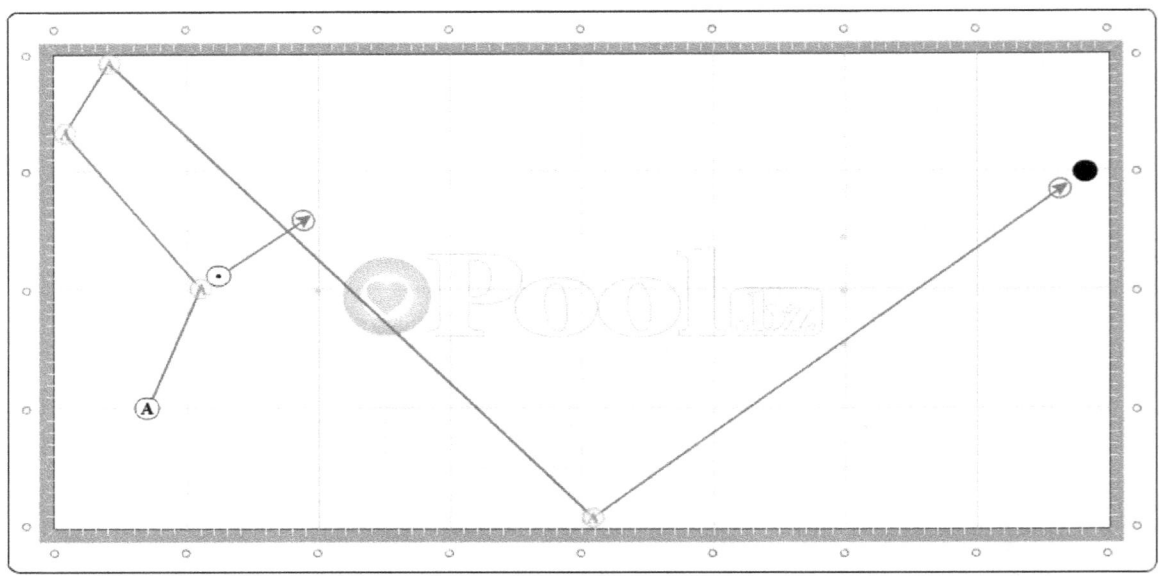

M:1c – Inrätta

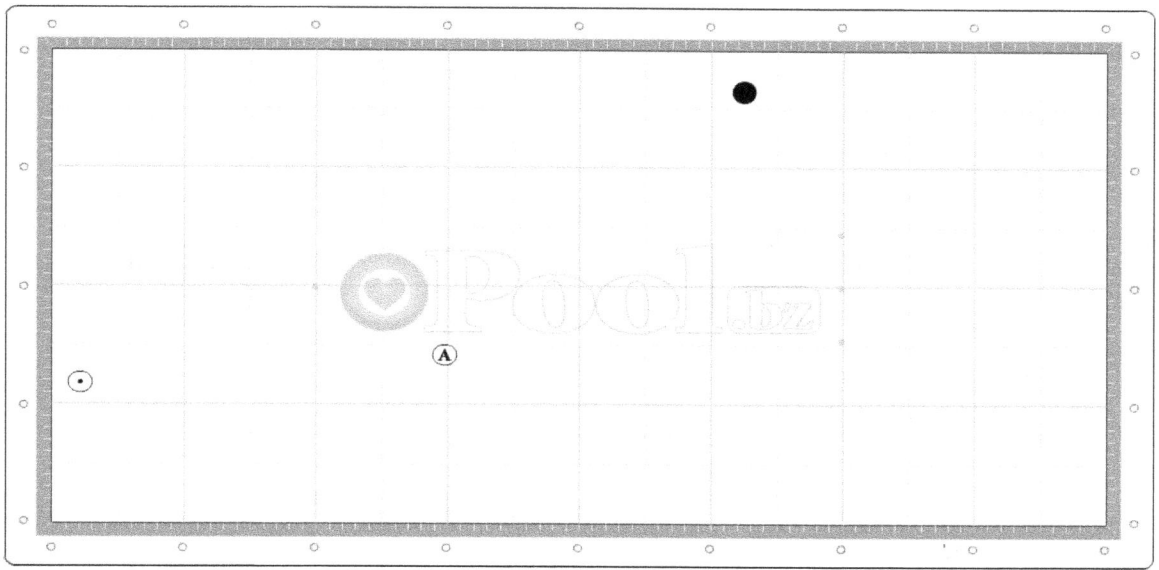

Anteckningar och idéer:

Skottmönster

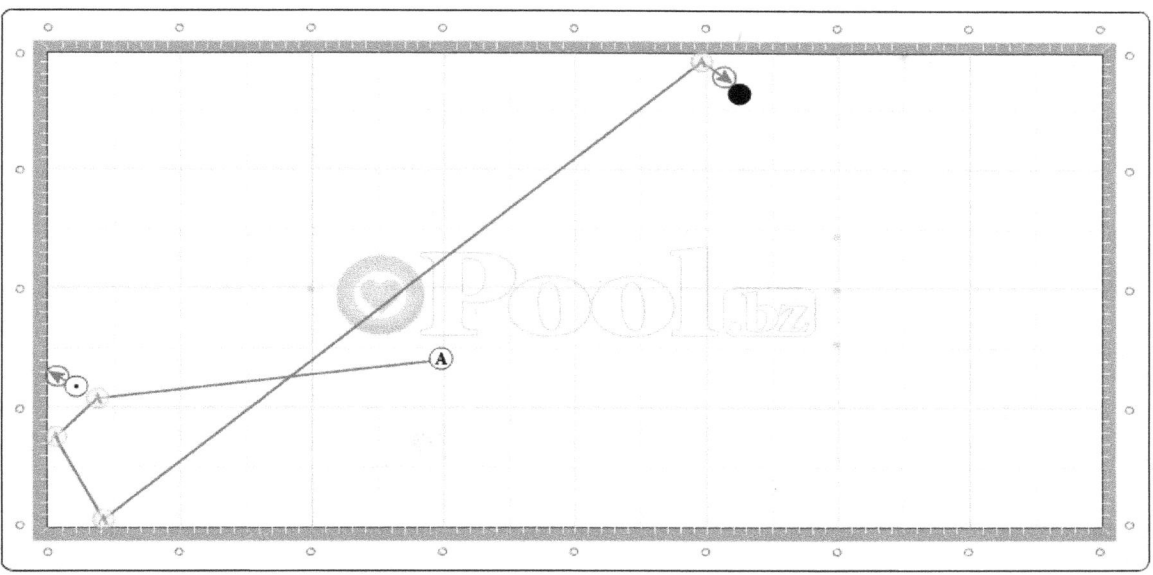

M:1d – Inrätta

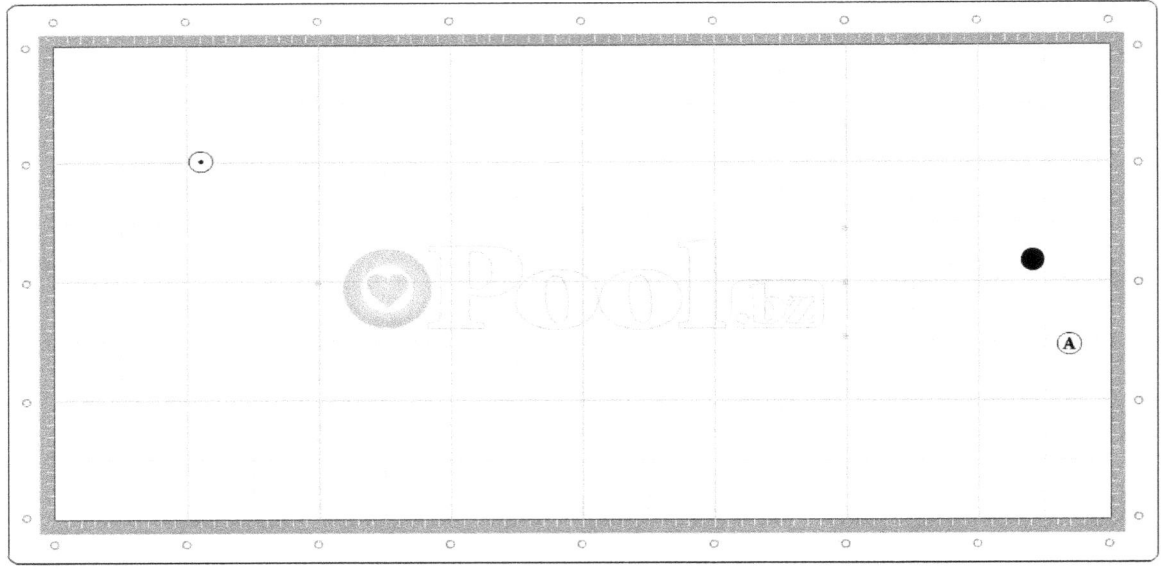

Anteckningar och idéer:

Skottmönster

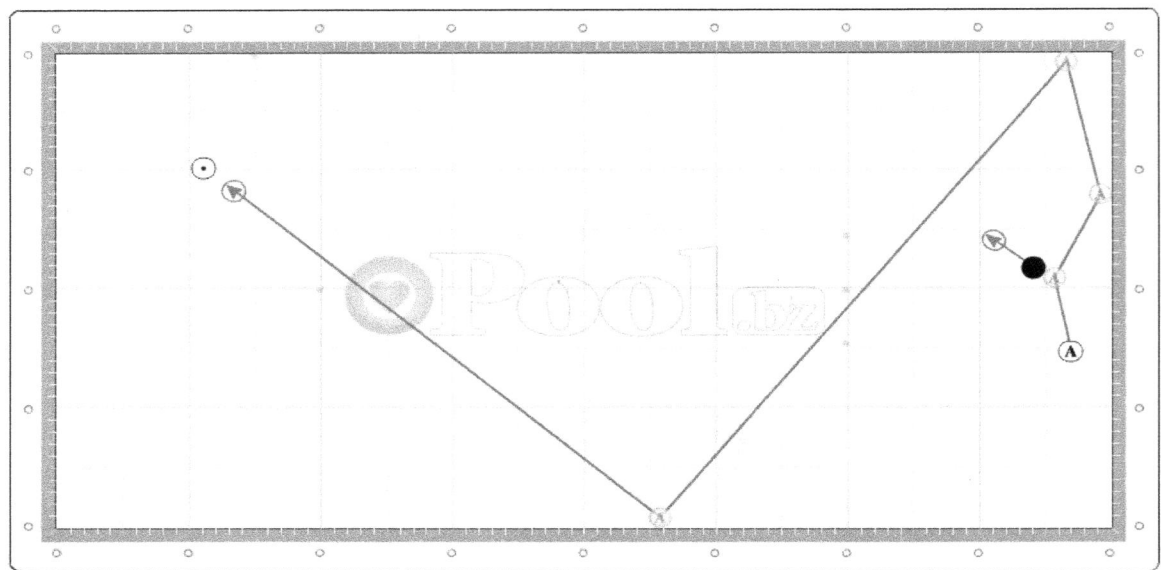

www.ingramcontent.com/pod-product-compliance
Lightning Source LLC
Chambersburg PA
CBHW080337170426
43194CB00014B/2601